怀着深情看人

—梁漱溟作品系列—

梁漱溟 著

当代中国出版社
Contemporary China Publishing House
二〇一〇年·北京

图书在版编目(CIP)数据

怀着深情看人 / 梁漱溟著 . -- 北京 : 当代中国出版社 , 2020.6

（梁漱溟作品系列）

ISBN 978-7-5154-0900-9

Ⅰ . ①怀… Ⅱ . ①梁… Ⅲ . ①梁漱溟（1893-1988）- 文学作品研究②梁漱溟（1893-1988）- 哲学思想 - 研究 Ⅳ . ① I106 ② B262

中国版本图书馆 CIP 数据核字(2018)第 300111 号

出 版 人	曹宏举
顾　　问	梁培恕
责任编辑	隋　丹
特约编辑	陈立旭
责任校对	康　莹
印刷监制	刘艳平
封面设计	观止堂_未　氓
出版发行	当代中国出版社
地　　址	北京市地安门西大街旌勇里 8 号
网　　址	http://www.ddzg.net　邮箱：ddzgcbs@sina.com
邮政编码	100009
编 辑 部	(010)66572264　66572154　66572132　66572180
市 场 部	(010)66572281　66572161　66572157　83221785
印　　刷	北京中科印刷有限公司
开　　本	787 毫米 × 1092 毫米　1/16
印　　张	33.25 印张　1 插页　364 千字
版　　次	2020 年 6 月第 1 版
印　　次	2020 年 6 月第 1 次印刷
定　　价	119.00 元

出版说明

梁漱溟（1893—1988）是现代中国著名思想家、教育家和社会活动家。他一生发表了大量有影响的作品；他坚持独立思考，特立独行，表里如一。人们在服膺他的思想的同时，尤为钦佩他的人格。

梁先生曾经说过："我一生受两大问题的支配：一个是中国问题，再一个是人生问题。我一生几十年在这两大问题支配下而思想而活动。——这就是我整整的一生。"

梁先生的著作多关涉人生和社会问题，读者从中不仅可以了解他的人生经历、人生观、价值观和政治主张，同时可以品味出他的崇高品格是如何造就的。然而一般大众往往无力遍读其著作，因此影响了对梁漱溟先生全面准确的了解。为了帮助一般读者较为全面而便捷地了解梁漱溟先生的思想、经历、品格，我们编选了一套"梁漱溟作品系列丛书"。这套丛书是我社继"聆听大家·梁漱溟"系列后推出的梁漱溟新作。所选文章原则上保留原题，除明显错别字外，作者的表述风格、文字均不作任何修改，以保证原汁原味。

本书编选过程中，得到梁漱溟先生的哲嗣梁培宽、梁培恕二位先生的大力支持，并得到他们的出版授权。梁培恕先生还亲自为本书作序，并为重点篇目批注了其独家按语。

在此一并表示衷心感谢。

当代中国出版社编辑部

2019年11月7日

序

这本文选因何推介这些文章给读者？

我父亲的心愿是在中西文化之间架一座桥。在《东方学术概观》这本书里，他写道：“人类生活从古到今，从今天而展望将来，所遇问题曷可胜数？”但是总不出三大问题：第一是人对物的问题；第二是人对人的问题；第三是人对自己的问题。

人类创造的文化则是对这三大问题的回应。人不能离开物质而生活，认识物质是人类首先和必需的。西方文化的长处正是这方面。例如手机，由人制造任人使用，给人提供了多少方便！

人生下来就和自己以外的人相与（从父母到不知多少人），这是个人终生面对的问题。

人怎样看待、对待自己？在上面两个离不开之外，更根本、更难的问题恰是刻刻存在的“我”。对待“我”的正误，是一门大学问。

西方文化回应了第一个问题，中国文化回应了第二个问题；两者有层次和先后，因而需有桥。①

西方化已经世界化。这个结论是西方人得出的，事实确是如此。

人类对下一步没有作好思想准备。

东方之学给人的印象是深奥。它诚然深奥，但又平常极了。

---

① 他认为印度文化回应第三个问题，现在还不到讲求的时候。

《卓娅与舒拉的故事》，苏联一位母亲记述自己战亡的两个孩子在成长期间的种种表现，“亲切自然，至性动人，……不意存说教乃所以感人弥深”。还不止于感人。先父从中看到了我们会不经意放过的人心作用。他写道：“中国古人尽心知性之学，彼未之前闻，吾将从这里抉而出之”。

请在“未之前闻”和“抉而出之”这里停一下。

抉而出之——挑出、点明。点明什么？

心思活动时刻有之，他抉出什么？所指不是一般心思活动而是主动追求正确。不容自己随随便便。例如不该拿的钱不拿。动物则否。

这是唯人心能这样做而且是主动做。

“彼未之前面”，为什么俄罗斯人和其他民族文化里没有心性之学？因为他们是有宗教的文化。宗教指定人怎样做，不鼓励自主。①

《丹麦的教育与我们的教育》、《读有关圣雄甘地事迹各书》等五篇，讲的是东方大国印度和欧洲小国丹麦的独立运动和复兴运动。他们同属宗教文化的国家。此外则种种不同，整个过程是两回事。这两回事是源于人心是怎样被激发，以及成功以后所走的路也两样。

正惟其相同又相异，我们可得而知，中国革命道路何以独特。

两千多年来，虽经外族入主，中国人仍不间断地讲求心性之学。其他品评各家学问的短篇，不出此固有文化的大范围。置于首位的是《重读马一浮先生〈濠上杂著〉》，可以知晓心性之学的正解。

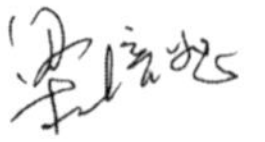

2018 年 10 月

① 中国文化如此绵长，特点之一是宗教不盛而是由孔家思想为主导。

目 录

第一部分

《勉仁斋读书录》精选

读厨川白村《东西之自然诗观》 003

读《中国美术在现代艺术上的胜利》 006

读刘鉴泉著《外书》 008

丹麦的教育与我们的教育

——读《丹麦民众学校与农村》 011

杜威教育哲学之根本观念 047

录《读经示要》卷一第十一页一段（有删节） 065

至情动人

——读《卓娅与舒拉的故事》 067

《春秋·左传》中一些古语 082

读溥仪自传《我的前半生》书后 083

读《河上肇自传》 085

读有关圣雄甘地事迹各书 099

为《甘地自传》中两句话所加按语 112

读《印度的发现》一书摘记 113

读《尼赫鲁自传》摘记 119
《尼赫鲁自传》摘录 128
读慈湖家记 131
爱因斯坦的宇宙观 132
摘录李证刚先生文章一段 134
重读马一浮先生《濠上杂著》 136
晦翕学案摘抄 139
读《了凡四训》后所写评语 141
怀愓海:《科学与近代世界》摘句 142
阅唐君毅著《道德自我之建立》摘录 143
读《诸葛亮集》有感 147
读《明儒学案》、《宋元学案》志所感 148
蒋著《十三经概论》读后特志 150
读阳明先生咏良知诗 152
《梁漱溟全集》(第七卷)附录之题记 157
“乡治十讲”听后记略 158
孔家思想史 164
《孔家思想史》整理后记 320
人心与人生 323
意识与生命 372
《人心与人生》整理后记 412
试论晦庵朱子在儒家学术上的贡献兼及
其理论思维上的阙失 414

第二部分

我所了解的卫西琴先生及其学说

卫中先生自述题序 419

介绍卫中先生的学说 424

卫西琴先生传略 437

追忆往昔所了解的卫氏学说大意 443

第三部分

从世界看中国：教育问题与中国

北游所见记略 449

我在日本参观后的感想 481

与丹麦两教授的谈话 489

《中国——理性之国》题记 495

《中国——理性之国》著者告白四则 496

旁观者清

——记英国哲人罗素五十年前预见到

我国的光明前途 498

罗素《中国之问题》第一章绪言 514

第一部分

《勉仁斋读书录》精选

读厨川白村《东西之自然诗观》*

余于文学艺术向不留意，此盖生性于此为远。忆昨年寓清华西院，应清华学生所组织之文学社讲演，即开首先讲“我与文学无缘”一段话，聆者大笑。人而不爱好文学艺术，岂复得为人？余尚非蠢伧，何遽不感生趣味邪？然此心竟绝不能入。尝闻诸亲长，余儿时甚笨，独个性强，此在我已不自记忆。但忆十岁前后，读书能力视同辈为差；而当十四五岁乃能自为思想，持实利主义之见甚深，菲薄古文诗词，嫉恶玄想不可捉摸之言。凡今之所谓文学哲学者，殆皆在鄙厌摒弃之列，以为无用。其后不期走入哲学路，狭隘不通之见自渐捐除，然于文学及艺术，始终不能入也。民十为“东西文化及其哲学”之讲演，于东西两方之哲学思想、政治制度、社会风习、物质生

* 选自中国文化书院学术委员会编：《梁漱溟全集》（第七卷），济南，山东人民出版社 1993 年 6 月第 1 版第 1 次印刷，第 649 页；原文录自《中国民族自救运动之最后觉悟》，村治月刊社 1932 年 9 月版，第 299—300 页。——编者注

活，乃至医药之殊异，皆尝比较言之。顾于文学、于艺术，独不能置一词。盖诚无所知，缺憾实大。顷自百泉移来辉县城内，忙中忽得宽暇，随意翻书，于子和弟案头得见鲁迅先生《壁下译丛》一本。其中有厨川白村《东西之自然诗观》，读之大喜。不独余所判论东西人之分异点，于此又得印证，更喜其印证者，适在余所不能举证之文学方面也。

余往于《东西文化及其哲学》中，拈出“向前面要求”五字为西洋人根本精神所在，而以“自己调和持中”释中国人之态度，历久而弥觉此言之不可易。但自近年来，于人类之所以为人类，大有所见，深悟中国古人之学，为人类自尽其天赋才性体力之学，遂觉“自己调和持中”一语，虽可概说一般中国人之态度，而未足以尽中国古人之精神，道出中国文化之根据。故近年乃恒用“有对”“无对”字样，以为中西人之分判。无对，即中国古人所谓“仁者与物无对”之无对；有对亦即与物为对之意。盖生物进化到人类，实开一异境。一切生物，均限于“有对”之中，而人类则以“有对”超进于“无对”。——他一面还是站脚在“有对”，而实又超“有对”而进于“无对”了。西洋人于古希腊时，既著露其有对精神；迨近世来，乃更将人类的有对性，发挥得淋漓尽致。余向以“向前面要求”点明西洋人态度，亦尽足见意，而未若“有对”二字之简切。中国一般人自未足以言“无对”，而其所倾向则在此；中国数千年文化所为与西洋大异者，实由古人认识了人类之所以为人——认识了无对有以开其先，立其基。故言中国精神，必举“无对”乃得也。厨川白村所论，亦弥于余后说相切，用剪取其文备考。

十九年三月二日记

附录：东西之自然诗观（略）

读《中国美术在现代艺术上的胜利》*

余前见厨川白村之《东西之自然诗观》，既喜其与愚说有合，乃昨复得最近《东方杂志》中国美术专号，有署“婴行”者所为《中国美术在现代艺术上的胜利》一文，其所申论中西画法之异，则又适与厨川白村说相合。盖西洋人无在不持其“有对”之态度，中国人无在不以超“有对”入“无对”为蕲求，又可于艺术证之也。婴行君原文过长，不能尽录，摘取数小段，聊以见意。（其中含蕴意义可发挥者甚多）

婴行君文义有不易尽晓者，亦有余读之稍具意见者。如云：“在真的艺术心看来，世界一定完全是活物，自然都是具有灵气的。”此语何等好！宇宙间原没有死物质，宇宙原是一整个活物，此绝对真

* 选自中国文化书院学术委员会编：《梁漱溟全集》（第七卷），济南，山东人民出版社 1993 年 6 月第 1 版第 1 次印刷，第 650 页；原文录自《中国民族自救运动之最后觉悟》，村治月刊社 1932 年 9 月版，第 305 页。——编者注

理，更无商量。乃继此语又云：“因为创作活动，非假定精神的绝对性，到底不能充分实行。”何待假定？且“假定”又岂能“充分”邪？此见作者正自未能信得及，故出语零弱有病。又如 impersonal 一词，译为“非个人的”太嫌拘切字面，愚以为其意义实在“超私的”或“无所为的”。

十九年六月六日记

《中国美术在现代艺术上的胜利》一文摘录。（略）

读刘鉴泉著《外书》*

十九年夏，双流徐君利宾自蜀中来北平，常过谈学甚相得，因获闻其师刘鉴泉先生著述之勤。顷承赠以先生所著曰《外书》者，读之惊喜以为未曾有。《外书》都有若干篇，兹所见两篇：一曰《进与退》，一曰《动与植》。其《动与植》一篇，拈出动物生活与植物生活二义，为东西文化分殊之指点说明，极新颖而确凿，亟录志于此。

附录：《动与植》（略）

宇宙为一大生命，生物进化与人类社会之进化同为此大生命之开展表现，抑且后者固沿自前者之势而来。在生物界中，植物生活与动物生活之分判，

* 选自中国文化书院学术委员会编：《梁漱溟全集》（第七卷），济南，山东人民出版社 1993 年 6 月第 1 版第 1 次印刷，第 651 页；原文录自《中国民族自救运动之最后觉悟》，村治月刊社 1932 年 9 月版，第 308—309、321—323 页。——编者注

即在动静之各有所偏。植物定着于一所，摄取无机质以自养；动物则游走求食。以动物不能迳取炭氮二质，必食植物，或食他动物之食植物者，间接以摄取之也。从鉴泉先生之所指点，则西洋民族生活绝类动物，中国民族生活绝类植物，确乎可以睹识。浅识之人每不能深察两方文化之异，存偏见者或更以大同小异之说诡乱之，昧者乃固执人类文化不当有什么不同，横以一方文化之所经历衡论夫一切，强流派之分，作阶梯之观。不知虽动物植物之显然不同，犹且植物不必无动物之象，动物亦具植物之德，二者界划不立；况于人类社会中民族文化之有不同乎？盖凡生命之所现示，但有相对之偏胜，而无绝对之然否。以其皆为一种活动的趋势，而非固定的形质或义界也。方其由微之著，逐渐分明，从而观之，确乎有所不易；然追而迹之，端不可得。若动物之与植物，若脊骨类之与节足类，乃至其他类系种别，皆生物进化中之流派分枝，各有所向而趋；而若原生物则介乎动植之间，各种趋势皆具而皆不著见。果其有毫厘之见也，即不啻千里之谬。民族文化彼此不同，当审乎其势所之，要亦若是而已矣。明乎此，则知凡以为两方文化于某点某点第有轻重浓淡之差，无足计者，正其吃紧分别处；而以多分相同执持一概之论者，真昧昧可笑也。中国文化自有其途径，与西洋根本异向，其差度之大殆亦比于生物界中植物动物之差，远在其他类系种别之上。趋向不同，则不得执一途之所进历，定其为进化先后必经之次第，若登阶梯然。文中引李尔《社会进化史》谓“社会发达非有一个固定之线路，其变化不似一梯子向上进步，却似一棵树有若干分枝”者是也。由封建社会而资本社会，此自为西洋之趋向则然；中国不必为封建，尤不必为资本。他若宗法与军国、宗教与科学，罔非西洋文化进历之次第；讵可以概范乎中国？不识此义，强为生解而不得，诡其词曰，此封建之特例，资本之变形！或目以为前乎资本，即指曰封建；目以为前乎科学，即指曰宗教；目以为前乎军国，即指曰宗法；鲁莽灭裂，不自知其可笑！生物界中，虽不妨有高下之第，却无必进之阶；谓猿猴更进即为人者，此俚俗无知之言，以趋于此者不更趋于彼也。故吾尝断之曰，使欧化不东渐，中国文化不与西洋遇，虽百世犹夫其旧可也；若科学，若德谟克拉塞，若征服自然之物质文明终不得一见于此土。所不同者，人类文化为后天的制作，时时有创新，即时时有改易，其变化之度至大；物种衍至今日，则已属先天遗传之事，创造之机泯没难见。故日本人可化于西洋，而牛卒不可为马；虽有育种改良之术，其变化之度至有限也。世界交通，民族文化之差异当减至其可能之最小限度，而仿佛有所谓世界文化者。然精察之，仍必各自有其风气色彩，必无一道同风之事。此意往尝晤泰戈尔相与榷论之，彼此所见雅契也。

丹麦的教育与我们的教育*

——读《丹麦民众学校与农村》

我因忖思中国经济问题的解决，而注意到农业与农民合作；因留心农业与农民合作的事，而注意到丹麦这个国家，并听得丹麦农业之发达、合作之隆盛，皆以其教育为原动力。所谓丹麦教育——就是他的民众高等学校，真是久已闻名不胜景仰的。至于其所以对农业对合作具有如是推进力，则模糊想象着必是学校中极讲究这项学科，而灌输于农民了。然而翻检他们的课程，似乎看去又甚平常，不外是些国文、历史、音乐、体操之类，不免有些狐疑于衷。

---

* 选自中国文化书院学术委员会编：《梁漱溟全集》（第七卷），济南，山东人民出版社 1993 年 6 月第 1 版第 1 次印刷，第 653—684 页；原文录自《中国民族自救运动之最后觉悟》，村治月刊社 1932 年 9 月版，第 227—255 页；原载《村治》月刊，1931 年 10 月 31 日第 2 卷第 4 期；曾收入《梁漱溟教育论文集》，开明书店 1945 年 6 月版，第 27—63 页。——编者注

最近，看到孟宪承先生新译《丹麦民众学校与农村》（商务印书馆出版）才恍然大悟，丹麦教育原来是这么一回事，以前猜想全是错的。此书作者原是主持这教育的人，所以原本确乎是很好的书；可惜孟先生既译了此书，而于译序中徒说些不要紧的话——人人可以想到的两点意见，竟不能指点读者向深处领悟追求，未免有负原书之美，亦且辜负自家译笔的一番勤劳。我既以得读此书而有悟，感想颇深，禁不住要说几句介绍的话，并对中国教育前途一贡其所见。

一　丹麦教育的根本精神

事实上的丹麦教育，竟恰是与我们想象相反。当初的民众高等学校并没有农业或合作一类之功课。例如这本书——《丹麦民众学校与农村》——41页明白地说：

> 特别是在乡村社会里，民众学校有很大的力量。它和人民实际生活，虽有这般密切的相关，但它的教学却始终着力于文化的传播，以觉醒一般人的精神生活，而培养他们的友爱，并没有施行过职业的训练。

其他明白指证处甚多，无烦一一备举。既非职业性的教育，然则其必为文化教育了。但同时我们又见作者自述他们学校近些年的变化，却言：

> 但旧日的好精神，决没有消失；今日的民众学校决没有退化

为读书的场所。

呜呼！伟矣！教育而在职业技能与书册学问两者之外，这是什么教育？有人问柯尔德——丹麦教育创始人物——问民众学校的原理与方法是什么？他答道：

> 我们没有什么原理与方法。我在十八岁时，学着爱人爱神的道理，自己十分快乐，就立志用我的时间和精力，去帮助别人得到这个快乐。民众学校的目的，只是教人爱上帝、爱邻人、爱丹麦。（18 页）

柯尔德请了位新教师，初到校来，恳切地请问他，应该教授些什么学科。他答道：

> 我每天早晨和学生做一小时的讲话，晚上和他们讲些史事或我自己的生平。这中间的时光请您监导着他们的做事和纪律。至于教些什么，你自己决定就是了。（22 页）

这宜乎为人所不识，而宜乎其足以振起一世之衰敝而复活丹麦也。还是那英国人序文一句话道破：

> 歌德（Goethe）说，“品性感应品性”。丹麦小小的一个爱国者团体，凭教育的力量，便转移了一国农民的品性了。

这就是说，人感人，由少数人的精神感召起多数人的精神。所以英序结语又说：

> 农村的青年男女在学校里，精神给觉醒了，思想给开展了，努力的热忱给鼓动了。丹麦农业的挽救，便是这种教育与文化运动的实效。

本书处处都能表达他们这教育里面的根本精神。下面所引，是其更明豁而又精彩的：

> 民众高等学校目的，是以历史和诗歌为媒介，而唤起民族精神的觉醒，刺激能力的发展。精神的觉醒，能促社会和经济的进步，这不是丹麦民众高等学校独有的经验。在法国新教徒（Hugenots）是全国最敏慧最勤勉的市民，当《南德法令》取消之后，他们遍布全欧，而足迹所至，经济的丰厚也随着俱来。在挪威十九世纪初叶受海格底耶教复活运动感化的人民是全国最优秀的分子，……他们做了开辟城乡农、工、商业和教育的前锋。（116 页）
>
> 我信这种进步是民众高等学校的活动所造成的。……最重要的还不是学生所获得的知识的多少，而是青年的心理和情绪的激发。离开学校以后，他们或许把所学的忘了一部分，但是他们已成了能听、能看、能想、能运用他们能力的人。（105 页）
>
> 他们（指学生）从农田、工场、商店来，他们应回到农田、

工场、商店里去，带着更勇迈的精神更莹澈的理解。我们是乐于他们有爱读书的习惯的，但我们尤盼望他们能增进生活的能力。民众学校要成为真的“生活的学校”才好。

二 丹麦教育的创始人物

丹麦教育即是一个人格感应的教育，则创始人物自为这教育的根本，不可不述。那便要推格龙维（Gruntvig）和他的弟子柯尔德（Kold）、施洛特（Schröder）三人为最要。

这本书一开卷，就先点明这教育和其创始人物的性质：

> 丹麦民众高等学校不是任何科学的教育理论的产物，亦不与任何严密的教育制度相关。它只是丹麦园地里生长出来的花果。它为着民众存在，给民众服务，其目的与方法全依着民众的生活而决定的。创造它的理想者，不是什么大学教授，而是一个思想的先觉，一个了解丹麦民族精神，而远瞩到民族启明运动的领袖。

“一个了解丹麦民族精神，而远瞩到民族启明运动的领袖”——这由何而得？这是要由民族历史孕育出来的。丹麦教育，实创于其民族历史孕育出来的人物，还以其民族历史来启发感召一般民众之一种教育也。所以其教学以历史为中心，而本书56页说：

> “只有感到民族覆亡的恐惧，而怀着生长和发荣之希求的人，

才能将历史的灵魂，传递于民众。”——民众学校的教师只有这样，才能将历史的教学，化成民族生长所需的营养。

又本书第 2 页叙述第一领袖人物格龙维（1783—1872）的家世云：

父为路德派正宗教士。母系出丹麦中世纪的贵族，她的家乘中有不少丹麦史上有名人物。他小时听母亲讲的祖先光荣的故事，唱的赞神的诗歌，早已蕴蓄了对民族历史的深爱，和对于基督教的信心。这良好家庭的童年的回忆，便是成年后生活感奋的泉源。

格龙维才情甚富，早年曾有许多极邀时誉的文学作品。由恋爱的失败，经过一个剧烈的宗教思想的变化，而卒归复于其童年路德派的信条。“从此，他的浪漫的理想的生活终止了。宗教信仰作了他终身事业的动力。他相信只有宗教信仰，能造成丹麦民族生命的更新。”（3 页）——格龙维及其弟子们实在完全都是宗教气息的人物。宗教信仰，外面似若愚痴，而人生最可贵的“真诚”即含于中。恐怕正唯赖宗教乃得成其人物。现在中国事最难办的一点，就在中国人的呆气笨味之不容易有。

还有使格龙维得一个启发的，那便是当时的英国。那时英国工业资本正兴起，旧社会崩溃，新人生开始，生气蓬勃；而丹麦社会则死气沉沉。以经战败之后，物质的损毁既大，人心的颓丧尤甚，无复自信心与战胜艰难的勇气。有的人劳碌于生计，有的人放浪无聊。他每年游英一度，感想无穷：

> 英国人和丹麦人的生活，像朝日和昏夜般的划分，这不能以两国人民气质的不同来解释的。古代的丹麦人亦像盎格鲁萨克逊人一般勤奋，一样地充满着北欧的英雄精神。为什么那精神在英国人中间还警醒着，在丹麦人中间便长眠了呢？

格龙维的解答是："英国人有自由。而丹麦人没有。……他深慕英国人已争得的宗教的人权的自由。"（9页）

这是很可注意的一点！他一面有极强的宗教信仰，一面又酷爱自由的精神，从而可知他的宗教信仰之非袭取的，非守旧的，非形式的。亦就因他不随着当时教士们压迫人民之自由的宗教集会，反而加入了自由奋斗者的战线，结果他不能不辞却教职，脱离其牧师生涯，而献身于民众教育了。我想如其他始终传教，未必有多大成功；正惟其以宗教家精神来作一种教育运动，其效果乃不可及。

听说有一本书，以马克思与格龙维比较立论。因他俩是同时的人，又同在英国游历，同受到英国社会的启发和影响，结果两人都有很大的创造以贡献于世，但是殊不相同。一是一部《资本论》和共产党运动；一是一种人生观和丹麦教育运动。此殆由两人性格各异，头脑不同，因而其眼光所注亦不同：一只看英国社会之严酷黑暗一面（工业界中），一只看他们活泼光明一面也——此一比较亦甚有趣味。

但是有一点是这两人所同的：就是其人格气息，其思想倾向的平民化。在这本书里说：

基督教的原则，使格龙维成为一个彻底的平民领袖。因为只有各个灵魂都有永久生命的信仰，才能使人感觉到自己和任何贫者愚者的一体。……他的民众教育全部工作，基于人人生来平等的一个信仰。他独创 Folkelighed（民众化之意）一新名词，这是不容易翻译的。它的含义就是丹麦人亦很少充分地领解，但它是格龙维终身事业的关键。（6 页）

因此，他决计不以他的文学天才，单去成就少数知识阶级所欣赏的作品，“却要给全民众歌唱出一个较高的生命来”；他不要作文坛上的名手，却准对着全民众努力。“他终于以他的诗才，在实务世界中，创造了一个新丹麦。”（6 页）

他和他的弟子们所以能始终于其平民教育事业，而不务其他的，似全在其动机远超感慨时事救国救民之外，而实以其一种人生观念（或曰信仰）为动力源泉。丹麦经济进步的大成功，政治改革的大成功，虽什九是他们的民众学校之力；而他们自身绝不参加经济或政治运动、他们的学校亦不为经济或政治运动的场所，盖唯其自有深一层的精神在，乃不借着当前问题显精神也。这本书于叙格龙维趁丹麦改行新政治制度时机，鼓吹他的民众教育之处，结语点出得极好：

他（格龙维）说，农民市民要享有政权、参与立法，自己先须有相当知识；他们需要的知识能力，不是什么外国语，而就是要能用丹麦语，流畅地正确地发表自己的思想，能了解丹麦的历史和社会情形。建设一种高等学校，使一般民众，来共同讨论研究他们自身的问题，所以成了必要。……格龙维虽用政治发展的机会，来提出教育的主张，他却没有造成一个政治学校的动机。他的民众教育的见解，根本要深得多，目的要高得多。（10 页）

格龙维多是靠他的信徒弟子们到处创办推行他的学校，卒之遍布了全国。他享了九十岁的寿考。他在老年，欣然看到他少年时含泪播种的丰获。（以上述格龙维）

柯尔德（1816—1870）是丹麦教育中第二个有大力的人物。他来自纯正的平民队伍中，父亲是个村落的鞋匠，母亲是邻村的村女。他曾住过师范学校，成年后，当农民子女的教师。他发现为青年或儿童教学，用活泼的故事，比呆板的书本好得多；而丹麦政府规定的宗教教学法，则不许其自由。他因此不干。他在小亚细亚斯摩那地方当了一牧师家的侍役，后来又在那里做钉书工人。先后五年间，积蓄些零钱，约五十五英镑。此时他教育的主张，愈以成熟而热心。他访谒格龙维，陈述他的计划；老人又帮他募捐了七十镑，即以此一百二十五镑的微资，开办了他的民众学校。

他在黎斯林购了数亩田，拆了颓败的旧屋，另盖一所茅顶房屋。在建筑中，他自己亦帮着工作。这所房共只三个窗的教室一间、住室一间、厨房一间。柯尔德和他的助教都是独身，就和二十五个学生睡在教室的阁上。学生所纳学膳费每月只十二先令。舍务是柯尔德的独身姊管理的。他们的膳食是极度的简单：一冬天全校所消耗的糖只一基罗格兰母；果汁里的葡萄每人只一颗；早餐只不甜的黑麦粥；咖啡或茶是从来没有的。但是大家欣然地毫无怨言。青年们每日饱饫着知识底粮食，有时就寝以后，师生还讨论着精神的问题哩。（20页）

据说柯尔德有时被人误认为学校的园丁，因他衣装最朴质不过。原书第四章列举丹麦民众高等学校二十要点，其一点说：柯尔德的努力，赋予格龙维的民众学校以内含的精神性和外形简单朴素。真的！唯有外形简朴可以蕴含深厚，而外面光华，怕就是精神贫乏之征呢！

柯尔德的人格，和他感应于青年们的，下列所记几段颇好：

柯尔德看得师生友谊非常重要的。他善用短峭的警语教人；他最能从日常微细的事情中，教人体认人生的价值。在六十年后，他的老学生还能牢记着他的几百句话。（22页）

他对青年们讲话，常要彻底地达到他们的心灵；他的明亮的深蓝的眼，注射到他们最深的精神生活。外界知识的获得，他看是次要的；有了内心生活的警觉，则知识的搜求是容易的。（21页）

他讲话时，要求听者十分的注意。他以为只有如此，能得到讲者、听者精神的融和。他从不许听者笔记，以为听者作了速记生，反与讲者精神隔膜了。（23页）

某次一个青年向柯尔德说："我很喜欢听你的讲演，却苦不能记忆。"柯尔德说："不要紧，这本来不比寻常的收取知识。好像田间装的水管，我们立了标记才便于寻找。至于播的种子却用

不着，它们自会生长出来。凡是你听得高兴而播种在心里的，等它到需要的时候，便自会再现出来。”（23 页）

柯尔德教人要有简单的生活。他教人就是牧羊挑粪的贱役也可以有高尚的精神。他呵责一般讴歌“进步”者的奢华的服御和粗劣的欢娱。所以民本主义的意义在常人看作是物质文化的增高的，在丹麦民众教育者，却认为要联合一种平凡的、简单的、俭啬的物质生活和一个真正的精神文化。这种生活的教训帮助丹麦人民节省了无量的金钱，叫他们在劳苦的工作中得到精神的快乐。柯尔德和农业教学无关，但他的教育在丹麦农业上却结了佳果。丹麦制的乳油所以著名于世界市场，不仅靠实际的机械，实在靠着一个健全活泼的民族。（24 页）

（以上述柯尔德）

丹麦教育创始人物之第三个施洛特（1836—1908）为林工之子——其父为森林产业的雇工。在他就学于丹京的时候，常到格龙维那里听讲，就成了他的信徒。他于格龙维的理论与方法，最有深解和笃信，人们或戏称之为“格龙维学教授”。他创办的阿斯科夫学校最为完善，可说丹麦教育的楷模，至今是丹麦、挪威、瑞典诸国中民众高等学校之冠（29 页）。

施洛特为人严凝沉挚，他时常沉思默坐着，双手拢在深黑的长须后，真像神话里阿丁（Odin）神。但他一立到讲坛上，便以沉着的声音对青年们讲话。他几句简单的话，便发生了绝大的魔力（30 页）。他同柯尔德一样，虽不是个专业的农人，而丹麦农业之兴，其力绝大：因农人的勤奋进步是从他人格精神而得感奋的（31 页）。

> 民众高等学校给予学生们一个观念，那就是：简单的平常的生产的工作都是伟大的。有名的阿斯科夫学校校长施洛特对于学生的影响最大。在教历史的时候，他常常讲“实际生活的艺术”唤起学生对日常工作的价值的重视。一个听过施洛特讲演历史的学生，述及青年们听了这位先生描写日常工作的光荣以后，是怎样的感动。他说，“我们握紧了拳，想立刻跑出去工作！”（109 页）

他的格言，是格龙维一句诗：“日常的工作是人生的韵律。”他深切地爱和青年讲话，鼓动他们工作的热忱，他自己是一个勤奋的工作者，他奋发感动了无数青年为丹麦不断地努力。闲思梦想是他所最厌恶的（30 页）。他看在农工商业务上有作为的人，比制作几首抒情歌的，为更大的诗人，因为他们能在人生活动中寻得韵律。1880 年谷价低落以后，丹麦开始大规模的制造乳油。饲牛的秣料的种植便亦须改良，于是萝卜种植，遂成一个常常讨论的问题。当时因施洛特的鼓舞劝导而种植的萝卜不知道有几千亩。但他这样提倡种萝卜、养乳牛、设合作牛乳场等，目的不只在实际的利益，尤在几千农户家里优良高尚的人生（33 页）。（以上述施洛特）

三　丹麦教育中几个重要科目

丹麦民众学校的科目，是没有什么新鲜的。但就在它很平常的学科里，一一寓有深挚意义与很大力量了。我们可以举出丹麦语文、历史、音乐、体操四项来说。

（一）丹麦语文

国语国文这项学科，在我们看是顶平常的了，可是丹麦教育所给予一般民众之伟大莫比的影响就在此。因为这里含着将学术从古典主义解放出来，成为通俗化，公开于多数民众的意思。原来那时北欧学术界，还拘泥着拉丁古文，所以格龙维常想必要有一天这丹麦语高等学校会取那拉丁语高等学校——丹京大学当时以拉丁文教学——的地位而代之。他深信丹麦的学术，必须是丹麦的；他深信以现代丹麦语自由讲话，比用罗马遗迹的拉丁，更能增进真实文化（11 页）。他首先把萨沙的《丹麦纪事本末》译成丹麦语。在 1838 年 6 月 20 日——丹麦农民由封建制解放的五十年纪念日——他作第一回丹麦语的历史讲演。嗣又续讲好几回。

> 他的灵动的讲演，激发了听众的热忱；他们唱着民间的国歌，向他致敬礼。这样开始的运动，不久传遍了全国，别的能干的演说家亦相继作同样的讲演。在丹京成立了一个丹麦语协会；民众聚集着听讲唱歌。在别处亦有这类组织和活动。（12 页）

这“活的语言”的教育功用，在农民文化的增高上，比全部的丹麦文学还要伟大；在一般舆论的引导上，比日报亦不相差；而讲员则几全是格龙维的信徒（13 页）。

此外，这里更有一个意义，是对待外国语。那时丹麦国势甚弱，受德国凌压，地割于德，人民多习德语，所以提倡国语是极有意义的。尤其在斯列什威好斯坦地方的民众学校努力着丹麦语的流行，和民族性的持续，其功甚伟。到 1920 年被统治于德国几达六十年了，终究以凡尔赛和约允许投票自决其国籍，而复归于丹麦（138 页）。

（二）历史

历史亦是个很普通的学科，唯在丹麦教育中乃表现其教育之神功。当格龙维目击英国社会的勃兴，而深感自家社会上气象的颓唐，一般人精神的萎废之时：

> 怎样能觉醒民众？这个问题是他很长久思索着的。他慢慢地想到要设立成人学校，讲丹麦语、讲丹麦祖先的故事，使民众从过去光荣的回忆，得到将来民族的自觉。（7 页）

“只有感到民族覆亡的恐惧，而怀着生长和发荣的希求的人，才能将历史的灵魂传递于民众”；——这句话我们在前面已经引录过了。又原书第五章述其一日间的学校生活，有云：

> 第一课是历史。他的教学方法是依着格龙维的主张。教师把它当作一个有生命的人类故事来讲。从上古到现代为一个不断的时间的迁流；人类的生活是一个不断的历史联续。我们现在的生活亦只是其间的一阶段而已。青年们听着这故事，自会感觉到自

己在这人类生活中的地位，因过去民族的光荣得到一种精神的兴奋。（56 页）

历史上伟大人物的事迹，最足以启发我们的内心而扩充我们的人格。同时历史又不以抽象的推论趋于一偏，而有所执着。原书叙施洛特的历史教学云：

像格龙维一样，他以历史为一切教学的中心。历史是实际生活的回忆，是人类经验的纪录；他的价值比任何哲学的理论为多。历史的证据要求人们一致地信从，同时并不剥夺他们独立的判断。他将生活的事实陈列于青年之前，供其参考，却并不注入任何偏见或成说。……这种客观的人生教训，于北欧人民的教化有绝大关系。（33 页）

（三）音乐诗歌

音乐本是感人最深的，而能歌咏的文学更有带着人整个生命活腾起来之力。这在格龙维的民众教育中实为特别着重的课程，尤其是儿童教育和民众教育要靠这个才能有效果。原书叙民众集会中音乐唱歌的功效极好：

这些民众集会和唱歌，就成了觉醒农民精神的方法。以前民间唱的只有赞神的歌和恋爱、战争以及饮酒的歌曲。自从格龙维和其他诗人作了许多新诗歌，凡丹麦历史的大事，民族开明和进步的希望、劳苦、祈求，一切民众的精神生活都用普通语言活泼地描写，和着音乐流咏出来，民众于文字有不能领解的，唱着歌亦就感动了。每次集会听讲的前后，大家总是合唱一回，不久青年们会唱几百首的新诗歌，以宣达他们心坎里最深的感情和祈愿。（13 页）

在民众学校里，晨间唱歌以后，才开始讲课，上课完了，大家再同唱一个有关系的歌。唱歌的技术是不注意的，他们借着唱歌，兴起他们的趣味，唤发他们的友爱的精神。（55 页）

（四）体操

在起初的民众学校，其体操一科，目的是在锻炼健全的军国民，尤其是 1864 年对德战败后，具有很热烈的防卫国家的意思。1880 年前后青年对这种体育兴味渐减，恰好从瑞典传过来一种体育方法就替代了。原书叙沃尔开特民众学校校长德理尔说明体育应采取的新眼光云：

体育并不是为军事或其他特殊目的训练，亦不是单单为了锻炼人真的体力和敏捷。体育的目的，是全人格的发展。他要联合教育和锻炼以发展人类和动物不同的地方，这当然不仅是身体的发育。一个人纵然经长久的锻炼而能有强大的体力和敏捷的技能，亦决不能赶上牛的体力或猿的敏捷。但他能超越各种动物之上，只是因为他能用他的意志来驾驭他的身体。（127 页）

这段话含义甚深，但我们此刻不及替他说明。

四 丹麦教育之要点

这本书第四章中，列举了丹麦民众高等学校二十要点。我看着丹麦教育，实有提出要点来指说明白的必要。但原书所列二十要点，我却觉着不尽合用。以我所见，除前揭出之根本精神一点外，可再提出八个要点——

（一）丹麦民众学校是由民众集会而来。格龙维以丹麦语为民众讲演，而盛行开了的民众讲演唱歌的集会，前已叙过。到十八世纪末，几乎每一教会区都有一个民众会堂，大家在那里聚集着唱歌听讲，其于民众心理的启发上，乡村文化的增进上，为功甚巨。“但是单靠着集会讲演，这影响到底不会深入和永留。一个中心组织是必要的——这中心组织便是民众高等学校。”（14 页）在民众学校成立以后，讲演会常为其固定事业的一种。

> 在中古时代，村集环绕着教堂而成，在丹麦这时，村集却环绕着民众学校而成了。住在学校邻近的村人都参与学校所举行的各种公共集会（39 页）。民众学校的教师亦游行各地，在民众会堂和夏天的露天集会作公开讲演。这样民众教化的范围推广，青年愿就学于民众学校的愈多。（40 页）

各地亦或另有演讲会的组织，而特建会所的。“有了这样一个会所，作兴趣和努力的中心，民众很容易得到丰富而充实的生活，以表现高尚的丹麦民族特性。”（125页）“可是亦有些地方的演讲，竟不如娱乐和交谊的事情重要，然其最初目的，却同是做民众学校的前哨的。”（126页）

（二）丹麦民众学校类乎一种补习教育。他是以十八岁至三十岁为入学年龄，与其他正式学校教育并不衔接的。学生多是受过义务教育或中等教育以后，又入社会做过事的人。以每年11月1日到次年4月1日的五个月为男生就学期，而5月1日到8月1日的三个月则给女生就学。从此等处看来，都很像成人补习教育。所谓补习自亦是有的：“一种功课寻常学童须三五年学了的，有志求学的成人三五个月便学会了。”然而主要的正面的则在人生的启发指点。人生问题的感触和认识，是必须到相当年龄才行的，所以入学年龄曾为此教育创始者争论之点。

> 柯尔德和格龙维发生一个重要的争点：即关于民众高等学校学生入学的年龄。老人主张至少要十八岁的青年才能有相当的成熟，能就学而获益；柯尔德却以为十五岁的学生较易于感受和范型。后来柯尔德实施起来，知道自己是错了——有了些生活的经验的青年，真是全心全意地来受教的。从此民众高等学校的入学年龄就定为十八岁。（20页）

（三）丹麦民众学校都是私人所经营，学生就学全出于自由的志愿。（53页）年纪幼的人进学校，常出于被动，年纪长的人进学校，或为有所诱慕。唯此丹麦学校既收已成年者，又无学位或职业予人，其来学自为志愿的。学校私立，故校长即是校主，学校为他所有的。（48 页）自非出于志愿，亦没人来干这事。两方皆自志愿出发，不夹杂贰心他意，此其所以一则能感，一则能应，精神不期而逗合融贯、扩充开达也。假使办学的人是被派来办学的，一定无此效果。原书叙校长波拉自述其创办经过之艰难挫折而结语云：

> （上略）这都是许多年前的旧语。但这许多年来，实在没有一日没有新的失望、新的进步，没有一日没有警觉我们的艰难、勉励我们的收获。我回想这种种的艰阻和成功，心里始终充满着快乐和感激。（63 页）

志愿以磨砺而愈挚切愈有味，发之于事业者，又安得不愈见精神！

（四）丹麦民众学校在政府是只给津贴而一切不干涉的。像丹麦这种教育固万不能由政府派人办，抑且以不受外界干涉为妙。格龙维的主张本有借政权而实现的希望，但卒未成。

> 可是，亦因为他的计划不成于在上者之手，而成于志愿为民众牺牲的人，后来的民众学校形式亦更自由，它和平民生活的关系亦更切近。（14 页）

各地民众学校既办起来，在一次他们的联合会议上犹有人主张必要借助于政府力量的。

许多民众教育者，如德理尔等则竭力反对国立民众高等学校的计划。他们以为前此各校的享有教学自由，就因为不受政府干涉，这点如或放弃，其损失将不可限量。（37 页）

幸此国立学校计划亦未成功，政府始终站在补助地位而不干涉。

柯尔德的民众高等学校学生纳费是很少的，他不得不向外请求经济的补助。从 1859 年起他每年接受政府的补助金，但以政府不干涉校内教学为条件。现在丹麦政府每年给予民众高等学校的补助金和奖学金约共一百万克朗。外国人到丹麦来，看了最惊异的：就是政府担负这样巨额的经费而绝不侵犯私人办学的自由。这是我们不能不感谢柯尔德的！（25 页）

（五）丹麦民众学校很富于家庭意味。原书有几段话，叙明此点：

民众高等学校像一个家庭：校长和他的夫人像家长，学生像子女。他们大家合桌会餐，谈谈笑笑，很是快乐。校长借此机会，给学生们一点友谊的忠告，或报告几条重要新闻，使他们很容易知道国内外的大事。民众学校这种自由活泼的会餐，使学生感到家庭般的安乐，那是和寻常学校的生活绝不同的。（57 页）

民众学校必须如家庭一般，才能完成它的使命。它当然教青年参加人民和国家乃至人类的诸般活动，但同时决不可失却了他们儿童时家庭生活的热情。他们得了解：人生不应当变成一种利

己的竞存，而应当是一种群利的分享，这样，国家乃至世界，亦成了人们共同的家庭。（34 页）

我们学校亦有一个共同的社会目的，就是丹麦家庭生活的维系。我们要使青年明了家庭生活一经破裂，全部社会组织是要分崩的。只有建立在家庭般的友爱的精神上，国家乃至人类才有安宁，人们利己的竞争才有救济。这一点，欧洲大战已给我们一个痛苦的教训，而格龙维的理想亦更得到一个事实佐证了。（45 页）

这个“学校家庭化”的风气，实倡始于施洛特及其夫人，这是不能不纪念而感谢的！

施洛特多才的夫人是很有功于阿斯科夫学校生活的满足的。几百个学生食宿的烦琐，丹麦国内外几千个来参观的宾客的酬应，都是她一身任其劳。（34 页）

施洛特夫人很能干地把阿斯科夫学校造成青年们的一个大家庭。她这种努力永为民众高等学校校长夫人的美范，亦将民众学校化为丹麦社会生活的一个有机部分。她性情是快乐的、豁达的、坦白而敏锐的。她除尽其对丈夫子女的职分以外，更将她优美的家庭，公开于校内的青年。（35 页）

（六）丹麦民众学校使师生同学间发生很好的友谊关系。柯尔德的教育，他自己曾说过，没有什么原理与方法，只是他在十八岁时学着爱人爱神的道理，自己十分快乐，就立志用他的时间和精力，去帮助别人得到这个快乐。所以师生间、同学间的友爱，是丹麦教育中的精髓。原书第五章叙民众学校一日间的生活，自晨间歌唱以后，功课开始，到夜里十点半钟校内熄灯，停止谈话，大家安静休息，而总结云：

> 民众学校的老学生，回想在校的时候，各人的性情意见，尽管不同，而不晓得怎样，有一种很深的精神上的契合和友爱。这个精神就活跃于歌唱中，表现于谈话里。所谓“活的语言”，就是教师忘了他自我，传达着永久的真理，而影响到学生精神生活的谈话。（58 页）
>
> 他们（学生）的信仰教师，和中古时代的学生自由集合于大师的讲坛一样。师生间自然地发生一种自由的友谊的关系。（55 页）

从这般的教育成为风气，而化及全体民众。故原书叙说丹麦社会内部没有阶级冲突，就说：丹麦所以能这样侥幸，由于财产分配得平等，和农民的探索人生意义的运动，把全体民众不论阶级、家世、职业、资产都联合在友爱的精神之下。（90 页）其财产分配得较为平等，则合作事业为力最大，因其产业的发达不从资本主义路也。合作事业之发达，又属民众教育之功。

> 许多青年出了民众学校，又进农业学校。等到自己谋生的时候，他有坚强的友谊，共进的勇气。青年们已具有使合作运动成功所必需的性格了。（114 页）

合作事业之成败，全看参与合作者之友谊、信用、担当如何。假若没有丹麦教育是不会有以合作立国的丹麦国家的。

（七）丹麦民众学校以师生间同学间的谈话讨论为其教育一要点。原书第五章叙学校一日间生活，于体育运动以后：

> 接着是问答和谈话时间。教师从日报上看到的材料，可以随便提出讨论。教师只注意着学生言论的不分歧于枝节问题，讨论是绝对自由的。民众学校的学生不是来研究某种学科而是来了解人生与个人地位的，所以这种同学意思的交换，给他们以十分的满足。
>
> 这种谈话又是解答讲课中疑难的一个方法。学生有课内不懂的问题，趁这时可充分提出。教师有不能满意作答、或问题太复杂而不便于公开讨论时，再由教师和学生做个别谈话。教师从这种谈话中，得很大的益处。他们发现学生进步的程序与需要，而更谋教学的适应。民众高等学校是真以青年为中心，先引起他们的需要，而后供给其知识的。
>
> 课前课后，我们常看见学生们交换笔记，或自由阅读。有时亦听到他们讨论着马的种类、猪肉的价格、节制问题、妇女在社会的地位，和时事等等。学生来自各方，这种共同的切磋讨论，所得的益处是不难想象的。

（八）丹麦民众学校课程不甚划一固定，是其一要点。原书 49 页云："学生的课程是自由的。师生共同生活于友爱中，不难协定所教所学的科目。”又74页极言采取个性适应原则，顺应学生个别的需要。前记柯尔德回答一新教师问教些什么科目的话：“我每天早晨和学生做一小时的讲话，晚上和他们讲些史事或我自己生平。这中间的时光，请你监导着他们的作业和纪律。至于教些什么，你自己决定就是了。”此亦可为一证。

五　丹麦教育之变迁改进与扩展

丹麦之民众学校自格龙维、柯尔德创始以来，于今已八十年。此中自有不少变迁和改进之处，我们亦须就其重要者撮志一二，还有其发达扩展，亦有可记者。

所谓其重要的变迁改进，质言之，就是增进了科学教学，复滋殖了职业训练的学校，而互为联络辅翼。当初的民众学校是以历史文学等为其教育的主要题材，但“在施洛特时代，进化论的学说已到处迫着人们的承认，他就知道有思想的青年，除了文学历史以外，还要求自然律的透彻研究。”（38页）自然科学是不能不讲的，但自然科学的研究很易导入唯物主义，与他们的教育生冲突。又况格龙维的门人，几乎全体是跟着那位导师的轨范，受着历史文学的陶熔，难觅得出科学家。可巧有一位青年的气象学和物理学者拉柯尔，被施洛特请来担任这科学的讲座，他颇能解决这困难问题——

> 拉柯尔是个有资望的农人之子，是在格龙维主义的家庭生长的。他兼有儿童般的宗教信仰，和极深的科学兴味，正是民众

学校所需要的教师。他受了格龙维的历史的方法影响，所以他教授数学、物理亦依照历史发达的顺序，这是和系统的教学法不同的。他给学生们讲说：怎样累代的思想家，潜心致力，而渐渐发明数与自然的定律，人类怎样凭着他的才能，而征服了自然环境。就是寻常不会感到数学和物理兴趣的青年，这样亦能于科学有个概括的了解。拉柯尔从人生的观点教科学，所以科学与民众学校其他学科自然有精神的一致了。在十九世纪末，许多青年因传统的信仰受科学的打击而陷于思想上矛盾的痛苦。难得拉柯尔又是调和信仰与科学的人，自然更加得着青年们的悦服了。（39 页）

这是民众学校增进了科学教育开始时的一个例。后来阿斯科夫学校又得其他多能的教师，科学教学更加圆满。然而我们觉得科学与宗教信仰的调和终是不易为力的，不知他们怎得许多好科学教员。科学思想，又影响到历史教学：

现代科学的精神影响到民众学校里历史教学。以前，历史是当作人类生活的故事，古代史是特别着重，从阿美利加发现以后，教师是难得讲到的。在今日，我们的历史教学却趋重于现代史的了解。我们在历史演化中已不单讲上帝指引，我们只持续着理想主义，而描写几个有功于上帝和人类的伟大人物。（44 页）

还有一个新趋势，便是社会学和社会进化的注重。我们学生的大多数是不留意社会问题的。这是因为丹麦农人生活于很好的社会情境中，其最热心社会改造的工人，又很少进民众学校。但我们教师竭力引起青年们对社会问题的兴趣，而同时农人中的小地主亦因乔治显理氏经济学说，感觉到切身的关系。有一部分教师是很踌躇于社会主义的传授的，他们恐怕过分着重了，会把历史教学化成唯物的，而妨碍民众学校之目的——精神的觉醒。（45页）

还有以文学艺术渐渐替代了宗教教育，亦是科学的影响。

在旧日，教师们要表现出民众精神向上的冲动时，都引证着北欧神话的材料；在今日我们则取例于现代文学作品和艺术了。（44页）

丹麦农业之盛，农民合作之发达，自不能不有其训练所在，然而这种职业训练的学校却都是由民众学校渐渐滋殖出来的。盖在民众学校虽并没有施行过职业的训练，但另一方面职业学校却渐和民众学校联带着产生出来——教授农业、机械画、家事等科，它们大都是民众学校的学生办理的。（41页）

施洛特的学生俾得孙于1875年后，在阿斯科夫左近建设拉特伦农业学校。数年后，亚页尔等又在奥登斯——就是那时柯尔德的学校所在地，设立达伦农业学校。拉柯尔的兄弟约根在丹京附近设立林边农业学校。不久，这样的学校就增加到十所了。（41页）

“这文化与职业两方面的活动各自独立，而又互相关联，共同携手为着丹麦的民众服务。”（41页）中农的子弟大都能先进民众学校，再进农业学校。小农的子弟普通只能受一个冬季的成人教育，因此小农的农学校，所教的仍旧有普通民众学校的课程。这两种学校一向有密切的关系，可以总称为“丹麦青年学校”（107页）。

因其如此，所以丹麦民众教育能帮助农民应付那谷价低落经济恐慌的农业变革，而有其伟大贡献于农业。“这种情形，从农业变革时直到现在没有更改。民众高等学校的前辈学生在农业专门技能方面处于领导地位，他们管理许多改进农业的团体。农会和合作社以外，他们还管理十八世纪末十九世纪初产生的许多小农底农会。”（105页）——关于丹麦教育的变迁改进的话，大要如是。

所谓丹麦教育的发达扩展，是指其扩展到都市里，扩展到外国，最后并有“国际民众学院”。扩展到外国，大都是外国人看了丹麦教育的好，而师取其意，各自在其本国模仿建立的。瑞典挪威甚多，其他欧洲国家亦有之，最后则美国和日本亦有了。扩展到都市，及国际民众学院之设，则是丹麦人的努力。

丹麦教育家是充满着宗教家精神的。信如柯尔德的话，他将以他的精力与时间“帮助别人亦得到这快乐”，他如何能单在乡间尽力，而终竟置都市人生活于不顾呢！丹麦教育自然发生于乡村，且始终以乡村生活为主，但如其终竟不到都市里去，将不成其为丹麦教育的精神了。然在都市中创办这种教育，却非易事。“都市中的喧嚣烦攘是难得养护教育生活的。市民与农民性质是根本不同的，其生活的状况和一般的情境是不适于民众高等学校事业的”。有许多人尝试，均遭失败，盖至波拉（Borup）而始成功云。（61页）又其次，丹麦教育是不能不扩展到国际间的——国际间的仇恨心理，人类和平的破坏，“爱人爱神”的丹麦教育家又何能置之不顾呢？所以在欧洲大战期间就酝酿出这国际民众学院的计划。曼涅支（丹麦教育家）实为其发愿创办者，“像是得了宗教的灵感一般”不顾艰苦要去实行。欧战后他奔走于各国，得各国人士的同情赞助，以1921年创建于丹麦的爱尔西诺市。学生来自英美德奥各国，将从各民族间的了解融洽做起，打破障蔽，释除夙怨。“希望对于改造未来的世界能多少贡献一些力量。”（79页）原书记其学校情形甚有趣味，录其一段于此：

> 英国学生喜欢那自认和学生一样，自己只知真理极小的一部分的谦卑教师。德国学生却愿意尊崇一位能领导他们的教师，把制度和理想传授给他们，他们得做努力。英国学生重事实，不喜欢理论和空想，他要实用的知识，所以喜欢社会学和心理学。德国学生虽然亦修习社会学和心理学，可是他们为知识而爱知识，对学问实用的价值表示怀疑。……学生性格的混杂虽使编制课程感到困难，但亦有许多益处。在各国人民聚在一堂，学习地质、世界史、世界文学的时候，兴趣自然更浓厚。日常和异国学生相处，亦能助学习外国语的进步。学生因性格互异，可相为薰习。英人的愿负责任和幽默，德人的勤俭和富于感性，丹麦人的奋勉和勇于助人，瑞典人的机智，这都能互为影响的。（79页）

六　从而论到我们的教育

我们既叙明丹麦教育，从而论到中国的教育问题。在旧日（指西洋式教育未入中国之时）中国国家虽极注重教化，而于今日所谓教育者大半阙如，或听诸人民自理。此教化盖与西洋之宗教略具相当功用，其内容为人生的教训而绝不含知识技能在内。又以生产技术及其他技术未进于科学之域，各项职业的训练，但行于父子师徒之间，鲜以学校教育行之。其有类乎学校教育者，厥为“士子”之读书。读书不成，仍归于农工商各途；读书而能成其为士者，则士亦即为一种职业于社会间。其职业即为官或教书等，为官教书又主于以教化为事。故士之教育除一部分为文艺教育外，主要在明人生而敦伦理，凡所诵习莫能出此，是可征也。然自清光绪间废科举兴学校以来，一切情形大变于旧。今所谓中国教育问题，正指此三十余年间之新式教育言。

新式教育之兴，将以起一国之衰，乃至于今日而其弊大见，适所以祸国焉而已！方其弊之见端，改革之议屡作，前后纷更，屈指难纪。举其最近转变之可得言者，约有两点：

一、为由都市教育改趋于乡村教育；

二、为由人才教育改趋于民众教育。

“乡村教育”、“民众教育”，这是三五年来教育界里最时髦的话头，可是在以前，谁曾提过呢！这个转变是怎样而来？不外是由模仿感觉到问题而生的一个自觉。原来西洋近代文明是建筑在工商业上的一种文明，亦即是以都市为中心而发挥的一种文明。其所以称霸于世界，远侵到东方，震撼惊醒吾人之迷梦的在此，故吾人急起自救，模仿他的亦在此。新式教育即此模仿中的一件事。虽不必单提直指地办都市教育，而因其为西洋那样社会孕育发展出来的一种教育，固自不期而然地是一种都市教育了。所以三十年间新式教育的结果，就是一批一批地将农村人家子弟诱之驱之于都市而不返。又以我工商业之不发达，麇集于都市之人乃不得不假政治名义重剥农民以自养，乃不得不争夺其所剥削的地盘而酿发战祸。故新式教育于乡村曾无所开益，而转促其枯落破坏。然中国固至今一大乡村社会也，乡村坏则根本摧。教育界之有心人发见其非，于是有乡村教育之提倡。乡村教育是大标特标出来的，而都市教育始未有其名号，正为其一则出于自觉，一则模仿于不自知。

由人才教育改趋于民众教育，其故亦复如是。当初所以兴办学堂，所以派学生出外游学，原是造就人才。因为在西洋国家有许多可歆羡的事，中国想仿办的，都必须从造就人才入手。例如想办海军，必须派人游学海军，想练陆军，赶紧成立陆军学堂，想办警察、想修订法律、想开矿、筑铁路，乃至种种，都必派人游学或兴学。所以那时游学回来的人，国人莫不以奇才相待，而学堂毕业出身的，亦都要奖官授职。初办教育时其用意如是，眼光如是，固为时势所不能逃。乃时至今日，不嫌人才少，反苦人才多。不但军界人才多，法政人才多，即农业工业人才亦摆起来，没有用。始恍然几个专门人才决救不得国，必待一般民众觉悟而且进步，整个社会才得好。于是民众教育之呼声大起。民众教育是大标特标出来的，而人才教育始未有其名号，亦如前云自觉与模仿之分也。

我们知道丹麦教育正是一种乡村教育，一般民众教育。今日中国教育界的新觉悟、新趋势不期乃与数万里外异国之八十年前旧事相合。此不事模仿而自然巧合者本是最好不过——模仿反倒不好。然我们虽不想处处求合于丹麦教育，丹麦教育固尚有足引起我们觉悟而亟图改变之点。窃以为我们的教育当前有两大问题亟待考量的：

一是教育将趋重知识技能，抑要着眼人生行谊的问题；

二是教育将主于官办，或听由社会上私人经营的问题。丹麦教育很明显的，在前一问题上是着眼人生行谊，在后一问题上是私人经营而国家从旁补助。但三十余年来，我们的新教育恰一一与之相反——于前趋重知识技能，于后主于官办。

本来近世西洋人的长处，就在其超进于往世的知识技能，而中国人之所短亦正在此。初无待职业教育之提倡，中国之兴学自始即着眼在各种专门知识技能，期以西洋之“实学”救我夙昔空疏之弊。况学校制度仿自西洋，在西洋原是以科学的讲习为主。由是三十余年来教育上风气一变于旧，竞以“知识欲”相标榜。乃其结果，此“实学”教育顾未见有何实用之效，科学亦迄未发达。此诚何故？这自亦有很多原故，难以一言赅尽之。然试以丹麦教育来相比较，乃彼始未尝着力于实用的知识技能如我所为，而实用之效，我所亟求不得者，在彼反大著成功。是不可深长思邪？此其所以然，我想至少有两层可以说的。

（一）知识技能是生活的工具，是死的，只有生命本身才是活的。必待活泼的生命去进求，而后知识技能才得有；必待活泼的生命去运用，而后其功用乃著。生命消沉无力，则知识技能一切谈不到；而果得生命活泼，亦自然知所进求运用，正自不难著其功。如前所述，格龙维、柯尔德、施洛特的教育，正是为其民族生命做的一番鼓进振导功夫，使颓废的丹麦人平添了无限活力。因此丹麦民众学校虽不直接讲究农业学术，而讲究农业的学校团体机关都由此滋殖出来，柯尔德、施洛特均与农业教学无关，而大家都公认他在丹麦农业上著有奇功伟绩。这正所谓“有体必于用”，不在用上求而用自有。反之，在中国入手便讲知识技能，专在用上求，忽略了生命本体，结果无体亦无用。

（二）中国旧日书房教育，于科学知识实用技能完全没有，其必须采取西人长处以补我之所短，夫复何疑。然中国文化至清代而益成定型，外面光华，内容枯虚，似盛而实衰；其教育正亦不能外是。从来中国教育特别致意之点在人生行谊，所谓“读书明理”，其理正指人生之理。清代率天下为八股时艺，一宗朱注，演孔孟书为游戏文章，学术界风气又以名物考订为事，鲜及义理。故在高等教育上，此“人生之学”浸僵浸腐，殆已僵成尸。同时，礼教之威严愈著，人情真意愈以衰薄。故在一般社会上，此人生行谊教育亦已僵化而鲜生意。于此际也，欲言吸收融取他人长处实难。譬如艺果树者之插枝接木，欲在此树本上得为如彼之开花结果非不可能，但头一条件必须此树本之生意充足。我诚欲融取西洋教育之长，必先从来之教育先自更苏。乃清末兴学，眼光所倾注既在彼而不在此，学校课程虽有“人伦道德”、“修身”等目，而枯燥为学生所厌，中国旧教育至此无复绪余。以是求所谓知识之花、实用之果，三十余年来曾亦不可得。非独不可得也，时至今日，新教育制度不几已穷乎！

我们可以断言：中国学术除非不复兴盛则已，如其兴也，必自人生问题之讨究入手，乃引起其他一切若近若远之科学研究，抑必将始终以人生问题为中心而发展一切学术焉。中国教育除非从此没办法则已，如其有办法，必自人生行谊教育之重提，而后其他一切知识技能教育乃得著其功，抑必将始终以人生行谊教育为基点而发达其他知识技能教育焉。如前所陈，中国教育今当置重于乡村教育民众教育。然使所谓民众教育徒琐琐于识字、于常识、于农业改良，而于吾人如何处兹历史剧变的世界，无所启发指点，则可云毫不相干。今之乡村社会于千余年风教不改之后，忽尔变革激急，祸患迭乘，目眩黑白之辨，人无乐生之心；而时则旧文化既毁，若政治，若经济、社会生活之各方面，乃非有伟大的创造，开民族历史之新局，必无生路。一方农民心理既不胜其窘闷消沉，一方时代责任所期于彼者顾极重且远。自非有极深之信仰绝强之意志之大教育家，从人生问题上启发指点，俾其心理有大转移，则一切谈不到。更无论所谓识字运动、农业改良运动等，在其本身各有难于推行之点，可断言其无功也。窃愿努力民众教育者省识及此，而亟图之。——此在我们非必求符于丹麦教育，然观于丹麦教育，固有引起我们对此刻中国教育问题之认识者（关于中国民众教育之诸问题当别为文讨论之）。

今日中国教育之主于官办，亦是时势所必致。盖新式教育原从异方社会摹取而来，不是中国社会上自然而然的产物。如果不是借着国家权力在提倡，它将不能在中国社会上出现乃至推行。有的借国家崇贵的名义，有的借法令的强制，尤其是在经费上要靠公家才得措办。所以在当日倡导新教育运动的人，对“官办教育”一层，似不发生什么疑问。到近年来国民党的政纲政策更像是一切事归国家包办才对。

虽然现在私立学校亦还有，而曾未闻有人大声疾呼反对官办教育。其实教育这桩事，既不同于军事、外交、警察、司法，唯国家乃有权执行，又不同于交通事业要统一管理才方便。何况教育最忌的是机械呢！丹麦教育最大的长处是不机械，处处富于自然旨趣。假使丹麦教育亦是官办的——是政府派来的官校长，支官款、办官事，那恐怕所有一切的精神真趣都没有了。因办学的人根本便非是自发的志愿，而是被派遣来的——机械的。一切依据官厅法令章程办事，而不出于办学者自己的意思——又是机械的。款项非从辛苦自筹，便无爱惜之意，翻或令不肖者生觊觎贪竞之心。纵然防弊甚严，涓滴不失，亦是机械的。总之，是一套机械。什么人格感应的教育，什么师生同学的友谊交情，什么学校俨如家庭，什么课程自由、适应个性，一切的一切，全无从说起，根本取消。我们敢说要想中国教育有生机，非打破推翻今日官办教育的局面，得一大解放不可，官办教育，教育愈办愈死。官不办教育，听社会上有志教育的人去办教育，才得愈办愈活。分析言之，其利弊不同有四。

（一）官办教育有形式，不如社会自办教育有精神。因唯其自动乃有精神。而官办的事向来是官样文章。记得从前上边政府督励各县举办小学堂，一县或报说办有几百几千，其实每每悬着招牌没学生。现在政府又督励各县举办民众教育了，结果还不是同从前一样。即实在认真去办，其认真之处亦在形式，精神则讲求不到。办教育的人一副精力全用在应付外面，而不用在教育本身，即办得好亦是形式好。其下焉者更但求敷衍过公事便完。这是几十年官办教育的写真，人人眼见的。

（二）社会自办教育得各抱理想自由试验，而官办教育必有规绳，不免窒塞创造。然中国现在所需要的正是创造。因中国社会旧日的一切多不适用，近今从西洋直接抄袭过来的又不适用，所以非创造自家所适用的一套新文化不可。政治、经济乃至一切皆然，教育正同一例。窒塞创造即是窒塞中国前途。何况中国今日教育已到途穷、非变不可地步。这变断非由官去变，要自由试验而后才变得通。

（三）官办教育易离开社会，不如社会自办切近事实。三十余年来所以必须以官力办教育者，原以顺从社会之自然，否则无此教育。然官力愈大，教育之离开社会将不免愈远。卒之，一切非此社会所需要有的教育，非此社会所可能有的教育，均见于中国。教育自教育，社会自社会之弊乃特著于中国，而中国社会病矣！今欲求教育之切近社会事实，必须出自社会自办；教育界出自社会自办，则二者将息息相关、息息相通，欲离开社会而不可得也。

（四）官办教育每多虚抛浪费，远不如社会自办者用钱经济。凡是一个肯留心的人，曾在官办教育里任过事，当无不稔知官办教育用钱是如何滥抛得可惊。正在患穷的中国社会，似应讲求用钱经济之道。那就莫如将教育事业付诸社会自理，才得将花不心痛的钱的心理改变了，而为自知撙节。这出入之间，我们相信是很大的。

所谓改革官办教育的局面，而由社会自办是怎样呢？那就要政府退处于考核、监督、奖励、补助地位，促兴社会事业而不阻碍社会事业——现在有些社会事业正为政府力量所抑阻。我意并非不要政府力量，但以为政府力量宜用之得当耳。包办就是不得当，对于有志教育的人办教育有成效者从旁提倡掖助即为得当。将政府款项用在津贴社会上好的学校，比较政府用款开办一个学校，又经济，又见精神。其有某地方教育不发达者不妨从宽津助以示提掖之意。又或有某项教育事业鲜为社会注意者，亦不妨特加提掖，甚或政府来举办亦无不可。因为完全听诸社会上有志人士去办，或一地方社会之自理，不免有各不相为谋之处，缺乏统筹全局的计划。必须要政府来补足其不周遍不均适之点。但从大体上说，是以社会自办为主、政府办为辅。——此在我们亦非必求符于丹麦教育，然观于丹麦教育，固有引起我们对此刻中国教育问题之醒觉注意者。

天下事的分别，只在敲轻敲重之间，初无绝对如何如何者。以上说过的四个问题，我们只是赞成最近所萌芽敲重乡村教育的趋势，敲重民众教育的趋势，我们只是提醒大家要敲重人生行谊教育，敲重社会自办教育。必有轻重，才见方向，才有路走。既曰轻重，自亦非抹杀哪一边。

杜威教育哲学之根本观念 *

一 《民本主义与教育》的读法

杜威的学问很通！把宇宙人生种种现象用一个道理贯串起来，反来复去只是说一个道理，此之谓通，此之谓真学问。他在本书（《民本主义与教育》）的“序”上说：“这书所述的哲学是把民本主义之演进，与科学上‘实验方法’的发展，生物学上‘进化的观念’，及‘工业改造’，彼此互相联络贯串起来……”由这一段话可以看出，他用一个道理说通了。他把社会上视为两件不同的事，一为“民本主

---

* 选自中国文化书院学术委员会编：《梁漱溟全集》（第七卷），济南，山东人民出版社 1993 年 6 月第 1 版第 1 次印刷，第 685—701 页；原文是著者在山东乡村建设研究院研究部的讲演词，原讲题为《杜威〈民本主义与教育〉的读法及其根本观念》，由公竹川、张虎鸣笔记，录自《梁漱溟教育论文集》，开明书店 1945 年 6 月版，第 7—26 页；原载《乡村建设》旬刊，1934 年 9 月 21 日第 4 卷第 6 期。——编者注

义”，一为“教育”，并为一谈。认“民本主义”与“教育”两者是一回事，是一个道理。哲学家之所以为哲学家，是在他能把宇宙人生看成一理。

先说杜威学问的来历。杜威与我有互相发明处：因杜威的学问是由生物学来的，而我则受柏格森的影响。柏格森是生物学家。杜威说话时，说来说去离不开“生命”。“生命”是无所不贯串的，闭眼一想是生命，开口说话是生命，一切一切都归于生命，都归于生物进化。生物学进化观念是其学说根本。

杜威学问的来历，虽是生物学，但它不是从研究生物学开出来的学问。他所研究的，的确是教育，的确是心理。可是当时是生物学的道理开了他的窍。他研究教育太好了！教育顶可以贯串一切的东西，教育恰好贯串了人类个体生命与社会生命。这本书一开头就是讲这个，第一、二、三章完全是从人类个体生命与社会生命的贯串当中讲出了教育。教育即传递：没有人，便没有教育，单是一个人也没有教育。人类个体生命与社会生命贯串起来就产生教育。

第四章，多抓住个体生命来说。读此书时顶好先读第四章，对个体生命先有了一番了解，这是教育的根本。教育是怎样来的？教育是怎样一回事？可以完全明白。

第七章多就社会生命来说话。最好先读第四章，再读一、二、三各章，然后再看第七章，这样《民本主义与教育》之意可以明白。其余几章的话都是帮衬着发挥道理、说明方法，教你更加明白。本书的读法即是如此。

二 杜威的主要观念——生命观念

再说杜威的学问。宇宙是一大生命，了解生命就了解宇宙。虽然到处是生命之所表著，可是有一个地方是宇宙大生命的核心，这个地方就是“人”。生命是活的，宇宙最活的就是人心，果能体认人心，就可体认出宇宙的生命来了。要体会人心，便要研究心理学。其实却不然。你要找它，它倒反不在；从旁边路口等待，倒能看出来。旁边路口是教育。教育就是看人心的重要路口，从教育上追求便摸着根。教育是人类个体生命与社会生命的贯串。从个体生命向上追，入了自然科学界（如心理学、生理学、生物学等）；从社会生命向下追，入了社会科学界。宇宙现象无非此二者而已，教育正抓着了二者的中心，故能将各方面贯串一气，上下追求，四面皆通。杜威的学问得力于此。杜威说，“教育即生活”、“教育即生长”，是指个体生命而言。又说，“教育即社会”，换言之，反教育就是反社会，反社会就是反教育，合乎社会即合乎教育，这是就社会生命而言。杜威所用的许多名词，都是说明一回事。比如他常说“习惯”，习惯是个体和社会两者的交点，习惯就是教育。其他如讲经验、道德、知识，也都是讲教育，讲的也都是一回事。随便他讲任何一个名词，都是讲教育。他是这样的说，所不同的只是在不同的题目之下变化一个说法，说来说去无非是一个东西。杜威讲“思想”时即是讲生活、讲生长、讲教育。杜威的论理学叫“思维术”（How We Think），完全是讲活的人，在生活中，怎样用思想法。这是特别的论理学，他最反对形式论理学。他的心理学是机能派心理学，反对构造派心理学。他无论讲什么都以生命为主要观念。到处应用，到处改变，到处是一个东西。由此可以看出来，他讲道理时，处处着眼“主动”、“自发”，老是说一个活的生命。反对“被动”，排斥“机械观”；要“变化”，反对呆板；要“创新”，反对守旧。生长是不断的自新、创新。要一个“可能”，不要一个“现成”，现成是死的。要“将要怎样的”，“可以怎样的”，这是活的。他老是反对消极，主张积极、前进。没有别的，说来说去是“活”。他看透宇宙是活的，活就好。这一个意思是从渗透生命之理反复推演而来的。结束一句来说，给他学问作根本的是“生命观念”。可是这个观念，照现在世界的风气来说，是一个不时行的东西。所以杜威的学问在现代是不时行的学问。现在人类正在迷闷中，就是因为现在学术界的新风气有否认生命的趋向，不承认生命自动这回事。现代学术界是排斥生命，但于生命说也无可奈何，也不能完全抹杀。本来自达尔文学说发明以来，生命说是时行的，到处都讲，现在又不时行了。单就美国来说，杜威亦不算时髦。在我看来，要人类的迷闷得以解除，须再翻一个身，打破眼前这一难关，打破反生命的风气，才能开悟出来。我是袒护杜威的。这个难关，杜威自己打不破，这并不是因他没有战斗力，是因他被困于西洋思想界，杀不出重围来，须东方来一支援兵才能杀出重围。我的精力要是够的话，我可以帮他杀一阵。

三　论无能与智慧

以上是总论杜威的学问，使大家得一概念，以下再分开讲。在前面曾经说过看本书（指《民本主义与教育》一书，后仿此），最好先看第四章，再看一、二、三各章，然后看第七章。第四章是就个体生命来立论，抓着了人类的特殊点（与其他动物不同之处），人之所以为人者即在这一点。其他的动物都是“有什么”，而人类殆好像一张白纸，虽无“专能”，但有“什么都能的能”。其他动物均靠本能生活，人类较其他动物不是添了些什么，倒反是减去了些什么。人的长处不是在比其他动物添了许多本领，其长处乃在一无所能。因其一无所能，故无所不能。人先天一无所能，后天才找补上去：教育之所以可能全在乎此。其他动物的生活方法是先天规定，若先天即有所能，则固定而不能有所学矣。在第四章中，他抓住人类生下一无所能一点发挥。从一无所能到种种都能，到能力很高、本事顶大，此之谓生长。其次本章要紧的观念有二：一是智慧，一是习惯。此两者是相反的。人类所以一无所能，就是因为他的智慧发达，预备走上抽象的路。所谓抽象的路，就是离开具体事物而有生命的活动，此乃人类种种观念、概念之所由发生。人类之所以能想，即因能离开种种具体事物而能活动。其他动物遇着与其生命有关系的马上发生活动，即是无思想。思想是接触了具体事物尚未发生活动时之心的活动。这心的活动，谓之思想。此思想非对着具体事物的活动，而是把具体事物抽象化，人的长处就在会弄这套把戏。人能离开直接感觉的具体事物而抽象地化了它，放在心中反复摆弄，这便是智慧作用。人发达了智慧是预备走抽象的路，从抽象的路上，从心中的反复摆弄，而有新的发明。从抽象作用，安排出一个新的方法，此即人类生活方法的由来。先把具体事物抽象地化成了观念，放到脑中摆弄，此之谓想象力。最大的聪明天才就是有最大想象力的人。智慧之意，粗浅言之，即是如此。

四　论生长与习惯

再说习惯。因为人走上智慧的路，预备走抽象的路，接触了具体的事物不会马上应付。马上应付是本能作用。人因为走抽象的路，不会马上应付，所以要靠从后天养成的应付能力，这应付能力便是习惯。原来不会的，慢慢可以学会，不能应付的，慢慢可以应付，人类完全靠习惯。因为人类本能太弱，故不能不靠习惯。习惯有广义、狭义两种解释。杜威把习惯讲得很广、很活，因为说得广、说得活，习惯与教育是异名同实。在杜威看来，广义的习惯就是教育，教育就是养成习惯。第四章中之“生长”，就是从一无所能到无所不能的渐渐生长。举凡习惯、经验、知识、能力，是一个东西。习惯是活的、继续改造的，不是固定不移的。为什么说智慧与习惯相反呢？智慧是指自觉的说，习惯是指渐渐的入于不自觉的说，越是习惯越离智慧远，越近智慧越不是习惯（该书 78 页）。习惯之意义，包含不自觉的机械性。杜威的教育就是把握住人的整个生命，不让偏于两极端。若偏于智慧则缺乏应付当前的能力，应付当前的能力就是习惯，无习惯则不熟练。若偏乎习惯，则流于机械，流于不自觉，流于呆板。机械了，便不会应付新的环境，是因生命被习惯压着，发不出新的应付方法来。顶好的是养成能力，并且养成随时发生新能力的那个能力；要养成习惯，并且养成随时可以改造习惯的习惯。杜威书中此种说法很多。他说习惯必须注意自新，不要养成呆板的习惯。又说教育就是学习，不但要学习还要学习怎样随时会学习的一个能力。本章有一个意思，用他的话说出来就是“我们应当学习种种，但我们更应当学习如何去学习”（本书 80 页）。人类长处，在乎时时刻刻创新，找出新方法来。光会找出来的，不会再找仍不行。必须学习如何学习，此之谓生长。长成便固定了，杜威生长之意就是叫人老是长，长……万不可长成。这个眼光很对！因为他是从头说起，书中所谓“可塑性”“受型性”即是指此。人富于“可塑性”，人最活软，有种种可能，要紧的是在保留可塑性，时时学习，时时创新。本书有一名词用得很好，这名词即“饶有变化的主宰能力”（上面以白纸作譬，是消极的；积极的，应以此话形容）。此即人的生命，可以变化许多样，且其本身是主动。若失此能力，失此自新的机会，就失其所以为人。如《大学》所谓“苟日新，日日新”即是此意。亦即环境不变，而能自新才行。世界其他动物均不能发挥生命之本性，惟人尚能发挥生命之本性。生命的本性就是常常创新。这一点精神只保留在人类当中。人类很应当注意。教育不是教育你成功个什么，是教你更会受教育，教你学习更会学习——这就是杜威的真意思，他反对达到固定的目标。在此章里面，他说生活即生长，又反对以开展作用来解释教育，好像是矛盾，其实他是反对有目标的开展说。他说的开展是无目标的开展，只许长，不许成。以上是说个体生命，以下再点出社会生命来，引到社会上去说。

五　教育与社会

刚才说人从无能力到有能力，谓之发展，谓之教育。如何会有教育？若单是一个人不会有教育，不会有学习；单是一个人是不可想象的事，人的生活天然就是社会的。所谓教育，所谓学习，就是经验的传递。人原来无能力，这与人是社会性的动物，完全相连。人生下来无能力，就是说自己不能生活，必须要有所依赖，要依赖而后能活。杜威在这一点上讲得妙！你不要把小孩依赖看成无能为，人的依赖不是缺点，正是长处，因依赖正足以表现人的社会性。不但小孩依赖，我们大人也是依赖。社会就是互相依赖。人的依赖性就是能力，就是长处，人之所以为社会性的动物就在此。我们大家分离开都不能生活。人类的生活走智慧的路，走后天找生活方法的路，和人类生活必须组织社会，这些都是完全相连的。所以我们此刻可以从个体生命看到社会生命，因为人类个体生命是靠后天的，是和社会生命不能分离的。教育若单从个体去看是找不着的，教育须从个体生命与社会生命贯串处去看，才可以见。从个体生命来看教育时，必须看出他受社会的影响，从社会里面学习，接受他人传给的经验，离开这个无所谓教育；从社会生命来看教育时，离开了个人经验之彼此交通、传递、继续、发挥、扩大，亦无所谓教育；社会生命从个体来，个体生命从社会来。本书第一、二、三各章，就是从教育即生长慢慢就说到社会，从个体生命说到社会生命。至此，大家可以知道杜威的主要观念是生命。原书开头就说生命，先教你认识生命与非生命之不同。生命是主动的、不息的、无穷的向前变化、活动，非生命不会如此。第三章说到社会生命，从这里点出构造社会生命的分子有死亡，而生命的联续传递靠教育，这样社会生命才能继续改造创新发展。

六　广义的教育——社会生活之自然的参与

这本书大概不容易看，好多的道理，如果原来没有根柢便不容易看懂。单看一句话不容易明白，闭眼一想，回味一下，或者能懂。句句要想，所以不易读、不易记。这书的确是好书，研究教育者不可不读。无论谈什么须有大勇气与志愿，所谓勇气者即是从头说起，说到最末了，上穷其源，下竟其尾，“打破砂锅问到底”。非有此精神不能研究学问。杜威的学问就是这样。任何种种学问皆是这样，不许讨巧省事，半途而止。人的见解不莹澈不算，莹澈就是上穷下追，此书很有这好处。教育从生活而来，从社会自然的作用，使人类在生活上直接参与，这是原来的教育。如中国农业教育，仍是社会自然的作用，由直接参与而发生。越是野蛮无特殊学校的民族的教育，越由直接参与而来，参加生活，不知不觉自然学会。从此再发生特设的正式教育，即学校教育。文化未进步的社会，无特设的学校，全靠直接自然参与。本书第一章讲自然教育也曾提到学校教育。第三章 32、33、35 各页正式解释学校教育。第一章所以特别提出自然教育来，有两种必要的功用。第一种功用是生活方法技能之传递与改进。譬如农业，中国数千年的农业，并未设学堂，全靠父子世世相传，由此证明社会自然教育所做的功夫。此是属于生活技能、生活方法的，若无自然教育那就不能传递了。生活技能、生活方法能常常有进步的向下传递，全靠社会自然教育，社会自然教育的功用是教人类的生活方法继续传递与改造。第二种功用是生活目的的交通与传达。生活目的是指一个社会里头的公共信仰、理想、价值的评判，如是非、善恶等均是。生活技能问题往下传达的教育，比要经过空间上往广里传达的教育还要紧。因为空间上可以互相影响而进步，往下传就是保留不断；进步与保留相比，当然保留要紧。生活目的经过空间上往宽广里传达交流，比经过时间上的向下传达要紧。因为生活目的含有方向在内，所有风尚道德礼俗都在这里头，若不互相传达使其一致，则彼此冲突矛盾不成一个社会了。目前中国之所以乱，都是由于公共信仰、理想和价值的评判等太不一致，社会破裂，闹得大家彼此都不能生活，生活目的之传达在空间上是较重于时间上。风俗好尚之一致与生活方法之传递，全靠自然教育之力，后来特殊教育仍为这两件事（生活目的解释看本书第 6、7、8 各页）。本书第 7 页第二行“公共东西”，即指公共目的而言。第 7 页上说：“譬如机器虽有一个公共目的，但各部分彼此都不了解这公共的目的，所以不能成为社会。”第 8 页底下一段很好，是说社会秩序之建立，靠武力与理性两种力量来维持。我们推论将来的社会是一定靠理性，由理性求组织。杜威说现在社会虽是在进步，但还有很多弊病，人与人之间的关系有许多是很机械的在一块，不一定彼此愿意，如工人和资本家无公共目的，不相了解，此之谓缺乏社会精神，虽在一社会中仍是非社会的，反社会的。大家有共同了解，由理性求组织，乃为人类最高的社会、最有社会性质的社会、最圆满的社会。目前社会之所以不合理，即因公共目的不发达，无公共目的就要分裂，所以不分裂者，乃是靠武力统治强制，故为非理性的。社会自然教育互相影响，便可教学相长，本书之所谓“经验整理”，即是此意（本书第 9、10 各页）。将自己的经验综合整理，教给人家，经验整理更使自己进步，一切学问书籍之成皆由于要教人明白，才整理发现出来的。

七　狭义的教育——特设的学校教育

今再讲学校教育。本书讲学校教育有三个作用（看本书第35页）：第一是简易作用；第二是鉴别作用；第三是开通作用。兹分述之：（一）简易作用。简易的意思是求经济，经济即最有效用、最不费事之意。直接参与太不经济。从前中国农业社会，发现不出经济办法来，是因中国产业不进步，其间已成分子和幼稚分子技能之分界距离不大；文化渐高，其距离渐远，非有学校简易作用，缩短学习时间不可。因为学校能将直接参加的很费事的学习，使之很省事的学会。书即代表简易作用，书上道理如各须亲身经验，则甚为费事。学校亦即想把很多的东西（指亲身经验具体事实）很简括收起来传下去。文化复杂了，不得不简易之、条理之，以便传递。如此，小孩入社会方能以简御繁；否则，将如杜威所说的，如不简易，则新的分子，心思耳目不知从哪里用。（二）鉴别作用。教人学好，对社会须加选择；因社会上有许多不好的东西，不愿让新分子习染上，乃设一环境——学校——把他隔开，让新分子专学好。（三）开通作用。似乎第一作用是缩的，而此则是开的意思，让人明了通达，知道外边还有一个更大的世界。人不开眼是不行，如单是社会自然教育，则不开通，因新分子不了然有个更大的世界，如农家子弟则只知有农家，工业只知有工业，南方不知有北方，本国不知有外国。故必须有特设的教育，让人由狭隘而开通。我们可以说，自然教育教人狭隘，学校教育教人开通。根本上教育要人有能力，有能力就是效率加高，简易作用能使效率加高；教育要人好，鉴别作用能教人好；教育要人明白，开通作用能教人明白。社会自然教育虽亦有这三个作用，但比起学校教育来差得很远，学校教育格外着重这三个作用。

八　学校教育与社会自然教育之比较

照此说来，学校教育较社会自然教育好些，但天下事利弊相因，学校教育多又发生与社会隔绝的毛病。社会自然教育较为亲切，直接参与事实才亲切有味，才是活的，才有生气。亲身经验的皆真知识，学校则是许多假知识、死知识，每不能适应社会生活，故学校须力求社会化。当人类社会文化不进步时，有机会受教育的人太少（此与生产方法之进步与否有关），且常常垄断在一阶级里头。在野蛮社会，教育就是宗教，政治也是宗教，宗教师就是政治领袖。进步的社会也不免垄断在一阶级的人手中。中国在春秋战国时孔子把教育知识的垄断打破，其功不小。学校与社会隔绝，此与知识垄断有关系，当知识被垄断时，学校中所学的东西常是很狭隘——生产的事由另一部分人来作，学校中人不管生产的事。后来社会变化，垄断不成，工商子弟也来入学，可是学校仍教授与社会不相干的功课。

学校教育与社会自然教育各有长短利弊。社会自然教育使人知识亲切，不离社会，缺点在无简易、鉴别、开通三作用。社会自然教育的长处，即学校教育的短处。谋二者之平衡，在教育上最为重要，是即谋学校内部社会化，生活实际化，减少矫揉造作特异的生活。特异的生活去实际的生活愈远，其弊愈大，要救此弊，首在使学校安排的生活很像社会生活，但又须较社会生活更有意义，使学生在学校仍能从亲切经验中得到知识学问。以有意义的设备，形成有意义的环境，使其由这环境中的生活而受到教育。如此，不会有死板无用的知识学问，举凡所学得的知识都是社会所需要的。若出而入社会，不但能应付，且格外有能力。杜威的意义即是指这种教育。所谓学校教育社会化即谋二者之平衡也。

九 指导作用

教育有指导作用。本章（本书第三章）标题如此，而实在所讲的则为社会有指导作用。一个人在社会里逃不出社会的指导。未长成之社会分子（小孩）不知不觉被大社会指导而跟大社会走，大社会亦非指导他不可。英国社会心理学家麦独孤谓小孩生下来有种种倾向，杜威谓之自然的天赋的冲动（本书第三章 71 页）。麦氏认这些乱七八糟的倾向（本能）要是顺着他，会妨碍社会、妨碍自己，是冲突矛盾的。在杜威看来，则认这冲动与社会不合。麦氏等于说人性恶，故他主张钳制、陶炼。杜威虽不如此显明，他又认为一个分子应受修正，亦即受社会的指导、熏陶的意思，但他说你不要把指导当作指挥的意思，指挥裁制虽在眼前有效，却是不够，达不到指导熏陶的作用。必须靠参与生活，引其兴趣，生其了解，才能引伸其正当的倾向。正当的倾向既经引伸，则其不正当的自然退减。在实际参与中才有“心”的作用，“心”的作用即了解与愿意。了解一点，愿意一点，有愿意、有了解就生出倾向了。此“心”的作用非实作不能启发，此即引诱作用，此之谓真实的社会指导作用。在这一章里，杜威常借社会的本有的指导作用来说明教育。他又在本书第 32 页末后两三行说："凡是我们不经思考而即认为不错的东西，正是使我们决定'自觉的思想'和'论断'的东西。而这种不经思考的习惯，恰是我们与别人日常交际有所授受而养成的。"这几句话，他指出让大家认识社会指导力量之大。无所指导作用，社会不能一日相安，有指导作用社会才能顺遂进行。且让我们回来再看第三章撮要。在杜威的意思是：受指导不是受压迫，这个指导，即我所说的引发其兴趣的意思。总之，教育贵在间接的指导，不在直接的干预。

十　民本主义与教育

本书说社会就是说教育，说教育就是说社会，社会作用即是教育作用，反社会即反教育，反教育即反社会。教育即帮助人从不社会往社会里去，社会即教人往好里去。什么叫作好？合乎社会的，合乎教育的就是好。民本主义的社会，即是最社会的社会。可以说教育是让人格外的社会，社会是让人格外的教育。要明白民本主义须先明白社会。本书 144 页说："社会这个名词含有好的标准的意义，也含有纪实的意义，在社会哲学里面最注重好的标准的意义。"这样看来，社会这名词，一面含有好的标准的意思，一面即含有纪实的意思。他说在社会哲学上大概着重头一个意思，如前面说的"富于社会性"，"合于社会"，"缺乏社会精神"，都是这个意思。本书第 147、第 149、第 151 各页，都是说后一个意思。从现在纪实的社会，找出标准的社会，也就是指点出民本主义来。其指点法先说现实社会。任何一个群或一小社会，总有两面：一是在小社会内有其公共利益，为此小社会中各分子所共同参与的（即公共兴趣、目的、利益），如此才成一个社会。同时此小社会亦必与其他群或他社会有许多交涉，有其合作的关系。要判断这社会的好坏，不必另外定好的标准，拿现社会事实一比较就可知道。凡合乎社会的、富于社会性的就是“好”。一个社会公共利益少的，即是不好的社会；公共利益越多的，则越是好的社会。好的社会与其他团体的交涉亦必是好的，不好的社会与他社会的交涉亦必是不好的。“好”就是社会的在内部的各分子从参与公共目的得到好处很多，很富有公共观念。对内富于社会性，对外亦必富于社会性。反社会的谓之“坏”，合乎社会的就是“好”。民本主义就是最合社会的。公共观念最开展，对外自由往还交涉最多，此之谓民本主义。公共的好处越多，大家越能共同享受好处，此即平等之社会。越社会越普遍化，越普遍化越平等化，这就是民本。“民本”就是多数人的意思、民治平等的意思。对内平等，对外不隔阂、不敌对，很开通。总而言之，民本主义就是一个“公”字：对内“公平”，对外“公开”。

社会之所以为社会在其彼此往来相通。物质的进化可增进人类的交通（很显明的如轮船、火车）。不过所谓交通不但往来而已，且增进人类的关系。虽然如此，他里面若缺乏理智作用，缺乏关系上的了解，纵你往来仍是不知不觉的关系，没有意义的乃是被动的、片面的，不是共同的。这缺乏理智，缺乏情感的往来，简直不成一个社会，不算在一个社会里头。在一个国家内有阶级、阶级对立的形势，即是如此。或在一个国家与一个国家之间，亦是如此。有往还之关系而无理智与感情之相通，则不能成为一个社会。民本主义社会正与此相反。反民本主义的社会就是只有物的往来、空间的接近，而无心的相通。民本主义就是很社会的意思。民国八年新思潮正盛的时候，有一个杂志名《解放与改造》，这句话很能代表民本主义的倾向：当解放时就是改造，解放更给改造留下一个机会再改造。杜威民本主义就是在去一切隔膜，使人类更相通，更容易改造，更能自新，更有进步。这也就是教育的意义，生命的意义。教育就是生长，求生长，求进步。教育越进步越合社会（参看本书第七章 174 页）。

教育是历程，是社会的历程。世界上有很多种类的社会，都有它的教育。这时如何来批评教育、如何来建设教育呢？那我们必须含着一定的社会理想。要有一定的理想，那么我们就选出两点来度量：一为其社会各分子共同所参与的利益多少；一须看此社会与彼社会相通到如何程度。换言之，即任何一个社会在内在外又都有其碍障，阻挡其经验的交换。倘有一个社会反此而为，打破碍障，此即民本主义的社会。这个社会的教育，让此社会各个人，对于社会关系社会制裁与公共目的，有其自己的兴趣。民本主义的社会分子（真够称为社会分子的），是能参与公共趋向的。民本主义社会的好处，即在时时能够改进，且免去革命。此书 152 页说民本主义的理想，是在透出教育来。教育即指导，指导人往公共那里去，以公共利益作为制裁的要素，即指导人往公共里去。

十一　论道德

看他归结的话，即明白全书的意思。650 页“教育上所愿有的一切目的，与价值自身（即可贵点），就是道德”这种要点，有人不懂。因其他把道德看作狭隘的。653页“一切教育如能发展‘对于社会生活能做有效律的参与的能力’，都是道德的教育”。在杜威的意思，一切教育都是道德教育。因为一切教育都不出乎“发展对于社会生活能做有效律的参与的能力”。换言之，教育即教人会做社会生活。凡教育都是如此，此即道德教育，故一切教育都是道德教育。这种教育所养成的品行，不但能做社会的特殊的事情，并能有兴趣继续不断的生长。此即说不但能做某种事情，并且能学习一种能学习的学习。生命是时时进步，社会也是时时进步的；一个人能在这个社会生活，并且他个人也能进步，也能自新，此即杜威的要求。

十二 杜威的缺欠

我们想说一点他（杜威）和我们的不同。不过不好说，并且他的缺欠很大。大体上我对杜威不反对。为什么又说他缺欠很大？其大即他明白有多大、他糊涂有多大，因他只明白两面中的一面。他全书所讲即是一个“活”字，他把生命的变化看得很透，生命即活，人生即活。他主张的道理，并非他格外的主张，都因原来是这样一回事。他是说人生原来如此，你只把他做得到家便对。此和儒家正同，他对生命有理会；可是他只对无穷而又变化不息的生命理会了然，他于不变的一面没有看见。不变是根本是体，变是不变的用。他所悟纯是用之一面，他没有悟到体。除开事尚有人生，他凡事都理会了，而除开事没理会到。或说人生的外面他很能理会得，他讲来讲去是讲人生外面的事和用。杜威没有发现人生的真价值。如他说生命进步，故我们求进步。如问他何为生命进步？他说即效率高。再问效率高为何？效率高即是进步。他所说的差不多是循环的。所有他的主张中没有不合乎道德的地方，但他没有发现道德。他与儒家相近而缺其一面。为什么缺一面？即他学问从哲学来，他只看见相对，没看见绝对，只见用没见体，只见变未见不变。此三者都是玄学上的名词，讲时稍为费事。或待另外讲一次。今天只点出问题所在。

录《读经示要》卷一第十一页一段（有删节）*

肯定有外在世界，佛氏呵为执有，而西洋思想则宁可执有者也。吾《易》言“大有”，有而大者，富有而日新。此与西洋思想似同，而实不同。夫人之所茂者，神明也。神明独运，如日之升，光辉盛大，是谓生命创新。若夫资生之具人生不可或无，则备物致用尚焉。求丰于神，而不惜绝物，少数人孤修则可，率群众为之则贫于物者将累其神。吾《易》已知此，是以制器尚象，则物用不匮，而群生亦得有开通神智之余裕。《易》之言“大有”者，崇神而备物。物备则众人之神得申，故备物所以全神也。惜后儒未能衍其绪耳。

*　　　　*　　　　*

愚来海拉尔只挈有熊著两种，选录止于右方。他日如更有所录，

*　选自中国文化书院学术委员会编:《梁漱溟全集》(第七卷)，济南，山东人民出版社 1993 年 6 月第 1 版第 1 次印刷，第 714—716 页；原文录自《勉仁斋读书录》，人民日报出版社 1988 年 6 月版，第 160—184 页。——编者注

必待回京后就其他熊著审择而续成之。

来此避暑时间尚可有旬余日，而此纸亦复有余。往者愚尝有“勉仁斋读书录”，兹复为录于此。所读则《卓娅与舒拉的故事》及有关高尔基各书也。

八九年前得见《卓娅与舒拉的故事》一书深叹美之。且自觉于卓娅之为人有所认识，颇思以所认出者笔而出之，以实吾读书录。兹即乘便为之，偿其夙愿。书从当地图书馆借得，为中国青年出版社一九五五年版。

至情动人

——读《卓娅与舒拉的故事》*

《卓娅与舒拉的故事》叙述苏联卫国战争中壮烈捐躯者青年两姊弟，出于其亲母手笔。二子身为国殇，其尽忠于国之情节自所当详。而为母氏者顾从其自身结缡说起，于其家人间夫妇、亲子、兄弟之情缕缕焉委宛言之，亲切自然，至性动人。由是而知其子忠烈固自有本有素，非发见乎一朝。正唯其琐细逼真而临文无枝蔓，无冗赘，不意存说教，乃所以其感人者弥深也。呜乎！此母固不凡矣！慈爱、孝友、忠贞自昔中国人好言之，而如此至文犹不多见，吾是以不能不深深叹美之也。

---

* 选自中国文化书院学术委员会编：《梁漱溟全集》（第七卷），济南，山东人民出版社 1993 年 6 月第 1 版第 1 次印刷，第 787—799 页；著者原阅读书目为《卓娅与舒拉的故事》，留·柯斯莫捷绵斯卡娅著、么洵译，中国青年出版社 1955 年版；原文录自《勉仁斋读书录》，人民日报出版社 1988 年 6 月版，第 1—17 页。——编者注

卓娅秉性从其母氏叙述中灼然可见，则此母于其女固有所认识无疑。然中国古人尽心知性之学，彼未之前闻。吾将从这里抉而出之，卓娅忠烈所本，庶几可明白也——

按：有同然与不同然者。

书中叙述二子出生以至其死，于稚弱情态颇多描绘，而卓娅秉性既有可见。原书 23 页处本意在写舒拉之有趣，却透露了卓娅为人：

> 最有趣的是：如果卓娅不了解什么东西，她就率直地承认这个（不了解）；可是舒拉自尊心特别大，“我不知道”这句话，是很难从他口中说出来的。（下略）

下文颇长，极有趣味，读者可取阅原书，这里不能不从略。这里要指出的是：卓娅所表见正是中国古人所云“知之为知之，不知为不知，是知也”那句话。最末一个“知”字——第五个知字，在她内心是明强的。这亦就是古人所云“直心是道”。（大约此时舒拉至多三岁而卓娅五岁未满。）

再看卓娅稍长大入学以后有一桩事就更清楚。原书 183 至 185 页处，母亲叙述着：

> “卓娅你为什么这样愁眉不展呀？”（母问）“化学得了（评分）‘很好’”。卓娅不高兴地回答说。
>
> 我的脸上现出了那样地惊愕的神气，舒拉甚至就忍不住哈哈大笑起来。

“成绩‘很好’倒使你难受了吗？”我问道。我真有些不相信自己的耳朵和眼睛了。

因为卓娅坚决地不说话，舒拉就开始说道：“我现在把一切都对你说明白了吧。你知道吗，她认为化学她知道得不够‘很好’”。

在舒拉的语气里表现出（他）不同意（于她）。

卓娅两手托着下颚，一双不高兴的黯淡的眼睛由舒拉身上转移到我的身上来。

“本来是嘛。”她说，“这个‘很好’一点儿也不能使我高兴。我踱来踱去，左想右想，最后我走近蔚拉·亚历山大罗夫娜（化学教师），对她说：您的这一门功课我知道得不够‘很好’。可是她看了看我，就说：您既然这样说，就表明将来您能知道。我这次给您的‘很好’，就算是给您的预支吧。”

“她（化学教师）一定是想你故意装腔作势！”舒拉气忿地说。

“不！她没有这样想！”卓娅昂然挺直了腰，她的两颊马上红了。

此下叙述母亲看出舒拉的话痛楚地刺激了卓娅，起来说话支援卓娅，以及另一次当卓娅不在时舒拉又拉出此事来讨论，均从略。在此要指出的是：卓娅所表见不又是其内心明觉之强，不容一毫欺瞒得吗？

这时卓娅大约已经十三岁左右了。我们再倒回去看她的幼小时一件事。事情见于原书 33 页，卓娅随同父母到外祖父家住，一次外祖父的眼镜偶然不见，以问卓娅，卓娅回答不知道。随后眼镜发现在某处了，外祖父还是认为卓娅所弃置，就说她说了假话。卓娅翻着眼睛看看外祖父，不屑作答。但是吃饭时竟不愿就座，她说："我不坐，既然不相信我，我就不吃饭！"她坚持着不就座，竟使得外祖父在五岁的孩子面前有些难以为情。此其正直之内心不容人轻侮，岂是寻常稚幼所有。方其稚幼且如此，则宜其稍长后拒不肯受老师之过奖也。

基于明强之自觉心而自律严，律人亦严。书中叙述卓娅律己律人之严，其例多不胜举。原书58页叙云：

> 有一次舒拉（五岁）打了一个碗，可是他不承认。卓娅用眼睛盯住他，皱着眉说"你为什么说谎话？不可以撒谎！"她虽未满八岁，但是话说得很有信心，很庄严。

其后姊弟一同入学，在学校中她对同学们亦是严的。在111至112页处，母亲自叙：

> 我很担心是否卓娅对于别人要求过严，是否她在全班里孤立起来了。抽出一些时间我就拜访丽基亚·尼柯来夫娜（主任教师）去了。
>
> 丽基亚·尼柯来夫娜仔细听了我的话之后，沉思地说：卓娅是耿直的公正的女孩子，她永远对同学们直率地当面说真理。最初我还担心她会惹得同学们反对她哪。可是不然，并没有发生这样的事。（中略）"你知道哇"，丽基亚·尼柯来夫娜补充着说，"最近有一个男孩子在众人面前大声问我：丽基亚·尼柯来夫娜，您说您没有喜欢的人，难道您不喜欢卓娅吗？"老实说，我被问得

楞住了。可是我接着就问他：卓娅没有帮助你做算题吗？他回答说帮助了。我又问另外一个孩子：帮助你了吗？“也帮助了。”我再问一个：帮助你了吗？一个一个问，结果是卓娅差不多给所有的同学们都做了一些好事。“怎能不爱她呀？”我问。他们全同意了，他们全喜欢她。“你知道哇，他们全尊重她，这可不是对于任何这样年龄的人都可以这样说的。”

丽基亚·尼柯来夫娜沉默了一会儿。然后她又继续说“她是一个很坚决的女孩子。只要是她认为正确的，她绝对坚持不让。孩子们了解：她对于一切人都是严格的，对于自己也是严格的；严格要求自己，也严格要求别人。和她交朋友，当然不容易。”

按：直心。

原书185页叙舒拉向其母讨论其姊在学校中的事：

（上略）“再有，也是昨天，你想也想不到在教室里吵得多么热闹啊！那一课是默写。一个孩子问卓娅‘经过’的‘经’字怎么写，卓娅总不回答她。你看固执不固执啊！全班里的人分成两半，差一点打起来。一些人喊卓娅不是好同学，另外一些人喊卓娅是有原则的。……”

“你喊什么了呢？”（母问）

“我什么也没喊。但我如果是她，我什么时候也不能拒绝同学的。”

……

沉默了约一分钟，我说了“你听着：舒拉，在卓娅做数学题做不好而你早做完了的时候，她求你帮助她吗？”

“不，不求。”

“你还记得那次她算那个难解的代数题，算到早晨四点钟，可是究竟她自己解答了吗？”

“记得。”

“我以为这样严格，这样认真地对待自己的人，有权严格对待别人。（中略）我不能尊敬那些依赖别人告诉或依赖夹带的人，我尊敬卓娅（下略）。”

“（上略）譬如别佳就这样说：如果我不明白，卓娅什么时候都能给我解释，永不拒绝。可是在试验时候暗中帮助，那就是不诚实。（下略）”

必须指出：严正出乎秉性之自然，既非有意严正，亦非陷于惯性的严正，那是无碍于其人之和易近人、温厚可亲的。卓娅“几乎为所有的同学们都做了些好事”（见前），没有得罪什么人，正在此。

按：有意、惯性皆非明。

又在原书 187 至 188 页，其母叙述着：

卓娅本来是一个活泼愉快的少女。……在经常的严肃中，时常透露出她继承了父亲的幽默来。（下略）

幽默感脱离她的时候很少，她会讲惹人笑的话，而她自己不笑。

这皆是不容忽视的侧面。

卓娅平素关心别人，关心集体，可于书中备见之。当她在小学时“如果他们的一班在测验时总成绩不好，卓娅回家来就面带愁容……”（原书91 页）。母亲担心是她功课或不够好，问她，她却数出某某同学功课不好，以致累及了全班，至于她自己则各门功课全做对了，没有什么问题。

然而她却亦有一次几乎脱离群众的事。这已是 1941 年卫国战争起来之后了。她和高级班的同学们一起被调去外地劳动战线上，为国营农场收获马铃薯，以免冻坏。工作是艰苦的，她长时间在一个地方刨挖，却发现许多同学前进得很快。经过检查，原来他们干得快是只图快，只刨浅层的薯块，而剩在深土中的好的大的马铃薯还多呢。她自己踏实认真地工作——这原是不欺内心明觉，不骛表面功绩所必然的——自然就显得很慢了。检查明白，她仍旧守着她那远为落后的地方工作，不理睬那许多同学们。同学们喊她，说她脱离群众。她忿然责斥他们工作不忠实，争吵了很久，及至同学们说出“你应该相信我们，检查后马上就告诉我们……”，而她的朋友尼娜也说她做的不对，卓娅于是省悟了——她省悟到：假如当初和同学们先谈一谈，也许那时自己无须从群众中分出来了。（256 页至 258 页）

这件事引起她反省自责，而和尼娜更友好。母亲在家里初不知其事，只收到她从农场的来信，信末忽有自责没有涵养的一句话而莫解所谓。继而又收到一信片，自陈与尼娜结交，如此而已。然在舒拉看了来信，却心里很懂得其姊的情况。舒拉对母亲说：

你知道吗？她跟同学闹别扭啦。她时常说她缺乏涵养，对待人的耐性不够，她说过“应该会接近人，不可以一下子，就对人生气，可是我并不是永远会这样做的”。

原书 188 页小标题《独处自省》的一段，是叙说卓娅十五岁时有一布皮很厚的日记：

> ……这是一本奇怪的日记。它和卓娅十二岁时候写的日记完全不同。她在这里并不叙述什么事故。有时仅仅写几句话，有时写了一句由书上摘下的话，有时候写一句诗。……可以看出我的女儿在想什么，看出她被什么感动了。
>
> ……
>
> 我怀着奇怪的和复杂的心情合上了本子不再看它。……这是一面明澈的大镜子，在这里反映着理智和心灵的每一活动。……独处自省，检讨检讨自己，在距离别人的眼目（母亲的眼目也包括在内）较远的地方考虑考虑一切，对于人是有益的。

到后来，人们铭刻在卓娅墓碑上的就是取自这本日记中她自己早所摘取的名言：

> 人生最宝贵的就是生命。这生命，人只能得到一次。人的一生应当这样来度过：当他回忆往事时，不致因为自己虚度年华而悔恨……临死的时候能够说：我的整个生命和精力，都已献给世界上最壮丽的事业——为解放人类而做的斗争了。

这原是尼古拉·奥斯特洛夫斯基的话，卓娅生前采为标语和座右铭，并在她短短的生活和死之中实践而体现之。

日记不止这一本，原书 268 页有以《日记本子》为小标题的一段，叙述卓娅投身卫国战线后其母从抽斗中发现的一个小日记本子。在前几页上开列着许多作家姓名及其作品名称，其中标有十字的是读过的记号。再往后看去，则有对于作家及其著作的评断，亦有不少选录的文句，从而又可以看出卓娅的思想和感受。

这里试引其三则以见一斑：

> 人的一切都应该是美丽的：面貌、衣裳、心灵、思想（契诃夫）。
>
> 萨勤：在劳动是快乐的时候，生活是美好的！在劳动是不得已的时候，生活是奴隶！
>
> ……什么是真理？人，这就是真理！
>
> ……虚伪是奴隶和主人的宗教，……真理是自由人的上帝。（高尔基）

这些文句，有的词意所指尚难确知，有的涵义深浅未可遽定。我们引来只在指证卓娅时时有其明强之内心活动，虽不知学（践形尽性之学），而庶几亦有吾古人所云“自强不息”之意。

似乎卓娅平素举止之间不见有粗率与浅露之失，殆亦为此心恒在之证。如原书 109 页有这样的叙述：

有时候她和小孩子们也玩打雪仗。但是她的态度很谦让，很小心，像一个长者一样。舒拉一打雪仗就把世界上一切全都忘掉了：猛投一阵，躲过对方投来的雪团，又努力向前打去，不给敌人留一秒钟的喘息时间。

这时卓娅就喊“舒拉，他们是小孩儿呀！……你去吧！你不懂得，对他们不可以这样”。

实则此时卓娅亦只得十一岁而已。又有如 170 页叙述：

有一次，（此时卓娅十二岁）街上一个男孩子在我们窗前虐待和逗弄一条小狗。投石块打它。又拖它尾巴。以后又把吃剩下的腊肠送到它鼻前，它正张口要咬住这美食，他马上又撤回了手。这一切，卓娅隔窗看得很清楚。虽然那时已是深秋，她连大衣也没披上，就那样跑出去了。看她的神色，我（母自称）怕她就会大声叱责那男孩子，甚至用拳头去打他。可是她没有嚷叫，也没有举拳。

“别那样子！你不是好人，你是坏孩子！”卓娅走到台阶上说。声气并不太高大，但是带着无限鄙视的表情，致使那孩子哆哆嗦嗦地一言未发，就狼狈地侧着身溜走了。

此即见出其心恒在，曾无粗率之失。所谓不落于浅露的则有如 170 和 171 页所叙：

卓娅和舒拉一向说话都有斟酌，在表达自己感情的时候也很谨慎。……他们像怕火一样地怕说夸张的话。他们两人全不轻易表示爱、温情、狂喜、愤怒和憎恶。关于孩子们的心境和情感，我根据他们的眼神，根据他们的沉默，或是从卓娅在伤心时候或着急时候如何在屋中由这一角到那一角往返的踱着，倒是能了解的更多。

如果卓娅说某一人“他是好人”，那就足够了。我就知道了：卓娅很尊敬那个她所评价的人。

然卓娅显著之特点，殆莫如其人意志之坚决强毅。此在书中随处可见，而以下四次事件（依先后为序）最为表著：

一、在白棍儿的游戏上暗自坚持练习以至成功。

二、与女友打赌，风雨黑夜独自穿过大公园之森林。

三、代数题算不好，坚持算至天明，自己解决。

四、担任扫盲工作，无论如何不肯一次缺课。这里不著录其事。以我浅测，此固生质之美，要亦秉赋有所偏至。其卒以壮烈毕命，亦是其命则然也。但它却是与其不粗率不浅露有关联，亦与前述她时时在自己勖勉自己是相联的。

> 按：这段议论是别人不相信和不同意的。这是他认识人的一种方式，全不自疑其非。

关于卓娅的话即说至此为止。对于其母仍不可无一言之赞。

读此书者都会看到其一家人全可爱，而二子之成就与其父母的家庭教育是分不开的。父逝早，母教乃无不周贯。这里只举一事以概其余。

原书158页小标题为《丹娘·索罗玛哈》的一段，母亲叙说，她很早就开始了和孩子共同解决家庭的收支问题：如何节约储蓄，如何同意舒拉的提议为西班牙战事中的妇女和儿童捐款，母子姊弟间如何互相斟酌彼此需要而后开支等等。而后叙云：

> 我们最得意的一项开支是买书。
>
> 到书店里，……翻阅，再翻阅，商议……最后拿着仔细包好的很重的一包书回到家里。这该是多么愉快的事呀！我们的书架子（放在屋角，在卓娅的床头处）摆上一本新书的那一天，在我们家里就算是节日，我们一次又一次地谈论新买来的书。新书我们轮流着读，那时候在星期日下午朗读。
>
> 我们共同读过的书中，有一本书名叫《国内战争中的女性》。这是一本人物略传汇编。我记得，我正坐着织补袜子，舒拉在画画，卓娅打开了书准备读。舒拉忽然说：
>
> “你最好不要从头接连着念！”
>
> “那怎么念呀？”卓娅觉得很奇怪。
>
> “你这样：你把书随便打开，翻到什么我们就从那里开始。”
>
> 我不知道为什么他想要这样做，但我们就是这样决定了。打开了的恰好是《丹娘·索罗玛哈传略》。（下略）

所谓家庭教育，岂在有何说教。试看其家人长幼彼此日常相关系的生活中，如此融融洽洽恬静合理，岂不胜于任何说教？呜乎，此母固不凡矣！

丹娘盖为一青年女教员，在1918年红军与白党战争中参加赤卫军，献身革命，遭白党捕去而不屈惨死者。原书因卓娅所念断断续续转述其事。当卓娅缕续念到其惨烈处，不忍再念。母亲叙述说：

> 卓娅放下书，走到窗前很久很久地不回头看。她不常哭，她不喜人们看见她的眼泪。舒拉早已放下了画册和颜料，这时他就拿起书来继续读下去。
>
> …………
>
> 我记得：那天晚间被丹娘的惊人毅力和坚贞性格所感动得哭的，不只是卓娅一个人。约五年后，卓娅遭敌寇捕获，在寇军讯问中曾自称曰“丹娘”，其渊源在此。

二子固嗜好读书，而母亲更懂得读书在他们身上起着什么影响作用。请看167页叙述之文：

> 在一个未成年的少年人的生活里，每一小时全是很重要的。在他的眼前不停地出现新的世界。他开始独立地思考，他不能不加考虑地便接受任何现成的东西。一切他都要重新考虑决定：什么好，什么坏？什么是崇高、尊贵，什么是卑鄙、下贱？什么是真正的友爱、忠实、公理？什么是我的生活目的？我是否无味地活着？生活每一点钟、每一分钟地在那年轻人的心中不断地提出新问题，迫使他寻求和思考。每一件琐碎的事，他都会特别敏锐地和深刻地感受着。

书早已不是用来帮助休息和消遣的东西了。不，它是朋友、顾问、导师。卓娅小时曾这样说：凡是书上说的全是真理。但现在她却用很长时间来思索每一本书，她和书争辩，阅读时寻求解决那些使她激动的问题的答案。

读完《丹娘·索罗玛哈传略》，我们又读了那永远不能忘掉的、对于任何一个少年都不能不给以深刻印象的那本讲保尔·柯察金的小说，那本讲他的光明的和美好生活的小说。它在我的孩子们意识里留下了深刻的印象。每一本新书对于他们都是一桩大事。书中所叙述的一切，孩子们都把它们当作真正生活讨论着：关于书中的主人翁他们常常进行热烈的争辩，或是爱他们，或是非难他们。

在青年时期遇着一本有智慧的、有力量的、诚实的好书，有很重大的意义。而遇着一个新人，就往往可以决定你的未来道路、你的整个前途。

正唯母亲是有心的，所以她能体会到青年们的心。正唯青年的心天真，所以易有感受，从书上而与前人之精神相通。借前人之精神以感召兴起乎后人，此母可不谓善教乎！

原书最末一段自述其 1949 年 4 月参加巴黎的世界保卫和平大会的运动，即为本书作结束：

法西斯主义就是战争！记着，这是事实，我们经受了这个。不能让这事重演！

就是因为这个，我才克服了自己的痛苦，努力写了这本书。

> 坟墓里的人并不是真正的死人，忘了战争惨祸、容许新战争发生的人才是死人！

此心昭昭炳炳，常有以昭觉后人者，是固不随物俱化矣，则其人何曾死？若其昏昧顽冥、略无心肝、不知痛痒者，则谓曰死人，抑何不可？此母结末一语其识此义乎。是其所以可贵也。

补识：卓娅舒拉二子之成就与其父母之家庭教育是分不开的。兹见有一段似应补入——

> 我从来没有听见过他（指卓娅之父）对孩子们长篇大论地说教，或用很长的话谴责他们。他是用自己的作风，用自己对待工作的态度，用自己的整个风度教育他们。于是我明白了：这就是最好的教育。……教育是在每一件琐碎事上，在你的每一举动上，每一眼色上，每一句话上。这一切都可以教育你的孩子：连你怎样工作，怎样休息，你怎样和朋友谈话，怎样和不睦的人谈话，你在健康时候是怎样的，在病中是怎样的，在悲伤时候是怎样的，在欢欣时候是怎样的——这一切你的孩子都会注意到的，他们是要在这一切事情模仿你的。（见原书《夜晚》一节。）

《春秋·左传》中一些古语*

“夫民，神之主也，是以圣王先成民而后致力于神。”“国将兴听于民，国将亡听于神。”

“鬼神非人实亲，惟德是依。故周书曰皇天无亲，惟德是辅。……如是则非德，民不和，神不享矣。神所凭依，将在德矣。”“天生民而树之君，以利之也。民既利矣，孤必与焉。”

“师旷：天之爱民甚矣，岂其使一人肆于民上，以从其淫而弃天地之性，必不然矣。”“郑子产为政，不毁乡校。”

“天视自我民视，天听自我民听。”

凡此皆见出中国民族自古远于宗教，淡于宗教。

---

* 选自中国文化书院学术委员会编：《梁漱溟全集》（第七卷），济南，山东人民出版社 1993 年 6 月第 1 版第 1 次印刷，第 799—800 页；原文抄录自《小杂记册》（二），第 65 页。——编者注

读溥仪自传《我的前半生》书后*

六七年前曾偶尔见到此书，只就开首各章节翻一翻，以为是谈故事的闲书，不想多看下去，浪费自己宝贵时间。不料今次看之卷终，乃知其后半大有意义。特别是叙述其思想改造过程，有些真切动人处。例如第九章叙在刘大娘面前放声痛哭等情节便是。尤以书末尾补充一段，极有价值。其价值就在叙出领导党相信人能改造好的那种完全信任之心。此心是人与人彼此通而不隔之心。此心是人的自觉能动性亲切的真实的感应流露。万物何以莫贵于人，人之何以可贵全在此。一切宗教莫不给人建立其膜拜之崇高对象，而人遂轻贱若不足数。马克思反对社会上的种种不平，而必以批判宗教为一切批判之前提者，正在此。（看马克思著《黑格尔法律哲学批判导言》自详。）要

* 选自中国文化书院学术委员会编：《梁漱溟全集》（第七卷），济南，山东人民出版社 1993 年 6 月第 1 版第 1 次印刷，第 800 页；原文录自《勉仁斋读书录》，人民日报出版社 1988 年 6 月版，第 52—53 页。——编者注

求恢复对人的严肃尊重，是当初马克思主义的出发点，亦是其一贯不易的立场精神。作者对此点未必知道清楚，但他从新社会环境有此感受在心，便不止一次地着见于笔墨间。我说此书后半部大有意义，指此而说也。

1972 年 1 月 23 日
梁漱溟识

读《河上肇自传》*

《河上肇自传》一书，我于 1967 年 3 月及 1973 年 11 月先后阅读过两次，深爱其人——其人信为在人生实践上一追求真理的勇士——辄于其叙述有所摘录，间附以愚见，或可为阐明东方学术之一助云。

按：此处言明了。

一、有关获得宗教经验的部分

（上略）前面已经讲过，（人们）利己活动的绝对否定的真理

---

* 选自中国文化书院学术委员会编：《梁漱溟全集》（第七卷），济南，山东人民出版社 1993 年 6 月第 1 版第 1 次印刷，第 801—812 页；原文录自《勉仁斋读书录》，人民日报出版社 1988 年 6 月版，第 18—33 页。河上肇（1879—1946）：日本帝国大学教授、经济学博士、共产党人，有各项著作近百种。其《自传》上下两册，商务印刷馆 1963 年出版有中译本。——编者注

性问题，是我二十来岁在大学读书时代紧紧拉牢着我，叫我忘不掉、扔不开、摔不去的一个人生问题。（见原书上册 121 页）

愚按：此为其不自觉地走向宗教的根本，同时亦是其开端。没有内心这样真实而强烈的要求，就不可能体认（经验）得宗教真理。

我们人类具有高度发展的意识作用。靠了这意识作用，我们才能……有种种知识。随着科学的进步、发达，知识越来越正确，越来越丰富。同时，就利用这些知识更积极地改变我们的环境，（外在之物）无止境地改造这世界，使它更有利于我们的生活。但宗教真理不是关于外界事物的知识。（略）宗教的使命在于意识不向外而是向内。它不作用于外物，却作用于它生命本身。（略）科学真理主要是（近代）西洋人加以认识的，宗教真理则主要是（古代）东方人特别是印度人和中国人掌握得最深刻。（原书下册 280 至 281 页）

（上略）我幼年时代和宗教毫无接触。（下略）（下册 391 页）

我读了（基督教）《圣经》之后，受到的刺激十分强烈。（中略）这种刺激是我从前读任何一本书都没有受到过的。特别是下面一节初次读到的时候深深地打动了我的心弦，并且直到很久很久以后还是始终以强大的力量支配着我的灵魂。那一节是这样说的：

有人打你右脸，连左脸也转过来由他打。有人想要告你，要拿你的里衣，连外衣也由他拿去。有人强迫你走一里路，你就同

他走二里。有求你的，就给他；有向你借贷的，不可推辞。（马太福音第五章）

这是绝对非利己主义的无上的指示，我良心无条件地向它拜服了。（略）我内心里叫着“对呀！对呀！”（略）觉得内心深处有一种强烈的要求，要我不折不扣按照这个理想来支配自己的行动。但同时我心里又有这样的疑惧“你如果抱定这样态度，就不能在这个社会生存，就会自己毁灭掉！”（略）应该怎样来规定自己的生活，这样一个疑惑……苦闷就从此开始了。

有许多人之所以对人生发生疑惑引起苦闷，往往是由于遇到了某种使自己对人生悲观失望的重大事件，例如亲友突然死去，自己得了不治之症，遭受失恋的痛苦等等。可是我压根儿没有遇到这种事情，而是我自己招惹的，可以说是平地掀起的风波。（以上均见下册 391 至 392 页）

愚按：此见出夙慧不凡，故尔不同一般人那样，在世俗趣味中混过一生，而独能在没有外来打击、生活平顺之中，自家触发了人生疑问，失去人生兴味，坠入苦闷深渊，然后独特地获得了宗教经验也。宗教是什么？如我夙昔所说：“宗教者出世之谓也。”一切生物（人类在内），生灭不已，是曰世间；从生物生命中解放出来，是曰出世间。生物的生活总就是向外取足，新陈代谢（饮食排泄）的那回事。其向外取足也，正为有物我相对在；而幻妄之“我执”实为其本。我执泯除，相对化归一本，不生不灭，斯为出世。我执现于吾人意识中者，曰分别我执，那是粗浅的，较易破除，若其与生俱来，深隐不露的俱生我执，恒转如流，为生物生命根本者，破除盖难。在此生命根本的俱生我执上多少有所爆破，是即所谓宗教经验矣。如自传所述其早年希有经验，而径称之为宗教经验，自是不错的。

此经验之获得，是在经历了他不平凡的行动之后，非无故猝然出现者，试节录其叙述之文如次。

（1）1901 年著者二十一岁，听了为救济足尾矿毒区灾民举行的大会讲演后的行动。

> 正在我抱着（人生）疑惑，过着学生生活的当儿，1901 年 11 月底，我到本乡区中央会堂去听妇女矿毒救济会主办的讲演会……目的在于募捐钱财衣物去救济足尾矿毒区的灾民……灾民都没有过冬的衣服，正在彷徨。……我耳边清楚地听到“有求你的就给他，有向你借贷的不可推辞”的声音。于是我决心除眼前需用的以外，把自己所有全都捐出去。当我出会场的时候，我就脱下随身穿的日本服外套、大褂和围巾，交给管事的妇女。回到寓舍之后，又把余下的全部衣物都捆进行李，第二天清晨托一个人力车工送到救济会办公室。（原书下册 392 至 393 页）

按：原书下册 424 至 429 页引据当时新闻纸及其他处记载，叙及因他行动的不平凡，既曾为时人所赞扬，同时救济会主事者又疑其出于精神失常，抑或有其他情节，特追踪调查，他原来不吐露自己姓名，而其姓名卒为人所知等等。这里均从省略。

（2）1905 年著者二十五岁，12 月为投身“无我教”的宣教运动而有辞掉各处学校教师职业的行动。

（自传著者1902年在帝大法科毕业，结婚生子，1903年任职东京帝大农科讲师，旋又兼专修学校台湾协会专门学校、学习院等处讲师。）

（上略）早就怀着人生疑问的苦恼，又猛然抬起头来。（略）我怀着这种疑问，像乞丐一样彷徨街头。（略）正在彷徨不安的时候，我读了托尔斯泰写的《我的宗教》方才知道现在活着的人中间有力求奉行《圣经》教训的思想家，大为感动。（略）1905年11月28日对我来说是一个非常值得纪念的日子。（略）我最后下定决心抛弃当时的职位，也可以说完全是受了这本书的影响。因此11月28日就成了我最后一次登台讲课的纪念日。接着我又读了伊藤证信编的《无我爱》的杂志，于是又知道现在日本人当中也有和托尔斯泰走着同样道路的人，从而受到了几乎是具有决定意义的影响。（下略）（原书下册395至396页）

按：据原书下册401至403页叙述著者于12月1日访伊藤不遇，夜间写信给伊藤求于其辞职传道问题指教之。信付邮之后，又发一信，告以自己有了决定，不需要回信。然次日则收到伊藤回信，约期会晤。4日访晤伊藤。5日向各学校提出辞职。7日伊藤来答访，即听从其劝告，停止为《读卖新闻》写连续刊登的社会主义评论文章。8日再访大日堂“无我苑”，但返寓后却打定主意脱离“无我苑”的组织，独立进行传道工作。原因详下。

（3）同年 12 月 9 日深夜作书时遽然获得有若禅宗“大死一番”的经验。

（上略）原因是我觉得那些“无我苑”的教友口头上虽说要竭尽全力爱别人，行动上则没有足以使我深受感动之处。尤其是他们晚上只知睡大觉，证明他们还没有竭尽全部力量。因此到了第二天，也就是 9 日那天，我就完全脱离“无我苑”独行其是。并且决定从此既不睡觉，也不休息，来传播真理，只要我这瘦骨嶙峋的身体还能支持，就最大限度地加以驱使，直到死而后已。（略）就在下这决心的当天晚上，我经历了最最奇特的体验。（原书下册 403 至 404 页）

12 月 9 日夜里……我和朋友谈笑了一会，又闭目深思了一会，过了几小时以后，下定决心从今要不再睡觉，传播真理，做到死而后已。于是和竹内政一约好，组织“献身园”出版《献身》杂志。那时正好是半夜一点多钟，我想给《献身》杂志写文章，先写了一个题目：《我们所确信的宇宙本性》，接着深思了十几分钟，然后写道：

一、组成宇宙的一切个体的存在，绝对不是依靠自身的力量，绝对要靠此身外在的力量。

二、组成宇宙的一切个体的活动，绝对不是以自身为目的，绝对要顺从外在目的。写好之后，我解释道：“宇宙是无限的，个体是有限的。既然是以有限对无限，可知个体有而等于无……”。当时我正要写“我们所确信的人生真正目的”，还没有着笔，我就觉得我的思想出奇的明确，同时奇怪自己过去为什么没有领会到这个最简单、最崇高的真理，惊叹现在自己领会到真理的伟大——这是我当时的真实感觉。（略）这时候我头脑里瞬息间感到无法形容的清醒明朗，仿佛玻璃水晶一样透明。（略）过了一会我觉得我的眼睑仿佛用灵药洗了一遍，真稀奇，我的眼界突然开旷起来，视力顿时增加了一倍。我这时的心情，可以说是万里晴空，月到天心，不，那种舒畅无比的感觉，简直不是言语笔墨所能形容。（下略）（下册 411 至 412 页）

石野准坐在旁边，看到我这个情况，觉得非常奇怪，我自己亦觉得很奇怪，拿出表来一看，当时正是半夜一点五十分。（下册 413 页）

总之，12 月 9 日深夜我所体验到的精神变动非常激烈，以致在那以后的几天里，我全身皮肤几乎完全失去感觉，即使用力掐手或脚也不感到疼痛。（略）这是无关紧要的；重要的是我通过这次体验，解决了多年人生疑问，从那以后直到今天四十年来我总是感到自己总是轻松愉快的。（下册 416 页）

（上略）从前我担心实行这一教义将会无法生活下去，这是因为我把五尺之躯看为是自己的东西了。其实身体并不是自己的私有物，把它看做私有物是错误的。身体是天下公器，暂由自己保管而已。明白了这一点，就懂得自己任务在于好好保养这身体，于必要时献给天下。这样明白过来，我才做到了一面信奉绝对非利己主义，同时毫无内疚地允许自己穿衣吃饭，睡眠休息，并且钻研学问，积累知识。（同书 416 页）

按：代表最高级宗教的佛法，即在指明“能取”“所取”之二取为世间根本；断得二取，即为出世了。如《唯识论》所云：“二取随眠是世间本，唯此能断，独得出名”是也。二取则来从“我”“法”二执。请参看上文讲“俱生我执”、“向外取足”那些话，不难明白生物生命正不外基于我执法执（法谓外物）之执着，而不断地往复能取所取之间，辗转出不得耳。因我执生“烦恼障”，因法执有“所知障”，破二执，断二取，解除二障，便从生物生命解放出来，而恢复宇宙一体之真，亦便是成佛（大觉悟）。佛法大意如此而已，宗教真理如此而已。其他高级宗教接近乎此，多不彻底。不谓著者竟从基督教片言支语诱发夙慧不惜身命直向破执断障而趋，则其身心骤起非常变化，不亦宜乎！

按：成佛。——大觉悟。

著者自许其所体验者便是禅宗的（明心）见性，愚于禅宗见性未曾体验，不能为之作证，只能推想其不差，抑且推计在体验上亦未见得人人同一也。其原文如次。

按：与熊先生分歧在此。

他（著者）深信……乃是禅宗的见性；……当时他是在真心诚意地准备抛弃自己生命……这一决心简直彻底到极点。由于这一决心，他觉得他把自己生命扔了出去，然后又双手把它接住，而自己用眼看了一番。（下略）（下册 340 页）

按：自传文中说明宗教真理科学真理之分别亦复不差。兹摘取如次：

> 普通知识是由外界事物反映到心理而产生的。外界事物是客，心是主，这里成为条件的是主客相互对立。这种主客对立，在任何情况下都是相对的。而宗教知识，只能通过以心见心（禅宗所云见性）才能获得，所以它是超越主客对立的。在这里，它是绝对的。（下册 410 页）
>
> 宗教真理……是意识那意识本身，以心反映心。（略）在这种情况下，意识不是向外而是向内。它不作用于外物，却作用于它本身。（下册 408 页）
>
> （上略）像心理学……是用对待物的方法来对待心的；这时活生生的心……就被对象化，固定化了……。（下略）（下册 409 页）
>
> （上略）然而既成为客观对象，心就变成外界东西而死亡。（下册 340 页）

愚按：统观著者所说原是不差的，但词句间不免有些小疵累，抑或由中文译笔之未得简而能达耶？例如下册 340 页有云："要十分确切地掌握活的心，就必须依靠性质和科学研究方法完全不同的极其特殊的意识的自觉作用"一句话便多疵累。应知科学研究之能精审得真，全靠人心之自觉，宗教真理还即此自觉自身之贯彻开朗而已，非有他也。所不同者：一则意识向外用，一则不向外用，姑且说向内，实则无所向，（一有所向便向外去了，）深深地深入于无所向，便自贯彻开朗。试详看我《人心与人生》一书，便可晓然。

我的心窍最初可说是《圣经》给开的。所以我的肉体虽则在1879年10月出世，而心灵的历史却是二十世纪初年才开始的。（上册117页）

我这里所说的宗教，既不是基督教、佛教，亦不是真宗、禅宗，而是叫不出名字的，十足闭门造车的东西。（下册388页）

愚按： 著者既深受基督教启发，又自称其体验便是禅宗的见性，顷不自承其为任何宗教教徒，且能为马克思所说“宗教是人民的鸦片烟”之名言有很好的说明，加以肯定。此正见出著者是真懂得宗教的人。

二、有关忠实于无产阶级革命的部分

这本书（1923年出版的《资本主义经济学之史的发展》）……却是著者根据其特殊要求而独出机杼的。它从肯定利己活动的思想写起，以否定利己活动的思想结束。（上册119页）

按： 著者是学生时代先在大学法科习经济学，后则在大学担任经济学方面讲课的。经济学发端于早期资产阶级思想家，以人生欲望为社会经济的出发点，所谓从肯定利己活动的思想写起者指此。但著者秉性既倾向于非利己主义，其结果遂自然地转入马克思经济学说而倾心无产阶级革命了。

（上略）我的研究对象已从资产阶级经济学一变而为马克思主义经济学，而到这时，我已不能安分守己地仅仅当一个大学教授，非走出书斋不可了。（中略）我离开大学是1928年4月，其实在此以前，我已经一点一点地开始参加无产阶级运动的实践了。（上册139页）

按：如我所称许著者是在人生实践上追求真理的勇士那样，他是不可能当一个学者呆在书斋而止的。但在转入到实践动上又不是轻易之事，而是有其颇为迟钝的过程。他的踏实不浮认真不苟，正从其迟钝中见出。试录原书一段如次：

总之，我最初从资产阶级经济学出发，多年来寻求安身立命的真理，一步一步地靠拢马克思，到了最后终于转化为和最初出发点相反的东西。为了完成这样的转化，我在京都帝国大学费了二十年的岁月。我虽则不外乎证明我的愚钝，却也足以驳倒一部分人指摘我现在的立场是对马克思学说无批判的盲从的说法吧！回头看一下我的彻底转向马克思学说，乃是长期经历几乎值得唾弃的踌躇折衷态度以后，方才实现的。不过正由于我经历了长期思索研究，好容易达到今天这境界，所以我觉得今天即使把我抛进火里去烧炙，我在学问上的信仰也是决不会动摇的。（上册第110页）

（上略）所以尽管反对的声浪很高，它反而给我增加了勇气。

我终于决眦而起，发誓要抛弃一切，从此为新劳农党而工作。大概就是从这个时候（1929 年秋天）起，我完全从书斋走上了街头。（上册 219 页）

按：正为他不止走上街头而已，更且是投身革命，不避牺牲，其后卒于被捕入狱五年之久。他这里有一段话：

（上略）要知道，如果留在完全合法场面上从事活动，那末尽管表面看来在为解放运动而斗争，结果总是帮了不出乎改良主义圈子的无产阶级政党（如社会民众、日本大众、劳农等党）的忙。这样不管本人主观意图怎样，毕竟只能产生有害效果，所以我们必须避开这种不三不四的——归根到底反动的——政党活动。（下略）（上册 280 页）

（上略）只要我相信非走那条路不可，我就既不逃避，也不退缩，勇往直前地向前走，这乃是我的面相的特征，要不是粗笔浓墨地把这富于特征的面部筋肉画出来，就画不像我。抱着这种想法，我才写了这篇自画像。（上册 274 页）

按：我读这些话的感受是懂得了人的气质、秉赋实在太重要，几可说是它决定着一切。

按：自传文可录取者尚多，不拟备录。第于其信宗教有真理，同时又说明宗教是人民的鸦片烟之一段话，应加录取。

在现实的历史里，却是以宗教真理为核心，结合哲学上科学上的许多知识，以及迷信、谬见、妄想、空想、欺骗、虚伪等各种各样的东西，形成一定的宗派的宗教。这种宗教一方面受到统治阶层的保护和一方面利用，经常把它用来做麻痹民众反抗的工作。最初掌握了宗教真理而向人宣传的宗教界伟人，自然没有指望把宗教作为政治的一个工具。可是，他所宣传的宗教真理随着它的深入民间，丧失了它本来的精神，它的意义（完全与始祖意图无关的）开始由社会力量的对比以及各阶级的客观相互关系来决定。在阶级社会里这种事情是无可避免的。这样宗教真理就被附着在它身上的许多杂七杂八的东西十重二十重地遮蔽起来，完全失去了它的光辉。马克思主义者抓住了这样的历史现实，因而把宗教说成是民众的鸦片烟。我一方面相信进步的宗教里含有一定的宗教真理，同时，在另一方面却和所有马克思主义者一样，认为宗教是民众的鸦片。（下册第 182 页）

愚读此自传之后感想颇多，扼举其要有下列两点：

一点是忆及愚所亲炙伍庸伯先生当壮盛之年，在世俗极好生活环境中，竟以怀抱人生疑闷而辞官弃禄，求师问道，今此著者之事正复有可举以相比互证者。此其事例上有类于释迦牟尼感触人生问题而弃家出走，下则如我愚劣，亦曾于人生烦闷中早年思求出家者，皆有若同符。

再一点是著者晚年在狱中虽在马列主义信念上终不变节，却作了出狱后退出阶级斗争之诺言。他一面说“本来人到死都不可没志气，而我呢……”另一面又说出：“我今天才真正明白世上的确有一类事情不是青年就干不了……”。（上册 516 至 518 页）前一句话在品德上是对的，后一句话在事理上亦不假。试回看上举各事例（伍公、河上、释迦、愚我）非皆出在年青力壮时乎？此一问题从我近著《人心与人生》第十一章述卫西琴学说可得其解答。

按：去看。

1973 年 3 月 11 日

读有关圣雄甘地事迹各书*

我先后阅读有关圣雄甘地（印度人如此称呼）事迹的书，不止此数，但阅后多未加摘记，其有所摘记而存留至今者止于下列三书耳：

一、《印度的发现》（尼赫鲁著，齐文译，世界知识出版社，1956年）

二、《尼赫鲁自传》（张宝芳译，世界知识出版社，1956年；胡仲持等译，上海青年协会书局，1948年）

三、《甘地自传》（吴耀宗等译，商务印书馆，1959年）

今但就往年所摘记者，写此读书录，以致我对甘地为人的一些体会认识。

兹先简括地说一下甘地的身世和为人：甘地出身波罗门（印度高

---

* 选自中国文化书院学术委员会编：《梁漱溟全集》（第七卷），济南，山东人民出版社1993年6月第1版第1次印刷，第812—823页；原文录自《勉仁斋读书录》，人民日报出版社1988年6月版，第34—49页。——编者注

贵种姓），母亲奉教极笃。少时留学英国，学习法律，曾以律师为业于英属非洲殖民地。这不待言，全是西欧资产阶级的一套。但他所濡染于西方文化者，到后来远为其故土印度宗教文明所掩覆而不可见，十足地成为一个印度土俗代表人物。然而甘地初非在不知不觉中接受其古传的（非佛教）宗教教义，束缚于社会传统习俗者；相反地，他少时曾有意地不守教诫。古宗教精神在他是自己逐渐寻得，一步一步深入其中的。这种寻得而深入的过程，全在其人生实践。身体力行是其根本，头脑思想非其所先。因此，他不是一个思想家（哲学家）乃至亦不是一个宗教家，虽然他的一言一动，自顶至踵充满了宗教精神。不过我认为任何一个宗教家应当在实践上向他学习，任何一个哲学家需要从他这里讨取宇宙人生的认识。

甘地所以被群众号为圣雄者，有千千万万的广大群众感动于他的倡义而兴起，随同他一道反英，风动全国，震惊一世也。其特色，在英国对殖民地武力统治之下却绝对不用暴力反抗；虽遭残暴镇压，再仆再起，夷然毅然不畏怯，不回报，正如甘地所说的是一种“非暴力主义”，“（对英）不合作运动”。这临到现实场面，其精神是何等地可歌可泣！在英人二百年长期统治下，曾经多次武装暴动所不能解脱的枷锁，卒以此代表正义觉悟的群众奋起运动，使得英国人最后乃不得不从印度撤退了。这实是世界史上无前例的，恐怕亦是今后难得再看到的奇人奇事吧！（奇人非止甘地，而是赅括印度人民。）追随甘地致力这一运动的尼赫鲁，在其《印度的发现》一书中，这样写道：

（上略）我们（印度人自称）好像是在一种全能的怪物掌

握之中而无能为力了；我们的四肢瘫痪了；我们的心智呆钝了；……这种过程深深侵蚀了印度的心身，……正像那痛苦的疾病渐渐消耗了我们肺部的组织一样，慢慢地而将必然地要把我们弄死。有时我们宁想更急速一些和更显著一些的过程，类似霍乱症或黑死病还要比较好些。但那不过是刹那间的幻想，因为冒险主义不会得到什么结果，江湖医生的办法治不好深入膏肓的疾病。（下略）

那时甘地出现了。他像一股强有力的新鲜气流，使我们振作起来，深长地松了一口气。他像一道亮光，穿透了黑暗，拨去了我们眼上的翳蒙。他又像一阵旋风，吹翻了许多什物，而最重要的是激动了人们头脑运用思想。他不是从天而降的，他好像是从印度千千万万群众中涌现出来的……。（以上均见原书 472 页）

以上摘录的话，要从以下所录取者得其了解：

甘地总是在象征着毫不妥协的真理；他要把我们拉了起来，使我们感到隐忍妥协的可耻而走向真理。（中略）不同的人对于真理可能有、也确有不同的理解，因每个人总被自己的背景、教养和感情所影响着。甘地当然亦不例外。但真理对于一个人来说，至少是他自己觉得到而认为是真实的东西。按照这个定义，我不知道还有任何人能像甘地那样坚持真理的了。（原书 473 页）

按：下随之趋势是一贯的。

他绝不屈服于命运，或其他任何他认为是罪恶的势力。他充满着抵抗情绪，虽则这抵抗是和平而有礼貌的。（476 页）他的教义的精髓在无畏和真理以及与此相关联的行动……（472 页）在他看来真理和非暴力主义为同物，或是同样东西的不同方面；他差不多把这些字样交换地使用着。（478 页）

在英国统治下的印度人主要心情就是恐惧，是一种普遍渗透使人窒息的绞勒一般的恐惧。怕警察，怕军队，又怕广布的特务；怕官吏阶级，怕那意味着镇压的法律，更怕监牢；怕地主的代理人，怕放债人；又怕经常等待在门口的失业和饥饿。正是为了针对着这弥漫一切的恐惧，甘地沉静而坚定的口号响起了：不要怕！……于是人们肩头上一层恐惧的黑幕就这样突然间揭掉了。当然还未整个被揭掉，但已达于惊人的程度。（473 页）

这黑幕是怎样揭掉的呢？

（甘地号召）头衔（指英王赐给的爵士头衔之类）都应放弃，虽然那些拥有头衔的人只稍有些响应，可是大众对英国颁给的头衔的尊重心理消失了。头衔变成耻辱的象征，新的标准和评价树立起来了。原先给人印象的是那样深的总督官邸和（土邦）王公们的显贵豪华，陡然间变得好像极度可笑粗俗，而且不如说是可耻了。因为环绕着他们的正是人民的贫穷和不幸。富有的人也不再那样亟于炫耀他们的富有了。至少在外表上他们中间很多人都采取了朴素的作风，在服装上他们几乎和那些比较卑微的人没有什么区别了。（476 页）

甘地第一次踏进国民大会党组织，就立刻把国民大会党的党章完全改变了。他把它变得民主化，并且成为一个群众性的组织。……现在农民大量涌进来了，……产业工人也进来了。……（475 页）

这样，他就着手恢复人民的精神上的一致性，着手打破那隔在上层一小群西方化的集团（中产阶级）和（农工）大众之间的壁垒，……着手将那些在昏睡和静止状态中的群众唤醒，使他们活动起来。（480 页）

国大党整个面貌改变了，穿洋服的绝迹了，人们看到的只是印度服。国大党的成分改变了，新的代表主要是中产阶级下层出身的人。说印度斯坦语的人一天比一天多。有的时候就用开会所在地方的方言，因为许多代表不懂英语，而且人们对于在自己民族运动中使用外国语的反感，也一天比一天明显。在国大党的集会上现出新生活和热情。（74 页）

（上略）更重要的道理，在于这种运动对于群众所发生的影响。大家有一种如释重负，获得解放和自由的感觉。压迫人们低头的恐惧心理减退了。人们挺起腰，抬起头来。偏僻市集上的老百姓也在纷纷谈论国大党和印度自主的问题。（78 页）

……往日受压迫和失望的感觉完全消失了。过去为了怕当局找麻烦，总是私下耳语，或用法律名词转弯抹角的说话，现在这种情形没有了。我们心里想说什么就说什么，而且公开大声讲话，毫无顾忌。我们担心后果吗？怕坐牢吗？我们正求之不得，因为这对于我们运动的事业有利。（78 页）

要知道当时印度人民对于英国人强暴统治的抵抗运动，在国大党领导下从来不外两条路：开会讨论，通过决议，呼吁等等，再就是愤怒地恐怖活动、破坏活动。甘地出来领导之后，特别谴责了后一条路，而开出新的第三条路——非暴力主义的不合作运动。这里出现了人们坚持真理（正义）的意志，甘心忍受由此而来的痛苦和灾难。这是斗争，而非暴力斗争。它的痛苦和灾难是自己招来的，一次又一次，再仆再起，力量愈来愈增加，如火益烧益旺。到此，应参看《尼赫鲁自传》内如下的话：

> 1930 年那一年充满了具有戏剧性的局势和鼓舞人心的事变。最令人惊讶的是甘地具有的那种鼓动和激励整个民族的惊人力量。这种力量几乎能够产生一些使人们如痴如醉的作用。我回想到郭克雷对甘地的评语“他具有使凡人变为英雄的力量”。和平抵抗运动作为达到民族解放的伟大目标的行动方法，似乎本身已经证明了它的正确性。全国成长着一个坚定信念，不论朋友或敌人都认为我们已向胜利迈进。（第 252 至 253 页）
>
> 1930 年对我们来说确是充满奇迹的一年，而甘地像是以魔术师的玄妙手法改变了我们国家的面貌……我们对我们的人民，对我们的妇女、青年、儿童在运动中的种种表现感到骄傲。（289 至 290 页）
>
> 我们的情绪很高，政府的情绪很低。（英）政府对当时所发生的事情不了解，他们所认识的印度旧秩序在崩溃中，到处出现了新的一种积极精神，自力更生和大无畏的精神。维持英国在印

度统治的大支柱（威严）显然在削弱。（他们）小规模的镇压反而巩固了我们的运动。（见另书 79 页）

我知道甘地往往凭着本能——我宁愿叫它作本能，而不愿说它是“内心的呼声”或者是“祈祷的回音”——而行事。他的本能时常是正确无讹。他屡次表现出来他善于观察群众心理和相机行事的本能。（579 页）

在他坚持真理的直接行动的特殊领域中，他有非凡的本领。他的本能指导他采取正确的步骤。（144 页）

（上略）他对于他的印度似乎了如指掌，感应着它最微弱的波动，能够准确地、几乎本能地判断形势，并且擅长在最恰当的心理时机采取行动。（287 页）

这些叙述应当翻查当时的报纸刊物才得证实不虚。尼赫鲁随从甘地而为运动中一大领袖，似并未阿其所好。因为尼本人是现代人，而甘地则毋宁是一个古代人物。在尼赫鲁口中屡次表现其对甘地不了解和不满。例如——

在思想意识方面，甘地有时表现得非常落后，可是行动方面他是印度现代最伟大的革命家。……决心为印度的政治独立而奋斗，因此在未实现独立之前，他必然毫不妥协地发挥他的作用。（《尼赫鲁自传》，415 页）

我觉得我跟甘地在精神上一天比一天更疏远，虽然我在感情上十分钦佩他。（同上，424 页）

> 我不满意甘地感情用事地从宗教上处理政治问题，并且一再提起上帝，他似乎还说上帝规定了他绝食的日期。树立这种榜样多么糟糕！（421 页）
>
> 我们两人作了一次长谈……，我告诉他（甘地）像他这样出乎我们意料之外的做法，使我们惊异不止，从而使我们感到在他身上存在某种未知因素。虽然我们十四年来保持着最密切的关系，然而我对于这种因素却一点也不能理解。这使我感到十分担忧。他承认在他身上确实存在着这种未知因素，并表示自己无法控制，同时也难以预测它的后果。（294 页）
>
> 究竟他的目的是什么呢？尽管许多年来我同他最为接近，但我往往不明了他目的何在。我甚至怀疑他自己是否明了。他说他只要走一步就够了；他不打算瞻望将来，也不打算面前有一个明确目标。“注意手段，目的自明”，这句话是他不惮烦地反复告人的。（中略）甘地被人比作中世纪（乃至古代）基督教的圣者，看他所说的话似乎同这点吻合，但完全不适于现代……。（583 页）

摘叙到此，便可以探讨甘地为人的真际了。在人格上，甘地和普通人全然不是一路。甘地一言一动发自内心，而其内心实通乎广大宇宙。在生命上他与整个世界——从大自然界到主要的社会环境——脉脉息息相感应。他没有计算心，只有感应知觉，而感应知觉是时时刻刻变化的。他的行动不可测，乃至他亦莫名其所以然者在此。然而普通人却总是在计算着行事，不是吗？——普通人总是在分别目的与手段，其结果往往是一切都手段化了。甘地相反，心志精诚，浑全不二，处处都是目的。试看甘地自传中如下的说话：

> 除了真理以外，没有别的上帝。
>
> 我这里用宗教一词，意即自我实现，或自知之明。
>
> 我早就学会了使自己顺从内心的声音。我乐于顺从这种声音，如果背着它行事，是困难和痛苦的。
>
> 我不相信耶稣是上帝的化身，或独生子。倘若上帝能有儿子，我们都算是他的儿子。若说耶稣像上帝，或即是上帝化身，乃至上帝本身，那么所有的人都像上帝，或者就是上帝。
>
> 托尔斯泰说“天国就在你的心中”使我倾倒。我把服务当作我自己的宗教，因为我觉得只有通过服务，才能认识上帝，寻着上帝，致力于自我实现。
>
> 要和普通无所不在的真理精神面对面地相见，（中略）便不能对生活的任何方面取超然态度。这就是我追求真理而不得不投身政治运动的原故。凡以为宗教与政治无关者，都不懂宗教的意义。

如上的话都须要读者反躬细心体会。再参看《尼赫鲁自传》中有关甘地的话：

> 不仅在英国政府的眼中，并且在他（甘地）自己人民和他最亲密的人们的眼中，他都是个不可解的谜。（中略）印度神话充

满了伟大苦行者的故事。……当我看到甘地那种从某些取之不尽的精神来源产生出惊人的精力和内在力量时，我常联想起这些神话。（288 页）

甘地身体瘦小孱弱而其精力却大有取之不尽、用之不竭者，全在其生命通于宇宙之故，其生命所以通于宇宙者，全在精神的浑整性。如前所说，他与普通人全然不是一路。尼赫鲁有一段话恰好可资佐证：

他（甘地）以极大耐心和注意力倾听别人向他提供新的建议，可是就在这样彬彬有礼的倾听之中，给别人的印象是他们在朝着一座封闭的大门讲话。（590 页）

别人对他提供的新建议，总是出于一种比较计算来的，而在甘地却根本是一种非计算的心，彼此当然不相遇。我们接连着说一说甘地私人生活及其形象。

除我舍弃一切，我便不能归依于他（上帝）。（见《甘地自传》，第四部五章）

劳动的生活如种地的人和手工业的人是有价值的生活。（注：甘地提倡手工纺织，自己行之不倦。）

“不占有”或“舍弃一切”亦称“自我纯洁”是甘地个人生活的原则。他并且说，个人纯洁的结果必然使周围环境亦纯洁了，纯洁是富有感染力的。甘地在公众生活中的精诚及其自身生活的纯洁是合一不分的事，因此他的形象亦即其给人的印象，乃大大不同寻常。

（上略）尽管甘地貌不惊人，赤着身体，系着腰布，但是他具有高贵和尊严的风度，使人不得不尊敬他。……他的声音清脆，沁人心脾，引起共鸣。不管听甘地讲话的是一个人或一千人，人们总都被他吸引着，感到跟甘地息息相通、心心相印。……甘地在演说时能够使听众着迷，并不因为他善于雄辩，或者因为他辞句漂亮。他的语言简单中肯，很少用不必要的字。（中略）甘地最显著的特点之一，是他争取人的能力，或者至少可以说是他有解除反对者武装的能力。（张译《尼赫鲁自传》。146 至 147 页）

他一向愿意主动地去和他的对手见面，讨论任何问题。……但是他不在于从理智上去进行说服。他一向寻求心理上变化，破除愤怒和疑惧所造成的隔阂，觅取引起别人善意和高尚感情的途径。……当他亲自同对他抱有敌意的人们周旋时，他获得多次的胜利。（同上，283 页）

他本人同加尔文僧侣的派头（拘谨阴沉）恰相反。他笑容可掬，笑声动人，他的愉快心情感染了四周。他有一种天真烂漫的神态，使他富有魅力。每当他走进一房间，他随身带来新鲜的气息，使周遭气氛顿时显出轻快。（589 页）（参用胡译）

他使自己的生活整个艺术化，一切姿式都有意义，有风韵，脱净了虚伪形迹。他的生活上没有粗糙的边缘，亦没有尖锐的棱角，尤其没有一点庸俗气味。他寻着了内心的和平，便把这个反射到他人的心头，同时踏着坚实稳定的脚步沿着崎岖的生活道路前进。（张译 147 页，参用胡译）

我体会甘地的言动和神态之见于外者，皆从其生命深处而来，一味纯真，所以能直透他人心肺，影响迅捷。但在宗教生活上甘地是否登峰造极呢？如他自己所说，他正在进行着不断努力中，“这就是为什么世界上的赞誉不能使我动心，有时反而使我难过的道理”（语见《甘地自传》）。

末后我们毋庸讳言，甘地是有其缺乏之一面的。当他看到西方社会人生由于资本主义工业文明而演出种种堕落和罪恶，他深感危惧。他在民族问题上虽要求独立，而在社会问题上却主张复古，不向往于社会主义前途。他根本反对近代工业文明，而要返于手工劳动生产之路。这是错误的。人类生命原有个体和群体（社会）这两面，从而宗教和道德（在甘地视为同物）亦各有这两面，而在甘地却片面地着眼在每个人自己生命上。他一心求个体生命造于纯洁，契于真理（上帝），不顾其他。用西洋教会人的话来说，他过早地要灵不要肉。所以说过早者，人类前途将有要灵不要肉的一天，却必经过社会革命进入共产社会之后，而极高度的生产工业化，实为共产社会的前提条件。因为必待社会生产上的体力劳动减至低度，而后人乃免于“肉”的牵掣而萃力于“灵”一方面也。可惜甘地于此不够通达，他要走的路是走不通的。

按：这段话应摘记，用之于某处。

如所周知，甘地和泰戈尔是同时闻名于世界的印度伟大人物，但据传他们两个却殊不相同：

> 就性格和气质而论，再找不出另外两个人能像他们这样相异的了。泰戈尔——一位贵族式的文艺家却转变成同情无产阶级的民主主义者，本质上代表着印度的文化传统，代表着那接受丰富饱满的人生，并且歌舞欢乐地度过人生的传统。甘地却是一位来自民间的人物，几乎是印度农民的化身，代表着印度的另一古老传统，那就是自制和禁欲的传统。泰戈尔主要的是一位思想家，而甘地却是一位精力集中、无休无止的社会活动家。两人作风虽则不同，却都注目到全世界，又同时是十足的印度人。他们似乎是代表着印度的迥然不同而又彼此和谐的两方面，并且是彼此互补其所不足的。(《印度的发现》。第 447 页)

名画家徐悲鸿曾对我谈，他往时留寓泰戈尔国际学院，一次适逢泰戈尔招待甘地的茶会。此两位印度名人彼此交谈全用英语。因甘地一向是说印度斯坦话，而泰戈尔一向是说孟加拉话的，若各用乡音反而不能相通——这是一件可哀叹的事，顺便附及于此。

1974 年 3 月 20 日

为《甘地自传》中两句话所加按语*

《甘地自传》中的话：

“自我纯洁必须屏除思、语、行动中的爱憎、迎拒感情。”（身、语、意三业清静）

“一个被感情支配的人永远见不到真理。要成功地寻得真理，就要完全从爱与憎、福与祸的双重包围中解脱出来。”

愚按：《信心铭》云：“至道无难，唯嫌拣择，但莫憎爱，洞然明白。”与此正相符合。此境界甚高，不易达到。一切爱憎感情皆出于身，而心是最后超乎身的。

---

* 选自中国文化书院学术委员会编：《梁漱溟全集》（第七卷），济南，山东人民出版社 1993 年 6 月第 1 版第 1 次印刷，第 823 页；原文录自《大杂记本》（七），第 63 页。——编者注

读《印度的发现》一书摘记*

……我们好像是在一种全能的怪物掌握之中而无能为力；我们的四肢瘫痪了；我们的心智呆钝了；……这种过程深深侵蚀了印度的心身，……正像那痛苦的疾病渐渐消耗了我们肺部的组织一样，慢慢地必然地要把我们弄死。有时我们想某种更急速一些和更显著一些的过程，类似霍乱症或黑死病还要好些。但那不过是刹那间的想法，因为冒险主义不会得到什么结果，江湖医生的办法治不好深入膏肓的疾病。

那时甘地出现了。他像一股强有力的新鲜气流，使我们振作起来，深长地松了一口气。他像一道亮光，穿透了黑暗，并拨去了我们眼睛上的翳障。他又像一阵旋风，吹翻了许多东西，最重

---

* 选自中国文化书院学术委员会编：《梁漱溟全集》（第七卷），济南，山东人民出版社 1993 年 6 月第 1 版第 1 次印刷，第 824—828 页；原文约作于二十世纪六十年代，录自《小杂记册》（二），第 1—7 页，标题为收入全集时所加。——编者注

要的是激动了人民运用思想。他不是从天而降的，他好像是从印度千万群众中涌现出来的，……。（第 472 页）

上面说甘地的几句话，应从下面各段所说之中去了解之。

甘地总是在那里象征着不（甘）妥协的真理；要把我们拉起来，使我们感到（妥协）可耻而走向真理。……不同的人对于真理可能有、也确有不同的见解，每一个都被自己的背景、教养和情感冲动所强烈的影响着。甘地亦不例外，但是对一个人而论，真理至少是他自己觉得到而且知道是真实的东西。按照这个定义，我不知道有任何人能像甘地那样地坚持真理的了。（第 473 页）

他绝不屈服于命运，或其他任何他认为是罪恶的东西。他充满着抵抗的情绪，虽然这抵抗是和平而有礼貌的。（第 476 页）

末句即指非暴力主义、和平抵抗、不合作运动而言。连同下面的话可以见出甘地盖本乎其内心真切自觉的良知而动作着。

他说道“我拒绝做我所不能理解的或在道德基础上不能辩护的那些先例或习惯的奴隶。”因此在实践上，他奇特地在自由走着他所选择的道路，……。一切只以他深信应该是那样压倒一切的道德法则的观点为转移，……。他所提议的每一种改革，他所给别人的每一个劝告，他都严格地应用到自己身上。他总是带

头作起。他的所言和所行总是互相符合，就像带在手上的手套那样。（479 页）

他的教义的精髓是无畏、真理和与这些相关连的行动，……。（472 页）

在他看来，真理和非暴力主义是一件东西，或者同样东西的不同方面，所以他差不多在把这些字交换地使用着。（478 页）

一任天理流行的人是无所贪慕依恋的，无所贪慕依恋而后能无所恐怖惧畏。甘地胸中正有中国古人所谓“无以尚之”的东西在，他当然不会屈服于任何势力之前，同时他更不会以威武屈人，非暴力的根本在此，非暴力与真理之非二在此。甘地正是以此激发其怯懦之国人，以此对待贪暴无礼之英人。

在英国统治下的印度〔人〕的主要心情就是恐惧，是一种普遍渗透的使人窒息的绞勒一般的恐惧。怕军队，怕警察，又怕广布各地的特务；怕官吏阶级，怕那意味着镇压的法律，还怕监牢；怕地主的代理人，怕放债人；又怕经常待在门口的失业和饥饿。正是为了针对着这弥漫一切的恐惧，甘地镇静而坚定的口号响起了：不要怕！……于是人民肩头上的一层恐惧的黑幕就这样突然地揭掉了。当然还不是整个被揭掉，但已到了惊人的程度。（473 页）

如其是非之心不被启发出来，如其不以义理之念代替利害之念，没有足够的正气亦就没有足够的勇气。看了下面的话方能了解恐惧黑幕是怎样揭掉去的。

（甘地号召）头衔都应放弃（指英国赐给的爵位），虽然那些拥有头衔的人只是稍微有些响应，可是大众对英国所颁给的头衔的尊重心理消失了。它们变成耻辱的象征，新的标准和评价树立起来了。原先给人的印象是那样深的总督官邸和王公们的显贵豪华，陡然间好像变得极度可笑粗俗，而且不如说是可耻了。因为环绕他们的正是人民的贫穷和不幸。富有的人也不再那样亟于炫耀他们的富有了。至少在外表上他们中间很多人都采取了比较朴素的作风，在服装上他们几乎和那些卑贱的人没有什么区别了。（476 页）

印度人民对于英国强暴统治的抵抗运动，在国大党领导下很久总不外乎两条路：开会讨论通过决议呼吁等等，不然就是恐怖活动破坏活动。甘地出来之后，特别谴责了第二条路而开出新颖的第三条路，那即是非暴力的和平抵抗的不合作运动。这种运动要甘心忍受由此而来的痛苦和灾难。这里出现了人们坚持真理的意志。

和平的不合作斗争一次接一次地发生着，里面包含着无穷的痛苦。但那痛苦是自己找来的，因此是增加力量的。它不同于那种压在不情愿的人们身上并导致绝望和失败情绪的痛苦。（482 页）

什么是无畏？这就是无畏。周孝怀先生题字于译本云译者“望人读其书而知其人所以大无畏而又使人无畏之精神必有所自，而宜为人所取法”，说得甚好。

此时的号召和运动绝不应只是对抗英人的。

这种行动的号召具有双重意义。一种当然是对外国统治的挑战和抗拒；还有一种是叫我们对我们自己社会上的邪恶作斗争。（476页）

（甘地曾说：）“我要为这样一个印度尽力：在这个印度，最贫苦的人也将感觉到这是他们的国家，在建国的过程中他们有有效的发言权。在这个印度，人民之中将没有高贵的阶级和低贱的阶级。在这个印度，所有的公共团体都生活得十分融洽，……在这样一个印度不能容有贱民、酗酒与麻醉药品的灾祸，……妇女和男子享有同样的权利……。”

要对社会一切不合理作斗争，当然不是哪一阶层或哪一部分人的事，而一定要广大群众起来。

“甘地第一次踏进国民大会党组织，就立刻把国民大会党的党章完全改变了。他把它变得民主化，并且成为一个群众性的组织。……，现在农民大量涌进来了，……产业工人也进来了。……”（475页）

据说……印度人的思想习惯主要是清静无为，……但是甘地这位典型的印度人却代表着清静无为的正相反一面。他是一位精力绝伦和行动超群的天才人物、活跃者。……在向印度人民的无为主义作斗争和改变它的工作中，他比我所知道的任何人所做的工作都要多。（477 页）

这样，他就着手恢复人民的精神上的一致性，着手打破那隔在上层的一小群西方化的集团（中产阶级）和（农工）群众之间的壁垒，……着手将那些在昏迷和静止状态中的群众唤醒而使他们活动起来。（480 页）

读《尼赫鲁自传》摘记*

我知道甘地往往凭着本能（我宁愿叫它作本能，而不愿说它是“内心的呼声”或者是“祈祷的回音”）行事。他的本能时常是正确无讹。他屡次表现他善于观察群众心理和相机行事的惊人本能。事后他说明他的行动的理由通常是他后来追想的，很少时候使人十分信服。（579 页）

在尼赫鲁所写的这两本书中，屡次屡次用“本能”这个词来说甘地的行动方向之所由决定，例如：

在他（甘地）的坚持真理的直接行动的特殊领域中，他有非

* 选自中国文化书院学术委员会编：《梁漱溟全集》（第七卷），济南，山东人民出版社 1993 年 6 月第 1 版第 1 次印刷，第 824—828 页；原文约作于二十世纪六十年代，录自《小杂记册》（二），第 1—7 页，标题为收入全集时所加。——编者注

凡的本领。他的本能指导他采取正确的步骤。（144 页）

……他对于他的印度了如指掌，感应着它微弱的波动，能够准确地、几乎本能地判断形势，并且擅长在最恰当的心理时机采取行动。（287 页）

其他类此者还多，不必一一列举。我在前曾说“甘地盖本乎其内心真切自觉的良知而动作着”，正可与此互证。其被人感到神秘在此，其实并不神秘亦在此。然而甘地是得力于宗教的，与中国古人不同。正为甘地得力于宗教，而尼赫鲁则非常远于宗教，所以尼赫鲁对甘地时常摸不着头脑，思想上两人彼此不接头，这在书内屡屡提及，不烦枚举。

大约甘地的思想言论最不合时代，不止与尼赫鲁一人不接头而已。此点十分明显。然而以一个思想言论不合于时的人却竟能以其人格感动了广大群众，以其行动号召了广大群众，使得几亿人的印度民族由此得以翻身，此则使人最当深思熟省者。（若于此忽略，实为不善学）。从下列引文可以见其影响之巨大与其影响形式之奇特。

1930 年那年充满了具有戏剧性的局势和鼓舞人心的事变。最令人惊讶的就是甘地具有的那种鼓动和激励整个民族的惊人力量。这种力量几乎能够产生一些使人如痴如醉的作用。我们回想到郭克雷对甘地的评语“他具有使凡人变为英雄的力量”。和平抵抗运动，作为达到民族的伟大目标的行动方法，似乎本身已经证明了它的正确性。全国成长着一种坚定信念，无论朋友或反对

者都认为我们已向胜利迈进。（252—253 页）

1930 年对我们来说确是充满奇迹的一年，而甘地似乎以魔术师的玄妙手法改变了我们国家的面貌。……我们对我们的人民，对我们的妇女、青年、儿童在运动中的表现感到骄傲。（289—290 页）

不仅在英国政府的眼中，并且在他（甘地）自己人民和他最亲密的人们的眼中，他都是一个疑问和谜。……印度神话充满了伟大苦行者的故事。……当我看到甘地那种从某些取之不尽的精神来源产生出来的惊人的精力和内在力量时，我常想起这些神话。（288 页）

思想不接头的人居然成群地追随他是为什么？

我们怎样在政治上追随甘地，在许多场合下变成他的忠实信徒？这个问题很难回答，而对于不认识甘地的人，任何回答也不可能使他满意。个性（人格）是一个难以描述的东西，是一种能够控制人们灵魂的力量，而甘地却有这种丰富的力量。（页码缺）

最可注意的是在这些话却出之于尼赫鲁之口，他是极菲薄宗教菲薄神秘主义的。尼赫鲁在其书中屡屡指斥甘地思想、言论，著者之不高明，甚至错误可笑。大约甘地的头脑有其缺点是不可否认的。我在这里愿指出的是甘地这种缺点与其特长正为一事之两面。

有些话必须引来在此：

在思想意识方面，甘地有时表现得非常落后，可是行动方面他是印度近代最伟大的革命家。……决心为印度的政治独立而奋斗，因此在未实现独立以前，他必然毫不妥协地发挥他的作用。（415 页）

我觉得我跟甘地在精神上一天比一天更疏远，虽然我在感情上十分钦佩他。（424 页）

我不满意甘地从宗教方面感情用事地处理政治问题，并且一再提起上帝，他似乎还说上帝规定了绝食的日期。树立这种榜样多么糟糕！（421 页）

这个制度（地主制度）的确日薄西山了。可是甘地还在支持它，并且还说到什么“受托制”等。我再想一想，他与我的观点相去很远，我怀疑我将来能和他合作多久。（548 页）

这些话都见出甘地在其古宗教的深入与尼赫鲁在宗教上之远隔。尼是现代世界的人，甘是古代印度人。

我们作了一次长谈，……我告诉他（甘地）像他这样出乎我们意料之外的做法，使我们惊异不止，从而使我感到在他身上存在某种未知的因素。虽然我们十四年来保持着最密切的关系，然而我对于这种因素却一点也不能理解。这使我感到十分担忧。他承认在他身上确实存在着这种未知的因素，并表示自己无法加以

控制，同时亦难以预测它的后果。（494 页，原书第 35 章）

究竟他（甘地）的目的是什么呢？尽管许多年来我同他最为接近，但我并不明了他的目的。我甚至怀疑他自己是否明了。他说他只要走一步就够了，他不打算瞻望将来，也不打算面前有一个明确的目标。“注意手段，目的自明”，这句话是他不惮烦地反复告人的。独善其身，则一切皆得其所。这种态度不是政治态度或科学态度，或许连伦理态度也不是。精确地说，它是道德态度。它并提出这样一个问题：什么是善？善仅仅是个人的事情呢，还是社会的事情？甘地完全强调品质而忽视智力的培养和发展。没有品质的智力可能是危险的，但是没有智力的品质又是怎样呢？究竟品质是怎样发展的呢？甘地被人比作中世纪基督教的圣者，他所说的话有很多似乎同这点吻合，但完全不适合于现代。……（583 页）

引列以上的话是为了它有助于我们明了甘地的人，特别是明了尼赫鲁所说的甘地的“本能”等一类的话。以我所见一切古代宗教的圣者（应把佛教的除外）之所以有惊人的德性与能力均在于他们具有这种“本能”（依照尼赫鲁的话）。然而实在不是本能，这里不过是借用一下这个名词。本能一词的正当用途只在动物生活中有，人类生活中已难适用。虽则在人类生活中已难适用的本能一词，却不妨借来以说明古宗教圣者（如耶稣、穆罕默德等）的生活和行动，因为在某一点正有相似处。

所谓某一点何指呢？此指其任天而动，不作理智对外的考虑。在动物生活中是没有目的与手段之分别的——如其说有，亦不过是我们人替它分别的。古宗教圣者的生活和行动同样地不分别目的与手段，亦可说处处皆目的。目的是绝对的，手段是相对的。一切目的化、一切绝对化是他们的特征，而一般人（凡俗之人）生活正难免于一切手段化、相对化。他们所以精力过人，大有“取之不尽、用之不竭”的样子，亦是为此。他们的“凌厉无前、所向无敌”的样子亦是为此。所谓“未知的因素”、“自己无法控制”等等亦是为此。

古宗教的圣者与中国古圣人有其相近或甚至相同处，这就是我说“甘地盖本乎其内心真切自觉的良知而动作着”的话。然而毕竟还是不同。古宗教的圣者不再能在现代世界中出现，而中国的圣人却不限于古代有之，后来还能有。中国圣人正是代表着人类，并不像那些古宗教圣者之接近动物本能。（甘地把人类和动物分别的很清楚，甘地于此似高过其他古宗教圣者）（附甘地语于此：非暴力是人类的法则正如暴力是野兽的法则一样。野兽的精神潜伏着不起作用，它除开体力外不知道有其他法则。）（见94页）

> 他（甘地）以极大耐心和注意力倾听别人向他提供新的建议，可是就在这样彬彬有礼的倾听之中，给别人的印象是他们在朝着一座封闭的大门讲话。（590页）

尼赫鲁这样来叙说甘地真是妙得很。其实这是不足以为奇的，因为甘地的行动一切自内发出，而人们都总是作对外的考虑，彼此当然不碰头。然似此情景在中国圣人绝不会有。甘地得力在其宗教，而中国圣人则为“非宗教的”也。

尼赫鲁曾说他父亲与甘地的友谊结合是奇特的，因为一个克欲家在生活中屏绝刺激和肉体上的享乐，而另一个恰是享乐家，生活上讲究享受，不大顾到后果。在心理分析家来说，便是“一个内向、一个外向。”（见74页）。这内向外向的分别是不错的。尼赫鲁与甘地虽同从事印度民族独立自由运动，但所要争取的独立自由殆非同物。

甘地所想的始终是个人得救和罪恶，而我们多数人所最关心的却是社会的福利。……甘地不主张改革社会或社会的结构，而专门致力于消除个人的罪恶。他曾经写道：“参加独立运动的人决不从事于试图改造世界这种徒劳无功的任务，因为他相信世界是按照而且永远按照上帝的法则运转的。”虽说如此，他还是很起劲地企图改造世界，不过他要进行的改造是个人改造，克制使他们耽迷的感觉和欲望，也就是罪恶。也许他会同意一个……给自由下的定义：“自由不过是从罪恶的束缚中的解脱。”（586页）

“印度的得救在于抛弃它五十年来所学到的东西。铁路、电报、医院、律师、医生等等都必须丢开，所谓上等阶级必须自觉地、虔诚地、慎重地学习农民的纯朴生活，认识这种生活才是真正幸福的生活。”“每逢我坐上火车或是公共汽车，我认为我是在做违背良心的事。”“打算用高度人工的迅速的动力来改造世界是行不通的。”（以上均为甘地之言，见于584页）

甘地打算从内心、道德和精神方面改造个人，由此再来改变

外来的环境。他要大家抛弃恶习和放纵，成为纯洁的人。（596 页）

甘地所要改造的是人们的内部，而发展工业则是外部的事，于这种改造无干，所以说“行不通”。甘地这种想法无疑是错误的，尼赫鲁有些话却不错。

毫无疑问，这种内心的发展能对外部环境产生极大影响，而外部环境同样也对内心的发展产生极大影响。内心的发展和外部环境互相影响。在现代工业发达的西方各国，外部的发展大大超过了内心的发展。但并不能因此像有些东方人所想的那样，认为由于我们在工业方面落后，我们的外部的发展很慢，我们内心的发展就大些。……也许个人能够超出形势和环境，在内心方面达到极大的高度，但就团体和民族而言必须具有一定的外部发展才能有其内心的发展。一个经济有困难，每天为了生活而弄得焦头烂额的人很少能够有高度的内心认识。……因此内部的发展需要外部的自由，需要适当的环境。在努力争取这种外部自由、改变环境、消除内部发展的障碍时，所采取的手段不应当有害于所抱的目标。……

似乎可以说甘地的着眼点在内，尼赫鲁的眼光虽向于外而亦不遗内。尼赫鲁有一句说甘地的话亦是正确的。他说：

甘地是印度最典型的代表，他表现了这个受难的古老国家的真正精神。他本人几乎就是印度，他自身的缺点也正是印度的缺点。

这古老国家的真精神何在呢？在于宗教，不在顺着生活之路向外发展，而在反乎生活之路向内发展。如尼赫鲁所说向内发展还需要有外面的条件，所以就人类社会说，其真正向内大发展有待于外在条件的发展，即是生产工业化大发展，亦即共产社会之后。然而由于少数个人可能于此有其高度发展，便影响了古代印度社会，形成了以宗教为中心的古印度文化。这在我即谓之曰人类文化的早熟了——见旧著《东西文化及其哲学》。

尼赫鲁书中有“宗教是什么？”一章，但他是不够解答这问题的。宗教是“世间”通向“出世间”之路。不晓得有“出世间”这回事即无法明白宗教这个东西。出世间又是什么呢？如我在《中国文化要义》中所说：

出世间者，世间之所托。世间有限也，而托于无限；世间相对也，而托于绝对；世间生灭也，而托于不生灭。

原书还有几句话很重要，亦引列于此：

超躯壳或反躯壳无非出世倾向之异名。这倾向则为人类（在生物进化中）打开一般生物之锢闭性而后有的。

（甘地就懂得野兽亦不是没有，只是锢闭了，不起作用——见前引甘地语）。

《尼赫鲁自传》摘录*

他（甘地）的话朴素简明；他的声音和姿态冷静、明确，不动感情。然而这冷冰冰的外表后面却有火一般的热情。他的话深深地打动了我们的心，开动了我们的脑筋。甘地所指出的道路是辛苦困难的，但是一条勇敢的道路，可以达到自由的目的。（93 页）

我深信假如只有在怯懦和暴力二者之间加以选择时，我将劝人选择暴力……。可是我认为非暴力比暴力高明得多，宽恕比惩罚气魄更大，……。非暴力是人类的法则，正如暴力是野兽的法则一样。（同上，甘地著文）

甘地长得身材短小，体弱多病，但具有钢一般的坚强性格，

---

* 选自中国文化书院学术委员会编：《梁漱溟全集》（第七卷），济南，山东人民出版社 1993 年 6 月第 1 版第 1 次印刷，第 828—835 页；原文约作于二十世纪六十年代。《尼赫鲁自传》，世界知识出版社 1956 年出版有中译本，张宝芳译。——编者注

坚如岩石的精神，不管外面压力怎样大，他总不屈服……。尽管甘地貌不惊人，赤着身体，系着腰布，但是他具有高贵和庄严的风度，使人不得不尊敬他。……他的声音清脆，沁人心脾，引起共鸣。不管听甘地讲话的是一个人或一千人，他们都感到甘地的吸引力，感到跟甘地息息相通。……甘地在演说时能够使听众着迷，并不因为他善于雄辩，或者因为他用辞漂亮。他的语言简单中肯，很少用不必要的字。……甘地最显著的特点之一，是他争取人的能力，或者至少可以说是他解除反对者武装的能力。（146—147 页）

在原则上，他一向愿意主动地去和他的对手见面，讨论任何问题。……但是也许他不仅在于从理智上去进行说服。他一向寻求心理变化，打破愤怒和疑惧所造成的隔阂，觅取引起别人善意和高尚感情的途径。……当他亲自同对他抱有敌意的人们周旋时，他获得多次胜利。……许多对他进行批评和嘲笑的人，也为他所感化而变得对他崇拜，即便继续反对他，但其中已不再有丝毫嘲弄的意思。（283 页）

他（甘地）自己发现了一套生活艺术，使他自己的生活富有艺术性。每个姿态都具有意义，优美而没有虚伪的气味。甘地没有棱角，不露锋芒，不带一点庸俗气味。……甘地自己心里很宁静，并以此影响其他的人。他在人生的崎岖道路上，踏着坚定的勇敢的步子前进。（147 页）

不认识甘地本人仅读过他的著作的人，往往以为他有僧侣的派头，极端拘谨，面孔阴郁，加尔文式的道貌，好煞风景，有点像穿着黑道袍各处传道的僧侣似的。其实他的著作委曲了他，他本人比他的著作伟大得多。……他本人同加尔文僧侣的派头恰恰相反。他笑容可掬，笑声动人，他的愉快心情感染了四周。他有一种天真烂漫的神态，使他富于魅力。在他走进一间屋子的时候，他带来了一阵新鲜气息，活跃了屋内的空气。（589 页）

在胡仲持译本，此末句作如下译："当他走进一间房间，他随身带来新鲜的气息，使周遭气氛显出轻快。"又前摘一段，在胡译似亦较好。其文如下："他使自己的生活整个艺术化，一切姿势都有章义，有风韵，脱净了虚伪意态。他的生活上没有粗糙的边缘，亦没有尖锐的角度，尤其没有一点庸俗的形迹。他寻着了内心的和平，便把这个反射到他人的心头，并且用了坚稳的脚步，沿着苦难的生活道路前进。"

读慈湖家记 *

慈湖之学一超直入，悟得本心，宜俗儒疑其为禅。禅不禅且不论，其非一般人所能学则确定了。一般人有志愿者应从《大学》所谓“近道”困勉行之。

《大学》一篇是慈湖所不承认的。慈湖于古书所昭示之义往往率直否定之。其自信自肯有值得敬仰之一面。但此学自有粗细深浅次第，慈湖造诣未见深细也。

“近道”的解说，则我有《礼记大学篇伍严两家解说合印叙》一文可参看。①

---

* 选自中国文化书院学术委员会编：《梁漱溟全集》（第七卷），济南，山东人民出版社 1993 年 6 月第 1 版第 1 次印刷，第 844 页；原文作于 1976 年 12 月，录自《大杂记本》（七），第 161 页。——编者注

① 见中国文化书院学术委员会编：《梁漱溟全集》（第四卷），济南，山东人民出版社 1993 年 6 月第 1 版第 1 次印刷。——编者注

爱因斯坦的宇宙观*

牛顿的宇宙观是粗浅的，或云初步的，而爱因斯坦的宇宙观则深进一层，大有所矫正其失。其学说基于物理学，表现于天文学，而我于数学等自然科学知识夙所缺乏，愧不能晓了，以致茫然不解其所谓。然我亦自有其会悟的宇宙观，对于爱因斯坦之学说颇若有领会欣赏者在。兹值北京学术界举行爱因斯坦诞辰百年纪念，顺便购取纪念文集及爱氏文集各一册，涉猎之，复录取时人纪念之文于后：

新出版爱因斯坦文集有周培源写的序文，文长不录。中华书局旧出之《辞海》内有叙述爱因斯坦相对论一则，兹亦省略不录。最近有上海辞书出版社新出之《辞海》理科部分，对于旧宇宙观（以牛顿为代表）有如下之述文：

---

* 选自中国文化书院学术委员会编：《梁漱溟全集》（第七卷），济南，山东人民出版社 1993 年 6 月第 1 版第 1 次印刷，第 844—845 页；原文作于 1979 年，录自《勉仁斋读书录》，人民日报出版社 1988 年 6 月版，第 50—51 页。——编者注

他们认为时间和空间都与物质的存在及其运动状况没有联系，时间与空间也是互不相干的。不论在什么条件下，时间均匀地流逝着，这就是“绝对时间”。空间可以容纳物质，也可以脱离物质而存在，并且是永远不动的，这就是“绝对空间”。物质在绝对时间和绝对空间中的运动就是所谓“绝对运动”。这种时空观把时间和空间与物质运动割裂开来，是形而上学的。

爱因斯坦是自然科学家，但其思想意识却深入哲学领域而与我的宇宙观若相契合。此即指空间时间原非两事，宇宙只是事物迁流不驻耳。其以四方上下谓之宇，往古来今之谓宙，而事物位处乎其中者，世俗之见，昧于真象。真象恰是天地万物变易无常，浑然一体，大化流行也。《论语》特著云：子在川上曰：“逝者如斯夫，不舍昼夜！”。孔子所谓为喟然兴叹者，学人读来宜有会心。

摘录李证刚先生文章一段 *

（上略）嗟夫！自性中道之土本无变异，随众生缘而有净秽之见。故经云“一质异见”。一质异见者，一实相之异质本自如如，众生以昧实相而有六道异见也。然则念佛道人果能除异见，悟实相，心净土净，无生而生，是则净土之真旨……（下略）

漱按：右[①]一段文为深言净土者最正确之言。我佩服之至！杨仁山先生门下李先生（翊灼）而外，欧阳竟无（渐）、桂伯华（念祖）、黎端甫，最称卓卓。惜桂黎二公我无缘得见。欧李二公幸得亲接，十分佩服。然李公有一事使我失望。某年云南人王九龄接任北京政府教育

* 选自中国文化书院学术委员会编：《梁漱溟全集》（第七卷），济南，山东人民出版社 1993 年 6 月第 1 版第 1 次印刷，第 846 页；原文录自《大杂记本》（八），第 31—33 页。——编者注

① 即：上。全书中“右”字的相同用法意义相同，不另注。——编者注

总长，李公忽访我于家，见面即言：王意将更换教育次长及北京大学校长，而属意于我和李公两人。或北大校长，或教育次长，由我任择其一，他本人无成见，我择完后，其他一职即由他任之云云。予讶李公对于当时时局之无识，敬谢之而已。果然，其后王在教育部大约半年左右即去职矣。李公非止不达时务，深言之，抑且于世运缺乏认识。欧阳先生宏扬佛法，气魄雄伟可敬，然似有为其支那内学院在学术界趋时争名之心，此于其欲拉李石岑入内院见之。其时李方在上海主编一刊物，有名也。

重读马一浮先生《濠上杂著》*

重读马一浮先生《濠上杂著》，摘取一些，略加按语，以志敬佩。

一、“儒佛等是闲名，心性人所同具（下略）。”

漱按：此语真好！儒也，佛也，都是不相干的名词或称谓。但生而为人，如果想要明白人心人性是如何的，却不妨向古儒家古佛家去探讨探讨。假如资借古人而有得有已，那么，这些透悟便是自己之所有，更不须说儒说佛——当然说儒说佛亦自不妨耳。如我夙日所指出东西学术是分途的，近世西洋人站在人生立场向外察物，发展了利用厚生之学；而古东方人如中国如印度却反躬内省乎人类生命，分别成

* 选自中国文化书院学术委员会编：《梁漱溟全集》（第七卷），济南，山东人民出版社 1993 年 6 月第 1 版第 1 次印刷，第 847—848 页；原文录自《大杂记本》（七），第 137—140 页。——编者注

就得儒学和佛学，为后此学术发展之先导。质言之，他们都是人类未来文化之早熟品。他日学术风气转变发达，对于人类生命有深澈认识之时，古儒家古佛家所发明之学理及其应用，将逐一为世所公认且加发展，而儒佛之名却不须存矣。

原文在“儒佛等是闲名，心性人所同具”之下，再摘取数语：

古来达德莫不始于知性，终于尽性；众庶则囿于气质，蔽于习俗，不能知性故不能率性，谓之虚生浪死。唯知性而后能率性（原注：循理由道，不随习气），率性而后能践形（原注：极聪尽明，不存身见），践形而后能尽性（原注：察伦明物不限时劫），如此则庶几矣。

漱按：孔门之学无他，只是践形尽性而已。如我所了解，一切事物时时在发展变化中，人的心性形体举莫能外也，所不移不易者则向上奋进是已。从乎社会文化之迁进，将来继儒学而兴者佛学也。

二、“从上圣贤别无他道，只能一性纯真，应物无失而已。（原注：上句是廓然而大公，下句是物来而顺应。）”

三、“（上略）然此非意识能缘境界，纵饶会得亦只是义解，不中用。”

漱按：众生大惑在第七识缘第八识深隐的俱生我执上，而流俗每以第六意识上不存我念便为无我，那是很不够的。唯识法相家言在马先生著作中未见谈及，然类如此处所说则能祛俗病，通于唯识学理。

四、“时时住于正念则杂念无自而生。寻常以杂念为患者，只是心无主宰。（略）凡读书不得力者，只为务多闻而不求义理耳。圣人之学无他，只是气质清明，义理昭著，逢缘遇境一切时皆作得主，不被他人惑乱耳。时人大患莫过于气昏，障碍自心虚灵，遂使义理无从显现。能祛得一分昏蔽，必还得一分清明。此乃心体之本然，不从外得也。”

漱按：近世西方学术以增多外界知识为务，正如这里所云唯务多闻者是。古中国古印度的学术固非同路而反躬于自身生命，其所务在深澈心体，如这里所云“逢缘遇境一切时均作得主”者却有些相类近。在人生践履上西方人皈依宗教奉行教诫，正不外孟子所谓“行仁义”而非“由仁义行”，以义理为外在，从不晓得率性之谓道。东西学术之分异即在偏内偏外不同上。

晦翁学案摘抄*

人自有生,(略)念念迁革以至于死，其间初无顷刻停息,(略)然圣人之言则有所谓未发之中寂然不动者,(略)尝试求之，盖愈求而愈不可见(略)。退而验之日用之间，则凡感之而通，触之而觉，盖有浑然全体应物而不穷者，是乃天命流行生生不息之机，虽一日之间万起万灭，而其寂然之本体则未尝不寂然也。所谓未发如是而已矣。夫岂别有一物限于一时，拘于一处，而可以谓之中哉!

漱按：生命流行不息，喜怒哀乐虽隐微之极却亦无时不有。所谓未发之中原不属世间事，唯佛家出世无为的真如法性足以当之。世间

---

* 选自中国文化书院学术委员会编:《梁漱溟全集》(第七卷)，济南，山东人民出版社 1993 年 6 月第 1 版第 1 次印刷，第 849—850 页；原文约作于二十世纪七十年代，录自《大杂记本》(七)，第 52—53 页。——编者注

法皆有其时间空间，只真如法性不落时空。晦翁推勘已是到家，却远非实证。世出世间一体非二，世俗固不及知晓也。观其功夫卒不过归于涵养主敬而止，果何由而求得未发之中耶？

又按：晦翁有云“敬不可谓之中，但敬而无失便是中”，此可见其造诣之浅在。儒者之所从事，固非出世之学也。在非出世之学的儒家，原不须造乎“生灭灭已，寂灭为乐”的境地，但得敬而无失便与寂然之体息息相通（无一息隔碍），由之喜怒哀乐靡不发而中节焉，则曰“敬而无失便是中”正是可以这样说的。

却又须知敬而无失乃是极难极难的事。那是在觌体承当之后，戒慎其所不睹，恐惧其所不闻，没有一息之懈的事情。

前人有“如执玉，如奉盈”的话，正是指出敬而无失的所以然。

读《了凡四训》后所写评语*

古印度人向往出世，即出生死，宗教繁兴不可计数。然而总未出得去，即始终在“有为法”中，未出生灭也。佛法晚出，独成就了“无为法”。此册所述四禅八定，是佛教与诸外道共有者，但有神通，未出生灭。从事于此，终究未超出三界（欲界、色界、无色界）。此册大量地叙述四禅，却未能阐明佛家胜义，不足贵。佛法传入中国，儒释时若不相妨害者，学务圆通，遂不免浑乱之病，此册亦其一例。

又此册混和杨、墨于儒，大大要不得。古之学者“为己”，非为我也。笑话之至！

* 选自中国文化书院学术委员会编：《梁漱溟全集》（第七卷），济南，山东人民出版社1993年6月第1版第1次印刷，第852—853页；原件存袁鸿寿先生处，约写于二十世纪七十年代，标题为收入全集时所加。——编者注

怀惕海:《科学与近代世界》摘句 *

我们愈认识中国的艺术、中国的文学、中国的人生哲学，我们愈叹赏那个文明所达到的高度。数千年来，中国有敏慧淹博的人孜孜献身于学。就时间的悠久和人口的广大而言，中国形成世界所曾见的最丰富的文明。中国人之追求科学的内在禀赋能力是无可置疑的。可是讲到中国的科学，实际上却微薄得不足注意。若说中国永远闭关自守也会在科学上产生什么进步，那就没有可信的理由。对于印度亦可如此说。(见原书第一章《近代科学的原始》)。

漱按：右方摘取的这些话，无疑都是正确的。

---

* 选自中国文化书院学术委员会编:《梁漱溟全集》(第七卷)，济南，山东人民出版社 1993 年 6 月第 1 版第 1 次印刷，第 853 页；原文录自《大杂记本》(七)，第 14 页。——编者注

阅唐君毅著《道德自我之建立》摘录*

道德的问题永远是人格内部的问题，道德生活永远是人的内在的生活。

道德价值表现于现实自我解放之际，（意涵形上的自我之实现）。

一念陷溺通于一切之恶，自觉有陷溺则能不陷溺，而一念不陷溺即通于一切之善。

烦恼苦闷只是你的心态，但它们不是你心之本身。它们只是你心之所，不是你心之能。你心之“能”，能感觉烦恼苦闷之“所”是不错的。然而你心之“能”是并莫有烦恼苦闷的。你觉烦恼苦闷之束缚是不错的。然而你对束缚之觉本身并不被束缚。

---

* 选自中国文化书院学术委员会编：《梁漱溟全集》（第七卷），济南，山东人民出版社 1993 年 6 月第 1 版第 1 次印刷，第 856—858 页；原文抄录自《小杂记册》（二），第 51—55 页。——编者注

你可说“能”不离“所”是不错的。然而“能”到底不是“所”。当你知道能不是所，而反观你的能时，原来的能、所便开始分离，因为原来的“能”成为你之“所”更高的“能”开始呈现了。新的能、所代替旧的能、所。你原来的烦恼苦闷束缚之感过去了，你的自由恢复了。

你应当以你当下能自觉的心所自定自主的活动之完成为人生之目的。你不能越此雷池一步去找人生目的。（所谓当下自觉的心所自定自主的活动，即是由你自己感到应该做而做的活动）。

人生之目的唯在做你所认为该做者，这是指导你生活之最高原理。

什么是有限之原？是身体。什么是求无限者？是心之本体。（心与身结合，却是心并不全陷于身之限制中）。原来有限与无限是不可分的结。无限之所以要无限，即在他之破除有限。他必有限可破，然后成其无限。正必有反可反，而后成其为正，所以正不离反。反与正必同时存在，他们是相对。然正又反反，所以相对者永归向绝对，只有正是绝对。

当我们知苦为苦时，苦未必即去，但我们如能将知苦之“知”本身提起而宁静地观照我们之苦，则苦可灭去一半。如果我们此时复真能反而观照我们之观照，则我们几乎可以忘了苦。而且我相信如果我们这一种去观照我们之观照之能力发达至极点，使我们之心力全用于如是之自照，我们可以全忘去当前之苦。

（心之本体是超时空的，是恒常真实的）。所以人之有死一事，根本便不能成立。人死只是其身体之销毁。然而身体这东西，我已说明它自始即一销毁中之存在，而于销毁过程中表现心理活动。所以人之身体自生至死只是心之本体之心理活动之一段过程表现。所以人之有死后的生活或第二代的身体来继续他心理活动之表现是不成问题。

什么人最易犯罪最易纵欲？那即是潜藏精神力最丰富的人。精神力丰富而寻不出其正当的表现之路便必然会犯罪。他最内在之自我要求成为一无限的人格而无一直的上升轨道，可以翻转而表现为无限的现实对象之逐取。

超越的精神实在与此现实世界自始是相连。只是不能由它们相连而说它们是一。它们是二，而后才有所谓连。它们之连又不是有连之的第三者，而是即在现实世界之向上超越的关键上连起来。但又不能就此连处说它是二。它们不是二，是二而不二。精神实在即现实世界之本体，现实世界即精神实在之表现或妙用。离开精神实在之表现则无现实世界，离开现实世界亦无精神实在。成则俱成，破则俱破，所以现实世界根本不能离脱的。

任何活动当我们对之加以反省时，都可把它固定化符号化成一现实的对象，再加以把握而隶属于我，执着之为我所有的，而生一种有所占获的意思。而实则此时我即隶属于对象，为对象所占获，而我之精神为对象所限制所拘絷而陷溺其中。

然而我们常有陷溺之念，可自我们之常不免粘滞见之。一切粘滞即陷溺，而一切游思杂念我们明知不必生而不免于生，皆由我们之粘滞于我们昔之所习。一切忽遽迫不及待，皆由我们之粘滞于未来之所求。一切疏忽、蔽塞、痴迷皆由我们粘滞于现在之所务。我们不能物来顺应，意念纯一，都由于我们有所粘滞。我们不能做事秩然有序，不免颠倒混乱，都由于有所粘滞。凡我们明知不当如此而竟不能免于如此者，均由我们之有所粘滞。粘滞即是心为物役，即是陷溺——然而我们明知不当如此而竟不免如此之时是何等的多。

心常清明笼照于身体与外物之间，而忘物我之对峙，但顺乎理以活动，即不生陷溺之念，又名：天理流行，依乎天机而动。

按语：君毅头脑清明，思想锐入，其言值得思存。

1981 年（梁漱溟印）

读《诸葛亮集》有感*

中国历史悠久，往圣昔贤曷可胜数，而吾夙所深爱则蜀汉诸葛公其人也。世俗每传诸葛公智巧过人，殊不知公之所大不可及者，乃在其虚怀勤求己过，其执政临民也，信如所云“开诚心布公道”者。昔年吾初入蜀，[①]辄诣成都武侯祠，肃躬下拜，偿其夙愿焉。

1985年7月2日

录自《勉仁斋读书录》，63页，

人民日报出版社，1988年6月。

---

* 选自中国文化书院学术委员会编：《梁漱溟全集》(第七卷)，济南，山东人民出版社1993年6月第1版第1次印刷，第859页；原文录自《勉仁斋读书录》，人民日报出版社1988年6月版，第63页。——编者注

① 时为1937年5月。

读《明儒学案》、《宋元学案》志所感*

宋明诸儒为学途径虽遭颜习斋先生严刻讥评，而先儒学脉终赖以有所传达于后，此不可否认者。诸儒各专集既难得一一保存留传，则《明儒学案》、《宋元学案》两书搜罗萃聚之功不可没也。

两书创始撰述端在黄黎洲百家父子，而后之学者——如全谢山等——补苴而完成之，自然都是好的，顾我深有所不足者，黎洲谢山主观太强，动辄以自己眼光对于前辈先贤率加赞否评量。自己既欠谦谨，且阻碍后之学者之独立思考。其显著之例，如黎洲之于陈白沙（此指《明儒学案·师说》中黎洲评论白沙的一段话）和谢山之于杨慈湖（此指谢山在《宋元学案》中《慈湖学案》前的案语，有云坏象山之教育者实慈湖；既于慈湖之言复有所取，则云：因采其最粹且平易

* 选自中国文化书院学术委员会编：《梁漱溟全集》（第七卷），济南，山东人民出版社 1993 年 6 月第 1 版第 1 次印刷，第 859—860 页；原文录自《勉仁斋读书录》，人民日报出版社 1988 年 6 月版，第 64—65 页。——编者注

者以志去短集长之意。）皆俨然高自位置，实觉不能令人心服也。

再则，宋明儒者类多眼界狭隘，避讳佛家禅家如不及。其实真有学问的人总是通达无碍的，对于拥有群众的各学派教派均能洞达其得失，各给予适当位置。若拒斥于千里之外，只是自小而已，欠通而已。

以上泛论宋明儒者隘陋之病，自不概括其间某些高明伟大人物在内，幸读者善观之。

蒋著《十三经概论》读后特志*

从同学王星贤借得蒋伯潜著《十三经概论》翻阅至再，获益良多。我少时未曾诵习四书五经，由小学而中学，所学者一些教科书而已，唯《春秋》、《左氏传》，有少许在中学时曾闻讲授。若旧日读书人所必读之《论语》、《孟子》，在我只自己数取来阅览之，幸其间少艰僻文字自己可以大致通晓，遇有某些文字虽不晓其音读，而贯串上下文亦可晓其意旨。然既未上口成诵，自己行文欲加征引恒须检索之劳。至若《诗经》、《书经》则更安于不求甚解，未曾用心寻绎。我之谫陋如此，世人不知也。今得蒋著填补了我所必需的某些知识，自尔欣喜不胜。

我更须指出，蒋著实有极好极大贡献于现时的绝大多数知识分

---

* 选自中国文化书院学术委员会编：《梁漱溟全集》（第七卷），济南，山东人民出版社 1993 年 6 月第 1 版第 1 次印刷，第 860—861 页；原文录自《勉仁斋读书录》，人民日报出版社 1988 年 6 月版，第 66—67 页。——编者注

子。现时除极少数专治古籍的学者外，一般知识分子的精力要用于学外语和各科常识，其中少数或且进修某一专科学问，固皆不暇一读古书，但我以为其他古书尽可置之不读，而作为一个中国知识分子却于《论语》决不可不读，然而通用之《论语》版本又存在许多错误乃至极其荒谬处。蒋著于此，既资借前人研究，又出于他自己卓识，加以判别抉择，多有昭示，俾我们避免陷于错误，不自觉知，亦或节省了我们许多思辨之劳。我赞其为功非小者在此。

读阳明先生咏良知诗 *

阳明先生咏良知诗（四首）

个个人心有仲尼，
自将闻见苦遮迷，
而今指与真头面，
只是良知更莫疑。

问君何事日憧憧，
烦恼场中错用功，
莫道圣门无口诀，

* 选自中国文化书院学术委员会编：《梁漱溟全集》（第七卷），济南，山东人民出版社 1993 年 6 月第 1 版第 1 次印刷，第 861—865 页；原文录自《勉仁斋读书录》，人民日报出版社 1988 年 6 月版，第 68—72 页。——编者注

良知两字是参同。

人人自有定盘针，
万化根源总在心，
却笑从前颠倒见，
枝枝叶叶外头寻。
无声无臭独知时，
此是乾坤万有基，
抛弃自家无尽藏，
沿门托钵效贫儿。

一

良知即俗云良心，为人所共有，遇事而见，或时牵于一身一家一群之利害得失而昧之，半夜醒来扪心自问，便觉不安，盖身小而心大，从乎身，你吃饭我不饱，从乎心则痛痒相关好恶相喻也。此皆世人恒情中所有事，均甚粗浅，且只是循从一时一地的社会习俗，而真痛痒真好恶隐昧不见。

二

此时天资卓越出群的人独能从其伟大真切的痛痒好恶即良知（良心）起而革命，领导群众改造社会习俗，即从启发群众的痛痒觉悟来领导群众。

三

有遇事而见的良知，更有不因有所遇而恒时炯然不昧的良知。阳明王子咏良知诗云“无声无臭独知时，此是乾坤万有基”者是已。此独知寂而照，照而寂，心净如虚空，远离一切有。

四

何云乎乾坤万有基？即此是宇宙本体也。世间森罗万象不出能见与所见相对待之二分，而此则泯绝对待，恢复宇宙之一体性，而从体发用焉。

五

试引《论语》为证：“子曰：由，诲汝知之乎，知之为知之，不知为不知，是知也。”此第六个“知”字正指恒时炯然不昧的良知，亦曰独知者，盖非堕入世网劳攘终日之人所与知。

六

独知之学，心不与物对，而自己却默然而识之，学而不厌。

七

质言之，此学只在自家生命和生活上理会。《论语》上孔子答子路之问，所云修己，《大学》《中庸》两篇中所云修身慎独，其义一也。

八

例如孔子自述云："吾十有五而志于学，三十而立，四十而不惑，五十而知天命，六十而耳顺，七十而从心所欲不逾矩。"此即其为学只在自家生命和生活上理会之明证。

九

又如颜回在孔门所以最称好学者，端在不迁怒，不贰过。何谓不迁怒，何谓不贰过，未可妄事猜想，但其为学只在自家生命和生活上则是明白的。

十

参照《易·系辞》上"子曰：颜氏之子其殆庶几乎。有不善未尝不知，知之未尝复行也"。则于孔之赞颜子不贰过者又可得其的解。盖有不善便是有过，随即自觉焉，就可不贰过，此非恒时不昧其独知之学乎。

十一

《中庸》上“戒慎其所不睹，恐惧乎其所不闻”，均在说慎独功夫。戒慎恐惧正是心之本体，即功夫即本体，即本体即功夫是上智人们所有事。

十二

中人以下只有时时反躬自省一途，庶几乎不远而复。曾子所云“吾日三省吾身”者可为明证。（附注：《论语》上有“参也鲁”之文，明非上智。）

《梁漱溟全集》（第七卷）附录之题记*

解放前，社会上常有著者讲课笔记流传，报刊上亦常发表未经著者审阅的演讲记录。其中，或内容极不完整，或观点已为著者日后修改乃至放弃。

现经多方收集，反复校定，特选定 1923—1924 年听课笔记《孔家思想史》一种，《人心与人生》1926 年讲词记录及《意识与生命》1934 年讲词记录各一份，作为全集附录发表，供研究著者早期思想之参考。

* 选自中国文化书院学术委员会编：《梁漱溟全集》（第七卷），济南，山东人民出版社 1993 年 6 月第 1 版第 1 次印刷，第 868 页。——编者注

“乡治十讲”听后记略*

1928年我应梁先生之邀于5月初到广州，任中央政治会议广州分会所属建设委员会秘书。5月14日梁先生在建设委员会对地方武装团体训练员养成所人员以“乡治十讲”为题作连续演讲。我与当时在广州中山大学任教的罗常培、丁山等也前往听讲。听后我曾于日记中有所记述。现将所记抄录于此，供研究者参考。

---

* 选自中国文化书院学术委员会编：《梁漱溟全集》（第七卷），济南，山东人民出版社1993年6月第1版第1次印刷，第869—873页，原文出自郑天挺先生的日记记录，全集原编者就相关情况说明如下：

1928年5、6月间，著者在广州的“乡治十讲”连续演讲，标志着其乡村建设思想主张的成熟（见《乡村建设理论》，全集卷二，第144页）。1934年，著者称；“有‘乡治十讲’之笔记一束”，“唯未暇校正，时下亦未印行耳”（见《自述》，全集卷二，第22页）。后因历经战乱，笔记散失无踪，致七十年代有“惜今无存稿”之叹（见《伍庸伯先生传略》，全集卷四，第188页），全集之相应部分亦未能收录。

1992年秋，幸得郑天挺先生家属提供记有“乡治十讲”听讲纪要之郑先生日记一部，并附有简略前言，从中可窥得演讲内容概貌。姑附于此，以备参考。标题为收入全集时所加。——编者注

5 月 14 日晚讲：

国民党为孙中山先生指导下之中华民族自救团体，自兴中会以迄最近业经数变，其政策手段亦因时而异，惟其变化多有进步。

个人之政治主张与诸前人异。数十年来谈政者皆喜法西人，而迄无殊效。盖中国人有中国人之天性，中国之文化未可强效不同文化、不同天性之西人。

5 月 15 日晚讲：

西洋政治所可贵者有两点：一曰合理，一曰有妙处。使私权尊重公权，此其合理处；使人向上不能作恶，政不待人而治，此其妙处。凡此皆中国旧日政治所不能及。昔人之欲效西法，亦以此。然而数十年终无成就者，则以不合于中国之实况。此不合可分两方面言之，一曰物质上之不合，一曰精神上之不合。物质上之不合有三：曰中国人之生活低；曰中国交通不发达；曰中国工商业不发达。至于精神上之不合拟下次再讲。

又云：

惟人类知识最发达，亦惟人类易为知识所误，每以假为真。

5 月 22 日晚讲：

西洋文明系有对的，中国文明系无对的。因有对故凡事皆向对方求解决，政治亦然。而中国正相反，此根本不合也。西洋政治精神在彼此监督、互相牵制，所谓三权鼎立是也。而其动机，实在彼此不信任。中国则不然。彼此尊崇，彼此信托，皆相待以诚。倘一存猜疑，必至于糟。今欲仿效西人政治，势必降低固有精神，绝难有所创获，此其一也。选举制度为西洋政治之中心，西人皆用自炫手段以求当选，而中国以自炫为可鄙，必欲效仿，则必弃自尊之美德，先自轻贱。然此最高之精神一落，则不可复振矣，此其二也。西洋政治以欲望为本，中国则于欲望外更有较高之精神，如舍欲望外不计其他，必不能行于中国。

又云：欲激发人之精神，必须打动其心，而后其真力量、真本事、真智慧始能出，然后始能有创造。

5 月 25 日晚：

（谈日本之所以能接受西洋式政治及［对］俄国政治之批评，未记录）

5 月 29 日晚讲：

今日中国之所谓政治家，对于政治上之主张约有二途：一曰全民政治，一曰一党治国。然二者皆不可通。近者国民之自由褫夺殆尽，而公权更无份，谈何全民政治。近日军权高于党权，个人高于一党，何云乎以党治国。况近日俄国，义国独裁之制方兴未艾，恐最近之将来，中国仍属割据式之军事长官主政政体，然此绝不可恃也。可以挽救中国近日之局面者唯有乡治。

又谓：在今日欲振兴工商业实不可能。社会不安定易于破坏，一也；受不平等条约之束缚，难与西人竞争，二也。或谓由国家经营之国家资本主义其法较善。不知政局不定，国家亦无力经营。且若由国家经营，则政权、财政皆聚于政府，恐谋之者益多，而政局亦益不能安定矣。故可以挽救中国近日之局面者，惟有振兴农业。

5 月 31 日讲：

人类对于一切事物，皆具一种较高之理智，如吃饭，则不仅想如何吃而已，必思如何吃合理之饭。此种思合理之态度，是谓人类最高之精神。法律仅能使人做事合理，而不能使人做合理事。做事合理是谓法治；做合理事是谓人治。在法治派之政治理想以为，政权人人有份，政治自下而上，是为原则。而在人治派观之，因人类理智之有高下，则政权必交之理智之最高者。人类理智不同，则政治不妨自上而下。中国自来为人治的政治，而非法治的政治。

又谓：中国近日政治上、经济上皆陷绝境，非从农村入手，无从整顿。一方面使农业发达，一方面使农民知识提高。

6月2日讲：

中国今后之政治必为人治，而于其下容纳西洋之法治精神。治者与被治者不分而分，政治自下而上，同时自上而下。

又曰：法律是假的，风俗习惯是真的，吾辈应创习惯。欲人民之问公众事，必须使之先有此意志、兴趣、能力、习惯。今之所以欲先行乡治者，以乡之范围小，利害切身，引其注意易而力强，一也；中国固有之精神，城市已丧失殆尽，可谓礼失而求诸野，三也；城市之心理习惯已近国外，惟乡村不然，四也；工商业为个人主义的，而农业为合作的、互助的，五也；乡里间尊师敬长，尚德尚齿，六也。有所信赖，有所信托，此吾人建筑新政治之基础。选举代表制度，选举人地位似较被选举人为高，与中国习惯上因某人之道高德重而公请其主持之意大相悬殊，盖无丝毫之不信任意也。而彼此之精神、人格亦因此增高，与西洋人彼此不信任精神、人格因之降低者亦不同。至筹备乡治之办法，拟选二三十岁聪敏之青年，训练之使了解农村经济之新办法，遣之乡里辅助乡中年高有德者办理乡治。对此辈青年有最要者三事：一、使之作二三等角色；二、培养其真心热肠；三、戒其自傲气盛及其他少年积习。必如此，然后可以得乡人之同情。近日自治之所以使人不满者，在不得其人，一也；收捐过巨，二也；所做之事非皆乡人所切要，三也。今欲免此人、钱、事三者之困难，必先慎选人与解决吃饭问题始可。

又云：吾之改造经济注意点在以私有经济制度为一切罪恶之源泉，私有经济制度为生存竞争之起源，因之人人敌对，人人时在危险情状之下。今若逆社会罪恶产生道路而思改革，终必无成，故改造私有经济制度必自改竞存为共存始，乡治之意即在此。先从消费享受求合作，渐至生产之共营。

6月3日下午讲：

（首先介绍了日人河西太一郎《农民问题研究》一书。以我所见，与梁先生意见颇同。）

近代工业上有显然大规模经营之趋势，而农业就统计上观之，小规模经营者并不因大规模经营而减少。所以然者，在受资本主义之影响，欲农业之能大规模经营，农村之能改良城市与农村之能平均发达，必先经济改造。农业之所以不进步、不改良之原因甚多。农业生产受天然之制约，收获甚迟，经济周转不如工业之速，因之田主不愿多投资，一也；生活艰难，佃农日增，二也；小农资本少，不能采用新法，三也；小农之经营存在（工业上绝难存在过小经营，农业不然），四也。又经济上之原因，农人能率低，一也；农人候雇者少，工资廉，二也；又收获后之原因，农民受商人之剥削太烈，资本不向农业流通，因之都市盛而乡村衰，一也；田主多在城市，佃户收获必送之田主，是以乡村资本送之城市，因之城市益盛而乡村益衰，工商益盛而农业益衰，二也；农民本无余资，一遇事故必致负债，三也；国家赋税加于农者，多于工商业数倍，四也；国家取责于农，而以之发达城市，五也；城市每能引诱乡农不愿乡居，六也。又不能大经营之原因：土地不易扩张，一也；工人少，二也；因承继而土地分割，三也；资本周转不易，四也。在工业上，阶级观念甚盛，故工人团结以对资本家，而在农业上适相反，又有中农之介于劳资之间。在工业上，工人皆思生产机关公有，而农民仅望分得少许土地，两者目的不同，故求改造经济之心理亦不同。今就经济目标为改造办法，必先使小农之私人经营渐改至合作，使私有为公有，分作为合作。然欲行此法，万勿强制，必告以实例，予以援助，丹麦曾有先例。其法使一村合并其土地，用新法经营，收获时按其土地、劳力、财力多少分配之，如此小农之所得较之自营为优。如此易发生劳力过剩，则使之营以自己消费为目的之副业，如铁工等，此改良农业最上之法也。（恩格斯说；以上见河西氏书。）

总之，我国之精神文化皆与工商业无缘，除此文化已无前途外，今后局面必为农业复兴，而政治亦除乡治外无他路。必先发展乡村而至城市，先兴农业而至工商，农业之兴，必自合作社始。（如消费、贩卖器械方法等，由公家辅助之，奖励之，利导之。）虽然此尚非真正之理想政治也，欲由此成欧美式国家，则万不可能。（终）

（郑克晟整理）

孔家思想史*

一　命名

我当初本不愿意用“孔家思想史”这种名目，亦不愿用孔家哲学史那种名目。在我与陈百年先生通信之时所用之题目是“孔学史”。要是我们根据实质来说，孔家思想史之名词实在不当。因为我们现在观察东方与西方之学问，由比较之结果，其中似有一种区别。以其发展之道路不同，学术之命名觉得须有所分别。欧洲在希腊时，一般人的眼光都向外看，于是对于宇宙万物，发生种种问题，所以他们在古代能发明天文数学等种种科学，都是看外面的世界，持静观的态度，用五官去研究以求解决此种问题。换言之，就是他们喜欢寻讨对

* 选自中国文化书院学术委员会编：《梁漱溟全集》（第七卷），济南，山东人民出版社 1993 年 6 月第 1 版第 1 次印刷，第 874—975 页；原文为著者讲述，由李渊庭、阎秉华根据听课记录油印本整理。——编者注

面的问题、具体的问题。此种态度至文艺复兴时稍变，然而虽有经验论及以后之认识论来推翻前说，要亦不过运用理智发展前此问题至于精微而已。中国却不如是，印度亦当然非是（因问题不同）。中国古昔也有研究具体问题的，但未发展。若就其已发展者来说，则完全不同。西洋认识论发展之时，恰值宋明理学发皇之时，看去似若走一条相同发展的路，其实乃两种相反的方向，各沿着自己的路在走。假若中国循此前进，决不会并且永远不会走到认识论发展的道路上。中国的问题不是向外看，是注意在生活的本身，讲的是变化，是生活。要是用西洋的方法来讲，当然不适宜。盖凡从理智出来的东西，皆是固定不变的。

以上一段话，不过是说明用“孔家思想史”或“孔家哲学史”种种名词之不当，并且容易使人误会，以为孔家生活也不外许多理论，或想出的关于生活之种种道理。实则不是如此一回事。从孔子起以至宋、明，在那一条路极有受用的，如程明道、王阳明等，决不是想出许多道理来告诉人；他们传给人的只是他们的生活。如谓生活为思想、为哲学，自然非是。所谓思想或哲学者，不过是他的副产物。故我以为用“孔学史”为较当，盖生活亦学问也。我们不能离开生活而空谈学问。但是在教室里讲学，说来说去还是道理，还是思想，以生活非具体的物可示人也，故仍用此名。

二 范围

我提出这个题目之意思，原在说明孔家之真面目。而宋、明之研究孔子者正不乏其人，以是不能不涉及宋明诸儒。但一般人之研究宋明理学者，又有一种太普遍之观念，似乎说宋明人研究的东西，不是孔家那套东西。究竟宋明人是否继承孔家所走那一条路，我们自不能不确实加以批评而求一解决。那么我们要做这种功夫，凡属关于批评宋明人的东西，亦自不可忽略。清代学者如戴东原辈多从事于此，所以对于近世须加注意。其所以前前后后都须讨论者，盖如是而后方能了解孔家之真义。但我的意思现在有一点变更，以后再说。

此外，有以经传讲孔家为事者，本在孔家思想史以外，故汉代除有思想关于孔家而于己稍有所得者外，纯主传经如伏生辈，则不涉及。清代如陈蓝甫等有列出性、理、命、心各条来综合汉代各家之思想，因谓汉代亦多有研究孔家那种问题者，其实则两不相干；要不过持客观态度，以研究或解释孔家思想耳。但说到此，我们发现一种困难问题，就是研究孔家思想者，实繁有徒，去取应以何为准？我想最好是以见解为准。凡有特殊意思可说，特别见解可取者，即列入之；若在同一见解之下，虽其人颇有价值，亦不列入，如清黄梨洲辈，其老节固有足称者，然以其得力于阳明、蕺山为多，故不另提。

三　取材

中国书籍，真是浩如烟海，其中关于孔家的也多至不可胜数。若要觅出一个头绪来，颇觉困难。现在只好就孔子手订的六经来讲。但是学者，对于六经尚有今古文之争，迄今尚无定论。我们现在要研究他，只好以争论较少的书为凭。如此，我们的取材可分两样：

甲、严格的取材　六经中比较少有争论的是《论语》和《易经》。

但《易经》的系辞传是否为孔子作的，尚不确定。所以最少有问题是《论语》了。《论语》虽也有假托的，如孔子对于子路说六言六蔽是，然而大部分还靠得住。

乙、宽泛的取材　此不但那些假托书可以取材，即先后各学派的书籍也可以取材，通俗一般人对于孔子的见解亦可作为研究之资料，甚至反对派的意思虽粗浅不可靠，亦可以指示我们一个方向。他们所说自然不一定是对，就是错了，我们可以问：到底为什么单错到这面来，而不错到那面去？这是很可研究的。如一般人以孔子为迂缓或文弱，这必定有个缘故在。于此，实可以指给我们一个大概的方向，让我们不往别的方向去追寻孔子，而向此一方向去。我们所找得的结果，不一定是迂缓或文弱，然而可以给那错看孔子的人说出一个缘故。倘若不能说出一个缘故，那么所得的结果，仍非根本精神所在处。宋明以后，书籍极少伪托，多可取材。

四　方法

讲到方法一层，算是困难极了。我首先讲一句，若是讲孔家思想仍依从前那种样子，是决不能成功的，无结果的。所以现在最切要的是要有极好的方法出来。说到此处，须分开来讲。依孔家本身来说：

第一是谈形而上学；

第二是谈人生问题。

谈到形而上学的方法，真是困难，无法可讲。照我已有的主见说，我们可以做的仅能避去讲学无结果的方法。但是要去寻出一种方法来讲，则难办到。如陆子持无极而太极之说，朱子则以为非。自然，我们对于孔子的玄学之说，多少可以理会一些，但是如何可以得一种方法去讲明玄学，实证他们的说话对不对呢？这真难说。所以对于形而上学方法问题，只得从略不讲，专谈人生问题一面的方法。

说到人生问题方面，从前的方法怎样？从前的人往往对于方法漫不经心。他们用的极可靠的方法就是一个解释的方法。这种方法，实在不能证明他们的意思与孔家的意思是一样。若是根据他们的意思去批评旁人的意思，真是大错。我们自然可以避免此病，并且还要进一步去改正他。假使原来的意思不知道，我们不要去解释他，妄说一番道理。例如王阳明说，意是心之所发。其后泰州王一庵、余姚刘蕺山则云未发（按阳明说意是心之所发，盖就念虑处言，而蕺山则云，意志也，心之主宰也，故云是未发），这是什么缘故？不过是彼此所知之“意”义有不同耳。不在工夫上去验证，事实上去说话，但从符号上去讲求，终无头绪，最要紧的方法，是要把符号用事实去验证出来。除此以外，都不成功。换言之，即是要实地去作这种生活，方可以讲这个东西。要把他当作思想或哲学客观的研究，完全不能讲。

我们说凡是符号，都要反回到事实去，才能研究这种东西。这好像西洋洛克所说，要扫去一切的空观念或虚伪的观念一样。我们通常的大病，就是只有许多观念。本来不是欺人的观念，在古人实有那一回事实，而后人偏不握着事实去说话，完全在空观念上讲，那自然要会变成欺人的空观念。要是我们从事实入手，虽不能了解古人真正的意义，却可以扫除这一切依稀仿佛的假观念。要知道他们本来是简单的，痛快的。所以总要切近事实研究，不要用那形而上学推演辨证的方法。如人有善的行为而断其为性善，却是人又有恶的行为，则恶又从何处来？于是又想出一个说法。这都是玄学上推演辨证的方法。他总是想如何排列出来方可以说的恰好，但终无结果。故凡有种种说法，都要陷于同样的谬误。宋人讲义理之性与气质之性，各有许多说法，亦然。中国的形而上学本身，固有它的价值，不过我此刻说不上来，至多也不过只能了解它一点意思。所以我们最好避开那种方法，免致谬误。

我说的根据事实，究竟是什么？就是心理，或者也可以说生理。前人往往不注意事实。我所谓事实者，即是生活，也就是不外乎心理与生理。那么所有的问题，就有法解决了。霍布士研究社会是怎样成功的，他说是由于人人交相利。而现在讲社会学的人，一看便知道他的错误，是由于推演，而不根据事实。社会之成立，全由于人有社会本能。因此，我们要本着事实去讲，比较能了解清楚一些，确实一些，切不要说那种包揽笼统的话。如只概括断定是怎样，不就心理现象上，一点一点的挨次去解决，那便大错。我们看心理方面，哪些是本能，哪些不是本能，本能之应付外面是怎样，老老实实去解决，一定可以成功。宋明人不问问题发生的地方，就是宋人形而上学的色彩较多一些。而阳明差不多完全是在生活上讲话，不取玄学上的说法。我的意思也是要抱明儒那种态度去讲，则许多问题都可依此解决。晦庵之“道问学”，陆子之“遵德性”，说来说去都无结果。要是回到事实上去，就容易了。如人之有好行为，是先天的抑是后天的？即使属于后天，又是如何养成的（朱子以为是由于学问）？其根本上的价值如何？种种都可以讨论。而朱子之主“道问学穷义理”，抑合于孔孟的意思否？究竟后天的东西加进去，其价值是否与前一样？或效力更好？皆可用本能习惯去解决。

前面不是说我们的意思有一点变动么，我现在打算不照着大纲上的次序去讲。前边不是说过，要了解孔家的真意义，不能不讲宋明人的东西，而批评宋明儒家的清代学者，当然亦须涉及。汉唐之有关系者，亦在必讲之列，所以列出时代来讲。现在不管是不是思想史、哲学史，不照那种次序。我们先讲明孔孟之真意义后，再把程明道、王阳明提出来讲，意在把孔家的意思说个痛快淋漓，使大家知道；其次再讲各家，最后讲批评派或反对派，如戴东原、王船山、罗整庵等。

我们还有一个意思，是要大家都要去研究。如只我站在劳的一边，你们站在逸的一边，大家所得的一定很少。我的意思是，我讲那个人的事实时，要大家去寻找关于批评他的话，摘录下来，看他非难之所在，就反对的地方，提出几个意见，我来解答。那么我们怀疑的地方，容易了解，正面的意思也藉此可以证明。

五　孔家思想之来历

在我所作的大纲里，不是有说明孔子思想之先导吗？当初很觉孔子的东西似乎是中国旧有传到孔子的，但是此项问题实在有两派不同的主张：

甲、孔子是述而不作的；

乙、孔子的思想从前无所根据，乃孔子所独倡的。

此两派各有根据，都无可反驳。章实斋主张甲说，在《文史通义》里说孔家的东西是周公的东西，由尧舜禹汤文武至周公而集大成。

周公以后无人能集大成者，孔子不过传述周公的东西而已。一言以蔽之，学周公之东西而已。所谓孔子“祖述尧舜宪章文武”者，祖述则周公之旨，而宪章则周公之意，祖述宪章要亦学周公耳。孔子“吾不复梦见周公”之语，更足见孔子一生都是学周公，到衰老时，此志不行而有所叹也。张孟敏先生的《史微》，亦本章氏之意思，他就章氏得力于刘歆，盖亦指此。刘歆《七略》说各家出于史官，儒家之五经六史。由这种理论看出，似乎可信。以古天子设史各掌其事，诸子各派的思想，都从此出。因古代不能说人人都有学问。一切学问政教，统是几个聪明人去作，他们各自分工，哪个管战事，哪个管农事，各负各的责任；所有的经验都录出来，所谓知识都是由其中抽出来，只有高尚的人才能得到，一般人则无机会可得。此可证明某派出于某官之说，很足令吾人相信孔子只站在述的地位上，仅《春秋》有创之名，故孔子的思想还是古来的东西。儒家出于司徒之官，孔子即传此派思想者。但孔子反把太史的东西——易经——弄在他手里，所以他们说孔子的弟子为儒家，而孔子非儒家者，以其兼道家也。

主张乙说者，则有康南海等。康著《孔子改制考》，第一证明上古是茫昧无稽，而认孔子为创作者。他引《论语》《礼记》的话，说夏礼、殷礼已无文献，都无可征引；又引诗以证井田之不可考，则孔孟以前制度当然一无所有。第二在诸子创制考里面，证明各家本着自家思想去创造制度。孔子则先创儒家。盖儒墨道法于此时各主张用某种制度，如冠服、三年丧、合葬、亲迎、井田、学校、选举等制度，都是孔子所创造，决非周公或古人的东西。我们不能逐条证明，仅提三年丧以证之：

一为外面的证明。孔子谓三年丧为三代制度。墨子非之，主张三月之丧。孔墨俱称道古先圣王，要是三年丧为古代制度，则墨子当然不能非辨而为孔子为大伪；若据旁人的批评，如韩非《显学篇》说孔墨俱道尧舜，而自谓真尧舜。尧舜不可复生，谁复使定儒墨之真乎？此更足以证实晚周诸子各去创造各家的制度。

一为内面的证明。(一)《论语》载："宰我问三年丧，期已久矣。君子三年不为礼，礼必坏；三年不为乐，乐必崩。旧谷既没，新谷既升，钻燧改火，期可已矣。"似乎对于三年丧持个商量的态度，以为一年就可以。要是三年丧，为古圣三王之礼，而又为社会一般人所遵行，则宰我怎样可以持一种商量的态度；(二)滕定公薨，文公使人问礼于孟子，孟子答曰："诸侯之礼，吾未之学也，虽然，吾尝闻之矣。三年之丧，齐疏之服，飦粥之食，自天子达于庶人，三代共之。"但使者反命，定为三年之丧，父兄百官皆不欲，而反对之，曰："吾宗国鲁先君莫之行，吾先君亦莫之行。"若是三年丧为古礼或周礼，则各国必自遵行，而为国之君当然不能破坏之，父兄百官亦不致反对。于此可证是托古而伪为古之制度也。以上的话，皆证明孔子的东西为彼所创造。我们看他们两派都各有丰富的议论，确实的证据，对于他们实无许多意见可说。

六　孔子的态度

凭藉以上所说的材料或方法，我们现在第一要注意的是孔子的学问究竟是什么东西。于此，我们有一最可靠的证据。《论语》上说：

> 子曰："吾十有五而志于学，三十而立，四十而不惑，五十而知天命，六十而耳顺，七十而从心所欲不逾矩。"

这我们不必瞎猜所学所立……各名词之内容究竟是指什么说的。其内容我们现在都不知道，我们所能知道的，从孔子的幼年以至于老，无论不惑、知天命等，都是说他的生活。他所谓学问就是他的生活。他一生用力之所在，不在旁处，只在他生活上。我们可以再从《论语》里说两个佐证：

> 哀公问弟子孰为好学，孔子对曰："有颜回者好学，不迁怒，不贰过，不幸短命死矣，今也则亡，未闻好学者也。"

木匠的好学生，当然是善做木器，画家的好学生，当然是善画了。至于孔子的好学生，到底是干什么的？颜子是孔子的顶好的学生，而他所以值得孔子夸奖和赞叹，就在"不迁怒"、"不贰过"两点上。我们在这上面也不敢乱讲，说是什么意思，但是确可知道孔子是指着颜回如此的生活而夸奖赞叹的。又如：

> 子曰："回也其心三月不违仁，其余则日月至焉而已矣。"

颜回顶大的本领是其心三月不违仁。到底不违仁这个符号是如何讲，我们现在也无从知道。但是，孔子所说的，是指颜回的生活，这个符号就是代表生活，这是可以断言的。从此可知孔子自己的学问是生活。他的学生所以值得赞叹，也是因为生活美善。于此我们可以确定一个大方向。寻孔子不向生活这个方向去寻，绝对寻不着。我们对于他的生活如何彻底了解，对于他的真面目自然就容易认识了：

（一）从此我们可以证明出来，在孔子主要的，只有他老老实实的生活，没有别的学问；说他的学问是知识、技能、艺术或其他，都不对。因为他没想发明许多理论供给人听；比较着可以说是哲学，但哲学也仅是他生活中的副产物。所以本着哲学的意思去讲孔子，准讲不到孔子的真面目上去。因为他的道理是在他的生活上。不了解他的生活，怎能了解他的道理？

（二）可证明汉代经学家要划在孔学范围以外，因为他们不在生活上面去学孔子。将孔子生活丢下，只是去研究孔子的书籍、孔子的思想，他们的方向不是孔子的方向，当然要被划在范围之外。

（三）胡适之先生在他的《中国哲学史大纲》里讲《大学》、《中庸》之时，说儒家的极端实际的人生哲学，何以忽然出现孟子和荀子这派心理的人生哲学，于是他认为《大学》、《中庸》这两书是孟、荀以前的书。他又说，《大学》和《中庸》的第三个要点是关于心理一方面的研究，换句话说，儒家到了《大学》、《中庸》时代，已从外务的儒学进入内观的哲学。那些最早的儒家，只注重实际的伦理和政治，只注重礼乐仪节，不讲心理内观。他认定孔子是讲实际而非心理的这话，实则我们并不想说孔子有所谓心里的内观。但是，他不是实际的、外务的，在所谓礼乐、仪节等枝节上去做的。由我们所知道的，完全不如胡先生所说治人的那种零碎的事情，而是自己的生活。胡先生实在看得太粗。孔子所讲的，决不是一个表面上有条理而零碎的事情，实在是自己的一个生活。如孔子之称颜子，说其心三月不违仁，那不是心里的内观么？！所谓不迁怒，不贰过，更全是内心的生活；说是外务，那便大错了。孔子自己说：“默而识之，学而不厌。”要先默才去学，这岂是只注重礼、乐、仪节吗？

（四）平常人主张孔子讲三纲五常，以为这是孔子的精神所在，攻击孔子的也照此攻击。其实，这原与孔子的真面目不大相干的。三纲五常是否为孔子的东西，我们无从知道。这些东西全是属于社会方面的，而所说“不惑”“知天命”等只是他个人的生活，并未曾说到社会。即认三纲五常是孔子的东西，那是由他生活上发出来而展布于社会的。所以赞成孔子或攻击孔子，要根本着眼在他的生活上才是。若仅主张或攻击三纲五常，就说对了，那也是在旁处去了，非孔子的根本精神。

（五）经学家如廖季平、康有为辈，都以《礼运》上的小康大同来主张孔子。《礼运》是否为孔子所作，本已可疑，即认定为孔子的东西，也不过是社会政治的几方面，那也讲到旁处去了。那种东西或者还可讲，不过有一个条件，就是要了解他根本的所在——生活。不然，就会走到歧路上去。

在上面，我们已经把方向确定了，然后去研究他。在此时须先提及的，凡类似这种材料怎样去整理。说到此处就出现了一个困难的问题，因《论语》这部书本身的材料很零碎，不同孟子的书一篇篇的很清楚。孟子好辩，与旁人讲话的时候，时常有许多议论，辩论的结果很容易观察出他的精神所在，使我们知道他的真正意思、确实见解。《论语》仅只一件一件事情的问答。或许孔子这个人很难研究，因为他不喜欢说话，不如孟子那样好辩，只就事实说两句便止了，他时常有这个态度。他说：

> 君子欲讷于言而敏于行。
>
> 仁者其言也讱。
>
> 古者言之不出，耻躬之不逮也。
>
> 君子耻其言而过其行。
>
> 子贡问君子，子曰：先行其言而后从之。
>
> 敏于事而慎于言。

我们翻开《论语》，类似此者多矣，均可表现他的态度。这个态度是个很要紧的地方，直到以后有重要的关系，于此，我们不应有所忽略。孔子所以如此者，只要人家去做事情，所以没有许多理论。因此，要去研究他的意思，便困难了。但是在这个困难当中，我们还是要想法子去探讨。现在我有两个方法：

第一，是凭借的方法。就是上面说孔子顶好的弟子是颜子。我们若是找不着孔子，找着颜子也可知道孔子。自然，找着孔子是更要确实些，而找着颜子却可以给我们一个大帮助去证实孔子的生活。

第二，是归整的方法。把《论语》零碎的东西，弄成个整个的东西，把其中极昭著的态度，极鲜明的色彩的地方，先提出来，再去确定他。把他的许多态度一一列出，然后在生活上理会，去指实那种生活，看他最重要的观念是什么，是否可以贯串全部于此，通通都可以得一解释。这种解释，在理论上无论如何是一个假定的解释，我们不能否认的却是这种假定的解释是有方法的。如胡适之先生、蔡孑民先生及梁任公等关于孔子都有他们假设的解释；惜乎都没有方法，仅只提出一、二句话来解释而已。用我的方法，可以一直到底穿透过去，通通没有障碍，并且在我心目中活跃欲现的这种方法，在理论上虽不免为一种假设的解说，然可由一件件零碎的东西弄成整个的，对于孔子的东西得以理会清楚。

第一条 乐 我们一翻开《论语》看孔子的第一个态度，即是孔子生活的道路。一见便觉得他的意味非常之长，非常之妙。《论语》的第一章，孔子开腔便说：

> 学而时习之，不亦说乎。有朋自远方来，不亦乐乎。人不知而不愠，不亦君子乎。

单从这几句话，可见他的态度非常鲜明，可以想见他心里自得的样子。其次如：

> 叶公问孔子于子路，子路不对。子曰，汝奚不曰："其为人也，发愤忘食，乐以忘忧，不知老之将至云尔。"

他自己说的生活是如此，这可以见出孔子心里的那种乐趣快畅，其生活之乐是很显著的。又如：

> 子曰：贤哉回也，一箪食，一瓢饮，在陋巷，人不堪其忧，回也不改其乐，贤哉回也。

这些话是赞颜子生活的快乐。可知乐在孔学中最为重要。这乐字在《论语》里是常见的，却没有一个苦字。

> 子曰君子道者三，我无能焉。仁者不忧，智者不惑，勇者不惧。子贡曰，夫子自道也。

他的弟子子贡承认他是能这样作的，所以说“夫子自道。”智与惑、勇与惧、仁与忧都是对待的字。孔子说“仁者不忧”。到底仁者是怎样的呢？就是不忧的人。反过来说，忧者便是不仁了。要作到仁，必须要不忧。不忧就是仁了，所以也可以说仁者就是乐了。更有许多话可引，如：

> 子曰：知之者不如好之者，好之者不如乐之者。
>
> 子曰：知者乐水，仁者乐山。知者动，仁者静。知者乐，仁者寿。
>
> 子曰：默而识之，学而不厌，诲人不倦，何有于我哉。饭蔬食饮水，曲肱而枕之，乐亦在其中矣。

看他这般的不厌不倦，无时无地不是乐的；乐真是他生活中最昭著的色彩。此外，如弟子称道孔子的话：

> 子之燕居申申如也，夭夭如也。

这些话都是表示孔子生活的态度很乐的样子。更有一点，我们可以发现一些道理出来：

子曰：君子坦荡荡，小人常戚戚。

荡荡戚戚是生活的状况，其中却又包含了一个问题，似乎在伦理上的君子小人也因此有了分别。所以从这两句话看来，一面可以证明孔子自己生活中乐的态度，一面发现乐与忧分别的问题。发现这种问题，亦可证明孔子态度之明确。乐为孔子生活当中最显著之态度，《论语》言之甚详。

第二条 仁 仁为孔子极重要的观念。据有人说，《论语》讲仁有五十八处，而阮元《研经室集》中“论仁篇”说，仁在《论语》里面见一百零五回。于此可证仁是孔子的一个最重要观念。至于说仁是什么，乐是什么，此刻都不讲。

第三条 讷言敏行

子曰：古者言之不出，耻躬之不逮也。

子曰：君子欲讷于言而敏于行。

子曰：仁者其言也讱。

子贡问君子，子曰：先行其言，而后从之。

子曰：君子耻其言而过其行。

子曰：其言之不怍，则为之也难。

子曰：巧言令色，鲜矣仁。

子曰：刚毅木讷，近仁。

孔子不爱说话，只实地做事，于此可见。

第四条 看自己 这个态度有好几条可以看得出，而显著的话就是：

君子求诸己，小人求诸人。

古之学者为己，今之学者为人。

这都是看自己，不向外找的态度。

我们曾说用一种方法去求孔子的意思，先把《论语》里面的零碎材料归纳成几个重要的态度，然后由其中去理会孔子的根本态度；把他的根本态度找出时，再逐条去解释。现在已经讲到第四条。还有几句话要补充。他说：

不患无位，患所以立。

不患人之不己知，患不知人也。

这种意思本没有相当的话用来表示它，说是重己似乎也不好，照意思说来，未尝不对，因重己照直说只是看自己不看见他人。但照字面上看似乎不好，虽然他的事实确是如此。所以勉强定为看自己。这个名词，因为是符号上或字面上的，本不重要，最要者，还是要反到事实上去。

第五条　只看当下　这与看自己的态度是相连的。孔子说：

君子思不出其位。

素其位而行不愿乎其外。

不在其位，不谋其政。

最末这句话，或者含有他义，却也可以有助于表达只看当下的态度。

以上两个态度一为对于空间的态度，一为对于时间的态度；一是注意此处，一是集中于现在。

第六条 反宗教 因为宗教与以上两个态度是相反的；宗教是抱一个极久极远的目的，所以反对他。

季路问事鬼神。子曰:“未能事人，焉能事鬼。”曰:“敢问死。”子曰：“未知生，焉知死。”

他只管当下生活的事情，死后之事他不管的，除此以外都不谈。宗教说的都是过去未来之事，事鬼神之事，恰与孔子“非其鬼而祭之，谄”的态度大相反背。他只要人祭祖宗就好了。如“子不语怪、力、乱、神”。即与宗教相反。宗教之占顶大势力高位置者，如佛教经论中则很少谈人事及当下的事情。佛家孔家实在是各走一条路。其次：

索隐行怪。

也可放在此条里面。

第七条 非功利

子曰：君子喻于义，小人喻于利。

子曰：放于利而行，多怨。

均可想见。

第八条　非刑罚

> 子曰：为政以德，譬如北辰居其所而众星拱之。
>
> 子曰：道之以政，齐之以刑，民免而无耻；道之以德，齐之以礼，有耻且格。

这种鲜明的态度，与法家绝不同。盖一讲王道，一讲霸道也。

第九条　孝悌　孔子既非刑罚，当然注重教育而尚孝悌。在《论语》中处处可见。

第十条　命　所谓命这个东西，似乎也让我们注意，孔子是讲他自己的生活。他说：

> 五十而知天命。
>
> 道之将行也与，命也，道之将废也与，命也。
>
> 不知命无以为君子。

第十一条　礼　这个态度，《论语》时常提到，也很重要。

第十二条　不迁怒，不贰过　他极夸奖的弟子为颜子。而称赞颜子极好的话则为“不迁怒，不贰过”与“回也其心三月不违仁”。此虽为颜子的生活，但足见在孔子生活中亦甚重要。此虽是一条而为两个态度。至于不违仁一项，因与仁有关系，故不另列。（十一、十二两条原则列入第三与第四。）

上面已举孔子很显著的十三个态度，但还有一个极明豁而为我们所遗漏的，就是子绝四毋：毋意、毋必、毋固、毋我。

第十三条　毋意、毋必、毋固、毋我　这个态度杨慈湖常提及。他心目中讲孔家生活时常用一句话来概括，即是“不起意”。他说孔子时常有此表示，如孔子说我们异于是，无可无不可，都可证知。我最初用“不认定”三字来表示，但觉不好。我们还是用“不起意”好了。

总上十三条，有十四个态度；此外也许还有别的态度，但大都不甚重要，顶重要也只此十四个。一部《论语》都可括入此十四个态度中，再于此中寻出个基本态度来，便可想见孔子的生活，得了这个整的东西，旁的态度遂可通统得一解释。

仁

我们在上面说过，孔子最重要的观念是仁，最昭著的态度是乐。那末我们先看仁是什么，乐是什么，再来看旁的态度。时人讲孔子思想的，如蔡孑民先生之《中国伦理学史》，胡适之先生之《中国哲学史大纲》，梁任公之《先秦政治思想史》，都讲到孔子。而谢无量先生也有一本书题名孔子的，专讲孔子的哲学。他们都讲到仁。我们翻阅的结果，仿佛梁任公的解释是有所本的，他是从阮元《研经室集》中“论仁篇”来的，通篇释仁都用郑康成的话。康成在《中庸》注里释仁是相人，梁任公也根据此来讲。他新近在清华学校讲演中，说讲学最好是仿“论仁篇”的方法。他讲到仁与相人的意思也相同。他们讲仁的意思，大概可分两个说法：

甲、阮、梁的说法。阮元在“论仁篇”说，仁者人也。在春秋时，所谓之仁也者，以此一人与彼一人相人偶而尽其礼义忠恕等事之谓也。相人偶谓人之偶之也。仁须有事始表现，始谓之仁。如人在屋内独坐，不得谓之为仁，盖必有两人始能表现出来，所以他批评宋明人之静坐不算仁。梁任公的说法也如此，他在儒家思想一段中说，仁者先知人之谓何，人何以名，吾侪因知有我，故比知有人。仁者通彼我后谓人也。故仁从二从人。郑玄曰："人相偶谓仁。"若人不与人相偶则仁不成。若世界上只一人，则人格实无从表现，须有二人以上接触而始有。此意人们诸多误会，非经批评后不能提出我们的意思。

在阮元的《论仁篇》里，由相偶的意思找出关于仁的三个重要态度：

一、一人不成仁；.

二、非行为表示不成仁；

三、仁不就是心。

他说人必须"为"方是仁。孔子未尝离视听言动来言仁。孔子赞颜子"其心三月不违仁"，可见仁与心不是一物，此与宋明人之有认仁即是心的说法相反，彼意恰与我们不同。

乙、蔡、胡的说法。蔡先生说仁就是统摄诸德完成人格之名。彼以讲仁有许多说法，所以他说仁是统摄诸德者。胡（适）先生大概也是根据这种意思，他引《论语》：

> 子路问成人，子曰，若臧武仲之知，公绰之不欲，卞庄子之勇，冉求之艺，文之以礼乐，亦可以为成人矣。

他说成人即是尽人道，即是完成人格即是仁。照蔡、胡两先生之意，仿佛仁是一个理想的空空荡荡的好名词。我亦不能说统摄诸德完成人格不是仁，我亦无可非议，然他的价值也只可到无可非议而止，并不能使我们心里明白，因为他们根本不明白孔家的道理。他们若明白时，就知仁是跃然可见确乎可指的了。

以上两个说法，归结起来，都是说仁是一个后天的条件。我们的意思恰与之相反。现在我们有一个假设的解释，很为平常。实在说，我们的意思与平常人的意思都不相远。我们要知道，凡有一派的学问出来，都有许多概念，他们所以成功的都是在把旧的名词变成他的新观念，他把那个名词放在他的全盘东西里面，便能成功他的东西。我们解释仁也没有字义上的根据，所谓仁就是慈爱之义。我们用这个意思来作个极浅的开端，以引出我们的理论。此字似与英文 Tenderness 的意思相当。仁字最好是含有这个柔嫩的意思。普通人看见仁字的时候，也时常觉得有这个意思。我们看孔子论仁的地方便不难见出。

> 子曰，孝悌也者其为仁之本欤。

孝悌何以为仁之本？凡仁之爱亲、敬兄，与夫父母之爱子，都怀着一种柔嫩而真挚之情。孔子又说：

> 君子笃于亲，则民兴于仁；故旧不遗，则民不偷。

这都是情厚的表现。他又说：

巧言令色，鲜矣仁。

他对于这种人似乎很讨厌的样子。他以为里面之情要是充实真挚，实无闲话可说。于此可知仁是一种很真挚敦厚充实的样子。如谓聪明有智慧样子的人，似乎可说为滑头，而那种刚毅木讷的人，见面即觉脸红，其心则很充满平实。其次：

仲弓问仁。子曰：出门如见大宾，使民如承大祭。

也不外是说那心情表现出来很恭敬的样子。

樊迟问仁。子曰，居处恭，执事敬，与人忠。

都是表示里面藏着很慎重、很丰富、很实在的样子。

上面已经提出很平常很普通的解释。现在再找一个很显明的话来收束一下：

宰我问三年之丧，期已久矣。子曰：食夫稻，衣夫锦，于汝安乎？曰安。汝安则为之。夫君子之居丧，食旨不甘，闻乐不乐，居处不安，故不为也。今汝安则为之。宰我出，子曰：予之不仁也。子生三年，然后免于父母之怀。夫三年之丧，天下通丧也。予也有三年之爱于其父母乎！

由此段话看来，结果带出一个仁的问题，仿佛说感情很冷硬的样子就是不仁。他心里觉得安，就叫他不仁。他心里觉得不安就叫他仁。可见仁是一种柔嫩笃厚之情。于此证知孔子所说的仁，与我们解释仁的很普通很平常的意思，没有差别。由此看去，所谓仁这个东西——情这个东西，不是我们所固有的生命发出来的吗？！怎么可以说是后天的条件！阮、梁、蔡、胡各家的说法恰与我们不同了。一般人都知道小孩子比成人天真烂漫，感情真实一点，柔和一点，人年岁愈大愈机巧，愈滑头，情感愈薄；并知道乡间人比城里人老实些，忠厚些。可见人原来是那个样子，后来就成另一个样子。而儒家最高的理想那个东西，也不过是人原来的那个东西，与小孩子、乡里人相近的那个东西。然则儒家的东西岂不很简易么。但是我们现在有两个疑问：

（一）既说孔子的东西是很简易的，然据孔子的话来看，仿佛又是高不可攀的，如孟武伯问子路、冉求、公西赤仁乎，孔子不许以仁。孔子自己也说："君子道者三，我无能也。"怎么仁为很简易的东西乃有如斯之难，岂孔子之弟子中竟无一情厚者乎，孔子自己亦非情厚的人吗？

（二）我们已在前面说过，乐是孔子最昭著的态度。乐不是与忧相反的么？但情厚的人，则时常关心他人，时常有忧在心，岂不是情厚的人多忧而麻木的人则常乐么？然则仁是情厚的说法，怎能与我们所说十三条打成一片？所以人谁都会想一些道理出来，却是极难的是要在他的道理中没有疑问。有了疑问，他能解答便站得住；解答不出，就站不住。既有了上面的两层疑问，我们将怎样呢？自然要想法子解答它了。

第一，我们要申明的是，仁是原来人有的心；这面则心里是很难过的样子，那面则心是很冷硬的样子。

第二，我们要申明的是，孔子的生活即是人原来的生活，仁的心就是人原来的心。孔子最高的理想，最高的道德，就是本来的事实。他主张当然就是人原来的本然。

我在下面即解释仁是人原来的心，是怎样一个心，人原来的生活，是怎样一个生活，所谓本然或本来的事实是如何。须要去把人心解剖来看。现在讲本然，分两层来说：甲、人心；乙、人的生活。甲、人心，又分两层：一要注意人心之人；二要注意人心之心。

（1）人心与禽兽心之不同。我们说到人心与旁的心之不同，必须说儒家的一个道理，此与孔子的东西有根本的关系。我们时常把人看得非常之高贵。孔子说天地之性人为贵。孟子时常骂人为禽兽，这里面究竟含有意思没有？这在我们看来，实在很有意思，与他的全盘东西有关系。近来我们都说人为生物之一，由生物研究的结果。不但人与禽兽身体方面有些相似，而且心理方面也有些相似。研究动物心理学，也能增加帮助我们去研究人的心理学。由比较的结果，在近世遂能提醒我们研究的心理，不只就人的有意识方面去研究，便算完了，并证知动物是一种本能的生活，无意识的生活。人的生活不但是有意识在里面作主张，实在还有无意识在其间作主宰。克鲁泡特金的《互助论》里面，搜集许多事实来证明，动物都具有社会的本能，又由亲子的关系看出它们情厚的样子。又在“无政府道德观”中说，道德是以社会本能来作根据，亲子之爱与看护其子，皆为繁殖其种，俾免天演淘汰，因之而保留那种本能。不能免天演淘汰，便不保留。以是推知人之道德与其他动物之社会本能，其意义相同。如此则人与其他动物实站在一根线上。然则孔孟之说不是无理么？然确不如是。此实孔子生活中的一个大问题。人与其他动物的区别，大概有以下几项：

第一，人走智慧的路，可以自由活动。不过大家有一层忽略，就是人与动物虽然心理上有些相似，他们的生活却是走在两条路上。照柏格森的话来说，一切生物有三条路：一是固定的生活，如植物是；一是本能的生活，有些动物是这条路，走到登峰造极的蜂与蚁；一是智慧的路，这条路走到登峰造极的便是人。这种看法，容易使人误会，以为他们是走一条路的三阶段。而柏氏的意思是说三个方向，由各自的方向走，并不能走到另一个方向去，因此三方向便设划然的鸿沟。植物与动物，其他动物与人，都无划然的界限，昭著的区别，却是我们可以说根本不同。盖其他动物与人的区别，一为先天预先的规定，仅恃本能以应付一切；一则非先天的规定，而可自由活动。其他动物亦间有心意智慧可见，而其应付则多与外物打成一片，而人则本理智以应用符号，能含藏许多观念在心理，此人与禽兽之区别一也。

第二，人能利用言语文字与记忆。言语文字者，为人对于外面去构划而成功者，并利用记忆含藏此种概念。虽其他动物多少也有记忆，然而人之成功知识学问技能，都建筑于理智与记忆上，此通非其他动物所能也。就是其他动物之生活，是先天预备好了的，而人则从后天帮助去生活的。

第三，人能用工具。柏氏说人能用工具，其他动物之工具，则先天已具备在身上。一在身外，一在身内。如虎之有利爪，牛之有角，蜂之有毒，生来即有自卫之具，人则无是也。又其他动物之幼儿期短，而人幼儿期长。其他动物是走先天预备停当之路，故不久即能作成年动物之事，足以自卫自谋生活。人则非后天照顾不能以生存，故须幼儿期长以预备生活；此期愈长，则所学愈多，故须有待于后天学习，来照顾。一则为先天所规定，一则须后天来照拂，因之前者为本能的生活，后者则为智慧的生活；人与禽兽的区别在此。人从本能的生活解脱而开展智慧的生活，于是本能生活退化，所以他仿佛是未着色而为素白的一样，因此可以自由活动，其他动物则简直无自由活动之余地。老虎之吃人，不能说他为残忍，而兔子之不食肉，不能说他是慈善，盖彼局限于本能，无回旋余地，不可以善恶绳之也。而人之生活，则似乎极活泼，极自由，其心情不受求生本能所支配，而能自由选择走他的路。既可以自由选择，则对生活便负有责任。人之于杀生见而恻然，则食植物以养生。夫杀生食肉固未有人禁止也，彼乃如此，则以彼固走自由选择之路。且老虎之食人，兔子之不食肉，既为本能生活，固未负有责任，实在无所用其嘉赏或菲薄，无所谓好与不好。照我们的说法，只人有道德可言，禽兽实无道德可说。人有自由活动的余地，故人心极灵活，谓之仁。而所谓麻木者，则此灵活之心不显，以是谓之不仁。夫人之能超脱求生活之本能，盖以能感觉，则是仁者只人有，而禽兽则无，以其受规定不自由而麻木也。柏氏说其他的动物在创造的进化中，有时也可以冲出他的旧机括，此时也是自由的，但不久仍还原态，如门一开，不久即闭。人则如门是常开的。柏氏又设譬以明人与其他动物之不同，说其他动物往前创进，仿佛又由大船入小船而堕入海中，永远不能出，而人则安然进入小船中。

以上是说人心与禽兽心之不同，于此亦可见人为万物之灵的意思。他的意思也许不只此，但就我们的说法，则灵活的意思确有两种：

（一）本能——直觉——的灵活，也没有着色彩，没有受规定，非常自由。

（二）理智之回省。他能离了当下构成一个东西——概念。

前者为先天的，后者为后天的。孔子以仁——先天的作根本，而以理智的回省——后天的作功夫。

人心与禽兽心不同既如上述，则仁只是人才有。本着这个说法去发挥孔子的思想，孔子的态度里实有种种意思可以从此指出，不单是从锐敏感觉一点，可以指出人心是仁，还可以从其他的意思证实，这因为要牵连后面许多地方。现在只提一个意思来说，就是无所为而为。如虎见了旁的动物，它发生一种食它的情，这个情是由本能出来；与本能相当的一种情，是一种有所为而为的情，因为它的生命是要靠它的本能去维持。它的本能是一个对付生活应付环境的工具，所以它这个情的来历是有所为而为。人见动物流血则生一种不忍之情，这种情是无所为而为，不是本能，似乎不关生命，而在生命以外，他是由有所为而为的路子上解脱出来而成功无所为而为。他未尝含有一个意思，他表露出对他人的情不是预备作什么的。

（2）心与非心的区别。所谓心本来是我们生活里面的总机关；一方面是集中的，一方面是往外发的。这个地方就是我们做主的地方。但是，平常所谓心，不只是真正的心在那里做主，还有别的心在那里做主，即是说不只是主宰的心，还有他的工具。我们平常问你心里怎样，你想什么，照旧心理学之说，则以为心是知、情、意所组成；而新心理学则分为无数现象或原素。要之，他们所谓心，都包括工具在里面，却不是真正主宰那一点。实在说起来广义的心只是知与情两面，意志是不能独立的。其分法如下：

心（广义的心）……
- 知
  - 理智
  - 感觉
- 情志

我们要实指真心所在，无论如何都要在**情志里面去找**。知的方面只是一个**工具**，**一个手段而已**。知的两种作用，只是对付外面，了解外面的工具，怎样去摒除主观的意思，怎样到静观去了解客观的事实而止。但是，他们终难离了主观的。虽然没法可离开主观，他们仍要走那个方向，是为我们所承认的。其所以不能离开主观，因感觉、**理智本为工具**非主宰故。知的两作用所能给我们的，只是静的客观事实，报告**静的事实如此如此而已**。对于客观事实取一个什么态度，它却不能管。因此，在我们生活中，它不能做主指示方向，此实是一个大问题。许多人以知的方面能指示我们的生活，还把这个问题来讨论。西洋从古至今，或从苏格拉底到杜威，差不多都认为知的一面能主宰我们的生活。苏氏说“知识即道德”，其言以为你能明白便可过好的生活；与我们所说恰相反。我们说知只能了解静的事实如此如此而已，并不能给我们一个方向。知的方面实在不能生出行为好坏的问题。他以为人之不良是他的糊涂。他所谓明白，完全未分清楚。他说的明白已渗入情志方面的东西。所谓好坏，不是客观事实，是我们爱好恶坏的关系，则他之所谓明白好坏不是已渗入情志里面的东西么？

还有一个错误，就是看我们的生活都是知理的明晰的，和有意识的，而不知真正作行为的主宰却非是有意识。杜威说“实验的方法，能指导我们的生活，使我们常常能明了去做有意识的生活”，都是陷入此种谬误。罗素的哲学，一面为数理的宇宙，一面为认识的哲学，他唯一的意思恰是西洋现在翻案的文章。《社会改造原理》第一章开首便说：“欧洲大战以后，令许多人获得无数见解。我所获得的就是见出人类行为之源泉有两面：一是欲望，一是冲动。一切学问事业都建筑在欲望上面，而真正根本点则又非在明了而有意识的欲望上，而在于本能的冲动。”

于此可见知只是工具，非心之主宰。而主宰则须在情志方面找。这个问题为从来所纠缠不清之问题。

（一）西洋自苏格拉底以至杜威都以知为能指导我们的生活；

（二）程、朱、陆、王之争。朱之道问学，几乎把知看作生活之主宰。陆子之见赐朱子诗中，差不多是说情志，才是我们生活之主宰。

（三）科学与人生观之争，都是讨论这个问题。人生观当然是把人生态度来作主脑，科学则只是告诉我们如此如此，怎能指示我们一个方向？上次批评他们有两条，现在再来补充两条。

第一条，说苏格拉底之所谓知已渗入情志方面的东西，即使科学能知所谓利害善恶，其告诉我们也不过“如果如此就怎样，若果如彼就不怎样”。这种方式看来他们还是没有一个方向给我们。况且他的意思原来也不过是假定趋利避害的，但是我们有时也高兴趋害避利，岂不是又相矛盾么？！所以他们装入方式里面的，其态度仍是待定的。

第二条，他们的错误是假定人的生活都是有意识在主宰，所以他们以知为能指导生活。如杜威在实验方法中说，能使人的行为常在有意识、受知识的指导中，使人的幸福有保障。姑无论他的见解是否说人生的源泉在知的方面，他总是要向那一个方向去，而不知真正作生活的主宰，是无意识，不自觉乃是根本的；由罗素的话亦可证知。本来说生活的主宰不是知，其由来已远。亚里士多德说行为是出乎情的意思，知识是没有力量的。他虽有此倾向，但仍是主张看明白后才去行，亦不外乎知也。总之，他们通统是要把生活的主动力放在知的一面，而结果则放不进去，仅放在某一种的情志上面去了。某一种情志或状态是什么？即是计较利害的情志。原来知与情也有互相消长的状况，情伴知起，知同情生，是有所不免的。他们把生活放入与知伴起的某种情当中。这种情，我们可以叫它为欲望。罗素所谓许多科学建筑在欲望上，用无意识的冲动来作人类生活之唯一源泉没有错的，却是它们放在欲望上，实在反乎生活之本性，那就糟了。我们的喜怒哀乐，即是我们的生活，又何尝是有意识有欲求的？所以他们的结果，只是把生活搅乱而已。

前面我说小孩子与乡下人比较天真、诚笃，成年人与城市人比较好巧、圆滑。成年人与城市人都是用知识去指导他们的生活，而其结果则生活被其搅乱。故情感愈薄，行为愈坏。苏格拉底说“知识即道德”，事实上知识有时反足以增长不道德。现在我们要说在情志方面，可以作生活之主宰是什么。近代心理学，都以为行为的源泉是在本能冲动。许多人以为理智是工具，本能是主宰。照我们的意思，本能也是工具。本能是本来的能力技巧，我们靠此去维持生活，实在是已经把它看作工具了。工具决不能作主宰。主使工具的才能作主宰。不单是克鲁泡特金所说食色本能以至斗争本能是工具，即社会本能如互助、博爱等也只是工具。如吾人之见老幼残疾者而起哀怜矜惜之情，表面似乎是无所为而为，其实它是本着维持群体的生活而为之也。

本能冲动虽是行为生活的源泉，然亦非心。自然，人受本能支配的时候，很多虽是重要行为，然亦不过工具而已。说到此处，我们要申明两层：

（一）许多哲学家都用亲的本能或性的本能广泛的去推说一切行为皆出于此。他们实未看清。

（二）即是行为有出于本能为我们所不能否认，但是本能毕竟是薄弱的无所能的，因为它的势力实在是很小。然则势力大的是什么？是真的心。人的行为不是像他们拿几种本能去解说所能办到，而确是出于其心。麦独孤也说，一切道德都是出于与柔情相当的亲的本能。照我们的意思，虽这也可叫作柔情，但我们所谓柔情是出于真心，不是出于本能。人的本能的柔情发展，原是不如动物。禽兽之哺乳其子，代代它皆是如此，人则有时不及它。故有溺女、堕胎之事，这举动在动物无论如何不会出现的。因为禽兽的亲的本能，在先天已经是固定好了。虽人也会与动物之对其子一样的亲爱，他却不是固定的，因而有堕胎、溺女种种事情。还有贵妇人不喜哺乳其子，此统非动物所能。残忍之事，动物见之而不动心，人见之则恻然。似乎人的亲的本能有过于动物，实则本能方面并不如动物之强；但人的动心的亲的本能乃出于真心，所以极坏的事实仅人能做。

真心不是本能，这话怎讲？就是说本能是工具，是手段。人之动心不是手段，是从作工具手段的本能有所为而为者解脱出来的。这种动心的柔情是无所为而为，所以不曰本能而曰真心，这才是真正的主宰。因为人的主宰的心，不曾被封锁在本能路上去，所以这个心能主宰此工具（本能）。

我们现在再结束两句，第一、我们不承认他们广泛的用本能来解释行为；还有一层，即行为出于本能，而本能的势力亦微弱，因微弱的原故，所以不能作主宰，只是作一个帮助。慈母之所以为慈母，不单靠微弱的亲的本能，全仗真正的心使她成功的。真心仿佛是本能所让开的地方，而能统率本能的。

> 附注：真心是原来有的，这种心是一无所能，只是似乎活跃、自由而已，故可说是本有，非本能。动物的心完全为本能（先天预备停当）所占领，努力奋斗有时虽显现（柏氏所谓冲出机括），卒以势力薄弱，终复如放，而人走后天选择之路，得战胜本能，而统率之，是之谓真心。

动物之心似乎完全为本能所占据，所以我们说真的心只有人才有。因为人走后天选择的路，使心解脱本能而显现。现代有创非本能说者，有以行为出乎本能，而分本能为若干，卒不一致者，均未观察清楚故也。斗争本能原为从它自身解脱出来所遗留而仍占据于吾人之心者，谓为禽兽之行，实没有错。人的情是出于真心，通统是无所为而为。克鲁泡特金把许多行为都看作有所为而为，我们是不以为然的。如人类普遍之好公平心，很容易令他们认作社会本能，因为他们以为是维持社会生命的。不知这是自然的法则，大的生命（宇宙）里流行自然之理。这种心情是从真心发出。所谓好仁之感，好公平恶不公平之感，都是从本心出来，我们名之曰直觉。以前说知不能给吾人以方向，当下给吾人以方向的，是直觉。如好公平，仿佛是当下觉得那是适合，这是当下的一个方向，是一个绝对的方向。直觉这个地方就是心的直觉锐敏的时候，就是仁。仁就是从本心里面流露出来的直觉。

所谓直觉也不过是一种知而已，然直觉究不属于普通所谓知的一方面。知可分为三种：

（一）感觉之知所知的是实体，唯识家谓之色境。

（二）思维判断之知，就是推理之知。如吾人离开黑而有黑之意义，见黑而判其为黑，此所知是概念，是共相（许多黑的一致点有别于其他之色，此即黑之意义）。这种知是干燥的。

（三）直觉之知此为不虑而知，亦即知善恶之知。虽然加以名称，好像是出于思维判断之知，而根本是不虑而知之知。若有声素，未为我们所听过，而当下便觉好听不好听，当下便知其善恶。此即不虑而知之知。这种知是出于先天本来有的，所知只是一种意味，或说他是一种情味。我们感音乐之壮美，这种美不是一个东西，乃是一种意味。虽是壮美附属于音乐里，却不是一个东西，只是壮美的意味。其他如见图画、雕刻、文艺等而赞美之，这都不是概念，乃是一种意味。

所谓知不外上述三种。我们所谓意味，是当下就给我们一个方向；所谓如恶恶臭，如好好色，这个好是在好上，这个恶是在恶上。见花我们即觉想去亲近它，见粪则避之唯恐不及，都是当下一个方向，是绝对的。所谓绝对，就是说不是知道客观事实后寻得一个“如果如此就怎样”待定的结果，因为他当下没有方向，须加以考虑而待解决也。我们的生活都是听凭直觉。所谓觉得是与非，对不对，都是一个意味。而所谓意味者，如一人说好的道理，我们觉得是甜的，是舒服的。孟子说“口之于味有同嗜焉……至于心独无所同然乎”，都是说直觉。克鲁泡特金说“辨别对不对之才能，如同味觉触觉一样”，与孟子的意思相同，与我们的话亦不有异。是非判断也是直觉的一种，其他种种直觉皆当下给我们一个方向。我觉得如此，你也觉得如此，他觉得仍如此，此即孟子所谓人心“所同然”是也。直觉所指示的方向之理，就是主观的情理而非客观的事理。

天地间不外两种理。月晕而风，础润而雨，这是客观之事理，为科学家所讲的；如对不对的道理，人心所同然，这是主观的情理。客观事实之理对不对是待证明者，而主观情理之对不对是不待证明者。即使第一次之判断后，随即变更之，这不是主观对不对之变更，是客观事实之变更，即是第一次与第二次的客观事实是要待证明。直觉所指示之方向则通同是对的，没有再对。为什么如此说？因善恶问题是相同的，到底对不对，只有问自己，不应问别的。若再三想过后之对不对之判断，不管你翻案不翻案，仍是取决于你，不是取决于客观。假使除主观所认的而外有一个再对，再对也是没有法子知道的，因为知道还是你知道，取决还是你取决。从前伦理学有所谓直觉论，而后人驳者很多。西洋伦理学有两种主义：

（一）直觉主义；（二）乐利主义。

麦独孤都已驳过。他驳直觉主义的地方，我们可以说没有错。但是我们说的直觉论，与他所驳的直觉论不同。西洋直觉论说有义务的觉知，即是道德的心能。我们却不如是。我们所说的直觉是极寻常，并未说有一种心能专司道德其事者。我们只是就平常的生活穿衣吃饭等极平常的事去说，只看生活合理不合理，管他道德不德！道德这个观念我很不赞成，因为往昔有许多人看它不是平常的生活，而是格外努力的一种行为，这种观念很不好。麦独孤说道德行为必须有道德的品格，经许多时间，经过社会种种压迫而生出来的，便是陷入这种谬误。现在我们再申明：

心之所以为心，不外主宰我们的生活；心在何处就是直觉，就是当下指示我们生活者，即是主观之情理。

我们不管主观情理之对不对，而孔家之所谓一切行为都是依据在一点，即是出于直觉之所指示。本来直觉的心即是仁，我们加上锐敏二字者，以别于麻木不仁也。

由此看来，孔子认为当然的，就是他的本然。他说仁者的生活，即是人原来的生活，使是照原样去生活，不是去改变它或矫揉造作生活。照人类的历史看来，人的生活实为相反的境象，就是说不走原来的路，而走反乎原来的路。此有两种（一）用习惯去替代；（二）用知的选择去替代。

因此，人原来是好公平，而现在竟有不好公平的事，照第一种的走法，就让我们安于不公平。有初从美国归来者，他初坐人力车时，心里很难过，很觉得不合适，其后心里便如常，这就是习惯代替了我们直觉的路。习惯的形成，多由于不知不觉之间，或可说也是由知的拣择而形成。我们感到不公平，而不去改正它，也可说是因上面两种关系。知的拣择不但拣择利害，并且时常向外去找道路，它的势力很大，亦不亚于习惯的力量。照我的意思，以上两种道路，都不是原样的，只是搅乱我们的直觉，麻木我们的心，令它不仁而已。平常所谓习惯者，无论为好为坏，都反乎孔子的意思。因为凡是习惯都反乎直觉的生活。习惯即是铸成的模型，统是麻木。若改换了新局面，他就不能应付停当。胡适之先生的《中国哲学史大纲》里面有一条，说孔子是要让人去造成好习惯，这不但不合孔子的意思，而且根本在道理上说不过去。习惯不是原样，乃是后来的。孔子的意思是生活要原样。

上面已经把仁的假定的解释讲明白了，其与孔子其他的许多条怎样说得通，以下再讲。

我们已经说仁是好恶的表示，从好恶给我们的方向就是人的生活原来的方向。所以一切德行，都是直觉所指示之方向，即是出于仁。怎样叫做德行，靠什么去认识一切德行，都出于直觉。我们心里觉得怎样好，就是好。我称赞好人，厌恶坏人，都是好德行。我能认识这种好，也是听凭直觉。所以仁的解释，普通的意义虽为慈惠，其结果实在是一切德行都出于此。孔子答诸弟子问仁的话都不一样，亦正以此。不但各人不一样，而同一人问，如樊迟问仁三次，孔子答亦不同。此足证一切德行都是出于直觉，因各人的毛病不同，而所答也就不一定。蔡、胡两先生说仁是统一诸德，完成人格之名，仿佛是理想的最高的标准，这真是错了。我们要申明一句，就是：仁是一切的对。如孔子说：

民之于仁也，甚于水火。水火吾见蹈焉而死者也，未见蹈仁而死者也。

但《论语》有一条，仿佛是说仁也有许多缺点。如：

好仁不好学，其蔽也愚。

上面这句话，有许多人证明不是孔子说的。又如：

唯仁者能好人，能恶人。

求仁而得仁，又何怨。

无求生以害人，有杀身以成仁。

与我们的解释都讲得通。这些话不是答人问仁，是偶然讲及的。

上面诸弟子问仁，孔子答语虽都不一样，但其实是有确定的意思，因仁是一切德行的根本。现在且把孔子讲仁的话分为五项：

第一项 问仁。此项大约十条，上面已给以解释。其中有一条，孔子曰，“克己复礼为仁”，则待讲礼的态度时去讲。“仁者其言也讱”，则归到“讷言敏行”的态度里去说。

第二项 亲近仁人。

弟子入则孝，出则悌，谨而信，泛爱众而亲仁。

子贡问为仁。子曰：“工欲善其事，必先利其器。居是邦也，事其大夫之贤者，友其士之仁者。”

君子以文会友，以友辅仁。

里仁为美，择不处仁，焉得智。

虽有周亲，不如仁人。

第三项　仿佛说仁极低，很容易做；此与四、五两项很有关系，须连带讲。

仁远乎哉，我欲仁斯仁至矣。

苟志于仁矣，无恶矣。

一日克己复礼，天下归仁焉。为仁由己，而由人乎哉？

好仁者，无以尚之……有能一日用其力于仁矣乎，我未见力不足者。

第四项　仿佛是说仁极高，很难做。

孟武伯问子路、冉有、公孙华仁否？孔子均答以“不知其仁。”

子张问令尹子何如，“子曰：忠矣。曰：仁矣乎？曰：未知，焉得仁？”又问陈文子何如，“子曰：清矣。曰：仁矣乎？曰：未知，焉得仁？”

子曰：若圣与仁，则吾岂敢。

则是对于己亦不敢居于仁。

第五项　不仁。

人而不仁，如礼何？人而不仁，如乐何？

君子而不仁者有之矣，未有小人而仁者也。

我未见好仁者、恶不仁者。好仁者，无以尚之；恶不仁者，其为仁矣，不使不仁者加乎其身。

不仁者，不可以久处约，不可以长处乐。

宰我问三年丧，宰我出，孔子叹曰：予之不仁也。

第六项　此有两条很可注意，因都不能并入前项，特提出之。

君子去仁，恶乎成名。君子无终食之间违仁，造次必于是，颠沛必于是。回也其心三月不违仁，其余则日月至焉而已矣。

现在把我们的意思拿来解释第三、四、五、六各项。凡人没有不仁，即使加入后天也没有法子使它绝灭，除非是一个死物，没有生命。我们已经说过，仁是直觉。凡是知痛痒就是仁。所以仁是极低极容易做。但是反过来说，实在又是不可穷尽。果真是仁，没有一个细微地方他不感着的。这种锐敏的直觉，果真是没有一毫麻木，一点忽略，那就是尽善尽美。所谓刚大而不粗，和平而不柔，真是一点没有不妥的地方。这不是极高而极难做吗！要是有了一点缺陷，便不能谓为尽善尽美。孔子讲仁有此极高极低的说法者，因为我们讲话常有抑扬的两方面故也。

但这还是粗浅的解释，应更进一步来讲。我们适才说过，除非是死物才没有仁，有生命即有仁。进一步说，仁就是指生命而说，指活气而说。

以前说仁是直觉，是不得已而说，其实直觉便是活气之发于外面者，因知痛痒是可见的，故指此说。盖直觉是仁的一个发用处，不从发用处看，是不可见的，所以问人是仁不仁，应指根本（里面）来说。因生命是体的根本，仁是真正生命，是活气，而直觉不过是仁的发用处。因此，我们看人是仁不仁，不是在他遇着事情时看他直觉锐敏不锐敏，是要看他仁不仁。然而没事时之仁不仁，我们何以见得出？因根本不同，故见之于外者亦大不同也。所以我们说锐敏不锐敏是粗的解释者，以直觉之觉不觉是说就外面说，而真正可称之仁不仁者，根本是在他的心里。

见之于外的直觉麻木不麻木，其里面的心境是根本不同的。仿佛仁是有他一副心境，不仁也有他一副心境。所谓麻木与不麻木者，是心遇机会而发出于外的分别。但直觉不过是生命里面发出来的东西，而所谓仁者，实有其体。体是什么？即是活气，即是心境。仁不仁之不同，乃是活气的不同。仁就是很活泼很灵敏的样子，不仁就是很淹滞很呆板的样子。最要紧是，仁是心境很安畅很柔和很温和的样子，不仁就是不安畅很冷硬很干燥的样子。一方面气息是有条理很平稳很随顺，另一方面则杂乱无章。“和”字确极重要，我们想其心境，便可知道所谓一团和气，此话说得很好。“和”者活之谓也，而不仁则淹滞矣。总之，仁的气息是一种朝气，是新鲜的，而反面则是暮气颓唐，是腐旧的。

以上许多形容的话，这一面如此，那一面如彼的许多情形，我们拿句话来归纳，就是说这一面是合适的，里面似乎很甜美。合适者，他们的生活法恰合于生命之理之谓也。所有的形容词都是形容他的生活的适合。那一面是说他的生活很不适合。没有味，仿佛未在生活的轨则上走，即是不合于生命之理，未走在恰好的地步。要顶恰合才顶好，才舒服。恰即是恰合生命轨则之谓。轨则是什么，就是调和，就是中。所谓调和与中在何处求？要在恰字上求：增减一点，偏邪一点，皆不对。要在恰好，要在恰中，因此生命才是顺，否则就是逆，就是戕害生命之理。

我们说过仁是锐敏的直觉。而此锐敏的直觉，因何单在恰合乎生命之理上见呢？因直觉是从生命发出来的，直觉之所以能尽其用，因为生命合乎生命自己顶合适的理，是在生命顶不受妨害的时候，故能合乎生命之理，而直觉始能尽其用。所以仁不仁不在直觉发出来的方面去看，是要在内面心境上去看。

要使生命恰合乎自己生命之理，并不是难事。所以孔子说“仁远乎哉，我欲仁斯仁至矣”。这不是说锐敏的直觉远乎哉。照我们的意思，是说顶合适的生活不远，可以做到的。翻过来说，实在又是很难。我们怎样可以做到恰好？恰好者，就是要恰合乎理。稍微偏出了一丝一毫都算离了轨则，离了中，离开了恰合乎生命之理，此即所谓违仁也。孔子说“回也其心三月不违仁”，就是说他三月未曾离开或违背生命之理，其余则偶然而至，故于诸弟子皆不许以仁。令尹子文、陈文子，孔子皆不称其仁，甚至他自己亦说不敢当，盖以可当得所谓仁者不止“三月不违仁”而已，非永久在此合乎生命之理的道路上走不可。孔子云“君子无终食之间违仁，造次必于是，颠沛必于是”，是说君子必须要在仁的心境上，恰合乎生命之理上。其他讲不仁的地方，顶重要的一句，就是“不仁者不可以久处约，不可以长处乐”。所谓违仁，只是离开了仁，而所谓不仁，似乎是说太坏。要之，不仁固由于违仁也。

我们为什么离开了仁又到不仁？于此我们看所谓干燥不和乐、冷硬淹滞种种心境，是从何处来的。它是由于我们人的心能够有一个不走原来天然的路的可能。动物无不走原来的路之可能，人则有离此轨则之可能，即人心有乱七八糟之可能。人可不听凭原来的一条路上走。动物对于环境只是一条路，只起一念。人则有二念，他能离了当下现前之外，还有别的意思。物类对于现前当下，只有反射的动作，如飞蛾之扑火，一而再，再而三。而人则在第二次离了现前，联想到以前的经验来应付现在；或一时无可应付，则稍为搁置。所以人是走理智的路，是走学习的路。人去扑火，便引起被烧而痛之感觉以抑制现前的动作；物类则太当下，太现前。但走一条路倒是纯任天机。而人之联想过去来应付当下，便是参加人力了。人类既有时常参杂人力的可能，所以便是出于勉强而非自然，反不似物类之一任天机之自然。这个勉强的地方，就是全靠此念之外另起他念，仿佛是有意的引出此念，统率自己去生活。虽有此参杂人力之可能，却是问题便从此而生，以至离开了生活之轨则。当我们见一个可怜的人，便想帮助他，但因为自己之念一发，便搁置下来，结果遂使我们的直觉麻木到了不仁。这个例子还不是不仁顶要紧的地方。我们离了当下联想到旁的，还未脱离当下的关系，而根本上使我们麻木，乃不在此，而在完全离了当下，在现在当下之外，所谓念念憧憧来往也。薛文清云：“万起万灭之私，乱吾心久矣。”念念之私既万起万灭，则现前当下可以不露于他的眼中，是则与联想之念不同，以联想不过仁心牵制不能自由活动；若到私念万起万灭，则仁心简直不能发动矣。根本上简直完全看不见当下，真正的不仁即在此。盖联想时还有所觉，而此刻完全断灭。

此所谓万起万灭之念，我们也可说是一物。凡一观念，都含有一个东西，所以说为一物。其所以离了现前，都是因为心着在一物上。故心对付现前，是自然的；既使离了现前，联想前后，也是自然的。但是完全不与当下生关系，而心着在一物上，是不自然的了。所谓逐物驰外，种种都是指此说。万起万灭，也许有为天下、有为国家的，但都是为私，因不是出于自然，而为有意着在一物上。凡有所着，都是私，凡自然都是当下现前。离了现前，则是人有意为之，故谓之私也。我们归结一块，拿一个字去形容这个神情，就是找。找者离了现前，心到别处去了。种种念起，无不出于找。离了现前，向外去找；根本让我们直觉麻木的是这个找。无论是什么找，都是私，都不对。天地间有两种找，一是找道理，二是找快乐。找道理的人实在太多，有许多人都是靠外面道理去生活，所以社会信条站不住的时候，往往一般人就失了依据，便要去找。其实理是在里面，你不找道理，听凭直觉的好恶生活，自会恰好的。因为一找，反乱了生活之理。你找的时候，直觉的好恶便立刻失掉；心稍微一找，里面的趣味——生活的乐趣，立刻就没有了。原来人对于事之对不对，自然会知道，但你一找道理，则直觉是非之心便失掉。因为不靠本来里面的态度，虽然此种找比较还好。若找乐趣，则直觉简直不发动，而成麻木不仁，根本把心弄断，把生命弄断。盖心在此，则还有心，而心着于物，则不在此，简直就没心矣。

由上所说，我们生活之乱是由于心跟着念跑。原来心是自然的，现在便成了勉强的，到后来这种勉强的反成为自然的了。因为我们的心原来没有杂念才是自然，有杂念就是勉强。现在有杂念反成了自然，没杂念竟成了勉强，仿佛要想法去恢复安和泰然反而成了难能之事。凡是不仁者，没有不是念念憧憧往来，没有不是难恢复到安和泰然的样子。原来的清明之气却因杂念起伏而失去。所以我们可用两句话来归结。凡是从外面看去，麻木不仁，许多是非不容易觉得，成了麻痹的人，都是由于里面乱的原故。里面所以乱，全由于找的原故。所以从内容与结果来说，一面是自在就是仁，一面是找就是不仁。

我们当真要去讲明不仁搅乱我们生活之理的原故，本应分三层去讲。一层是气质，一层是习惯，一层是找。但前两层都有许多道理，所以暂且不讲，并且都是已成的东西，都是由于当下找，因为这是不仁最大的来源。我们若想把气质、习惯消化融释使不为害，非从当下找的态度去想法子下手不可。其所以然，此暂不提。而找为我们不仁的根本原故，所以讲到不仁，即提出找来说。此上所举各条，都可用此假设的解释去讲明，而其中有一条如“不仁者不可以久处约”，“不可以长处乐”，非用此找的态度不能解释。所谓“约”与“乐”，都是指境遇而言。“约”者贫之谓也，如颜子之居陋巷是也。“乐”者富之谓也，境遇顺适。不仁者无论是富是贫，他都不能处。他才到苦境还能勉强承受，但安之则不能；才到富境，他亦可安处，但一久则又想别的，觉得乏味，便不耐烦。其所以贫富都耐不住，根本上是由于找。不向外找的人，不但处富他泰然自适，即处贫亦安然自在。因他里面是安适柔和，境遇如何固不足以挠其志也。

上面已把关于仁之难易、违仁、不仁，都讲过了，但还有“仁者不忧”一句话未讲。这应在孔子乐的态度里面去讲，所以关于仁的方面现在算是讲完了。

乐

现在来讲孔子生活的乐。乐的态度在人的心境是安和自在。现在就我自己的经验来说，我怎样找着孔子的这个态度。这段话很长。我原来不想讲什么哲学，更不想研究什么西洋或东洋哲学。但为什么竟来讲？因为我生活上发生问题，要想解答人生苦恼的问题，所以去找孔子的态度。我怎样找着的？最重要的，就是在孔子生活的态度里面找出来的，所以才来研究他。我还想告诉大家，我由佛家生活转入孔家生活的原因，以及佛家、孔家生活之不同的地方。我在十三四岁时，仿佛是个野心家，很夸大，许多事实且多可笑，姑不去说。所谓野心者，是一个太贪的心。因此，在十七八岁时，简直苦极了。这种太贪的心，真是厉害，人若是不想名利，无所要求，就没有碰钉子的时候。但有了欲求，就会碰钉子。欲求愈大，所碰的钉子愈甚。我欲达很大的要求，遭到层层挫折，弄得神经衰弱，心中苦痛。有一日我在阳光之下，正在深思——我素好深思——见我家的女仆在晒衣，用手去打绳子，仿佛心里一点事没有，很快乐。我甚怪异。回想我的境遇与她的境遇大相径庭，彼境遇坏而反大乐，我境遇好而反大苦，从此想去，再看旁人，而旁人皆乐，我自己则种种事情皆不如意。于此，遂发现一问题，看到平常对苦乐之观察大谬，就是平常都把苦乐认在境遇上，实则苦乐是在主观方面，而不在客观方面。我想我家庭境遇好，我在学校成绩也好，论环境都好，而反苦者，是因在主观方面心境之苦耳。因之对于苦乐问题作一深的研究，结果直入佛家的道路。我因以为所有的事与我所观察的都对，但有一事使我以前的苦乐观根本动摇者，就是看到孔子生活之乐的态度。我之喜欢王心斋一派亦以此也。

我当时引一句话来表明这个道理，就是说振贝子的苦乐与拉车子的苦乐是一样的。振贝子是清末庆亲王的儿子，其境遇真算好，但是他的苦实多。我当时喜作笔记，曾把我的意见发表过，就是我初想，我们有欲求的时候才有苦乐可言，遂发生苦乐的问题。富贵的愈苦，以其欲求愈大。若无所求，则无苦乐可言。可见苦乐是因欲求而有。但是我们再深细的想，我们拿刀割手，我们也觉得苦。若是苦因欲求而有，则此无欲求亦生苦痛，将作何解？我当时以为或者是生命根本上便是欲求，故人有求生之欲而拒绝痛苦。此种欲求不是在念虑上，乃在生命里面便有的。所以照我的意思分为两种欲求，一是表之于外的有念欲求，一是藏于生命里的无念欲求。我当时立了四条根据，并由此根据建立四条推论，去推翻平常人一般苦乐观。所说四种根据：

（一）欲求赅感觉而言。如痛痒之感觉，因有潜伏欲求在里面之故。此是说，生命根本是一个盲目的欲求。叔本华且把此说应用到无生物里面去。

（二）苦乐惟因欲求而有，若无欲求时，亦无苦乐。

（三）苦者，欲不得遂之谓，此外无他义。苦之轻重，实视欲之大小而定。

（四）乐者，欲得遂之谓，此外无他义。

此四条极平常，人皆知道之，但照我们的说法，可以扫荡一切障翳眼睛弄不清楚的地方。叔本华及章太炎《俱分进化论》讲欲求的意思都与我合，但还未把障翳眼睛的地方扫荡干净，他两人的意思以后去讲。由上面四条于是提出四种推论：

（一）欲念无已时。本来生命照我们的解法是一大欲求；生命不完，其潜伏欲乃无已时。如我有生命，刀割我，我就一定感痛。此不但潜伏欲无法除掉，即有念欲求，亦生生不已。叔本华及章太炎都讲到此，都未说明。其理可用上面的四根据来讲清楚。如人饱食暖衣，种种具足，一时不得其所欲，则此时人必烦闷。现在之所谓阔人者，上午十二点钟才起床，第一件大事就是“今天干什么？”，到后来还是归到打牌。此烦闷之苦，在他很苦，照我的说法，此苦就是感官无所摄受，是与老、病等苦相同的。此是潜伏欲不得遂，与有念苦是一样的无摄受苦。他立刻便迸破此心，去求所谓摄受者。当闷时还可说为无念欲，但一到烦闷时，则便成为有念欲了。所以说，不但无念欲无已时，即有念欲亦无已时也。聪明人不但有念欲更多，而潜伏欲之无所摄受之苦亦较乡下人为多。

（二）世间苦多于乐。欲求者，缺短东西去拿东西来填之谓。但缺短时多，而满足时少，所以不得遂是它本位，而得遂则为例外，故世间苦多于乐。

（三）振贝子的苦乐与拉车者之苦乐相等。此条很重要，就是苦乐不是在境遇上；境遇不足以表示苦乐，必视境遇对于处之者的欲求是如何乃生苦乐。故振贝子之苦乐，无异于拉车者之苦乐，即境遇本身并无所谓苦乐，只视境遇是否为他欲求之所在。

（四）欲求愈进必愈苦。世间所希望之乐境如文明、进化、大同、黄金世界以及种种理想之社会，许多聪明人都喜做此想。此不啻与富贵同一妄惑，并且彼时之苦必过于今。因人站在欲望上，一欲望得达，他欲望又将起来了。所谓欲望得遂者，要不过从第一个问题揭过去，到第二个问题耳。未揭过去时，以为彼处有乐，但既揭过去则无所谓乐了。故此说不但与富贵同一妄惑，进一层说其苦且过于今。根本的意思就是人类愈进化则愈聪明，愈聪明则愈多苦。章太炎“俱分进化论”亦曾驳希望进化者之误，而谓苦乐是并进的。

由第三条的推论，则希望富贵者是妄惑；依第四条的推论，则大圣大哲之欲改进社会亦是同其幻妄。照我们的意思，他们从环境去救人，只不过是由第一问题引到第二问题而已。我当时以为此理确乎不易，所谓解决世间问题之大圣大哲均是糊涂。而唯一救人之路，只有让人根本去解脱生命。凡有生命的，欲有乐而无苦既绝做不到，并且明是苦多于乐，你要拒绝苦，则非解脱你的生命不可，此是根本解决。我当时只找到释迦牟尼是如此。他是从生命的地方去解救人，如周公、孔子、苏格拉底辈是错的。所以我当时直接走入佛家的路，简直不回头。后来在民国五、六年，着手研究孔家的东西，把儒家的书通统翻过一次，便发觉我从前的苦乐观，虽能把许多的意见包括在内，但却不能把儒家的意思概括进去。他的意思直出我的论断之外。

在前，我以为看世间人生只有两面，一是向外面去找，走欲求的路，许多圣哲都是顺着这个方向去找一个东西来解救大家；一是取消欲求，根本上是取消问题，这是佛家的路子。我当时不知印度许多外道都是走的这个方向，仅知道佛家是如此。佛家他不像许多圣哲顺着欲求的路去想法子，他是去取消欲求，根本是在解脱生命。我以前是如此看法，真是不觉得在此二者之间或二者之外，另有一个看法。迨我把孔家的书籍看过一次之后，乃知另有一条路独立于此二者之外，即是救人还另外有一条路。

我以前看乐是在欲得遂，此外无他义。等到了解孔家的意思以后，实有我原意之外，因为都看乐是有所依待。我看社会一切，愈觉我的意思对，而儒家却另外有他的解释。他不从改造局面去救人，不是看乐是有所依待，而是走无所依待之路。我因觉得孔家意思在我心目中是一个新颖的意思，为以前所未见着的。我对他的道理有一个理会。当时我有许多感想，此刻说不上来。但我可说一事，就是看到颜子“其心三月不违仁”，我躺在卧几上觉得有一种默契。我的意思差不多从此开发。我于此看孔子思想的全体，差不多都可以贯串下去，只有礼运大同说与孔子思想根本冲突。盖此是改造局面来救人，却非是无所依待去救人。孔子不是如前所说从取消问题去救人，是从不成问题去救人。我初走佛家的路，未见着孔家的态度时，对于一切圣哲通加鄙薄。如我以前看宋明诸儒，似乎都依违莫测，又不是从改造局面去救人，又不是根本解脱生命。迨既看孔家的经典以后，再去看宋明儒家，始知其用意，因为他们是另外走孔家一条路也。于此，我对于乐的解释便不同了。现在提出来修正以前的解释。

真正所谓乐者，是生机的活泼，即生机的畅达，生命的波澜也。

从前说乐是欲求得遂虽未错，但还有深的解释，即是欲求得遂之谓乐，乃是从小范围看，根本上所谓欲求得遂还是在心境调和平衡。这仿佛是有两个条件，一个是调和，一个是新。如我想吃东西，当未吃时是不调和，但吃了则调和，于是在生命上开一新局面，当欲求时是不平衡，欲求遂了则平衡矣。故乐一面是调和，一面是新波澜。调和与新是不能分开的。故生机畅达洋溢则乐，不畅则苦。此所谓新与调和，即前讲仁时所谓活气。求得调和没有不是新。所谓赌博、看戏、听音乐，皆是求一新局面。贪赌博有时不能说他是贪钱，因为赌博时输赢常调换，时常能给他一个新局面之故。他的生机不畅，仿佛要靠外面去刺激他。看戏、听音乐都是如此。孔家他是根本上在心里能给他一个新波澜，而平常人则须要外面去给一个刺激，他才起一个新波澜。讲学问有滋味也是如是。所谓有兴味者，就是生机畅达。所谓干燥者，就是生机不畅。所以我常说，糖并不甜，甜是在吃上，是在新上，是在调和上。糖无所谓好吃。推广来说，就是环境无所谓乐，生命原来是动的、自然流行的、畅达洋溢的，并不要外面来刺激，来拨动。只有生命这个东西是活动的。只有人去动别的，没有别的去动人。故人本来是活的、动的。所谓孔家的生活，是不要外面去拨动，人是自己活动的生命，本来是时时是新的，时时是乐的。乐是在心上。人不要去找，放下找的时候便是乐，便是新。物类不能去抑制冲动，让生命淹滞，他时时是整个的，是全个的。其实人没有不是整的，但人用意识去找的时候，时常把自己情趣压抑下去了。我们正在情趣中，实在不能找，找便无情趣。向知的方面一找，情趣自然压抑下去。而禽兽则情、知不能分，此亦人与禽兽之异也。

上面所说乐就是生机畅达洋溢。而普通人作乐、求乐的一条路，则从外面拨动，而使他起一新波澜，此不过是乐之解释之一条。生命本来会自己涌现出来而畅达洋溢的，实无待外面去拨动他，才涌现畅达有活泼新鲜的意思。生命他自己本会如此，用不着去拨而后动。我们觉得不流畅的时候，都是由于找而把情趣压抑下去了。因为找就是自己要等待，等待所要求的东西。要是正在情趣中，又何须找？一找畅达抑扬的生机便停滞了。而生机失掉活泼，失掉乐趣，所以就要由外面去拨动似的。至于新鲜生命，本来是时时新颖的。岂但心如是，一般所谓物质者，亦时时翻新，已为大家所公认。然则怎样会旧？所谓旧者，仿佛带有客观的意味。我们觉得旧也只是方式方面、轨范方面。唯识所谓顿起顿灭、前灭后生，由相似相续观之而有所谓旧，但材料则完全是新，绝对不旧。若不是时常是新，我们怎会由少以至于老。我们说到旧便有嫌的意思，因人莫不厌故喜新。其实无所谓旧不旧，只看我们情趣放在何处。有一间小屋子，我永远在那里坐着，如我的情趣放在外境上，便觉得烦闷极了；如果是我拿书，一点钟也看它，两点钟也看它，而心则比较不烦闷。这是因把情趣稍微放在里面一点。要是当真把生活重心——情趣放在生活本身上，那么生活就时时是新。你就是坐在房子里一天都不厌倦。因为是重心在生活本身，完全无所依待。

以上第一种是把乐放在外境上，则须外面去拨动他；第二种则放在活动上，如画画、唱歌非常快乐，此是罗素所谓创造的冲动，但不能说完全无所依待；第三种则是放在正中，放在生活里面，即使枯坐房中，他的意味还是深长，还是觉得新鲜。故不靠外面，而靠活动，亦是由放在自己里面而得其解释。因他本来自己会乐，不须有所凭藉。放在活动上，虽不是真正孔家的路子，但却与之接近。盖一则稍有所依待，一则全无所依待故也。

我们现在批评以前的见解，虽是有所翻案的地方，然而亦无大差。

（一）我们说，不能说哪种境遇是乐，哪种境遇是苦，此话未错。因为乐是要新，要调和，故完全看能的方面与所的方面，无关系他诚然也可以给人以乐，但要看主观方面如何。人把糖与乐拴在一块，以为糖就是乐，一块糖是一倍乐，两块糖是两倍乐，糖愈加则乐愈加。人虽未吃万块糖而感到万倍乐，但他却作如此想。其实全不能执境为乐，而乐是在心上，根本是在生机畅达洋溢。故说境遇无苦乐可言，没错。

（二）说大家苦乐差不多，这一条也没有错。

（三）我们说欲念生生无已，那就错了。因为当时含有一个假定，就是人人都把情趣放在外面，一般人都持一个找的态度。所以愈找愈厌故喜新，愈厌故喜新愈找，以是欲求生生无已。我当时因不知有不找之可能，故有此说。若不找时，此说便不能成立了，于此可知欲求实有已时。孔家便站在此一点上，所以他说寡欲无欲，实在他是当真无欲，有一点欲便不成也。

（四）说人生苦多于乐，亦错了。前认生命根本是欲求，欲求即是缺短。不遂是其本然，故说苦多于乐。此说是从欲求生生不已这看法来建立的。而生命根本上自己是生活，实无待找。你找的时候便缺短。若时时待找，便时时苦多于乐。但是若把生活重心放在生活里面，实在时时都是不成问题，时时是满足，时时是畅达洋溢。

我们既讲了乐的解释，现在再来讲“仁者不忧”这一条。我们以前说仁，就是照他自己生命之理去生活。仁者他的生命（即是仁）自己会涌现出来，不待外面去拨动。孔子的生活也是听他自己涌现。所以忧者就是欲念，就是欲求，就是找。仁者时常关怀旁的事情，容易有所感受，所以他容易悲，容易哭，容易愁，但他到感触而止，他却是过而不留。他有一种悲哀的样子，却不是有什么忧放在心里，即不是有一个欲念放在心里，所以他的生活依旧流畅下去而不滞塞。如小孩比大人哭的时候多，他实在比大人乐的时候多。他哭的时候，有时直是他畅快的时候。因为，他的心无所蕴蓄，一味流畅下去。仁者如小孩一样，他的生活时常在生命之理上，是以时时流畅。他并不是没有悲哀，没有忧惧，但是由那种悲哀、忧惧所生的忧伤烦闷他却没有。因为照生命之理而生活，只是有感触便起一个意思，并未于此外加一点意思。仁者如此，小孩也如此，因为小孩的心近于原来的心。我们之所以有忧闷，也就是多了一点意思。前人最喜说孔子乐的意思的王心斋，他有四句话，说“人心本无事，有事心不乐，有事行无事，多事亦不错”。就是说，人原来只此生命之理流行，若是多了一点意思的人，通统不流畅。而所谓仁者，则虽有事亦行所无事，都是所谓随遇而应，过而不留，安和自在，泰然无事。他感触变化只随此生命自然之理，所以他时时是调和，是畅达快乐。王心斋说“乐者心之本体也”，诚然可信。

佛家是根本取消问题。生命是欲求，他就根本不要生命。而孔家对此的态度，只是不成问题，听他感触应付下去，不加一点意思。所以说孔子生活是乐也。“不仁者不可以久处约，不可以长处乐。”就反面来说，则仁既可以久处约，又可以长处乐。所谓乐者有三种：

一、与苦对待之乐；

二、系于环境者相对之乐；

三、不系于环境的绝对之乐。

此种绝对之乐就是孔子之乐，是原来之乐，小孩有之，成人中普通所谓憨子（实则天真也）者有之。我初认识孔子就是在他简直没有所谓苦，所谓烦恼。有一点苦恼，在他也完全不留踪迹。所以他于苦乐问题完全是第三派，不是取消，也不是去解决，只是顺生活的路上走去，着重生活的本身，不着眼环境的关系，就是完全不成问题。我因解决苦乐的问题，所以喜欢说有三条路，有此三种方式，再多一点也没有。此外实在没有别的方式。不过看去则孔子是那几条路中恰好的一条路线，做到家的就是他。孔子与佛家本来是站在恰相反的一条路，但是彼此却都是圆满解决。能圆满解决者只此两人，实在爽快极了。你要是当真走孔家的那条路，真是什么事也没有。孔子顺此以往，真是生机畅达洋溢。而佛家逆着以去，根本取消生活，所以他俩是恰相反，盖一是顺生，一是无生。此外有许多派，都或多或少带有戕贼违逆伤害这个生命之处，因未就生命本身去留意，故结果如此。西洋改造局面的一条路，一直下去，到了穷尽的地方，必转到第二条路上来。现在所谓改造社会，也算是这条路走到尽头的地方，到彼时他们才回到生活本身上来，回头往里面看。如果没有走完，决不会到第二条路上来。

我们看许多哲学家及伦理学家，一个最难解决的问题，就是是非与利害不相符，善恶与祸福不相符。他们勉强持两个说法：一是不管利害祸福，只管是非善恶，把它划开；一是叫你只管去做，终有好处。康德在《纯粹理性批判》中，把形而上学、宗教等一切都推倒，然而谈到这个问题，他又把上帝请出来。但是在孔家则能圆满解决。是非善恶只是听凭直觉，依此去做都是乐，反之则是苦。走这一条路便是乐，便是对；若走找的一条路则通是苦，通是不对。故孔子对此问题为能圆满解决者。其余不是强分便是强合。其所以致此者，都为看在外面，把是非善恶看作外面的条件，利害祸福看作外面的境遇。故在孔家则以是否听凭天机流行去作为鹄的，则所谓是非善恶利害祸福者，诚能真正契合也。由《论语》上许多说及乐的地方可以看出。但其中有一条“君子坦荡荡，小人长戚戚”，把忧乐的关系与伦理的关系打成一片。君子本是安和自在，种种不成问题，当然时时是乐，故君子与乐完全不离。小人因有许多私欲，故不能安乐。所谓私欲者不只是饮食男女之欲，凡是多加一点意思都是。因为人本来时刻只有现前当下，任它自然流行，所谓一任天理是也。凡念念起伏，前前后后都拉了来，于此加了些意思都是私欲，所谓人欲者是也。故理本自然，而欲乃人为也。果是天理流行，当然是乐。因为有了念念起伏，加以强求，此刻都是一个缺短，焉得不苦？！以是乐与不乐可以作为伦理学上的标准。君子小人两个名词在古时或有特别的意思，或有社会阶级的区别，或有伦理学上的区别，但只就字面上看，也就足以形容这两种人。小人去找，所以把宇宙海阔天空大的态度失掉；而仁者不找，所以他的心是通天通地，宇宙是属于他的。故以大小二字形容真是恰切。孔子讲乐的意思是如此。讲大同小康的如果讲得好也许没有毛病，然如康南海所说，他把苦乐看作外面的条件，真是鄙陋，那种路子真是不合孔子的路子。

讷言敏行

以上我们已经把孔子乐的态度讲完。现在来讲“讷言敏行”。“讷言敏行”人人都知道我们应如此，而孔子则谆谆言之。多言究竟是怎样一个不好，我们本可以用几层意思去讲，但归根则孔子的意思是恐人陷于不仁。所谓不仁者，就是对于许多事不觉得不安，而且此种状况成为习惯，就陷于不仁。仁者羞于说好听的话、谩骂的话。不但说出来他便觉不安，而听此种话亦觉不安。很轻于说出这种话来的人直是心死的人。说出来，他并不觉得不安，实在是直觉麻痹，其心已死了。说到此，我想起一事，如近来之电报，每每一篇好话，说得仁至义尽。吴景濂在今天的报上说到以身殉法，以身殉国家。[①] 要是直觉锐敏的人，对这种话，他脸上真是要发烧，哪还有这篇文章发表出来！不但是他自己说要羞愧，而旁人说他如此还要羞死咧。真是心死的人才能说这种话。真是要行的人，哪里有许多话说？有许多话的人，他何曾行！？所谓“仁者其言也讱”，良以为之难，故不随便出诸口也。此孔子所以不厌的说“讷言敏行”，乃是恐怕陷于不仁的一个意思。还有一个意思就是恐人行并未到而只口说好听的话，把好听的话放在观念上面，而实际则不如此。这真能使人得一个最大的毛

① 全集原编者注释：吴景濂于袁世凯窃据临时大总统后，任参议院议长。后又投靠黎元洪。1923 年又为曹锟贿选总统大卖气力。

病，因自己行为并未到，而心想一个好的生活，定会成功一个找，一个等待，使生活打成两段，失掉自然的生命之理。

又我们说话容易说得高，说得远，便容易离开这里，离开当下。原来孔子的意思要人看自己，看当下。因为我们看高远时，看好生活时，看好行为时，而自己行为却未到，自然易起一个找的态度与等待的态度。所以孔子说，“言之不出，耻躬之不逮也”，又说“君子耻其言而过其行”。因为行为不逮而说出时，心里便觉羞耻，所谓知耻便是仁。若竟说而不知耻，就容易使知耻的仁泯没。

以上几层意思都是相连的。孔子还有一句话说“力行近乎仁”。为何不说近勇而说近仁？就是说尽其在我，时时是当下，行是当下，力行就是守着当下。心到别处就是失了仁，故曰“力行近乎仁也”。

此外，还有一层，可以说是〔语〕言思〔维〕，是一个用符号这一回事情，是从情感解放出来而放在静观里面去，似乎是带一点冷静性，是一个知的态度。禽兽无冷静之知，所以未把知行打成两截。而人因为有语言思维的原因，往往把主观的情理装在语言思维里面去（实则客观的事实只作主观的情理之工具）。若说人诚实，实则要他主观的情理非常之厚，但是把他装入语言思维里面，便让他情薄，令直觉钝疲模糊。人知道诚实好，但心里却不诚实，这都是装入语言思维里面的弊端。本来行为是靠直觉，你若把诚实看作客观的理，则往往不能发动行为。孔子或恐人把行放在言语中而说及此，亦未可知。我记得谢无量讲王阳明之知行合一说，他说学者须要留心，如果知恶行恶，那就糟了。此误以知为冷静之知。其实阳明之所谓知善即是好善，知恶即是恶恶，此是直觉之知，而非冷静之知。他若果如此，决不会有此误错，此态度亦与仁相关联的。

看自己

其次讲只看自己，只看当下，及反宗教的意思，三条概括起来就是看这里的一个意思，就是不让人向外看，向外找。前面说过向外找是与仁相反的。人心要是向自然流行，便时时是当下，决不离开此地。离开此地便是找，都是引出来的，万起万灭之私亦是引出来的。心里无事便是当下。人心本不着在一物上。小孩之一片天机，他时时是现在，时时未跑开，他的心完全未想旁的事。而成人则不然，他的心容易离开腔子。孔子的意思就是告诉人不要找，不要多加一点。只看当下，便是纯任天机。任天机即是生命之理流行。万起万灭则乱了生命之理。人一向外，心已出轨，离开生命之理，但还未乱，到万起万灭之私，则乱矣。万起万灭时，生活即不通畅，都使生命滞塞。所谓乱与滞的结果，都使直觉昏而不明。本来是生命活泼条畅，直觉始能尽其用。生命既不通畅，则直觉自然不能尽其用也。尤其重要的则是心不在这里，所谓“心不在焉，视而不见，听而不闻，食而不知其味”是也。此时是非好坏，他根本看不见，直觉简直不觉。此则不仁莫甚矣。

上面总说三条。现在单就“看自己”一条来说。“古之学者为己，今之学者为人”，又说“君子求诸己，小人求诸人”。这个己是指什么说？为己为何不流于自私？为何看自己就对，看旁人就不对？

此处所谓己，非我们寻常所说心里的我之观念。平常的我之观念，是把一片东西（浑然一体）去区划分别与计度而起的。婴孩本无我之观念，都由后来加以分别而起。孔子之所谓己，是说我们当下的心意，当下的情，当下直觉之所觉。我们在为己的行事，是为当下心情之兴奋而活动，即行其心情之所安是也。怜悯的心情发现即是己，帮助他就是为己，此即生命之所在，完全未加分别。所谓为己而不流于自私者以此。如为我经过分别而起者，则为我便是自私矣。“古之学者为己”，若说为我有学问而学，结果都有毛病，都是自私。其实为己者，完全是一个兴趣，或是为我当下的一个好奇心而学，此则无病也。为己与为人的区别也就是一个不自私与自私的区别。为己者就是我己忘形。如我怜悯人而帮他，行了便完了。为人则行了还未完，因为为人则所行是手段，而目的则在他处，为己则怜悯与帮助，其手段目的合而为一也。此显然是一个功利与非功利的态度之区别。此因为要牵连下面，兹姑不提。

孔子所谓为己者，只为尽其在我者是也。于是可见实足无所为而为的态度。普通对于无所为有两种意思，一种是误会的意思，以为无所为仿佛是干燥冷静的意思，如康德所讲的无所为便是。他说道德完全是出于无为。所谓无所为，他的心里状况简直一点都没有，故怜惜他人而帮助之，他都说是非道德的。一种即儒家无所为，此意即除我心安而外，别无所为。此不但非干燥的态度，且为最富于情趣的。为情趣而为，便是为己。我们往往听人劝友人而说“完全是为你，与我不相干”。此实错误，且非事实。若他心里不高兴去劝人，他绝不发动此事；本是他心里觉得义不容辞，要劝他方心安。若说此非为己而是为友好，那真错了，失了原来为心情的那个态度，说与己不相干这话非常之不好。既然己就是心情，何所谓人？何所谓己？可见这个己实是无对待的。本来宇宙也只有生命，只有生活，实没有两个相对待的东西，只有心情。主观客观都缘后来区别而有。此为现今认识论上不可掩的事实而为大家所共认者。看来只有我的生命。实则所谓人、己都一概包括在内。儒家的态度便是如此，只有当下的生活，并不看旁人，看一点；本来旁面这个东西根本没有。所有这个宇宙只有关系的存在，并没有实在的东西。如吃饭这一段生活是有，而我与饭这两个东西并没有。认识论已经承认，宇宙只有事情的相续，是自己的生活表现，并没有实体。我想象的自己，完全是虚妄，因他是就一串事去区划分别计度而构成。此我之观念，事实上只还是浑然一体，不容我们去划分计度而有所构成。事实既不如此，所以我的观念完全是虚幻也。此在讲孔子毋我的态度时，再详细说明。

上来所说为己即为当下之心情，求己即求其在我，一言以蔽之，乃是顺其当下所感的去做，无所谓为我，也无所谓为他，此是绝对的，所谓整个的生命是也。所有利我利他、为我为人的许多话，都是后起的。原来宇宙只是一串事实，纯是浑然一体。我们在感觉中（在严格的解释），在直觉中，完全是一种景象，但是在理智上便划成两段。在《唯识述义》中讲明由浑然一体而成为两段的原因颇详，可参阅。大意是我们的感觉有几种意思。一是不住，一是非一，一是非外，直是浑然一体，未可了知。直觉中也是如此，只有在作外想时，遂把浑然的宇宙打成两段。虽然在事实上不是截然两段，但恒执不住以为住，执非一以为一，执非外以为外，几乎误以此为事实而影响我们的生活。殊不知实际上终究只有当下的心情，整个的生命。

我们现在连带说一个问题，就是普通都把公私的分别，看为范围大小的问题。其实只是态度的不同，方法的不同，即路子的不同。若果顺乎天然的心情，其举动既便在个人身体上也是公，如体痒我即搔之是。若非顺着自然的心情去做，无论是为国家为社会，为世界，一切都是私。虽形式上是为人，但总是装入一个为我的态度里面，乃将为我的形式放大而已，实不得为公。佛家所谓不离我所，究不能说为为人也。人见孩提之童将入于井，即匍匐往救，此时种种意思都没有，他只是顺他直觉所示之方向去做而已，此乃所谓公也。所以说公私是根本态度的不同。梁任公说，人的同类意识愈扩大，同情心愈甚。此意很错误。我们见孩提之童将入井，那一刹那之心，未必存什么与我同类之意。要是他一计较，而此盎然的心情已打断矣。故凡有计较而来之行为都是私。于此可见墨子之“兼爱”，杨子之“为我”，都不是人类原来自然生命流行的路子（凡标如何主义者，都非是）。而儒家则根本上不认理智的计较。儒家诚然也不是墨子之利他主义，也不是杨子之利己主义，但却也不是调和主义，大家知道儒家的根本所在便明晰也。

讲到此，又是一个人与禽兽区别的问题。禽兽似乎完全是浑一无分别的，然它虽是浑然，它却根本打断，而人虽有分别起来，他却未打断，因凡在本能生活中，都是一个打断。禽兽则完全走本能的路故也。人的生活，有时理智出来打断，但却未完全打断，此人与禽兽之区别也，其实儒家处处都可见人与禽兽之区别也。

看当下

“看自己”一条已讲完，现在来讲“看当下”一条。本来有许多处已于前面连带讲了，此再稍微说一点。所谓当下即心，看当下就是心在心那一个地方。平常人的心差不多离开了心。心是生活之主脑，心与生活当然不能分，分开便不对。平常人的心，似乎太滑易溜，很少生活在那里心就是在那里的时候。孔子有两句话，可以引来解释这个态度。他答人问仁说："出门如见大宾，使民如承大祭"，那一种严肃谨慎的样子，都是描写当时之心，让他在生活里，一点也未滑。凡人于严肃的境地，都把心收了拢来，除非太滑的人则否。故心在当下即是仁。宋明人所谓敬也是指此。我们平常的毛病，就是心易到别处去。休闲时想做功课，做功课时想玩耍，都不对。其实你做功课时就做功课，玩时就玩才对。孔子所谓"思不出其位"，就是告诉人不看远处，只看当下。有人问"人无远虑，必有近忧"一节，似乎与看当下一条相矛盾，实则此亦是看当下，因处于现在而思虑关于现在有何危险，其心固未离开当下也。

看当下的态度，在一方面即是心在生活中，同时在他方面，就是心不倾欹于外。这就是一个非功利的态度。所谓功利的态度者，即是心情系属于外，意不在此而在彼也。苟生活在此，心情亦在此，也就是无所为而为，生活之所以乐也由于此。心情不在此段生活中，那便丧失了乐。由此看来，孔子的生活实在是极简单的生活，不过从各方面去看，所以有种种态度，心不倾欹于外，即孔子所谓"思无邪"。所谓"君子思不出其位"，也就是其心无他。老实人与小孩子的心真是无他，故孔子的生活，似乎很高，不可攀，实则只是小孩子及老实人之生活耳。

反宗教

其次讲孔子的反宗教的态度。本来孔子云"未知生，焉知死"，

“未能事人，焉能事鬼”两条。他可以放在看当下的态度里面，因其本相关联也。宗教之所以被他人反对，因与看当下的态度是相反的，是冲突的，只是谈无始与将来很远的地方。他为甚么要到那里，他却不如哲学家爱知的探问。哲学家爱知的探问，与孔子的思想本不冲突的。他的问，是为心情不安宁。去问要求宗教的人，他的回答也是为心情不安宁而要求宗教。凡宗教无不存在于人的情志不安之上，而此种情志不安宁的人思，没有一个能让我们承认他是对的。本来情志不安是仁的表现，但成功宗教者之情志不安则非是，尚可批评指摘。一言以蔽之，此种情志只是一个私而已。故可说宗教是站在一个私欲上。因为所有宗教家的讲话，都是出位之思，其所以不安宁，也是因为这种原故。他的情志动摇，都缘心有所系。母爱子，可以说是天理，子死而悲亦属当然；但却易过，不仅忧伤而已，简直有情志动摇不愿活着者，或则因之出家者。彼何以致此？因有所系，有所要求。所系既失，情志因以动摇也，所有宗教都存在于此。凡有所倾欹，则终不免情志动摇，因他自己站不住而有所待也。此种情志不安，故说为私。而宗教立于此，故亦是私欲也。所有降鸾扶乩、算命看相等，的确可以四个字去批评它，就是一团私意，盖皆倾欹于外也。此孔子所以不语“怪、力、乱，神”也。人之喜言鬼怪，则有矜喜惊怪的态度，此亦大病。这个意思与十四条中之绝四，毋意、必、固、我之态度相同，在下面详讲。

毋意、必、固、我的态度

本来孔子完全是一个人，并不与我们两样。他的生活也不与我们两样。其所以分别处，就是我们的喜怒哀乐不得当，不恰好。他的喜怒哀乐能得当，是恰好故也。我们为何会出了那个恰好而过或不及？就是有了意、必、固、我的缘故。私是一个要求，有要求便是私。我们的生活，前面已谈过，要是恰在生命之理上走，即是仁的生活。所有的毛病，都由于违仁来。但何时失了轨则而违仁，则完全由于意、必、固、我。我们已讲过，公私不是范围的区别，公是顺乎天理之自然，而私则是在天理之自然上多了一点意思；多了一点意思就是要求，就是私。意、必、固、我即是在天理之自然上多了一点意思。总之，我们生活能在生命自然之理上，真是一切皆不成问题。凡成了问题者，必是心有所着也。

意、必、固、我这个问题，就是所有问题中唯一的问题。上面我们说过，意、必、固、我就是多一点意思。大家不要粗看意、必、固、我的意思，以为我并未意、必、固、我。这种不知不觉的意、必、固、我，在我们真是太多，实已成为牢固的习惯而不自觉。意、必、固、我只是个要怎样，一个要求。粗的要怎样不见多，而细的不知不觉的要怎样太多了，以致成为牢固不拔的习惯，使我们的喜怒哀乐不能得到恰好，遂令我们不能不苦。孔子则虽有天大的问题，都不成问题。因为他不但粗的意、必、固、我没有，而细的意、必、固、我也全不见踪迹。如颜渊死，哭之恸。他哭颜子死，本是生命里面一个要求，但过而不留，不于此上稍加些许意思，故不许门人厚葬颜子。所以如此喜怒哀乐都不要紧，本是生机流畅，完全无碍。最怕添了一点意思，则生机滞塞，以至于苦也。平常人大都是有一个要怎样，几乎无一事——即是小的事——不成为问题。他们真是不能不苦矣。假如我作了一篇文章，有人驳我，本不成问题。因为有一个要怎样，便不高兴而成为问题矣。此种不知不觉之多一点——或要怎样，已成为我们牢固不拔的习惯。我们说不觉得，其实已堕入其中矣。这是什么东西？即是意、必、固、我，有个要的东西在。如上例，有人驳我则不高兴，因有一个怕受挫折的意思；有人誉我则喜，亦因为有一个要求意思在也。

现在讲不知不觉多一点之我。于此我们须先辨明一个问题，辨明了这个问题也就是说明他了。即是讲无我时，平常人多附会到佛家的破我执。讲毋意、毋固时，附会到佛家之破法执。辨明了二者之不同，也就是说明孔家的意思。自然二者很有些相似，但却不同。佛家之破执，是破生命中原来之执，此执在佛家为俱生我执与法执，如刀子伤我而痛，在孔家并不认为执，而佛家则认为执，他要一直破此到底。颜子死，子哭之恸，在孔家不算为执，不算为意、必、固、我，但在佛家则以为执。此为生命原来有者，为俱生执。孔家不但不破俱生执，且认为是根本所在。因彼站在好恶上故也。如恶恶臭，好好色，在孔子认为对，而佛家则认为不对。好恶心，是非心，恻隐心，羞恶心，无一不站在俱生执上，孔家并不以此为不对，他所要破的则在俱生执以上的东西，即是佛家的分别执，即分别我法二执也。此处分两项来说：

一、我。我这个东西与旁的东西一样。这个黑板，我目见耳闻手触可以得知，即是用感觉能得到。还有用感觉所不能得到者，则用旁的东西来得到，如人的概念，则是在此具体之外，有一虚设的概念。在概念则可用理智去认识。我这个东西，他不是一个具体的，自然为感觉所不能得到，亦非是抽象的概念。抽象之概念，就是把种种东西抽同去异而成功的。而我则是一个单的。我的概念实无法构成我之为物，既非具体的东西，亦非抽象之观念，乃是一个活的意味。概念的与具体的都是冷固的，至于我则是一个意味，一个情味罢了。欲认识他，全凭直觉去体会。我们说我，与说你说他不同，因你与他仍不过是一固定的符号，至于我则含有一种难形容而可宝爱的意味。此意味始终在直觉上才能有，不应在直觉之外另立一个我。佛家是彻底的无我，而孔家则在直觉之中之我并不排斥。若于直觉外去加一个我的意思，他便排斥矣。如熟睡闷绝，此时俱生我执却未断，仍是念念缘我，佛家连此都破除，非此不足以成佛；孔家对于很明了、很清楚的明了意识之分别我执，他才破除。

平常人都把直觉的意味当作一个东西，那就不对。感觉所得只限于现前，理智所得，则于感觉所得者能画圈画范围。至于直觉所得活的意味，是没有法子画范围的。我们看美花，花有范围而美则无范围，不能指画。直觉上之我的意味，现在许多人当他是一个呆板的东西，画一范围而名之曰我，此实错误。在直觉中之我，是一个无边大无边的长久，而现在则以最小之空间，最短之时间为我，此乃分别我执，为孔子所排斥者也。以分别我执在吾人生活中根深蒂固之故，以是人有驳我之文章者，遂不高兴。

《东西文化及其哲学》中，讲孔子之不认定的态度是属于此条，不过那只讲到此条之一面，单讲是非善恶道理之不认定而已。若剖析言之可分述如下：

（一）分别我执；

（二）分别法执：甲、苦乐执；乙、是非执。

我们寻常生活中，我之观念是从分裂生活的一半而成。我们生活中只有活动，只有相关的件件事，如吃饭穿衣之只有吃与穿而已，并无我与物。吃者、穿者与被吃者、被穿者这些东西，等到一种别的作用东西来，才划异成两种的分离与两种的构成，而有所谓我与物。是则我之观念完全由后天分别而成，由区划范围，指定方向，所以如此之空间，如此之时间而命之为我，此之为分别我执。

所谓毋我之我，照我之讲话，或即指此分别我执之我。因为这个我，他们已完全把他当一个东西看，因为东西才有范围、方所可言。我本是一个意味，你仍还他一个意味就对了。你们看小孩从生下来至十几个月的时候，他心目虽有一个我在，只是俱生我执（在六七岁都有），全未执有范围、方所之我。有范围方所之我，乃是后天加上的，这不是在原来的我的意思外多加一点意思么？如人之怕死，他恐怕死了便没有我，就赶紧作乐，这通是错。能凭什么知道死后就没有我？其实这个我是亘古亘今都有的，并非是死后便无。如许多糊涂的哲学家和宗教家也认为有有范围之我，而讲什么小我、大我之说，真是大错。如日本井上园了与梁任公胡适之先生等，都是陷于同样错误。他们所有许多的话，皆欲去扩充我的范围。盖已经打碎宇宙，然后以许多话去黏合，直是完全都无用。如此做去，只是愈做愈错。其所以不对之故，因我之意味是超出了明了意识的。要是用明了意识去构画成一个东西或一个概念，完全不是生命，不是念念相续。明了意识是生活之工具，是从念念相续之生命来的，其何以能认识生命。

佛家之分别我执分为二种：一为平常人之分别我执；一为宗教中之分别我执。他已驳斥无余，此姑不述。

分别我执这个错误，不但是知一方面的错误，如果只此，并不能发不对之行为；其所以发不对之行为，还有一个妄情起来。本来托于误知，与之同时并起而构成之，非有先后也。此妄情实为搅乱直觉生活之根源。

二、法。我们常去想一个问题，就是人类善恶何自来之问题。持善恶二元论之哲学家，都以为恶是有根的。我起初的看法以为恶是无根的，其由来都在分别执上，全在三种误认：（一）我之误认；（二）是非之误认；（三）苦乐之误认。后来我稍为简化了一点，认为虽不全在此，然亦几乎全在此。错误之认定，即分别法执（还有一层此刻可以不讲）。人本来好恶是明的，何以有时去做错事？只是先有了一个我执，后加了一个苦乐的认定，结果就去做那不公平的事。人本来就好善恶恶，哪里有什么恶可说？于是可见恶是无根。却是也可以说几乎是有根，因为有一个误认。然则恶之由来，即如是乎？尤要者，恶即隋力是也。

（一）苦乐之认定。生命原来是一个活动，是在生机畅达上，直是无所谓苦乐。生机滞塞，才有所谓苦。但在条达安和之气象看，真是无时非乐。小孩之喜怒哀乐，听他喜怒哀乐。他喜怒哀乐的时候，也恰是他条达通畅的时机，苦的踪迹安在？而成人当喜不喜，当哭不哭，忍含在心里，乃有苦之可言。我们把生命本来是一个畅达的意思弄清楚了，境遇方面本是不成问题。而普通人却不然，把苦乐放在客观的境遇上，因此去追逐，生机便被他搅乱了。

在此一面为苦之来源，在他一面则为恶之来源。一个人无论他要什么，凡是有所为而为，统是认定之态度。盖以先认定我，而欲取得之以为我之享受也。此不但搅乱个人生活，更因此搅乱社会。在生命上，凡走向前的路，差不多都是一样的结果。生命本是一个活动，原是生机畅达，这是绝对的乐，原无可说，即是平淡，即是说生命原是一个调和的平坦的，并没一点高低之可言。高一点低一点本来没有，要在符号上才有。如我以为吃一块糖是乐，就在符号上去推，以为有千块糖便有千倍乐；对于钱财亦如是，人虽没有对于糖作如是想，而于钱则竟以为越多越好。他们不知生命只是调和平淡，哪里有那一回事？其以为有者，都是在符号上加多或减少一点，都是后起的。若愈看愈高或愈低则愈错，实则仅一平淡而已。

凡以某一件为乐，某一件为苦，都是错。凡是抱一个追求的态度，他没有不是认定他所希望的是好的，仿佛是以它为一特别的，为一高出的，这样看法通是一个虚见而非实感。所谓实感者，即当前一刹那苦乐之感，它乃直觉之所指示。离此而去希冀什么便是虚见，因已离开直觉矣。因为他固定一个外境，而又去判断所固定之苦乐。此非多一点意思而何也？正在生命中，正在直觉中，也没有固定的东西，也没有我，也没有糖。在虚见时，则判定有我，有糖，而又去认有苦乐，于是我与糖便离为二。与此虚见同起者，厥为妄情，实为搅乱吾人生活之一大原因。所以用符号还不见得离事实远，迨用符号辗转代表，则去事实逾远，愈弄愈坏矣。故虚见本不难破，难破乃在他辗转相资，习而不察，离去事实太远，即离去当下太远，使我们不知不觉的入于意、必、固、我而不自觉。此细的意、必、固、我所以为吾人生活之大害也。孔家以为搅乱吾人生活者在此，故谓实感便是对。凡直觉之所觉都是对，实感以外加了一点意思，则通统非是。佛家则不然，以为所谓实感者亦俱生我执也，认为须当破除。

（二）是非之认定。平常人对于是非的看法，完全把客观的事理同它放在一块。本来是非是主观的情理，只在直觉上有，只在好恶上见，完全应与客观的事理分开。他仅仅是一个意味，是一个情味。所谓是者就是欢迎的意思，所谓非者就是拒绝的意思，完全是心情的一种力量。苦乐是一种意味，是非也是一种意味，只在实感上有，不应在固定的某一种条件上而判断之。《东西文化及其哲学》在讲孔子之不认定的态度中，有一个例很明白，平常人都是把一个客观呆定的道理而秉持之，其要求非常之切，他们都将他们的生活放在这面上。这种情形无论在何处都有，如宗教之信仰，哲学家之学理，与夫社会上之习惯等。这许多东西，如生物之机械的动作一样，社会上觉得非常之需要，实则非常扰乱吾人之生活。孔子则完全不如此，他不去制定这个是善，那个是恶，这个是是，那个是非。因为平常人制定一个道理去秉持，便违乎人情。人本应当顺着人情去做，若靠一个道理去生活，则他们的生活真是非乱不可。因为凡是认定一条道理顺着往下去推，就成了极端。事实本是圆的，若认定一点拿理智去推，则为一条直线，不能圆矣，结果就是走不通。譬如以爱人爱物这个道理顺着往下去推，必至流于墨子之兼爱，基督教之博爱；再推则到佛教的慈悲不杀生；再推，不但不杀动物，还要不杀植物才对，乃至一石一木也不要毁坏才是。如是，则怎样走？你如果不能推到最后一步，然则你的推理何以无端中止？于此顶需要晓得，不但后来不能推，原就不应判定一理推之。孔子并未前后排列了才去选择通的路走，他完全是顺乎自然的人情，也不是墨子的兼爱主义，也不是基督教的博爱主义，更不是佛家的慈悲主义。他并非一个派别，一个学说。凡是提倡一种学说，通统是把主观情理当作客观的道理。所以孔子主张亲亲而仁民，仁民而爱物，完全是听凭直觉之所指示，情到何处，他的行为就到何处。在直觉上对于亲族是情厚些就厚些，对于旁人略差些就差些。你若判定情厚多爱为定理，而理智往下推寻，把它当作客观道理而秉持之，反倒成了形式行为，仅是一个模型，没有真情，又何若完全听凭直觉之为愈也。

以上所说认定一个道理都是多一点意思，即是意、必、固、我。孔子“知其不可而为之”是他的情味如此。如梁任公认成它是一个道理去讲，就错了。

现在，我的认定、是非之认定、苦乐之认定，都讲完了，再来总结几句。当有我的观念时，不是天理之自然。当以富贵为乐、贫贱为苦时，此种苦乐观亦非天理。甚至如说爱人爱物的道理是对，也不是天理之自然，都是失掉了天理，失掉了自然之心情。在天理之自然上，完全无许多话说。有了这些，我的认定、苦乐的认定、是非之认定，成了牢固不拔的习惯，便成了不知不觉的意、必、固、我。本来所谓我者，只是生命上之一意味，其与所谓苦乐是非者，通统是生命上之一意味。这种意味是随感随有，都不是个固定的东西，现在却变成了固定的东西，都不是原来的。这种变成，即是成了细的意、必、固、我。生活扰乱，全由于此，行为之错误亦由此所致。如无细的意、必、固、我，则生活通统听乎自然矣。

非功利的态度

这个态度《论语》上明白讲的只有两条：

君子喻于义，小人喻于利。

放于利而行，多怨。

虽然只此两条，却是孔子的一个根本态度。我们先看一般人的情形，似乎只有两面，一是向前有所取得——功利派，一是非功利派——孔子的一派。但是除了出世的佛家不论外，讲世间人生的，几乎只有此二派：一是向前取得的欲念生生不已的，此即功利派，一是非功利派。功利与非功利之区别，不是内容的不同，完全是一个态度的不同。孔子的十四个态度中，差不多都是这个态度。如仁、乐、讷言敏行、看自己、看当下等态度，都与此态度一致。可以说全部《论语》都是这个态度。既功利与非功利不是内容或事实的不同，而是态度的不同，故富国强兵的论调本是功利派的说话，可是孔子也不一定就不讲，他曾说足食足兵一类的话，因此可见这完全是态度上的区别，与事实并不相干。所以事实上不管他像功利派的也好，非功利派也好，只要他态度是一个非功利的态度就对了。反过来说，若他是个功利派的态度，不管事实像不像非功利派，他仍是一个功利派。凡是向前取得，不论取得什么，都是一个功利派。按事实来说，孔子也是可说是有所取得，但是他的态度固未尝欲有所取也。

功利与非功利，由以上所讲看来，若从外面的事实去判定，当然不对，我们仅仅只能在自己心上省觉，实不能从外面去下一个定义；但我们能帮助大家去省觉的有一句话，就是不失掉现在生活的趣味，事实虽像功利派，而实是非功利派。若失掉当下生活的情趣，这通是功利派。《东西文化及其哲学》中讲孔子不计较利害的态度有一段（见全集卷一，458 页。——编者）可以引来说：

我们再来讲孔子的唯一重要的态度，就是不计较利害。这是儒家最显著与人不同的态度。直到后来不失，且演成中国人的风尚，为中国文化之特异色彩的。这个道理仍不外由前边那些意思来，所谓违仁、失中、伤害生机等是也。胡适之先生又不晓得孔子这个态度，他以为孔子的“放于利而行，多怨”，“君子喻于义，小人喻于利”，不过是孔子恨那般谋利政策，所以把义利两桩说得太分明了。他又引孔子对冉有所说“庶矣富之”的话，而认孔子并不主张“正其谊不谋其利”说：“……可见他所反对的利，乃是个人自营的私利，不过他不曾把利字说的明白。《论语》又有夫子罕言利的话，又把义利分做两个绝对相反的事物，故容易被后人误解了。”但胡先生虽于讲孔子时不曾认清孔子的态度，却到讲墨子的时候，又无意中找出来了。他看见墨子公孟篇上说：“子墨子问于儒者曰，‘何故为乐？’曰：‘乐以为乐也。’子墨子曰：‘子未我应也，今我问‘何故为室？’曰‘冬避寒焉，夏避暑焉，室以为男女之别也’，则子告我为室矣。今我问曰‘何故为乐？’曰‘乐以为乐也’，是犹曰‘何故为室？’曰‘室以为室矣。’’”他就说：“儒家只说一个‘什么’，墨子则说一个‘为什么’，提出一个极高的理想的标准，如人生哲学高悬一个止于至善的目的，其细目‘为人君，止于仁；为人臣，止于敬；为人父，止于慈；为人子，止于孝；与国人交，止于信’。全不问为什么为人子的要孝？为人臣的要敬？只说理想中的父子、君臣、朋友是该如此如此的。”他从此推论儒墨的区别道："儒家只注意行为的动机，不注意行为的效果。推到了极端，便成了董仲舒所说的'正其谊，不谋其利，明其道，不计其功。'只说这事应该如此做，不问为什么应该如此做。墨子的方法恰与此相反。墨子处处要问一个'为什么'。例如造一所房子，先要问为什么要造房子。知道了'为什么'，方才知道'怎样做'。知道房子的用处是'冬避寒焉，夏避暑焉，室以为男女之别'，方才可以知道怎样构造布置，始能避风雨寒暑，始能分别男女内外。人生一切行为都如此。……墨子以无论何种事物，制度，学说，观念，都有一个'为什么'。换言之，事事物物都有一个用处。知道那事物的用处，方才可以知道他的是非善恶。为什么呢？因为事事物物既是为应用的，若不能应用，便失了那事物的原意了，便应该改良了。例如墨子讲'兼爱'便说：'用而不可，虽我亦将非之，且焉有善而不可用者？'这是说能应'用'的，便是'善'的；'善'的便是能应'用'的。譬如我说这笔'好'，为什么'好'呢？因为能书写，所以'好'。又如我说这会场'好'，为什么'好'呢？因为它能聚合开会演讲之用，所以'好'。这便是墨子的'应用主义'，'应用主义'又可叫作'实利主义'。儒家说：'义也者，宜也'。宜即是'应该'。凡是应该如此做的，便是'义'。墨家说，'义，利也'。便进一层说，说凡事如此做去便可有利的即是'义'的。因为如此做才有利，所以'应该'如此做。义所以为'宜'，正因为其为'利'。"

以上看孔家与墨家的不同，实即一为非功利的，一为功利的。当我们在生活中间，常常分一个目的与手段，譬如避寒、避暑、男女之别，这是目的，造房子这是手段。如此之类，一切事大半皆这样。这是我们生活中的工具——理智为其分配、打量的便利，而假为分别的。若当作真的分别，那就错误而且危险，就是将整个的人生生活打成两段，把这一截完全附属于那一截，而自身无其意味。这样一分，则当造房中那一段生活就是完全成了住房时那一段生活的附属，而自身无甚意味。若处处持这个态度，那么就把时时的生活都化成手段，而全部人生生活都倾欹在外了；不以生活的意味在生活，而把生活作为别的事而生活了。其实生活是无所为，不但全部人生无所为，就是那一时一时的生活亦非为别一时生活而生活的。平常人盖多有这种错误分别，尤以聪明多欲之人为甚，以致生活趣味干枯，便去追究人生的意义、目的、价值等，甚而情志动摇，溃裂横决。

所谓“为什么”，在生活之小段中似乎可见，而在整个的生活中，问到究竟根底，实完全无可见。即我们无所为而为的意思，只是一个意味，唯直觉为能领会之。意味无所谓“为什么”；理智出来打量才有个“为什么”。

从上面的意思看来，凡是情志动摇，没有不是由于私意而起功利的态度之所致。由内容说则为一种错误。凡说到意义、价值、目的等，都是在不知不觉之中，有意无意之间，假设一个目标；若离去目标，则所谓意义、价值、目的等，实无可说。既不能凭空而说，则大的目标（或大的自己）实无来路。即使有大的目标，则此目标仍是对于别的目标而有其意义价值。我们问到究竟，总是一个不能问，即不为什么。因为究竟的地方完全是一个趣味——或意味。趣味是生命之最后，也是生命之开头，它没有可解释的。譬如好善恶恶，实是一个情味，要是去问他为什么好善恶恶，此实不能再下解释，因他的本身不是手段，乃是目的，故不能再问其目的。

其次，说到整个的意思也没有这个态度。凡评论有意义、价值、目的，通是部分对于全体，零星对于总体而说。小段的生活对于整个人生，可以说意义价值，但整个的人生，既不是部分的，又不是附属的，本身就是个全体，再没有比它更大，所以不能在它之外再有目的，再有总体。苟当作小段生活看，则是错误。盖一为相对的，一为绝对的。相对固有意义、价值可说，而绝对则一切均无可说。本来理智这个东西，它只会把生活打碎成为零星，而又把它串上。打碎的时候，也就是串上的时候；串上的时候，亦即是打碎的时候。此就小段生活方便而有，整个生活则不如是。由这种结果，只使它限于相关系的圈中不能出来，因此便发生追问意义、价值的事情。

还有一个错误，是把人的生活看成太有意义，以为生活是全受意识的支配，时常是意识去作主宰。其实整个的生活，意识哪能作主宰，它只能主宰表面的一小部分而已。我们问人生之意义、价值、目的时，那等于说人生是由有意识而来。其实，意识乃出于生命，并非生命出于意识。生命既超出意识，则安可以意识问人生之意义、价值耶?

我们还有一点去看他们的错误，即是太偏于看生活是人为，而非顺天理之自然。因他们看自己处处是人为，有所求，故去问。若是他们时时是顺天理而行，则并不作如此问也。

于此，我们看功利与非功利的区别，则非功利的生活是凭藉趣味，依靠直觉，功利的态度则靠理智计较；一是品质的quality，一是数量的quantity。理智常是一个数量的计算，计算就是找东西。譬如看物是看趣味，但因找东西的结果，则看东西而忘其趣味。墨子之非乐、节葬、短丧的态度，通统是看实利，即是计算数量。因他只在符号上去转辗，便失掉情趣矣。人对父母死，他觉得厚葬心才安，这是情趣的问题。如果始终不离此情趣，不去计较，他便容易走到孔子的路上去。计较的结果，失掉情趣，他一定走到墨子那条路。罗素批评西方文化，也是就此处说。

上面已经把功利派种种错误指了出来，现在再申说一下它的结果。功利派之所以持功利态度者，恐怕是对于是非失掉了他的意味。完全是趣味的问题，他们失掉了趣味，所以才起那种错误。世间所有一切的问题，仿佛只有两个，一是是非问题，一是利害问题。功利派就是用利害去解释一切。不但属于利害方面的问题他们用利害去评价，就是关于是非的问题，他们也拿利害去解释。他们不觉得是非是一个趣味的问题，是最后的，而认为是一种手段。我们本不应问是非是从何而来。他们所以要问，都是对于是非失掉了趣味，因此用利害去解说一切。

功利派虽然他们不应该用利害来抹煞是非，然则孔子岂不是只问是非不管利害吗？这话很有毛病。若孔子真是拿是非来解说一切，也把是非来抹煞利害，那岂不是有所主张！他在生活中并没有是非的意思，只是一个趣味的问题。无所谓讲是非善恶，因为正在直觉中，完全是一个意味，并无种种说法，如是非利害等问题。

我们也不能说生活中就无利害的区别，虽是在生活中这种小分别可以谈，功利派确也有它的相当地位，却是它太过于主张以之衡量一切，此即意、必、固、我，与孔子的态度相反。凡靠趣味去生活的结果，都成为一个非功利派，他的动作完全靠当下所感之趣味。个性特别的人，里面充足的人，他的直觉很强，都是靠趣味生活，结果都是非功利派。所以不应看非功利派是一个很严的态度，很冷的样子，其实他是顶富于趣味的。而讲利害，讲实利，反不免干枯无味，正以理智之冷硬有以致之。人生如从此计算功利的态度出发，则完全丧失人的好的行为，并能从此态度令趣味出不来。人生本是有趣味的一件事，一算账，便索然无味。如墨子把丧也短了，把乐也不要了，真是把情趣斩杀得干干净净。

天下最危险的事，就是怕人没有生趣。一个人觉得他没有生趣，便要闹大乱子，社会就要掀动。让人丧失生趣的就是算账，就是功利的态度。人好的行为，通统是从和乐的心理出来，如爱小孩，敬长上，一言一动莫不是好的，因他心里是和乐的，这种和乐就是生趣。人果不落在算账态度里，无不生趣盎然，发出无不是好的行为，决不会有诡诈的事情，因无鄙劣的心理。至于贪诈残暴种种不好的行为，通统是里面不合适的、不好的心理来的。故和乐的心理，即一切好行为的泉源。失掉和乐的时候，也就是算账态度出来的时候。功利派与非功利派的区别在此。除孔子以外，所有古今中外，一切的哲学家，大都是功利派。我说将来世界必走入孔家的路子上。换言之，即是非功利派将代功利派而兴也。因为我们看外面，则不能不成为功利派；如果向内看，则一定会走入非功利派的路子。现在是都感到看外面的痛苦，而想回头看内，故我敢断言也。最足以证实此事者，就是罗素的态度。我当时正在思索这个问题，一看到罗素的意思，几乎令我大喜如狂。他引老子的几句话“生而不有，为而不恃，长而不宰”，比附他排斥占有冲动，开导创造冲动的主张。大家听了，便也跟着这样说。其实，两家通体的大旨趣果相同否，恐尚难言。他实与孔子有同样的旨趣，却无人讲。他的旨趣只是自由生长一句话，而孔家要旨也只在不碍生机。讲到世间法，孔子所以值得特别看重越过东西百家的，只为他圆满了生活，恰当了生活。而其余任何一家都不免或多或少窒碍、斲戕、颓败、搅乱了生活。所以怎样不要伤害生机，自是根本必要的。罗素于此，总算很能有见于往者孔子着眼的地方，而抱同样的用心。所差的，孔子留意问题于未形，而罗素则为感着痛苦始呼求罢了。罗素所感的痛苦，便是他们的社会，那些组织制度形式——经济一面尤其是根本的——所加于他们的此种组织制度，是沿他们那个人生态度方向而走出来的。从这种组织制度形式，又领导胁迫着他们非更严格的作那个态度的生活不可。这简直太不自然，太不合人类本性，无情趣，易疲乏，烦恼、空虚种种具足，根本的斲丧人的生机，此即罗素痛苦所在。所以罗素之要改造社会，很富于哲学的意趣，是要求开辟一条较合理的人生道路。

我们前边谈过行为靠知的结果，只是放在很近于知的情，就是欲望上面。从前西洋人把行为单看在有意识的方面，故重在欲望，此是与东方文化大不同的地方。罗素着重冲动无意识方面，于是就接近于非功利的态度，与孔子的意思相近。因为他看到人的行为是在无意识方面，所以不能不主张顺导生活，以此尚觉简单，故有调理的意思，以为不好行为之来源是本能冲动受了伤，因之有反对刑罚的主张。若使他看着孔子的东西，或者一定要说用礼乐来调理这种话。他说：

> 如果自然的冲动，不得相当的发泄，所产生的结果，不是活气的缺乏，即是暴戾的戕生的新冲动。
>
> 但是对于别人有害的冲动，多半是由于生长受了妨害，在本能得以顺畅发展的人，此等事则很少矣。
>
> 无论什么理由，若让他的生长受了妨害，或者被迫长成一种纡曲不自然的形态，他的本能必定仇视环境。

这完全与孔家的见解一样，因为他很以惩罚的方法为有缺点，因为于冲动没有好的影响，只有坏的影响。又他如此的要冲动活泼流畅，而反对理智的算账，已经是变更向外逐物之态度了。并且他还颇明白向外寻求乐趣是人们的错误。他说**乐趣就在自己活动上**，**而不在被动的享受于外**；照现在生活路子，只能有后一种乐，而且是很小量的。要改造出容我们自由活动的路子，才有真乐趣。他又分别有本能、理智、灵性（spirit）三种生活。我当时以为他所说的灵性生活太神秘，太无根据。现在我的见解与讲《东西文化及其哲学》时有变化。我当时看人的生活只有本能、理智两面，但本能、理智都是工具，而主有此工具者，则还有主宰的真心，此为本能让出来的地方，不应放入本能内，此即罗素所谓灵性也。他说灵性生活，以无私的感情为中心，宗教道德都属于这一面。艺术则起于本能的生活而提高到灵性里面去的。有人单偏在灵性，就抹煞一切本能而成为禁欲家。有人又偏在本能，就听凭本能去恣意横行，又成了恶劣的与旁的生物一般。又有人偏在理智，就是批评破坏一切，结果使人极无情而流于玩世主义。这都不能使人生继续保存其活气。唯藉灵性把本能洗练提高，救济理智的危险，而三者得到调和均衡融贯去生活，是最好的。然而现在的文明人都没有做到，总是偏枯或胶掣的。本来灵性这个话很不好，但是他的意思是精到的。

晚近社会主义如基尔特社会主义等，他们以为都是圆满了物质生活，就圆满了人生，但要经济情形如他们的理想，得到改善，人类就得到丰美的生活，就成了黄金的世界。但是现在他们很知道必须如何提高人生才行。改造社会为的是改换一种人生。以前我从李守常先生那里拿到一本基尔特社会主义的书 Sterling Taylor：The Guild State Its Principles and Possibilities 其末一章讲他们那派所抱的人生观，更可代表现在西洋人是如何屏斥一味向前逐求的人生，而所向慕则在雍容安闲的中国态度。他说他们西洋人尽是事事求快。“这种什么都是要快的欲求，就表示现在的人称量一切事物只问多少，不管好坏。比如他们能有两个，他总觉比有一个强。他们所最不幸的是限于一张嘴，一个胃口，一天只二十四点钟罢了。又说，正当的人生是安闲的，不是跑的；是恬静的，不是忙乱的；他享受所临到他们面前的，而不去寻逐所没在这里的。模范的人没有野心，他不渴望想去图一大的幸福，或战胜或管着旁人。他可以是不机灵的，或不强干的，或更确当是只在好的气味与好的态度。”（《东西文化及其哲学》第五章，“社会主义之变迁”一节，全集卷一，511 页）这一派话虽是很粗，但其态度是很显明的，非刑罚的态度。非刑罚的结果一定会要找到礼乐来。

非刑罚的态度

《论语》中讲非刑罚的地方很多。毕竟刑罚这个东西是让人生去走功利的路，根本与孔家冲突。拿法律刑赏去统驭社会，实在是把人生建立在计较利害的心理上，建立在不正当的功利态度上，结果使人的心理卑陋鄙劣。刑罚这种东西对将来改造后之社会实有极大之问题。我在《东西文化及其哲学》中关于将来世界文化之社会方面曾说：

> 在这一面，如今日不合理的办法也不能不改变。不论是往时的专制独裁，或近世的共和立宪，虽然已很不同，而其内容有不合理之一点则无异。这就是说他们对大家所用统驭式的办法，有似统驭动物一般。现在要问，人同人如何才能安安生生的共同过活？仗什么去维持？不用寻思，现前哪一事不仗着法律？现在这种法律下的共同过活，是很用一个力量统合大家督迫着去做的，还是要人算账的，人的心中都还是计较利害的，法律所凭藉而树立的，全都是利用大家的计较心去统驭大家。关于社会组织制度等问题，因我对于这一面的学术也毫无研究，绝不敢轻易有所主张；但我敢说这样统驭式的法律，在未来文化中根本不能存在。如果这样统驭式的法律没有废掉之可能，那改正经济而为协作共营的生活也就没有成功之可能。因为在统驭下的社会生活中人的心理，根本破坏了那个在协作共营生活之所需的心理。所以倘然没有理想的未来文化则已，如其有之，统驭式的法律就必定没有了。仿佛记得陈仲甫先生在《新青年》某文中说，那时偷懒的人

如何要责罚，污秽的工作或令受罚人去做，或令污秽工作的人就工作轻减些。[①] 其言大概如此，记不清楚。总之，他还是藉刑赏来统驭大家的老办法。殊不知像这样偷懒和嫌恶污秽无人肯做等事，都出于分别人我而计较算账的心理。假使这种心理不能根本祛除，则何待有这些事而后生问题，将触处都是问题，而协作共营成为不可能；现在不从怎样泯化改变这种心理处下手，却反而走刑赏统驭的旧路，让这种心理益发相引继增，岂非荒谬糊涂之至。以后只有提高了人格，靠人类之社会的本能，靠着情感，靠着不分别人我，不计较算账的心理去做如彼的生活，而后，如彼的生活才有可能。近世的人是从理智的活动认识了自己，走为我向前的路而走到现在的。从现在再往下走，就变成好像要翻过来的样子，从情感的活动，融合了人我，走尚情谊，尚礼让，不计较的路——这便是从来中国人之风。刑赏是根本摧残人格的，是导诱恶劣心理的，在以前或不得不用，在以后则不得不废；——这又合了从来的孔家的理想。从前儒家、法家尚德尚刑，久成争论，我当初也以为儒家太迂腐了，为什么不用法家那样简捷容易的办法，瞎唱许多无补事实的滥调做什么？到今日才晓得孔子是一意的要保持人格，一意的要莫破坏那好的心理，他所见的，真是与浅人不同。以后既不用统驭式的法律，而靠尚情无我的心理了，那么废法律之外更如何进一步去陶养性情，自是很紧要的问题。近来谈社会问题的人，如陈仲甫、俞颂华诸君，忽然觉悟到

① 全集原编者注释：陈仲甫先生即陈独秀。

宗教的必要。本来人的情志方面就是宗教与美术两样东西，而从来宗教的力量大于美术，不着重这面则已，一但着重这面，总容易倾在宗教，而觉美术不济事。实亦从未有舍开宗教，利用美术而做到非常伟大功效如一个大宗教者。有之，就是孔子的礼乐。以后世界是要以礼乐换过法律的，全符合了孔家宗旨而后已。因为舍掉礼乐别无第二个办法，宗教既不相宜，寻常这些美术也不中用。宗教所培养的心理，并不适合我们做这生活之所须，而况宗教在这期文化中，将为从未有之衰微，其详如后段讲精神生活所说。（《东西文化及其哲学》，第五章“就生活三方面推说未来文化”一节；见全集卷一，520 页。——编者）

礼乐的态度

在说明礼的意思以前，先把一个问题或一个疑问说出来，然后去说明。我们看到刑赏的办法顶大的错误就是只管外面的形式而不顾内容，只看他行为的结果而不看动机。而一个人的行为之如何不在看他外面之形式，而要看他的内容。假如要管内面，一定是不用刑罚的。因刑罚很容易诱导人堕入恶劣的心理。故刑赏之成立，只是在维持社会外面之秩序，而非就行为之好坏说也。刑罚既有此错误，则所谓礼者亦岂不是外面之形式么？如许多教条仪式等。法律太看外面固错，礼岂不同陷于错误么？如对此不能解释，则礼亦当然不能成立。

我们以前说过，是非善恶的道理只是主观的情理，不是一个客观的事理。若把主观的情理当作客观的事理，便是谬误。讲子绝四，毋“意、必、固、我”时说，要听凭主观的情理，不应把持一个道理去做。上面已经说凡主张一切主义，一切学说，都不对。如梁任公把孔子“知其不可而为之”的情理，当作主义讲就不当。孟子所谓“行仁义”都不对。然则所谓礼者，岂不是很像定好的如此如此而照样去做么。此一问题也。

还有所谓种种制度即礼法，中国把法放入礼中，而西洋把礼放入法中，其礼法虽大不一样，但通是解决人与人间之问题，才有此一种安排。有许多讲礼法之由来，都说是解决社会问题。吴稚晖先生说，你偷我的不好，我偷你的也不好，因此大家不偷。我的夫人你去与之恋爱也不好，你的夫人我要与之恋爱也不好，只好大家各爱各人的，因此而有礼法之成立。礼果起于如此，又当发一疑问。则礼是人为而非顺乎天理，岂不是用礼反以改吾人之原样生活么？这似乎是于人原来容易发生问题的地方，给以一种解决制裁，即是等于不顺天理，而多偏于参加人力，此多少含有性恶的倾向。以前《晨报》附镌中有梁任公介绍的刘某一篇文说，荀子的性恶论是假的。真假不敢说，而荀子讲礼实在是偏于人为情形。他虽不曾把性恶说出来如刘君所证明，但他偏重人为是显然可见。话里面很富于性恶的倾向，所以礼究竟是否人为，当然要加以解决。

又冲动问题，有人说罗素主张冲动的自由活泼，与孔子的思想很冲突。因孔子的礼仿佛是屏抑自由冲动的。如粗鲁的人，出诸冲动的行为往往不好。那么听凭冲动究竟对不对？罗素让人去发泄冲动，与孔子的思想同否？再者，礼是率真否？我们讲仁取譬小孩，而礼仿佛不是天真而是一个造作。

以上五种疑问总括如下：

一、礼的仪节仿佛是着重外面的形式?

二、礼是作成客观道理去秉持循由?

三、礼似乎是人为而非天理?

四、礼与冲动问题如何调解?

五、礼是率真否?

其实这五种疑问也只是一个，现在我们试着答这个问题。礼还是自然的，就是天理，不是人为；不过有人为的嫌疑。其实，所谓礼者即是人情的自然要求，并不是人情外面假的形式。凡是寻常的礼都是如此。这种动作都是我们情的表示，如分宾主，分长幼，都是情的自然要求。不如此，心理仿佛不适合。我们引孔子的话来证明：

林放问礼之本。子曰："大哉问，礼与其奢也，宁俭，丧与其易也，宁戚。"

可见礼之根本即是人情。有人情便顶好，不在许多繁文缛节。孔子所认为不好的，就是情不动。他说：

居上不宽，为礼不敬，临丧不哀，吾何以观之哉。

他着重宽与敬与哀，完全在人情。他认为最要不得的如说：

巧言令色足恭，左丘明耻之，丘亦耻之。匿怨而友其人，左丘明耻之，丘亦耻之。

于此可见孔子是让人率真。凡故为造作，他都不以为然。他又说：

> 不得中行而与之，必也狂狷乎？狂者进取，狷者有所不为也。

他以为如没有举动恰好的还是取狂狷；因狂狷虽不一定合于礼，但仍有他真性情，故孔子许之。他斥乡愿为德之贼，以彼虽表面的举动不容易使人指摘，但确非真意故也。孔子又说：

> 先进于礼乐，野人也，后进于礼乐，君子也。如用之则吾从先进。

他以先进于礼很质朴，他宁愿要朴实的。他的态度很明白了。还有一条说礼之来源：

> 子夏问曰："巧笑倩兮，美目盼兮，素以为绚兮，何谓也。"子曰："绘事后素。"曰："礼后乎？"子曰："起予者商也，始可与言诗已矣。"

盖以人情是素质，礼从人情而有，此孔子所以言绘事后素也。

> 子曰："礼云礼云，玉帛云乎哉！乐云乐云，钟鼓云乎哉！"

若礼有它根本的东西——真情则玉帛钟鼓实是情意的一种表示，苟无真的情意，则玉帛钟鼓皆成虚套。

> 宰我问三年之丧。孔子说："夫君子之居丧，食旨不甘，闻乐不乐，居处不安，故不为也。今女安则为之。"

以此更可以看出礼是人情之表示。食稻衣锦于心不安，三年之丧乃人情之要求也。我们于此且先提出几个整的意思再分条去解释。

第一层，所谓礼者是出于我们的心情自然之表示，礼的根本所在是在此。孔子所表示之态度都顶看重心情，所以看重礼。

第二层，礼既重在心情，如果心情未到某一地步，也不必要那虚假的礼。宁不足于礼，不可不足于心情。礼可简约，心情则不可浇薄。

第三层，然而因人实有顶好的最对的心情，它引着我们一言一动一行一止去生活，则最对的心情，当有最对的言动，即是有最对的礼，本来如此，实在我们"应当"或"不可不"如此去做，以求最对的生活，不应自甘于简约。

第四层，儒家最对的道路，一条路仿佛是求之于内（自己之心情，自己去用功），一条路是由外影响于内，启牖我们的心情。因有第三层的要求，生出这两条路。如中庸之"慎独"，孟子之"求放心"，是求之于内者。由外以感发好的心情，则是礼乐，如一切言动举止照此去做，则能启迪我们的好心情。

上面四层总纲，以下按此去说。或分两层去讲亦可，第一与第二归作一起，第三第四归作一起。

（一）说到此，我们便想起，以前讲孔子生活之乐，说小孩子是一种天真笃实，所谓一片天机活泼，但几乎说他是粗鲁直率；诚然此是儒家的根本，如单是如此，就会不对。圣人的生活完全是把小孩生活作个根本。这个意思本极重要，但是忽略了一点，就是仁是柔嫩的心，不是粗鲁直率；又是敏锐的心，那点适合，那点不适合，他都觉得；敏锐柔嫩的心发出来的时候，自然合适无微不至，呼吸都是对的。故柔嫩细致的心，在此则事事都非常之有条理，一点不适合，他都觉得；他是超出一个被动的方向。所谓被动的方向如发作的时候，他的举动都不合适，呼吸也不对。凡由固定的方向来做主，都不柔嫩，而为一种粗率了。仁的生活是超乎被动的方向，而为柔嫩细致的，处处似乎都是一个优美化，非常熨贴柔和。优美化的言动，就是所谓礼乐是也。

我们讲仁的时候，说仁者的生活是一团和气。因为他有和乐的心，所以他一举一动无论怎样都是优美文雅，此见之于言辞举动之优美文雅，是从生命之深处发出。生命之深密处，乃是真正之优美文雅，此是礼乐之根本。所谓无声之乐，无体之礼是也。《礼记》谓礼乐不可斯须去身，此非指玉帛钟鼓，乃指生命里之优美文雅也。孟子云：“徐行后长者，谓之弟，并行先长者，谓之不弟。”因为不如此，心里便觉得不合适。故礼者都是由柔嫩的心处世接物自然所表现出来者。见之于言动举止者是为礼，而贯乎一切。礼节之中者即我们所谓情理也。本来只有所谓主观的情理，但由一件一件表示出来，也可说是许多情理。知道情理，则儒家根本的道理，所谓仁、中和、礼乐便可贯通也。仁者的生活，我们说过是顺乎生命自然之轨则，那个轨则即是人情、中和、礼乐等是。此是孔家唯一根本的理，我们要解释“博学于文，约之以礼”的时候，则礼便是指生命之恰好处，即约之以生命之理；此根本之理，可贯通一切。故孔子曰：“汝以予为多学而识之者与”，“子一以贯之身”。颜渊问仁，孔子告之以“克己复礼”，此亦是指无体之礼，生命之轨则而言。仁者亦即生命唯一之轨则。我们解释违仁而谓为离乎生命之轨则，离开一点便不是生命之理。所谓“克己复礼，天下归仁焉”，此条颇不好讲。照我们的意思，则与孟子“万物皆备于我矣，反身而诚，乐莫大焉”相当，即天下一体之意思。对于克己的讲法，从来有两种：（一）消极的讲法谓之除去私欲；（二）积极的讲法谓充实申展其好处。我对于此种解释亦无他意，都觉得好。但最重要的，则礼者不是指仪节之礼，而为生命之理。而颜渊请问其目，而孔子答以“非礼勿听，非礼勿言，非礼勿视，非礼勿动”。这个非常切实，非常有声威，此亦指生命之理。许多粗的看法，容易误会为不合理的不去视听言动，夫非礼之事，你可能禁其不入吾人之眼耳，况不曾接触，又何能知其为非礼耶？！这乃是说一言一动一举止，通统要不离开生命之理，此何等着实。我们看孔子一段话很能知其礼之意义所在。

> 或问禘之说。子曰：“不知也。知其说者之于天下也，其如示诸斯乎！”指其掌。

盖禘之礼，为一切的礼之最尊崇者，亦指生命唯一之理，故云知其说者之于天下也，如示诸掌。孔子的许多话总不离乎仁与礼，而仁与礼皆是生命之理，故曰“一以贯之”。

> 子张问：“十世可知也？”子曰：“殷因于夏礼，所损益，可知也；周因于殷礼，所损益，可知也；其或继周者，虽百世可知也。”

孔子何能说百世可知？因明乎生命之理，则所立之礼虽千万变，总不出乎此生命之理也。又如：

> 子曰：“恭而无礼则劳，慎而无礼则葸，勇而无礼则乱，直而无礼则绞。”

此均非指不合乎礼貌，乃指不合乎人情，即违仁是也。《论语》中有一事实可证明此非指礼貌而说：

> 叶公语孔子曰：“吾党有直躬者，其父攘羊，而子证之。”孔子曰：“吾党之直者异于是：父为子隐，子为父隐，直在其中矣。”

孔子不许子证父攘羊为直，以其不近人情也。

（二）我们已经知道生命之深密处乃礼之根本。在上第一层意思是说有内容有外表自然很好。第二层意思则说只有形式而无内容则不好，反不如直实率真，形式与内容相符也。《论语》有许多话是表明这个意思的。

林放问礼之本。子曰："大哉问。礼，与其奢也，宁俭；丧，与其易也，宁戚。"

曾子言曰：……君子所贵乎道者三。动容貌，斯远暴慢矣；正颜色，斯近信矣；出辞气，斯远鄙倍矣。笾豆之事，则有司存。

以上均是注重心情而不注重形式。

子夏问曰："'巧笑倩兮，美目盼兮，素以为绚兮'，何谓也？"子曰："绘事后素。"曰："礼后乎？"子曰："起予者商矣，始可与言诗已矣。"

这个意思也是说礼是心情的表示，须先有质而后有文。

子曰："礼云礼云，玉帛云乎哉？乐云乐云，钟鼓云乎哉？"

这也说有根本的心情，则玉帛钟鼓都是恭敬和乐之表示，不然则仅有玉帛钟鼓完全是假，因无内质故也。宰我问三年丧，孔子说，"夫君子之居丧食旨不甘，闻乐不乐，居处不安"，都是表示礼文出于心情，以下又说，"汝安则为之"，可见礼文亦可省略，但是最明显的例则为下面一条：

子曰："先进于礼乐，野人也。后进于礼乐，君子也。如用之，则吾从先进。"

大约这个话是对于中国古代文化的一种批评。起初中国的文化是粗野的，到了周代，文物是很灿烂很文彩的样子。孔子则似乎是对于周代很讲求的礼文表示一个态度，就是说形式很好，苟心情未到，宁可质朴粗野为近于真情也。

子曰："不得中行而与之，必也狂狷乎？狂者进取，狷者有所不为也。"

所谓狂狷者本不合乎中，一偏于积极，一偏于消极，却是他们都有一种好处，即是能表现他们的个性，能率真不虚假也。

子曰："乡愿，德之贼也。"

也许乡愿表面的礼貌比狂狷周到，但孔子则深责之，以其少真情故也。

子曰："巧言令色，足恭，左丘明耻之，丘亦耻之。匿怨而友其人，左丘明耻之，丘亦耻之。"

这种巧言令色的人，孔子所以痛恶之者，因为他们仅有虚的礼文而无内质故也。此外还有许多条表示礼文不要紧而心情要紧的。

（三）此是说应当把礼文作到非常之好，下列数条可证：

子曰："质胜文则野，文胜质则史，文质彬彬，然后君子。"

第二层是说粗质都可以，但此处则以仅是粗质还不对，必文质彬彬然后成为君子也。

棘子成曰："君子质而已矣，何以文为？"子贡曰："惜乎，夫子之说君子也！驷不及舌。文，犹质也。质，犹文也。"

则以文质通统不能离开，不应苟简。

有子曰："礼之用，和为贵。先王之道，斯为美，小大由之。有所不行，知和而和，不以礼节之，亦不可行也。"

（四）第四层可以说完全是主张礼乐，必须去学礼，礼是如何的重要，较第三层更进一步。

子曰："周监于二代，郁郁乎文哉，吾从周。上好礼，民莫敢不敬。"

曾子曰："慎终追远，民德归厚矣。"

这几条都是主张用礼。

> 子贡欲去告朔之饩羊。子曰，赐也尔爱其羊，我爱其礼。

子贡以为只是一个表样，宁可不要，但孔子则坚决的主张，虽没有内容，仍然要用礼。盖虽形式，有时亦可引起我们的心情也。

> 子曰："兴于诗，立于礼，成于乐。"
>
> "不学诗无以言，不学礼无以立。"
>
> 子曰："君子义以为质，礼以行之，孙以出之，信以成之。君子哉！"
>
> 子曰："弟子入则孝，出则悌，谨而信，泛爱众，而亲仁。行有余力，则以学文。"

这是说学礼有暇则学诗。

以上是儒家主张要用礼乐的理由。我们现在用简单的话来说，凡可以改善我们的生活的，普通不外四种方法：

一、法律制裁；

二、道德家的训教；

三、宗教的信仰；

四、艺术的修养。

以上四种各有其缺点。法律的制裁前已说过，有两大缺点：（一）太看重外面形式，（二）引导功利计较的心理。实在说，法律只有坏的影响。道德家的训教，一种极枯燥的好话，实在也非常危险。在消极方面禁止的话，听了反引起他做坏事的心理；在积极方面的好话，往往令人厌听，容易引起反抗心理。看起来还是只有坏的影响。因为好的行为根本是出于好的心理。心情柔和的时候，他一举一动自会中礼。但是在发怒时，柔和心理失掉了时，道德的教训并不能引起和乐的心理。宗教的信仰，自然它的力量很大，或者也是利用礼乐而为取胜的原因；但也不免瑜瑕互见。艺术则最少毛病，凡法律、道德及宗教的弊病，它都没有，惜乎力量太薄弱。照我们的意思，所谓礼乐者，就是把艺术作成一个很大的力量而已，它从外面诱导我们和乐的心理，使我们常在一个和乐的心理中去生活，此其功用也。在我们生命的大流中，若在一种鄙劣的心理辗转相资时，其势正猛而胶固，欲使之回复泰然自在的心境很难。此刻用内面的功夫，所谓慎独，毋自欺，戒慎恐惧，养气求放心等，亦殊不易，但是若让他去听音乐，则和乐的心理立刻会回过来。

上面已把关于礼的几层转折讲了，现在提出一个问题来说，以后再解释前面几个疑问。这个问题即是婚姻制度，社会里面极重要之一问题。婚姻制度之起源，在经济史观说，与农业工业制度有关系。如农业制度，让我们家族制度发生，并且维系很牢固。所以然者，因需要夫妇去维持生活，因此家族发达起来。但是在工业时代，家庭生活在事实上就不那么需要，几乎有解散的样子。这从经济上去说，婚姻制度的情形与其将来之趋势，固然是事实，我们不是不完全承认，不过用此去说明其起源，似乎有些不对，因为维持生活之必需，仅是婚姻起源之旁因，不是主要的。还有一个说法，说古先王制礼，仿佛为避男女之嫌，分别男女，俾免发生乱交，裁制社会之纷乱，保持社会之秩序的，于是制定婚姻制度。婚礼是为解决这许多困难问题而制定。我们觉得这个说法也不过是一个旁面的事情，不是真原因所在。照我们的意思，其要点都是在礼，即人情好郑重、恶随便之自然要求。粗的看法，往往容易以为所谓自由恋爱与婚姻制度的分别，仿佛是一个久暂的分别。其实走恋爱自由之路，也有发生长久关系的；而由婚姻制度缔结之婚姻，也有短时抛弃的。他们真正的分别是在结婚时究竟有没有一种仪式，而离婚时究竟有没有一种手续。是则婚姻制度之要点即在仪式与手续。这就是婚姻制度之起源与其不能消灭之由来。我们所以不承认用经济关系解释者，因它只是旁因。旁因虽变，并不能消灭这种制度。婚姻制度之起源与要点，其所以不容消灭者，盖以礼也。比如我们的情，在这种所谓两性之好合，是真切，是恳挚，其心理自然之要求，是要求一个郑重的表示，就是这个礼。我们学院开学时，必须是行一个礼，仿佛是说这个长远的工作要开始，我们心里应当对于这段生活看得郑重。本来随便似乎也可以，但心里总是要求此种郑重之表示。婚礼也是如此，为自然要求之一种郑重的表示。我们看人家结婚有结婚礼，拜天地，拜祖宗等等，其实那个时候，哪里管天地神祇，因其出于真切情感之要求，也不暇去理会，只有一个郑重的表示就是了。所谓先王制礼，不过就人情自然之要求郑重之表示，再使他妥当优美而已。因此，我们不能说礼只是形式，是繁文缛节而为凭空添出者。如以为避男女之嫌而有所谓婚姻制度者，则为凭空添出也。两性的关系应当自然，是为我们所承认的。但此并不是随便之谓。郑重之表示是出于真情，要是不郑重，也可说没有情也。人天然愿意有这种郑重而不愿随便，则礼之起源就是好郑重、恶随便而已。婚姻制度之不消灭及其要点通统在此。

我们由婚姻制度看出礼之起源，也就把关于上面第一第二两层意思讲明了。以下再把儒家主张礼乐的话略为一说。他制礼，如像怎样一个起坐跪拜，怎样一个言动举止，比如一个人，他的情不十分真切，如经过这许多手续，许多仪式，则心里便非常之沉着，非常之厚重，非常之有味。儒家的种种礼，是使人自有生以来，一生都过那种非常绵密，非常有趣的生活。因此他说“礼者所以养生送死者也。”使你一生都有趣味，因此身心安定。盖人生最可怕者，是使人觉得没有趣味。

这个问题，大意已说明。现在再来解释起先提出来的几个疑问。

所谓礼者，看去似不免是外面的形式，然其意在藉此以启发其好的心情，正所以注重内容，不似刑赏只看外面之形式。我们前面所举第二层与第四层仿佛是冲突的，如孔子“则吾从先进”，显然是着重心情，尚质素而轻外面的仪文。第四层如不许子贡去告朔之饩羊，则完全注重形式一说，须凭藉形式以开导内容心情也。

罗素主张吾人生活要顺冲动。傅佩青先生说，孔子讲礼乐是屏抑冲动。苟如此看去，便完全错误。我们的生活根本不是两种势力在那里争执，只是一条路才能容我们走。儒家只是让冲动不像物类一样，使它经过一个优美化。我们以前说人心与物类之心不同，以人心是德，是超本能的。若冲动经由此仁心而出，则自然优美也。本来冲动还是冲动，并没有两样，只是吾人生活中，应有主从的区别。儒家并不是不要冲动，也并不是要屏抑它，他是让它从根本处（仁心）出来。

如怒之冲动，不过不使它做主罢了。因本能是工具，不应来作主宰，应居于服从的地位。所谓礼乐乃是冲动得到优美化而已。

礼法出于人为，为解决社会之困难问题，而非出于自然，此与解释婚姻制度之起源，为解决避男女之嫌者同一见解。照我们的意思，婚姻制度是后来的事情，乃由真情为之先导，就是说礼是出于自然之要求，为一种性善的倾向，而非出于人为，为有性恶之趋向也。

其余疑问均可照上面所说明者去解释。

孝　悌

我们讲孝悌与讲礼乐有相关系的话可说。孔子的道理，在中国支配社会差不多二千余年。从西洋思想进来，个性伸展之说颇盛，与中国旧时社会的情形颇相反。中国旧时的情形可以说个性是埋没，因此对于个性伸展了解的人，自然对于旧时的情形极力加以攻击，因此以排斥忠孝为攻击孔子的要害，说忠孝为帮助社会腐败之势力。此处我们要先申明一个意思，他们把孝悌单看成一个社会生活需要的问题，看成社会的一个教条。实则本来不如是，它本来也与礼乐一样。礼乐的根本地方是无声之乐，无体之礼，即生命中之优美文雅。孝悌之根本还是这一个柔和的心理，亦即生命深处之优美文雅。可说礼乐孝悌是同样的情形，就是由里面灵活的、自然的心理，到后来形诸外面，成为许多呆定的东西，再往下去，遂成为非常有势力的社会教条，即所谓礼教是也。此即由个人生活本体问题而落入社会生活应用问题。因此，我们来讨论孝悌不应忽略个人生活本体的问题，而只就社会生活应用的问题去说孝悌怎样坏，完全以利害为准绳。

本来我们的不对，完全是由于走固定的路子，而离开了自然的道路，如走本能习惯的道路都是。本来生物是走一个时时要操心、要用心的方向，但是每每有一种走路不用心，要省力的倾向。如植物，它似乎是不操心而入于固定的、安排好了的路上走。动物有一定的机能，如许多本能也是如此。生命是如此，社会也像是如此。社会有许多风俗习惯，成文法不成文法的规条与夫礼教礼法传统的思想等，通统是硬固的，安排好了的路子。生命这种倾向，在事实上或许是不得不如此，也需要走省力的路子，而把精力用于别处，因此成了固定的东西。这本来没有毛病，但其结果就很有毛病。他的总病根就是自陷于麻木。动物走入本能的路，也就是陷于麻木的倾向。社会愈靠风俗习惯或传统的思想，则愈从一个活泼的而入于麻木不仁的状况。生物的本能与社会的习惯，就本身说很难说它不对；自然积久成为硬固势力很大的时候，也有极明显的弊害，但只是容易不好容易不对而已。

我们所谓孝悌，仿佛也成了礼教固定的一教条。其实孝悌本身并不能说怎样不对，但成为一个固定东西的时候，成为社会生活的一个应用问题，弊病就由此而生。须知孝悌是个人生活本体的问题，是生命里面灵活的、自然的一个心情，后来成为固定的路子，成为礼教，大家就忘其本原了。凡事都是一方向，孝悌也是一个方向。每一个方向，要是顺着往下去，便愈来愈硬固，愈是不好。墨子兼爱是其例也。欧洲社会其所以有个性伸展的倾向，完全是以自己为本位。但是孝悌则含着一个无我的倾向。欧洲德谟克拉西的精神，如无革命必得不到。偏于孝悌这方向走，当然不会有欧洲那种精神。总之，无论怎样好的一个方向，凡有方向便有偏，顺着走下去，自然愈偏。中国的礼教，几乎比法律还利害，成了一个不可抗的势力，此当然之趋势也。

所谓儒家的生活，原本极活泼有趣味，但是经了几千年的结果，成了社会应用的问题，只剩一个僵死的形式。我们于此应持一个什么态度？我们非找着孔子原来根本的地方不可，从根本处发挥，让他活起来，以后才有话讲。孔子一切的话完全是就个人生活说，我们也应持这个态度。就心情去讲孝悌，自然活泼有兴趣。所谓孝悌这个心，还是我们讲孔子乐的那个心，仁的那个心，亦即礼乐的那个心，亦即所谓一团和气的那个心。人伦之间，所谓父慈子孝，兄友弟恭者，其实都是一个心，都是那个 tenderness 柔嫩和乐的心，不过见之于事，有各方面而已。我记得《礼记》上说孝子侍养父母有几句话，所谓“有和气者必有婉容，有婉容者必有愉色”，此甚可注意者。

现在我们再来讲儒家特别注重孝悌的意思。我们有好的心理，自然发出来好的生活。许多好的生活，亦即许多好的事情。我们最眼前的人，就是父母兄弟的事情。如果对最眼前的人，最当下的事情，不曾弄好，其他的事情也自难说了。我们不愿做好的生活则已，若要做好的生活，则当然从根本的地方做起，从眼前开端。故人的生活，即应从孝悌开端。“孝悌也者，其为人之本与？”这种生活，真是很柔和很好的心理，仿佛是先把自己化成一团和气，然后把家庭化成一团和气，以至把社会、国家、世界化成一团和气。孔子所谓天下太平，也就是一个心的太平。从事功去说，则仁者的生活自然是齐家治国平天下也包含在内。然舍孝悌而言仁者事功，实无真事功。旁人的平天下如管、晏、申、商，或许是另一个样子，而孔子的平天下则根本在此。所谓“孝悌也者，其为人之本与”，意如是。越过家庭的和气春风，而言国际的和气春风，自然做不到。宋明人喜讲性命的功夫，若舍孝悌而言性命的功夫，实无真功夫。离此而言事功，亦实无真事功，或者便是管、晏、申、商的事功，非儒家的功夫与事功也，儒家功夫的开端完全在此一点。《中庸》所谓参赞化育也就在这一点。这点就是全部孝悌的道理，就是孔家所有的道理，这种功夫就是孔家所有的功夫，一了百当的话，如此即是。所谓“本立而道生是也”。有人问孔子，“子奚不为政？”子曰，“《书》云：‘孝乎惟孝’友于兄弟；施于有政，是亦为政，奚其为为政？”平常人都以为治国平天下才是为政，孔子的意思使用孝悌把家庭化成和气春风，而治国平天下，亦不过使它化成和气春风，与事功正相等，何必治国平天下方为为政。所谓人人亲其亲，长其长而天下平，意亦相同。本来我们平常都知道先要把对最亲近的人，最现前的事做好，然后对于疏远的人，社会的事才能做得好。但平常人则每每忘掉了这个意思。所谓生活的真味道只有真情。要是对于家庭的人没有真情，我们敢断言他对别人能有真情么？现在的人从社会事功问题上去主张礼教者，他实在不配谈孝悌，实在不曾尝过孝悌的味道。反之从社会事功问题上去诽谤讥评孝悌者，则同一未尝过孝悌的味道耳。

不迁怒　不贰过

现在讲颜子的态度。颜子值得夸奖的，一是“其心三月不违仁”，此在讲孔子仁的态度里，已说过了。一是“不迁怒，不贰过”。我们的意思，只是一件事情，这件事是一个最根本的问题。

照我们去看，所谓好人、坏人，姑无论好人怎样好，坏人怎样坏，他们并无一个严格的区别。因为我们曾说“仁，人心也”，好人具有人心，坏人还是具有人心。所谓坏人者，不过他柔嫩的心发露流行的很少。然而即使穷凶极恶，他的真心有时仍旧发现；所谓好人者，不过他的真心时常发露流行而已。但是孔子与颜子和好人与坏人便有区别；他们的区别只有一点，这一点就是所说的根本问题。人无不知谦恭很好，坏人（其实此名词是不对的，有毛病）他并不是不爱谦恭，只是很少如此发露而已。尤其重要者是要注重这“很少”的少字，无论如何少，仅少而已，并非绝无也。所以说好人与坏人不能绝对化，因为他不能自成一个样子，自成一个范围。平常所谓好人者，不好的时候亦常有。实在说，好人很少有靠得住的。我们自己觉得自己种种劣点时常是与旁人一样的。有谦和的人时常有不谦和的时候。人很容易不谦和，很容易不公平，很容易不检点，很容易不慈爱。不过我们不自觉。我们说一定不作贼，其实也很难说。只要这念头发露的时候，其实已等于作贼。故好人与坏人没有划然的鸿沟，仅是发露分量之多寡而已。我们常说好人是天性厚，因天性厚，故时常照他们的心去发露，他的人心的力量很强，发露时固多。

我们自然的要求，无论何人都要求好的行为，好的生活，总愿意生活常好，生活常对，总不甘心作一个偶然发露流行（指人心）。好人坏人无论他发露分量的多寡，仍是一个偶然发露流行而已。因他们都拿不定，所以都靠不住。所谓孔子、颜子与常人的区别，没有特别的地方，只是生活常好常对而已。他告诉人做生活本不是一个特殊的生活，仅是一个寻常人的生活。我们的生活本来是对的，本来是和乐的；但是很难常常对，常常和乐。因此去想法子使他常常对，拿不定的，想法子使他拿定。照平常人说似有两条路：

（一）养成习惯的办法；（二）求仁。

如谦恭是好，便去养成谦恭的习惯；公平是好，便去养成公平的习惯。这个办法，有许多哲学家、宗教家、教育家，都有这种主张。但孔子的生活之学却不如此。不是去养成习惯，走呆板的路子。凡是一个方向成为固定，遂致麻木不仁。一走入习惯的路子，就成为没有心的动作。如谦恭成为习惯，一则当谦恭失掉内容，仅成形式；一则不当谦恭而他仍谦恭，便应付失当，同样走入麻木之路也。

但孔子他怎样令人生活常对？就是求仁。养成习惯，则愈来愈死板；求仁的办法则愈来愈灵活。儒家让人改善生活之路，就是让人心常常在，常常活动自如，敏锐易感，则生活便统统都对。人心自正，人心自明。只令他常常自正自明，常常在此处就得了。怎样令他常在，此处的话，在后面去讲。此处只简单说怎样令他常在，就是学。孔子“吾十又五而志于学”。《中庸》《大学》之所谓“戒慎”。宋明人之所谓功夫，就是这个学。孔子与颜子和好人与坏人之区别亦即在此。儒家只是有学，常人无论怎样，则无生活之学。指点生活之学，让人常常好，不是偶然的好。这种让人常常好，常常对，就是要求人向时常好、时常对的路上走去。

我们所谓生活之学，不是养成习惯。因之说到有一种功夫。一说到功夫，平常人往往容易误会是要如何如何。有许多的做法，有许多的功夫，如何去用力，如何去用功；此是一个大障碍。所谓功夫，不是在我们生活是如此之外，格外用力。我们先要了解人心本来如是，本来是人心，本来是仁。一刹那，两刹那，十年百年，莫不如是。所谓功夫，就是让它接连着如是，这就是不懈。一懈就间断了，一用力就是孟子所谓助长了。常常如是“我们本来如是”，就是仁，常常如是生活，就是仁者的生活。我们要更明了，再举一个事例给大家看。

比如狎妓，自然这个行为从种种方面都可以见出它是不仁。但是它是如何成功这个局面？有人说是环境的关系，因为此地有娼妓。苟此地没有，决不至成功这种行为。又有人说，因为他有钱，没有钱的人决无力去狎妓。又有人说，他有余暇，以至其他种种。我们承认，但只承认他是客观的缘法，不是真因。凡具有此种条件的人，不一定就去做此事。这些缘法只是凑成此事之可能，并且不是重要的缘法。有人说，人有性的本能，我们自然承认这是具有很大的力量，但还是缘法，不是真因。人皆有性的本能，人固不皆如是也。有人说个人的嗜欲重，不甘寂寞，这也只能算作很有力量的缘法。又有人说社会的习惯，把此事看得寻常，不以为非。凡此种种，我们可以指出许多，但都是一种缘法。于此我们可以把它大别为三种：

一、环境；二、气质；三、习惯。

如性的本能，嗜欲先天的遗传，一地的国民性等，都归入气质中。宋儒很有许多说气质之性与义理之性。我们所说的气质与宋儒所用之意义不同。我们所说的不是含有身体物质的意思，是先天的习惯。说到习惯，似应当归之于后天，与先天有点冲突。其实不然，如性之本能嗜欲等，就其与生俱来说，它是先天的。所以谓之习惯者，因为那些东西通统是在生物演进中，经天然选择保留而慢慢养成为安排固定的路子，它不是真的先天，是一个假的先天旧的路子旧的方向，故名之曰先天的习惯。凡似乎是先天而为固定的方向，统名之曰气质。外如家庭、学校、社会之薰习、个人之习癖，凡后天得的一切东西都是习惯。一切家庭、学校、社会、国家、地理、民性等围绕吾人周围者，通是环境。此三种东西都不是因，通是缘法，都是一个已成的局面。当下有这种行为，不是已成的局面能让他如此，它只能让他容易如此，其主因则在新的因子就是当下。狎妓的行为发生，就是这当下的昏失。人心本来清明，他本来知道好坏。当他真知道的时候，决不会有狎妓的事。昏失的时候就是堕入气质、习惯、环境的时候。这时心不自主，气质习惯等便占了他的心，出而做主。若当心清明时，气质习惯皆居于服从的地位。心何以会丢掉，会昏失？主因就是懈。不懈不能有这回事。我们发生坏行为，真正的因既是懈，则所谓功夫自然就是一个不懈。这实在无处可以用力，用力只是不懈。我们为气质习惯所困时，我们想要心做主，不应当在气质习惯上用力，只应当在不懈上用力。一切问题发生通由于懈。气质习惯等是已成的东西，于当下并不为害。用功只是在当下，只在此新的因子，就是在当下的不懈。

我们一时堕入气质习惯中，我们的心就不柔嫩，不清明，而成为硬固的。虽有许多不好的环境，若未堕入气质习惯中，则去做那种坏事，心里总是不安。人做坏事而不觉不安者，盖已陷入固硬的方向矣。堕入硬固方向之时，就是心昏失之时。从前讲仁的时候，曾说当下的找，和昏失以及气质习惯仅是名词的不同，我们从消极方面说，就是懈，就是昏失，亦即是堕入气质习惯之中。从积极一面去说，就是当下的找。一为负面，一为正面，统是一回事。气质、习惯、环境，虽然很有力量，但无绝对的力量，而主因完全在当下的找，当下的懈。有此主因，而缘才来助成之。照我的意思，一切行动的主因完全在当下。人因为冲动去做不好的事，苟冲动消去，心即知悔而遂不为。他的转机亦全在当下，从懈中有警觉而不懈。当转变时，也有气质习惯去助成之。气质习惯本身并不是不好的东西，走对的路时也还是靠它，但不要为它所支配。在走不对的路时，气质、习惯、环境的局面是如此，但在知悔的时候，而气质、习惯、环境之局面仍是如此，故此三者不是转机的关键。转机的关键完全在当下。苟常常不懈，则可以为完全对矣。要不堕入气质、习惯之中，最要者即不迁怒、不贰过。本来怒是从争斗本能来。在对的生活中，并不是不怒。喜怒哀乐人孰无之，以怒之冲动与性之冲动，是人生顶有力量、顶硬固的两方面。果使人堕入其中，便要被它拴得非常之紧。大程子《定性书》也说制怒顶难。我们知道怒是气质中最硬固的东西，要不堕入气质、习惯中，则顶好能不迁怒，其余更不能为害矣。当怒时，我们的心堕入那个硬固的方向中，要做第二件事，往往似乎回不过来。故当怒而怒，怒即冰释，乃是不懈。不当怒而怒，或怒而又迁怒时，此即懈也。不迁怒是真功夫，乃是最“好学”的表现，此颜子所以值得孔子夸奖也。果然是一息不懈，可以说是完全无过，不会有过。不贰过则正与“好学”两字相称。但不贰过有两层意思：一是知过。知过非常之难，根本问题是在此。我们平常做了许多错事，我们往往不知道。若有错即知，这个知道也就是不懈。诚然有过就是懈，但刚一懈就警觉，正足见其不懈。一是改过。知过后便不再有过，就是所谓一息不懈，所以说过而能改不为过矣。颜子不迁怒不贰过，在讲生活之学，真足以值得夸奖了。此与夸奖颜子“三月不违仁”完全是一件事，就是有很长的时间完全不懈，超乎气质、习惯，常在生命之轨则上走。不预先有一方向，此谓之中，发出来则谓之和，要中和，就得昭昭不懈。

天 命

《论语》有几条讲天命，如孔子“五十而知天命”，“不知天命无以为君子”，“君子有三畏，畏天命……”，“道之将行也与，命也；道之将废也与，命也”，“天生德于予”等。这许多话都是。我们先要问：天命是什么？本来可以说，天命是没有很深的意思。孟子答万章问尧舜传贤，禹传子说：“天与贤则与贤，天与子则与子。”其解释天命重要的几句话就是：“舜禹益相去久远，其子之贤不肖，皆天也，非人之所能为也。莫之为而为者，天也；莫之致而至者，命也。”所谓天命之意思，似乎不须旁的深解。我们说天然就是表示非人为。我们若要去指实，就是宇宙大的变化流行。这大的变化流行直贯注下来，成功如此一个样子，此实“莫之为而为，莫之致而至”也。天含有一个自然的意义，命则含有规定的意义。我们看《孟子》，书中有几条常以性命对举，义亦如此。比如我生此世界，恰好又生在中国，恰好又生在北京，此天也命也。这个大的流行推移而成功此局面，指自然而已定那一点谓之天命。假如要去明白这个意思，先要知天然与人为是对待的意思。如果要去追求，则人为似亦包含在天然之内，虽本难分，但并非不能对待。因为所谓天然、人为，都是一个倾向，一个意志，心中仿佛能了解那个意味，但一按实就没有了。宇宙间一切现象通是意味，一按实就成死的，都没有了。不按实而顺着倾向意味有一种理会，则一切都有。所谓天然人为一切皆活。“我生在今日是自然的”这话，不单含着偶然的意思，也不单含着必然的意思。换言之，也可说含有偶然的意思，也可说含有必然的意思；或可说不单是必然，不单是偶然。没有一刹那的事不是偶然，通是偶然；没有一刹那的事不是必然，通是必然。因为没有一刹那不是从此开始，这就是表示非必然。同时没有一刹那不是第二步，即是表示非偶然。我们讲玄学与科学，说机器的轮动，则挨次都动，这些都是第二步。什么是第一步，就是我的意欲。凡是第二步，都是表示必然的，惟开头不是必然的。我们的生命没有一刹那不是从此开头，也没有一刹那不是第二步。故单看偶然或必然都不对，也可说是非偶然或非必然。我们已经生在此世界，算是已定，这就是命。要是去分开说，也可分三层：

一、已定的具体事实；

二、已定的抽象法则；

三、在事实与法则间所含的趋势；虽然一个趋势是将要怎样，却是一个已经将要怎样，仍属已定。

以上三层可说是一回事。宇宙实无具体的事实，只有法则。事实不过是没有看清楚之法则。进一步说，宇宙只有趋势，实没有法则，因每一个法则通是一个趋势。故宁说是宇宙大的流行之一趋势，从很远一直贯注下来，成功如此，无可转动，这就是所谓已定。但只有一点是未定，就是当下之一念。除此外，统是已定。此时我当下之一念未属于已成，是一个未定，但未能发出表现。有所成就，不能无凭藉，不能不要缘法；愈往下愈需要外面的条件。愈靠外，则愈是一个被决定。外面的局面似乎有两面：一为顺的好的机缘，一为逆的不好的机缘。故当下之念虽未定，而其结果总是被决定。如求学不求学，这不是天命。但成功不成功，则是一个被决定，因需要外面的条件。故愈就外面来说，则愈是被决定，故曰有命也。我们说发动是在我们自己，而其结果则为宇宙大的流行、顺逆的机缘所决定。如我们用功是在自己，而因身体健强与羸弱的关系，能不能让我们用功，也就是有命。所以为不为在自己，而成不成则在天。所谓“道之将行也与，命也，道之将废也与，命也”，因必需要外面之条件故也。再扼要说，发动是未决定，而发动之结果，则为被决定也。一般人之心理往往有一个毛病，有许多浅薄的科学家也如此，他自己主张机械的宇宙观或人生观，同时听着“死生有命，富贵在天”的话，又说不对，以为完全是人为，此实自相矛盾。机械的宇宙人生观，当完全承认是被决定。人为二字，在机械观根本用不上。我的意思则非是。发动是未定，而发动的结果，则为被决定。既非必然论，因其为不为在我；又非偶然论，因发动则必须外面的条件。浅薄的科学家，一面陷入必然论，一面又陷入偶然论。我们了解宇宙一切都是一个倾向，便知既非必然，又非偶然了。此倾向将要怎样，乃是非必然，事实继续发展，则非偶然，所谓天命者尽于此耳。

知天命。知天命这个“知”字很重要。并不是知道我的学问成功不成功叫作天命。要了解知命，最好去看不知命。不知命有两种：

一、有一毫徼倖成功的心者——是一个偶然的宇宙观。

二、有一毫听天安命的心者——是一个必然的宇宙观。上两种也可说是一种。我们从枝节方向去看是错，而根本是这种态度不对。这种态度都是私意，都是懈了。若听生命自然流行下去，根本上没有这两种心理起来。其中尤其重要的是听天由命与知命之不同。我们也不必分辨二者之不同，只要知道真正的听天由命就可以清楚了。实则能知命，方是真正的听天由命。平常怠于作为的，所谓听天由命者非真正的，根本只是怠惰苟且。只要他心里不安而不得不前去奋斗的人才是真正的听天由命。故真正听天由命的人，就是最尽自己心力的人。我想求学而自己等着，已明明不是听天命了。我感觉着要求学，便去用心求学，这才是听天命。此与为己、求己、非功利等态度，都是一回事。所谓私意、人为徼倖成功，听天由命，通统不是顺天然也。

所谓知天命者，知只是一个通达，仿佛是通于天命，是与天命不二，与大的流行合一。不知命是与大的流行分开，是对待的，是把宇宙打成两段。顺天然则与宇宙流行合一。所谓为己、看当下，通通是与天不二的态度。只有此时是一个绝对，他不离开这里，而一直流行下去，不曾把宇宙打为两截。《易经》所谓"仁者无对是也"，这才是真正的听天安命，即是尽己，无方向的自己努力。《孟子》所谓"穷理尽性以至于命也"。但《孟子》常以性命对举，其详俟后面说明。

现在再把以前讲到的照顾几句。

一、须了解天命，是非必然非偶然的意思。人之所以误认，恐怕都是把宇宙是一个大的倾向的意思，单分出一面去发挥。单看倾向，是有力量于下面事情者，便成功一个必然论。单看下面事情总是未定，便成功一个偶然论。本来倾向是偶然的。就全体来说，则非必然论，亦非偶然论。因是倾向，无论怎样有力于未来，而未来毕竟是一个自己发动。我们说没有一刹那不是开头，同时，没有一刹那不是第二步。就开头说，则没有一刹那不是因，同时，就第二步说，没有一刹那不是果。旁人也有同时为因、同时为果的说法，其实则只是果。要其间没有矛盾，必须照我们这样的说法。

二、须了解普通所谓听天由命不是知天命；虽成功不成功在天，而为不为究属在我。我们要发动才有被决定；若根本不为，则何有被决定可说。听天由命，是要我们尽力去为，而成功与否，则听诸天之谓。若然不去为，只算是听之于我。所以听天由命的人，就是最尽力去做的人，他把顺的机缘都算是承受过，这才是真正尽了天命。若不去作为，顺的机缘他并没有承受过，只可谓怠于作为而已。故真正知天命必须如颜子不懈的功夫，以至于无一毫私意，无一毫间隔，仿佛顺着宇宙大的流行前进一样，这一条路就是非功利的态度。所谓非功利者，就是说与宇宙变化流行一致。而功利派就是把宇宙打成两截。有非功利者之知天命，而功利派则自然要主张非命了。因为一派的动机放在内面，顺其当下之所感，而另一派的动机则放在外面故也。

结束语

我们以《论语》为根据来讲孔子，算是讲完十三条，里面每一条与其他都是相连的，也可以说只有一条，通通只是一个意思，并没有几个意思，所以不欲于十三条讲完后，再说一篇总结。此后接着孔子要讲什么，却是一个问题。本来颜子极为孔子所称道，要是颜子有部著作，我们便先讲颜子，无如他竟没有著作。清代有一个人，虽曾将颜子的事实归集在一块而成为一部书，但亦未见得可靠。此外，《大学》也不知是否曾子所作。总之，研究孔子以后的儒家，确有几部书可凭藉者，如《大学》、《中庸》、《孟子》、《荀子》。我的朋友王君平叔说，《大学》似乎可放在前，其次《孟子》，又其次《中庸》、《易·系辞》。他这种看法，是因为孔子在他自己很少说许多高谈阔论的话，所谓形而上学，他很不愿多说。在《论语》中，这种态度很明显。如子贡说："夫子之言性与天道，不可得而闻也，""子罕言利与命与仁"，及答子路"未知生，焉知死，未能事人，焉能事鬼"等，均可见得。到孟子，则讲性命很详细很深妙，而《论语》则并没有根本的讨论。但孔子之"予欲无言，天何言哉，四时行焉，百物生焉，天何言哉"，他对于形而上学，似乎很通达的样子。但愈通达，愈觉无话可讲。其后如《中庸》及《易·系辞》的道理，自然也是儒家的道理。而孔子关于这些则很不想说。《论语》讲仁虽多，但他并非讲道理，只是就生活事实去指点而已。因为只就事实说，所以很零碎，似乎与仁不相干一样。恐怕孔子的弟子因为没有听到对于仁有深细的说明，故曰"罕言仁"。总之，他对于深妙的道理极不愿说。这是关于态度方面。

还有关于问题方面的，在《中庸》及《易·系辞》上面所说的问题，似乎在孔子时没有说。孔子以后，其他思想很复杂，当时各人对于政治社会均各抱一种思想，欲去解决整理，自然儒家是一个非功利的态度。而当时思想与之冲突者，则为墨家、法家。两家的政治论既起，故孔子以后的唯一问题就是政治问题。《大学》就是专对这个问题而发。其政治主张则以所谓"齐家治国平天下"者，"一是皆以修身为本”，而修身则在正心诚意。他的主张不像墨家、法家从外面去治人，而乃为自治的。《大学》对于齐家治国平天下所讲甚详，而于修身之根本，所谓正心、诚意、格物、致知，颇少讲，均为对政治问题而发言之故。此后则由政治问题转入修身的根本问题。故《孟子》则多言性命，而《中庸》《易·系辞》则致力于心性之讨论。

我们由孔子不愿谈玄学看来，则孔子赞《易》之说似乎不确，所以从问题之追究及思想之变迁看来，则《大学》似应在先。《大学》既专为对付政治问题，故正心、诚意等则不提出，尤以性命的问题，几乎全不过问。在《孟子》对于玄学上的问题则加以讨论。《论语》对于这些问题只讲其当然，而《孟子》则讲其所以然。故在孟子时，一方面自然是把心理分析得很详细，而在他方面，如生活的功夫，对大家未详讲，尤未加以讨论。在政治方面，其非功利之色彩亦特别鲜明。《中庸》与《易·系辞》仿佛是同时代的作品。观其特出之思想与其表现之天才，似乎是出诸一人之手，为一大玄学家。我们看《孟子》之讲性命，差不多不是对外而发，都未指事实来说。而《中庸》开头就说“天命之谓性”，关于玄学上之问题，加以长篇的研究，似专对外来讲。观其思想，是在《孟子》以后。但《中庸》与《易·系辞》究为何人所作，尚难指定。

这种看法也许对。其实也应先讲《大学》，再讲《孟子》。但我仍先讲《孟子》，至于以后的《荀子》，也许不讲。因为我们曾说，先讲儒家的正面意思，稍为不同的方面，如荀子、董仲舒一流人，讲不讲以后再定。①

---

① 全集原编者注释：此讲课记录至孟子而止，其后荀子、董仲舒等均未再涉及。

七 孟 子

孟子的议论很多，为我们研究方便起见，把他分成四部分：

一、政治　如与农家许行所讨论等，此刻不想讲，暂为搁下。

二、态度　他有许多态度，如礼、孝悌、乐、仁、看自己、天命等，是与孔子相同的，都不再讲。但有与他关联时，也可少讲。关于乐如他说："万物皆备于我，须反身而诚，乐莫大焉。"关于天命如"莫非命也，顺受其正"等。

三、心理的观察　他讲心理观察的话很多，如讲人的四端，与告子讨论性的问题"食色性也"，"义理之悦我心，犹刍豢之悦我口"，"夜气"等，差不多近三十条。讲性常以性命对举，盖命亦含于心理中也。

四、生活之功夫　这也是一大部分。如讲养气、存心、养性、求放心等，差不多二十几条。我们现在要讲的，就是第三、第四两大部分。

在未讲以前，我们先略说孔子与孟子的不同。其实并没有什么不同，因为每一派的思想，他的中心地方，全在那个方向。不过有时方向虽同，但因特种关系，其中也可见出其说话之不同耳。故与其说是不同，不如说是不过加以推绎。因为既曾加以推绎，看去仿佛就不同了。如孔子说仁，孟子则加一个义进去，似乎不同，其实亦不过就仁加以推绎而成立义的观念，并非新创。因在孔子时，功利派尚未自成学说，不须应付。孟子时，功利派兴，不得不提出义的观念以应付之。我们就大体看去，孟子与孔子并不是不同，实可说是更同。因为孟子把原来儒家的意思加以推绎，加以引申，使儒家的态度更为显然，色彩更为鲜明。他对于政治，则提出王道之说，这个名词在《论语》似乎没有，实则此意已包含其中矣。性善之说,《论语》亦未讲到，但我们讲孔子的态度，则性善的意思已跃然可见。说是非不是一个客观的道理，而为一个主观的情理，是非只能在好恶上见。我们讲孔子的仁和讲毋意、毋必、毋固、毋我时已说过，这是一个意味。孟子之言义内非外，亦同此意。在孔子时，没有人深谈功利去发挥主张，所以似无言义之必要。孟子时，功利之说兴，因此提出一个义字来对待说话。政治上霸道之说盛，因之又不能不讲性善论。其实这些态度都是儒家原来所有，不过就其原来之方向加以推绎耳。故儒学到孟子，态度实更为鲜明，对孔子的态度并没有变化。

一　人类心理之观察

这一条本来有三十多条，但所讲的不外下面三个问题：甲、性；乙、义；丙、命。这三个问题都相连带，并非可各别划分的。现在来讲性善的问题。

甲　性

寻常人都知道孟子是讲性善的，似乎在他心里毫无疑义。但性善是如何讲，并不容易懂。其实也很容易懂，不过平常人说性的时候，含有许多错误；如把错误指明后，也自不难懂。故要说孟子的性善论，必须把三个地方弄清楚，如果清楚了这些，则这个问题便迎刃而解。否则虽经过千万年，许多哲学家去讨论，亦终无头绪耳。这三点即是下面三个问题：

（1）性是何所指；（2）善是何所谓；（3）说话者之立足点何在？

说话者之立足点。这第三点本应放在第一点，所以我们先讲此点。有人说人就是一付心理，实无所谓善恶。这种说法，我们也承认，但是要申明一句，如我持一个静观的态度，从旁面去看人的生活，不从主观来说，则人的心理自无善恶之可言，因为他就只是一个生生灭灭，就是这一个变化流行。我们就事实去说，用客观自己之存在去说，真是毫无善恶可讲。但我们应是一个非静观的态度，不是想要知道客观事实是如何如何，所说的善恶全是主观的评价，权衡完全在我，不是静观，而是非静观。纯静观则完全无所为。一说到评价就是非纯静观，不是一个无所为。故我们的立足点是拿主观作中心去评价，不是叙述客观的事实。若不把定此点而就客观去说话，则非乱不可。

性是何所指。孟子所说的性善，差不多全被人误会。最大的误会是把所谓性看成一个已成的呆板东西。所有死板的东西、呆定的局面，他的善恶好坏，通统是已然的。孟子却不是如此，不是一个已然的看法。如果指一个死板的东西说，无论主张性善或性恶，或非善非恶，或可善可恶，或善恶相混，或性有三品，无论说一个什么都站不住。因为既是已然，如果说是好，则好者不能变坏；如果说是坏的，则坏者又何能变好？如一幅画是好，则始终都是好，就没有坏的可能，因为它既是已然的好，你就抛了许多墨污在上面，此画仍是好，不过把它糟蹋而已。反之，如画是不好，则从此即是不好。既已决定，亦再没有好的可能矣。孟子所说的性善，不是已然的善，不但不是已然的善，且不是未然的善。故一则非已然的善，二则非未然的善，而只是一个将然的善。将然的意思很容易误会成一个未然，故说非未然，就是说现在就好，因为他好像是未然，但是现在就向着好是将然，就是现在一个倾向。故性即是推现在人性的倾向。这个倾向即是善；不但圣人是性善，即暴虐如桀纣亦是性善。就是说从现在的倾向是善；现在就是，故不是未然性善；是彻始彻终的没有人不是性善，因人人的倾向是如此。因为说他是一个倾向，故说他是将然；将然并不是未然，将然即是指性，即指此活的倾向。若指定一个呆板的东西，无论怎样主张，都不能贯彻到底，对于旁的方面，都不能解释。其实生命本来是一个活的倾向，始终是一个将然性善，即是始终是一个将要善。

以上是我们讲孟子性善是如此说。现在再拿孟子的话来证明，并且我们讲孟子先讲一句总话，就是孟子一谈到人类心理，即要说扩充的话；顺着性的倾向往下走，就是扩充。

> 牛山之木尝美矣，以其郊于大国也，斧斤伐之，可以为美乎？是其日夜之所息、雨露之所润，非无萌蘖之生焉，牛羊又从而牧之，是以若彼濯濯也。人见其濯濯也，以为未尝有材焉，此岂山之性也哉？虽存乎人者，岂无仁义之心哉？其所以放其良心者，亦犹斧斤之于木也，旦旦而伐之，可以为美乎？其日夜之所息，平旦之气，其好恶与人相近也者几希，则其旦昼之所为，有梏亡之矣。梏之反复，则其夜气不足以存；夜气不足以存，则其违禽兽不远矣。人见其禽兽也，而以为未尝有才焉者，是岂人之

情也哉？故苟得其养，无物不长；苟失其养，无物不消。

这都是说，性是指有善的倾向，而非指呆板的东西。

告子曰："性犹杞柳也；义，犹桮棬也。以人性为仁义，犹以杞柳为桮棬。"孟子曰："子能顺杞柳之性而以为桮棬乎？将戕贼杞柳而后以为桮棬也？如将戕贼杞柳而以为桮棬，则亦将戕贼人以为仁义与？率天下之人而祸仁义者，必子之言夫。"

告子曰："性犹湍水也，决诸东方则东流，决诸西方则西流。人性之无分于善不善也，犹水之无分于东西也。"

孟子曰："水信无分于东西，无分于上下乎？人性之善也，犹水之就下也。人无有不善，水无有不下。今夫水，搏而跃之，可使过颡；激而行之，可使在山。是岂水之性哉？其势则然也。人之可使为不善，其性亦犹是也。"

他说水有一个倾向，是一定的。性之倾向善，亦犹水之倾向下耳。告子说生之谓性，性本含有天生来就如此的意思。他说这个话，原无大错，其病就在看性成为死的局面，看如此就如此，他并不留意那活的倾向。

公都子曰："告子曰，'性无善无不善也'，或曰，'性可以为善，可以为不善；是故文武兴，则民好善，幽厉兴，则民好暴。'或曰，'有性善，有性不善；是故以尧为君而有象；以瞽瞍为父

> 而有舜；以纣为兄之子且以为君，而有微子启、王子比干。’今曰‘性善’，然则彼皆非与？”

这些毛病，都是看性为呆定的局面。所以孟子说：“乃若其情，则可以为善矣，乃所谓善也。”这个话，或有旁的意思，我们不容易懂，但很容易知道的一点，就是“可以为善”是指倾向说。“若夫为不善，非才之罪也”，这“才”也是同样的意思，是一个将然，不是就已成说，所以下面说“求则得之，舍则失之。或相倍蓰而无算者，不能尽其才者也”。“才”是说可以成就一个什么面目的那个东西。这个东西是什么？就是倾向。能尽其才，就是顺那个倾向；不能尽其才，就是不顺那倾向。然则此话与所谓“可以为善，可以为不善”的话是否相似？其实不是。他们所说是没有倾向。我们所说的是有倾向。虽然是说将然，却仍是已然。因这个倾向是现在有的。“若夫为不善，非才之罪”，即非其倾向是如此。“口之于味也，耳之于声也，目之于色也，四肢之于安逸也”，都是指倾向而说，人心之于仁义亦然，这种倾向就叫作性。

> 天下之言性也，则故而已矣，故者以利为本。

此条我当时以为他是对外面的话。朱子说故者是已然之迹，即我们通常用故字为所以然之意。这两个意思都是一样，即一从如此以推又将如何，一从现在如何以推以前的局面。所以故字很有意思。故即孕育未来之已然，即将然之现在。什么情形是如此？倾向是如此。老实讲，没有已然不是孕育未来；不过我们去看，有时单看已然，有时单看未然耳。朱子训利为顺利，以利为本，即是顺着去求。下面所恶于“智者为其凿也”，就是不要认死局面，要认他是倾向。其所以有死局面之认定，完全由于凿。他的意思是要智，不要凿。智本来是好的，但很容易凿。

我们说性是倾向，是很粗浅的话，于此有两个疑问，应当辨明：

（一）我们说性是倾向，因倾向是善，故说性善。但我们看世间，知道有许多不好的事，有许多不好的人，往往不好的多过好的，这岂不可说人也有一个容易不好的倾向？如果如此，则岂不等于告子说“可以为善，可以为不善”的话么？于此不加辨明，则性善说实不能成立。其实这也并不难明，若了解了善是什么，便易解释。

（二）我们之流于不好，孟子往往在他的比喻中，有归之于外的样子，如水之就下是其性，往上则为搏激所致。牛山之濯而归之于斧斤之伐，牛羊之牧。又说富岁子弟多赖，凶岁子弟多暴，他都归之于外。但归之于外，很有疑问。我们说人类全体都是内，不能在外去找原因，岂不是仍须归之于内吗？若归之于内，岂不是人类是不好？再进一层说，岂不是人性是不好？

（1）人有恶的倾向的解释。我们讲此问题的时候，意在要说恶不是一个倾向。但是，我们开头不如此说，我们且承认他是一个倾向，但这倾向不是所谓性。我们说性，自然是一个倾向，性是本性的意思。恶几乎也可说是倾向，但不是本性。我们就倾向是本性来指给大家看。生活是以活动为性，不以静为性。但我们生命有一种倾向，容易陷于固定的，即是一个省力气的路子。如植物之固定不动，及人类靠风俗习惯去生活，都是走入固定的路子。生命本性是活动，是努力，是要用力气，却是有一个死板的倾向，有流入于呆定的倾向。所以我们承认恶是一种倾向，却不是本性。因为生命是以努力为本性，虽有流于昏昧之时，却非其本性。我们不要把善恶看成一个东西。在快乐说者就快乐说来下解释；在功利说者，又以功利说来下解释。类此虽有许多新的解释，通非孟子之意。

善是何所谓？善恶在孟子的解释，也非常的简单。即可欲之谓善，可鄙之谓恶。所有的善——可爱的活动是从何而来？我们不得已说这句话：就是由有生命的时候发出来。再另说一句：即生命强奋的时候发出来的。所谓恶，就是生命缺乏时候，即吾人偷懒的时候发出来的。当生命强奋时所发的活动就可爱，当生命偷懒时所发的活动就可鄙。我们说恶是倾向而非本性，因生命以强奋为本性，而非偷懒为本性故也。生命偷懒即是生命缺乏的时候。偷懒缺乏都是后来有的而非本性。没有生命时，才有不努力，正有生命时，没有不努力者，故不努力不能归之于生命，即恶不应归之乎本性。所以谓恶几乎是一倾向而非所谓性。孔子说“道二，仁与不仁而已矣”。所以说生命强奋即是仁，所谓偷懒即是不仁。世间种种不同，要不外此二者而已。我们说敏锐是本心，则麻木不是本心；麻木即仁心之缺乏，有仁心则不麻木。根本上所有偷懒、不努力、省力气等等，通是负面，没有自己。我们说恶是善的负面，它不但不是本性，并且不算是个倾向。倾向是积极的，而恶则是消极的，故不能算是一个倾向。如动是倾向，而不动不算倾向。积极是要怎样，而消极则不要怎样，是要没有，即没有这个“要”。故恶是没有自己而为善之缺乏；故善恶非对待之物也。

（2）人之流于恶，应不应归之于外之解释？孟子对于此事，仿佛有归咎于外的意思。在我们看去，似乎不应归咎于外。持机械观的人，他看恶是不负责任的，都是不由自己。我们不是持机械观的人，作恶似乎不应有所诿责，归咎于外。再则，就一人说还有所推诿，但就全人类说，则所谓恶者，亦当然无可推诿。然则作恶究竟应不应当归咎于外？说到此地，我有一个很重要的醒悟，很值得留意，就是无论一个怎样的恶人，他做一种怎样穷凶极恶的事，与他做一个极小的错事，说一句鄙陋的话是一样，完全是一样；表面上虽是极恶，但与我们说一句鄙陋的话的内容，其情形完全相同。我们的意思，不是把小错扩大来说，而意在说穷凶极恶他之所以有彼，与我们说一句鄙陋的话之所以有此，就本源上说，所负责任完全相同。他的穷凶极恶诚然是无可推诿，然而他实不负有更大责任。顶要紧的一点，就是同归于一个忍。

忍。我们在柔嫩的心情当下，实不愿意说一句鄙陋的话，但说的时候，实在是一个忍。这忍与恶人做一个穷凶极恶之事之忍，完全是一样，二者同出于忍。忍就是不好，并无所谓大小也。但是何以小错与大恶其程度上之相差如此其巨耶？老实说，这完全不由他自己。这个恶之大，完全要归咎于外。他的忍与我们的忍完全一样。他所能负的责任，也就是只在此忍之一点，此则无可推诿。若夫恶之大小，完全属于外所造成，彼固不负其责任。

这个“外”包括一切，即是已成局面，已经摆在那里的东西。做大恶与我们做小错，其所有情形之不同，仅是多此一点“已经摆在那里的局面”之不同而已。所谓已经摆在那里的东西，即气质、习惯、环境三者。这三者包括所有之外，或所有之物。他做穷凶极恶的事，通统是已经摆在那里的东西造成的。实在说，世间上实没有人有力气去做恶，只是没有力气去做好事而已。这个时候不是积极去做恶，仅是消极的没有力量去做好事而已。他的心昏沉下去，没有活起来到一个“不忍”，而仿佛衰退了成一个“忍”。他作恶的种种冲动，完全是掉入气质、习惯、环境当中，一个衰颓，一个不兴起，而成功一个“忍”。做大恶的人，已成的已经有了几分所负的责任，则只此一分而已。我们说这许多话，就是说世间上没有我们所想象的了不得的恶。我们看他是大恶，其实大半都是已成的定型。他所负的责任，与我们说一句鄙陋的话相同。再说一句，就是要有一个好人去做到做那种恶事，则他所负的责任才算大。然而好人有忽然做到如此大的一种恶么？根本没有这一回事，没有这种力量，甚至于极恶都是一点一点添上去的。故所谓恶的内容，核实来说，大部分都是归咎于外，仅负一个懈的责任而已。因为十分之九都是已成的，已经摆在那里的，他并不能负全部的责任。他所能负责的，只有这当下，即新添的这个忍；故他的恶并不大过我们之说一句鄙陋的话。我们申明了这一层，则孟子说“富岁子弟多赖，凶岁子弟多暴”这些话，似乎归咎于外，与我们以前所说并无不合，因为我们所讲的性，乃指人心本来的倾向，即能活动的一点才算心。此外，已成的如气质、习惯、环境等都是物；恶的大部分即应归于此。心之本来的倾向是活动，不是懈怠。所谓恶者，不过是懈怠。故恶多由于逐物，心所负的就是这一点忍。而心懈或忍，又非心之本性，故若指此而谓性恶，那就错了。

凡说性恶的人，都是从结果往上推，并未就发端起念处去说。普通所谓流于恶或陷于恶的话，正足以表示恶之来源。他为恶并不是愿意不公平，他的意思乃别有所在，而不公平只是他的结果。凡说到已成的事实——结果，都含有被决定的成分在内。所有一切的恶，都是生命懈怠才有的；实在没有人有意去为恶，仅仅是没有力量去为善。但此话须待解释，不然便容易误会。比如作恶，我们去看简直明明白白在作恶，怎么说是一个懈怠，没有力气是消极的。然而此确有所指。这个懈，就是堕入气质、习惯之谓。我们看许多战争，都是拼命去打，仿佛是积极的，其实他们完全是为争斗本能所支配，推逼起他走，此时简直是一个硬的方向，全不由他做主，故此只算消极而非是积极，通统是懈；所谓陷，所谓流是也。然而怎样才算是有力气？就是要超出本能而不为他所支配。当战争即起，要放下即放下，这才算是不懈，**即有些“不限于一个方向的”心在的时候是也**。若从懈的结果往上推，而谓为性恶，则错误了。

我们说善是活，是自由，恶是死，不是自由。因为凡恶都是衰颓，都是偏于死。于此，就可见生命之本性是向善。生命之本性是活而非死，故恶非生命之本性。本来说一个性，则善的意思已见；说一个生命，则活的意思已见。说生命是活，说性是善，已经是画蛇添足，多余了的。但说性善，并不妨碍人之有恶事。即使一个好人都没有，性还是善。因本来是倾向，故不妨害后来的事实。以前的人，不知道它是一个倾向，总喜欢作一个呆定的东西看，故总说不通。说孟子讲性善，是善的一元论。但恶从何来？则又将主张善恶二元论矣。根本不知道**宇宙人生本来只有倾向与变化**，**没有所谓东西与构成**，原**来如此**，**事实如此**。换一句话，**宇宙只应作物理学的看法**，**而不应作**

化学的看法；只有路子格局或法式，而无所谓质料，这是科学的一个新趋势，他们说化学有归于物理的倾向。我们不是科学家，虽不配来讲怎样化学有归于物理的倾向，但我们总觉这话很有趣味。

以上是一段总话。现在把孟子的话提出来讲：

> 孟子曰："形色，天性也，唯圣人然后可以践形。"
>
> 公都子问曰："钧是人也，或为大人，或为小人，何也？"孟子曰："从其大体为大人，从其小体为小人。"田钧是人也，或从其大体，或从其小体，何也？曰："耳目之官不思，而蔽于物。物交物，则引之而已矣。心之官则思，思则得之，不思则不得也。此天之所与我者。先立乎其大者，则其小者弗能夺也。此为大人而已矣。"仁义礼智非由外铄我也，我固有之也。弗思耳矣。
>
> 人之所以异于禽兽才几希，庶民去之，君子存之。舜明于庶物，察于人伦，由仁义行，非行仁义也。
>
> ……虽存乎人者岂无仁义之心哉。其所以放其良心者，亦犹斧斤之于木也。旦旦而伐之，可以为美乎。其日夜之所息平旦之气，其好恶与人相近也者几希，则其旦昼之所为，有梏亡之矣。梏之反复，则其夜气不足以存。夜气不足以存，则其违禽兽不远矣。人见其禽兽也，而以为未尝有才焉者，是岂人之情也哉。

这几条很重要。在我们看去，亦完全相连。本来学问的问题不是数量的问题，乃是真不真切的问题，即是看他认识得真不真。但孟子这些话，很须待讲明，一面有几种疑问仍要解释。我觉得大家的疑问还太少，且疑问也问得不透彻，倒不如就孟子的话去提出几个疑问。若把它解释清楚了，也就把大家的疑问讲清楚了。

> 孟子说：人之所不学而能者，其良能也。所不虑而知者，其良知也。孩提之童无不知爱其亲者，乃其长也，无不知敬其兄也。亲亲仁也，敬长义也。无他，达之天下也。

孩提之知爱知敬，是一个原来具有的，还是受后天的指示或教训而来的？这是大家常有的疑问。大家以为生来不一定知道，要等到后来才知道。此须解释。所谓爱敬无非是举一个例来说，其实就是一切的情。所谓良知——我谓为直觉。我们曾说过，一切好恶都是直觉，——看去几乎是非常之受后天的影响，后天的转移，或竟是由后天得来的。如我们不懂图画，不会音乐，但是我们觉得它好不好，仿佛是愈久学习而愈知道的，此非由后天得来么？

我们即或承认爱敬是原来具有的，则小孩之与母亲闹脾气，这岂非是原来具有的吗？如果原来都是好，则好色好货都是良知，顺此作去，岂不是致良知吗？

照上面的疑问，一切的情必是原来具有，而原来具有又都是好才合我们的意思。又如孟子举四端的话，他说：

> 无恻隐之心非人也，无羞恶之心非人也，无辞让之心非人也，无是非之心非人也。恻隐之心，仁之端也，羞恶之心，义之

端也，辞让之心，礼之端也，是非之心，智之端也。人之有是四端也，犹之有四肢也。

口之于味也，有同耆焉。耳之于声也，有同听也。目之于色也，有同美焉。至于心独无所同然乎？心之所同然者何也？谓礼也，义也。圣人先得我心之同然耳。故礼义之悦我心，犹刍豢之悦我口。

这些话也有疑问，就是人心是否都有同好？是否都对？耳目饮食常有你觉得好，我觉得不好的情形。故如果人心之所同然是好恶，则有时亦有不准。如果好恶不一样，则是非岂不是不一定。

还有一个疑问，人之四端统统都是情，情究竟是什么东西？照我们的看法，似乎是以情为主，但从别一面看去，则不应拿此作标准。这个意思，是我同朋友谈话，他们常有的意思。冯友兰、王近信都是以前北大的同学，现在美国研究哲学，他问直觉是不是一种情。如看花而有美感，就一面说是知，就他一面则是情。此不能说他不是一种情。既认他是一种情，则情不是一个根本，不过是遇物而发生的东西，所以好恶不是一个根本，他是生命向前要求有所遇而发生的。有了这种活动，顺之则有所好，逆之则有所恶。故真的根本是要求，情乃是要求有所遇而起者，不应拿情来作主宰衡量那个根本，应拿那个根本去衡量情。归结的疑问就是直觉是不是一个情，如果是情，则不应拿来作主宰。

在他们的意思，以为食色等都是一个要求；种种要求，都应肯定。此时所谓是非善恶，不应凭好恶之情，应凭着彼此间的调和不调和。就事之一件一件来说，都无所谓是非善恶，有两面彼此不相妨碍，则是善是是，如饮食之多寡，须不碍健康。若彼此相妨碍，则是恶是非。因为我们看去，种种要求，都无所谓不对，如因我之要求妨害你的要求，则有所谓不对。故他们说最大善即是最大调和，真理即是最大的通；能解释种种的疑问即真理，能解决种种的困难即大善。

以上这些问题，都包括在孟子所谓由仁义行，非行仁义，或义内非外的问题中。

把上面几个疑问总括来说：

一、好恶之情是否都是本有？

二、本有的是否都对？

三、好恶是否齐同？

四、好恶是情则非根本？

这几个疑问，我们一面去解剖它，一面也就把孟子的意思讲明了。但是这些疑问，都要在下面第五的一个问题去下解释：

五、人心与物心的不同？

本具固有。孟子说，“人之所以异于禽兽者几希，庶民去之，君子存之，舜明于庶物，察于人伦，由仁义行，非行仁义也。”凡在好恶以外去找根本，最好也不过是行仁义，非由仁义行也。君子之所以存此，人之所以异于禽兽者，亦即由仁义行也。由仁义行与行仁义的这个问题，不但在旁的其他派别未把它弄清楚，即许多儒家也没把它弄清楚。汉时董仲舒差不多完全误解了。即许多宋儒亦未彻底分清。若他们能把它分清楚，或亦不至发生许多无谓的争辩。所以这个问题，如不能把它弄清楚，始终是行仁义；对于由仁义行的话，始终是隔阂。我们讲这个问题，先把本具固有的问题来开端。所谓本具固有，我们应当稍为着重一点，注重这下面两条：

第一是出于自己而不出于外面的影响。

第二是出于天然而不出于有什么用意。

我们说一个原来的意思，应当注重这两条不一定是要落于时间上。我们看小孩是如何，成人是如何，仿佛是属于时间的关系。诚然愈与时间有关系，愈非原来。但不是说原来与时间关系浅。我们说原来并不是一个初时的意思，也许是时间在前，但不谓是初时，此应注意者也。还有一个意思要申明，即所谓好恶之情，原来的心，我们不要在能力上去认，几乎可说原来的心是无有能力或不是能力这些话。我们举个例来指实。本来可以不必就小孩说，但亦正不妨就小孩说。

才生下来一二岁的小孩，论他的能力，是没有。但是这个时候，我们相信他的心是坦白是纯洁，自然什么正直不正直，他没有能力去认识，但此对他的心是信实的，则为吾人所相信。这个时候他的心是大公无私，是平平正正。所谓正直坦白在他都有。此时他不但不知道自己有不坦白，并且他完全不感觉旁人的不坦白。这个话就是说不要就能力上去看，说一个能力就不是。如爱兄敬长，我们不应就敬爱上去看，应就“不爱敬”上去看；如坦白，应就不“不坦白”去看；不“不敬爱”，不“不坦白”是原来的。如说一个知爱知敬，也就有就能力去看的样子，他虽不感着坦白不坦白，但在智慧开发以后，他顺着坦白的胸怀，就有一种拒绝不坦白，欢迎坦白的倾向。他虽不知道正直不正直，但在智慧开发以后，顺着正直的胸怀，则有好正直恶不正直的倾向。就能力的发生说，时间上未尝不是后来的，然而仍是原来的心。意思就是说我们的正直坦白是天然的变化，而不含有用意的意思。天然即无所为，有用意即有所为。说原来的心，是说天然就有；待到有用意，则非原来的心。故原来的心是出于自己，而非出于外面的影响。

但是这个不坦白、不正直，又如何说它非原来的？自然我们不是说不坦白不正直的事情，小孩时没有，而是说那不坦白不正直是无所为而为，而非有所为而为，后来则有所为有所用意矣。但此是出于外面的影响，故说它非原来的。固然愈落于时间，与时间的关系愈深，愈不是一个原来。其实仍可说是原来就有。我再举一个例，或为大家所不信，即小孩的心是谨慎小心，是勇敢无畏，这个时候，或者不好说他是勇敢谨慎，说他是不“不谨慎”不“不勇敢”。谨慎勇敢这种心情是先有了，其能力是在以后才有。如我们学音乐，或学绘画，好久才能辨别绘画音乐之如何。其实这个情，完全是固有。这个知乃是后来才有。心虽没有与客观的物接触时，但粗情已有，不过有深细处，则发展始达耳。某君举一个例，他说小孩在小的时候，大小便随处皆可，后来受外面之赞许或禁止，始知何处可大小便，何处不可。于此可知，知非原来所固有。现在我们应当就此种情形去看，比如我们人类之有科学，是不是出于人求真的心或好真的心。本来有求真的心才有科学，我们不能说，有科学才有求真的心。故可以说求真的心是出于先天。原来求真的能力在小孩不甚可见，然而好真的倾向是有。所谓好真、好善、好美都是出于先天，也是一种先天的倾向。这种倾向，他表露或发挥出来，不拘任何一种，都是受后天的条件所决定。我们不要说一种动作或一种事实，才为后天的条件所决定，即一个念头亦为后天的条件所决定。因为只要心往外一动，都是一个被决定。在小孩，初时因种种缘法不能显见好真、好善、好美的心，但这种心不能说是在成人的时候才增加的，完全是属于先天所固有，不过在成人因有种种缘法，故于那个方向更表示得清楚而已。小孩须有种种倾向而为后天所限定，并且为后天所转移而不能表达出来，此为最显著的事。如一派一派不同的文学，各觉着此种好，彼种不好，这都是为后天所决定的事实。无论任何事实，都是被后天所限定，为后天所转移。然而好真、好善、好美之心仍是先天所具有，本是一个原来的倾向被转移，而非后来才有的。故不能说好真、好善、好美的心不是先天有的。

以上是我们一个粗的讲法，下面我们再深一层去说。我们先来一个转折，就是一般所说良知良能，实在没有什么良知良能。所谓原来的心亦实在没有什么原来的心。因为从生物进化到人，人的生活方法是靠后天，都是后天所造成。常人通有一疑问，这个疑问很有原因，并且很对。实在应当有此疑问。他的生活方法实在是靠后天。老实讲，物类的良知、良能是最易见。它应做什么，应怎样做都是直觉而知，在它并没有什么意思。人类的良知、良能是最不可见。如小孩子对那些东西有毒，那些东西能滋养，他完全不知。物类的良知良能，因什么可见？因为它的生活方法靠先天。然而反过来说，毕竟人类之良知良能是更优或更富于物类。物类生活正因为靠先天，所以它的良知良能就只有那几样。这几样是非常之明显。人正因为靠后天，原来仿佛是一张白纸，可以说是无能力，但在后来就无所不能，实因他所含的能力太多，实在非常之富，非常之强。如大鸟抚养小鸟，这种亲子之爱，自然在人类母亲也无不爱小孩子者。但从反面去看，竟有贵妇之弃子，此则为物类所不能做，而人类竟能之。故说物类之良知良能最为显著。然而于此我们不要看它之爱子与人之爱子一样。它不弃子，实因它无弃子之可能。它之爱子实不如人类，它非常之近于无心，非常之近于无情。于此，我们应当把情郑重的提出来说明。

情 什么叫作情？情就是有那个空地方容生命表示之一点活气。因鸟兽的生活完全为先天所规定，无回旋的余地，所以它就无许多情。情只有在空地方才有，没有空地方则没有。凡喜怒哀乐都是那一点活气。人类之良知良能，乍看去似无可见，实在人类对于种种问题，都有他先天的倾向，只因不靠先天所以不显著。亦正因不靠先天，所以无所不能，他的一无所能正是他的无所不能。

于此，我们应当注意者：**人心物心之不同**，**不特是程度数目之不同而且是性质的不同**。

我们说人类的良知良能一则是富，再则是优。优是指程度说，富是指数目说。固然数目的问题很要紧，人的良知良能实正是无数。但我们说他优与富还不是根本的问题，在性质上的不同乃是根本的问题。此性质之所以不同，仍是一靠先天，一靠后天原故。我们说性质不同，是说人类的心才可以叫原来的心，物类则不能叫原来的心。我们前面说过，原来的心是出于自己而非出于外面的影响，出于天然而非出于有用意。物类的心就性质去说，是受外面的影响，很有用意。物类生活方法与生俱来，每一个心的活动都是有用意，都是受外面的影响得来。这个用意是指在进化成功之“所以然”的那个用意。故物类正因自己之有所用意，而不是原来的心，人正因为自己用意，一切必须出于有意识，出于自知，反见于原来的心。人类这有用意之态度，是在后天才做出来。物类之有用意，不出于造作；固然也可说为造作，但是出于先天的安排造作，由进化而成功者。故人类与物类，良知良能之不同不特是程度和数目不同，而且是性质的不同。

但是人心物心确实只有程度数目不同，所谓种类不同，宇宙根本上没有这回事。在生物尤其如此，都是由来也渐。我们说植物动物和人类三条路，通统是渐。所谓程度不同，就渐去说未尝不是。但此语有毛病，并易误认为三等级。他虽是一个渐，然而不是一个等级之不同，乃是方向所指之不同，如追根去找，完全找不着。若照等级的意思去说，彼此相望几乎是有差一点的意思，此类还可以达到彼类的地步。但就方向去说，则此类不能改入彼类的道路，不能进一步到彼一等级。故人类物类原来的心虽无鸿沟可分，但就方向所指去看，则根本不同。我们说一个靠先天，一个靠后天，这看去好像程度不同，然而非是。它们出发点之不同，这乃是较大的区别。物类的良知良能最是一个安排好的，最是一个不活。安排定则不活，而限于数目，不能因应有方。所谓情，就是生命舒展出来的一点活气。人心有空地以发舒，物类则无许多回旋余地。故物类的爱子虽很似人类亲子之爱，然而全不如人。它每一个心的活动都是安排好的，而有所为的。它的情是限于为生活，与生活无关者就亦与之无关，不能生情，它的数目所以限定即因此故。人类因靠后天，就是预先没有方向，完全无方向而有无限目的、方向之可能；什么情都可以生出来，完全不能限定，他是天然变化。情之发生完全不能料定。

柏格森说，从生物的心思去说，在旁的物类，其用思像是有一个生来的限定，如狗之为链所拴，只能在链之范围内活动，不能出乎这个范围之外。这个链是什么？就是为生活。人类则把此链打断，因此用思便可与生活无关。我们可以说人类生活固然能断此链而得解放，能自由用思，即在情亦因此得以解放而生出一个与生活无关的情，这全因心是整个的，一面得解放，而他方面亦得以解放，此即我们所谓原来的心。因心得一个解放，则知情方面都超出限定之范围。根本上即物类的心与生活有关，而人类的心则与生活无关。物类生活方法愈布满它的心，则愈是一个有所为，而人类之所以有用意，是在后天才有，故能超出功利而别于物类。

说到此，我想说我自己的变迁，就是以前不曾留意人类有与生活无关的知情。以前我看人类的心理只有本能与理智两面，所有情意都属本能。我最不承认罗素在此二者之外，别有灵性之说。他解释灵性是宗教道德所自出。当时我批评他不对。那时即不知有超本能的心，即人类的心从本能里得一个解放。他说：

> 理智的生活是以无私的思索为中心。
> 灵性的生活是以无私的感情为中心。

这个话我以为他随便说。在后来我研究人心物心问题的时候，才了解他的话是很有意思。我们说人类靠理智这个话，就是说靠后来想法子，所以必须后天无方向，故不单是理智方面之见长而已，并且情的方面也就根本与物类不同。物类愈是预先安排好，预先有方法，所以它的情，它的那个方向愈是一个有所为，愈是一个预备去做什么的，愈是有目的。在人类可以说几乎是一个矛盾，生命几乎全是有所取得的态度，但他不过是从此得到一个无所取的态度，仿佛是从功利的态度透出那个天然的变化，而非有所用意，此即无私之心情。本能都是一个预备做什么，全是工具，全是手段。物类愈是为本能所布满，愈是有所为。人类则从本能解脱出来，得一个解放，故不是一个有所为，此即罗素所谓灵性是也。罗素他本来把本能的范围弄得很狭，并不如我们所用范围之广。他解释本能为人类物类所共有的，而所谓灵性者，唯人类有之。于此他下这“无私”的两个字则极有来由矣。我以前把情放在本能里面，不另设一个范围，后来才知稍有含混。根本上所谓原来的心或无私的感情，是从本能得一个解放。罗素所指为灵性生活者为宗教道德所出。当时觉得他的说法不对。但过细去看，一种大的宗教，很能降服对于生命很有力量的人，即理智明察，情感充实的人。因彼能在人类生命之最深处或最高点立脚故也。即如很粗的耶稣教，所以能降服知识充足、意志坚强、情感丰富的人，而使之甘心皈依于教下，职是故耳。

所谓宗教能在人心之最深处或最高点立脚者，即建立于爱与悔二者之上也。爱与悔都是人心之最高点，但不过仍是那个求真善美的方向而已，这两种心情最是无私的，不预备去做什么。悔即是一个自己之不容，爱则是无外。此恰与功利的态度“有对”或“有外”相反。宗教能在这两点发挥所以能动人的心坎，足以降服许多人。所以**悔与爱实在是宗教的中心**。

所谓道德，照十六世纪乐利派的解释，则出于有意的计算。即克鲁泡特金的解说，虽然反对有意的计算，但实是等于主张无意的计算。故他对道德的解释仍是一个预备做什么的，仍是一个手段。其他的解释都不外是看成手段。他根本的错误就是忽略了人类因走理智的路而心得到解放的一层，即罗素所谓灵性的生活，以无私的感情为中心也。人有所接触即生一感，这个感不皆是有所为。而物类之感则皆是有所为的。

我们说感情直觉本来应当分别；有些情是本能，不可说它是无私的，虽是像与生俱来，然而几乎可以作为一个后天。自然冲动，不是后天得来，但却是由生命进化之渐渐积来者，这种情即是我们所谓气质。这是一个硬固的方向。我们说气质并不含实质或物质的意思，即是说它是出于旧的路子。有些直觉也是气质。这是一个假的先天。真的先天只是这个天然变化。所谓直觉，亦毫无深的意思，就是一则对待非感觉之知，一则对待非概念之知。感觉之知是没有意味，只有这一回事。概念之知是由慢慢抽象而得。直觉是当下一感而有一种味道，所以我们说与气质无关的感情是无私的感情，与气质无关的直觉才是真的直觉，即真的先天。这个直觉就是我们所谓真的心。

在物类差不多都是为气质所困，或为气质所封锁，以后再没有多大的变化。人类则有不为气质所困的心，所以生活可以变许多样子。因此我们说良知良能物类莫有，人类才有。人类是从不是原来中剖开而成为原来，物类则剖不开而困住于不是原来中。明乎此，则以上的几个疑问便不难解决。

我们以前说人似乎是好恶不齐。我觉得这样好，你觉得那样好，这是什么原故？这就是是愈出于气质，则好恶愈不齐；愈出于习惯，则好恶愈不齐。各个人的脾气都在气质内；人之气质不同亦犹人之面孔不同。气质亦包括资质而言。人之好恶，因愈与气质相关而愈不同。如你爱吃酸的，我则爱吃甜的，根本上是饮食滋味，已有他的安排，已有他的固定的机能。许多本能都是出于气质，都是一个熟路子。这些本来不是天然的自己的，乃是受影响而来，是有用意的。我们不能以这些囿于气质习惯之不同来证明从此解放出来的东西之不齐。本来那个东西是无有不齐的，因他是属于天然的变化。他仿佛是未着色的东西，着色的一面，自然是不同，因是固定的熟路子。但从此剖开出来的东西，非着色的东西，固同也。孔子所说“性相近也，习相远也”，意思就是如此。不过这个“习”不单指习惯；即从演进而来之本能，也包括在内。习虽是相远，而性则相近。性即我们所说先天的倾向。好公平恶不公平，无论什么人在这一点上都是接近的。我何以能与大家讲话，大家何以能听？换一句话说，我们为什么能交通？都是因有不为气质习惯所困之心。德莫克拉西这种倾向，以前完全不为吾人所有，但现在大家对它有一种爱好，从生命发出来的爱好。本着这种爱好以发活动，而对于旧有一切加以改造。这都是因为人有皎然不为气质习惯所囿之心。人愈与许多人的意境接近，则愈与气质习惯无关；愈独为个人所有，则愈与气质习惯有关。所谓绘画文学，虽派别各有不同，然而他们总想法开发别人，而引起他们的同情。故所有**不同都是气质习惯的不同**。于此大家必觉得气质习惯对于原来很像一个造作，很像是一个添上去。其实不然，仅仅是一个转移。既是一个转移，可以转移过去，也可以转移过来。我们所有的不齐，完全是一个原有的被转移。所谓你有我没有，或我有你没有，根本上没有这回事。所以有你有我没有，或我有你没有，完全是由原来引申而转移的不同。

（一）颠倒　其次，有人说不能拿情来衡量一切，仍拿欲求作根本；所有的不好，都是欲求之冲突，能得调和便不冲突。即是善这个问题，仍可由上面的说法去解决。他们的错误与麦独孤的意思一样，他把人类所有的心理拿性的本能作根本，其余通通都是环拱于它而为它的。此实是一个大颠倒。本来所有种种本能，它都不是一个根本，只是工具，只是手段，都是为生命而有的，即生命乃是为这种工具做主者，所有一切感情思想都是为它。本来说感情附于欲求没有错，但此是单就气质一面来看的。所谓人类原来的心，超乎气质习惯的心，它所发出的情，不是附于欲求而来的。

现在关于伦理有一种很普通的思想，就是肯定人类的种种要求，各种要求常有冲突的倾向。就人类来说，应设法让它不冲突。所谓善与道德要不过是其间之一种调剂。麦独孤也是这种看法。或者亦可说凡带有功利派色彩的，都是这种意思。惟德国的伦理学家，似乎稍为不同一点。周作人先生说蔼理斯这个人，他的人生态度很好，因为人类常有两种态度，如关于性一面有取或舍的态度，但最好是在此二者间之调和。蔼理斯他是如此。这些通统是持的调和说，通统是肯定几个不相关连的倾向，在此中求一个调和。这完全是行仁义的态度，与孟子的意思完全冲突；非于此加以批评，不足以提出孟子的意思。他们的大错误就是一个颠倒。本来把宇宙或生命看成一个大目的或是一个机械都不对。所谓宇宙或生命仅仅是一个变化活动，愈变化活动而愈不同。究竟变化活动到怎样为止，完全不知道。我们若用一个不好的名词，就说生命是一个盲目的追求；要用一个好的名词，则生命是无目的的向上奋进。因生命进化到何处为止，不得而知，故说它是无目的的。生命只是这么一回事。当生命变化活动的时候，即生活的时候，有许多东西为生活的机能以成功其所谓生活者。生活之种种要求，全由这种机能而成功这个样子。如生活因活动有所消耗，于是要供给活力，于是要吃东西，于是人类就有此种机能以消化这些东西。故人类饮食男女以至种种本能，都只是安排许多方法对付生活。这些都是为生命，即为无目的的向上奋进而有的许多东西。这个整个的向上奋进的生命，应当是一个主脑，是一个根本，是一个中心，而不应以它的工具来作根本，以它们的种种要求来作中心。其他感情智慧，则通统为要求而有。若把无目的的向上奋发的生命而看作是为要求的，此实一大颠倒。

照他的话可以说人类的生活完全是一个择来择去。此虽不如吴稚晖所谓人欲横流，几乎可以说是折中而流。麦独孤有一个可注意的话，他说人的行为完全是冲动，如抽去冲动则完全不能动，这些冲动是生命的主要所在。他说人都觉得凡人本来都是做他知道所当做的事，不过有时有例外，所以伦理学家去征求解释。其实这是错误。实际上人的动作乃是为多数冲动引起，这些冲动为进化所造成，当时并未预定后来做那种生活，所以动作不合理是常，而合理是非常。他又说道德的品格都是经许多年代为社会压迫而后有。他说这些话根本有个忽略，就是单看人类只有与物类相同的先天安排的倾向，而未注意到人类不单靠先天，实由依靠后天得一解放而有一个超本能的心。他不知此，所以仍引人类走入死途，走入一种模型的呆板的路子。他只看见人类的气质一面，全未看见有超气质清明的心。如人类没有超气质的心，则应完全不知道出于气质之行为之不好。没有超气质之感情，则不能否认气质之感情。我们觉得争斗之不好，觉得欺诈诡谲之不好，觉得此外种种之不好，全是因有一个超气质的心。我们说知的方面有一个无私的智慧，情的方面有一个无私的感情。若照麦氏所说，则无所谓有此二者，因已把它带入为生活里面去了，我们将长埋没于气质生活里面，无复有所谓超出之可能。

（二）忽略 我们说他的毛病，一则是一个大颠倒，再则是一个忽略。他们只看本能冲动一面，因此说冲动是常而合理是反常。他们忽略了超乎这个上面的主宰，他认为合理者只是一个强制，而不认识超本能的心原来是如此，只认为是本本能冲动的一个变象。麦独孤有几句话尤其看得出有这种毛病。他说无私的仁厚行为，道德的义务，倘若不用它所提出的路径来说明，则实无法说明，这便永久成为一个疑团，成为一个神秘的东西横在人心中，“不是为什么”之倾向，寄在进化的进程中，则没有它的来历。这些话完全不知人类有超本能的无私的心，便牵强附会扯入本能中。他要在进化中去找它的历史，则是注重有用处。这个超本能的心诚然无它的历史，但又并不是添出来的。它既是靠后天开辟出来的一个原来的心，从后天解放出来的一个先天，这个东西几乎可以说它无来历，因此他当然看它是一个无意识的。人对付生活都是放入有意识，在无意识一面，则自私的态度很淡。他不看这一面，只看自私的一面，说它是神秘，因他完全不承认有一个不属于本能冲动的心。其实又何尝神秘，因它只是由本能冲动解放出来的一个不限定它的地方而已，虽无它的历史，却有它的来历。照我们的解释，一切仁厚的行为，道德的义务，都是从这个心发出的。这个心即孟子所谓大体。

孟子所谓大体即是指超乎本能冲动的心；所谓小体，即是指那许多工具说。耳目之官不思，即工具的活动，是盲目的，不是心自己的活动。心之官则思，即心之活动是自己的。当不思走下去，则是冲动，思则不冲动。所谓“思则得之”，不思则不得，即思则合理，不思则不合理。不思而蔽于物者，因本能都是对待，超本能则非对待。凡把宇宙打成两截，无论是取得或反抗，都是对待，都是蔽于物。“物交物则引之而已”，即顺其硬固的方向走下去了。故当有对待的时候，都是蔽于物。心是清明的时候，是绝对的。单看小体，单看气质，则自然会忽略；如看大体，看有超气质的心，则天然有分寸。“人之所以异于禽兽者几希”，盖从本能冲动方面去看，则人类与物类很相像也。若从超本能方面去看，则人类实有所以异于禽兽者。然而许多人都陷入于气质习惯中，所谓心为形役，是即庶民去之者也。君子则能存其本心，而不陷于气质习惯之中耳。“由仁义行”，即是从无私的感情流露出来；若勉强去克制，则是行仁义也。

普通人看人类物类不同之点只理智一面，但是心是全整的，既开辟了理智，则一切工具势必让开，不能特显活动，此自然顺乎天然之变化也。在天然的活动中，是准乎天然的法则，即我所谓求平衡是也。故天然的法则是超乎工具之上而持于其后，单看预备做什么，而不看不预备做什么，此他们之所以误会也。但他们之所以误会，实无足怪，因此点容易招人误会，许多工具都是机能，通是预先摆在那里，是常在的。这个不预备做什么清明的心，不是预先摆在那里的，是有时在有时不在的。孟子所谓“思则得之，不思则不得也”。因它是让出来的地方，昏惰则沉下去，不能看见；不昏惰时始看得见。因其可存可亡，时存时亡，故容易被人模糊过去。孟子有许多话皆指此说。如他说：

学问之道无他，求其放心而已矣。

非特贤者有是心也，人皆有之，贤者能无丧耳。

……仁义礼智非由外铄我也，我固有之也，弗思耳矣。故曰求则得之，舍则失之。

虽存乎人者，岂无仁义之心哉？其所以放其良心者，亦犹斧斤之于木也，旦旦而伐之。……

……人见其禽兽也，以为未尝有才焉者，此岂人之情也哉？故苟得其养，无物不长；苟失其养，无物不消。

孔子曰，操则存，舍则亡，出入无时，莫知其乡，惟心之谓与？

这许多话都是说心容易不在。但所谓在不在有与无者，非有两心也。即一心之昏暗或清明耳。

（三）调和强制　我们已经讲过他们的误谬：第一是大颠倒；第二是大忽略；还有第三种误谬，就是要调剂，要想法子去强制。根本上他是生命是这样，这种办法生命实在做不到。生命本来是自然的，用不着斟酌损益，并且一斟酌损益则不是。于此有个要点，就是性善论之不为大家所承认。因为大家都觉得随其自然，则流于恶，必须勉强乃能善。我们如果把自然勉强的意思明白了，也就可以明白性善的意思。所谓善诚然也不自然，又有勉强。当心在的时候，本来是自然，如果心不在的时候，则须勉强，就是困在气质习惯中的时候，实在要勉强才能做，实是非如此不可。因此他们遂以为要自己强制自己而后善，实不免有所误会。我们虽说有时是自然，有时是勉强，然从自然去说，是非常自然，并且非自然不行。一不自然，或一用力气，则不对。大程子所谓未尝致纤毫之力者此也。若果稍一致力，就是堕入气质习惯中。故善不但是由自然，而实在非自然不行。只能从活泼发出，从容自在，不能勉强。一为斟酌损益，即不是也。因由生命出来，本是活泼自然，所谓鸢飞鱼跃者是也。这个时候，只是生命之自然流露，若已发动而去想法强制，实在来不及。

虽然善一面必须自然，一面仍是奋勉不懈，二者似乎很有冲突，其实是相成的。所谓自然，并不是随他去，还是要奋勉不懈。故必须奋勉不懈与从容自在同时存在就对了。凡为我们所嘉赏者，都具备这两个条件。不带力气也不好，多费力气也不行，必须是由极灵活的心发出来的东西，一面则从容自在，一面则带有力气，始为人所嘉赏。我们说一个善，自都具备两个条件。从奋勉不懈去看，则含勉强的意思；从从容自在去看，则含有自然的意思。大家不了解这意思，把自然解为随便去，把勉强解为用力气，即把惰气解为自然，当然就要说从自然是恶，而善则必须强制，由斟酌损益而来也。这根本是不了解生命是怎样。说一个奋勉，便容易用力气；一用力气便不从容自在。说一个自然，便容易随他去；一随他去，便非奋勉不懈。故善是兼具从容自在奋勉不懈。儒家的生活通是如此。孟子云：

> 君子所过者化，所存者神，上下与天地同流。
>
> 君子深造之以道，欲其自得之也。自得之则为之安，居之安则资之深，资之深则取之左右逢其源，故君子欲其自得之也。
>
> 仁之实，事亲是也；义之实，从兄是也；智之实，知斯二者，弗去是也；礼之实，节文斯二者是也；乐之实，乐斯二者，乐则生矣，生则恶可已也；恶可已则不知足之蹈之手之舞之。

这些他都说得非常活泼。愈是活泼，愈见出生命是从容自在，愈可赞赏，愈是善。

“尽性践形”。这个意思很重要，可以补足上面的道理。孟子说：

> 形色，天性也，惟圣人然后可以践形。

我们以前说，我们的真心是没有开头，但又有他的来历。我们的意思是心理与生理完全不能分。就是一骨一肉的发达，都与全体有关系，完全不能把生理当作物质，心理当作精神看。我们最不承认把物质与精神分立。形色是指我们的躯体说，但人心之靠后天的倾向，他实在是已表显于躯体上；即是全体的变化，亦有靠后天的倾向。本来心理与生理完全是一回事，所谓心理与先天的倾向，已经是在生理上——躯体之组织上完全表出，几乎可以说心理之倾向，没法拿出来给大家看。要指点大家看，只有在生理上见。故所谓性者，除了形色别无可见。所以在形色上，如生理学、解剖学等所研究者，遂有一种了解。我相信人类躯体之构造与物类躯体之构造一定不同，但是我又相信在形色上去找，实又不容易找出来，恐怕找也找不清楚。心理的活动，不能无所凭藉，所凭藉者就是形色。因此，我们由形色可以得知怎样一个心理。孟子说：

> 存乎人者，莫良乎眸子。眸子不能掩其恶。胸中正，则眸子瞭焉；胸中不正，则眸子眊焉。
>
> 君子所性仁义礼智，根于心，其生色也睟然见于面，盎于背，施于四体。四体不言而喻。

所谓“四体不言而喻”，这或者是践形的时候。尽性才能践形，唯圣人能尽性，所以唯圣人才能践形。我们虽则是一个人的躯体，而未尽这种躯体的性，所以说不上践形，或者只是糟蹋。这个肉体真正是活了起来，即是尽性的时候，也就是践形的时候。由这句话看来，所谓圣人者，完全没有特别出奇的意思，不过是把平常生活做到好处而已，亦仅仅是一个人的生活，没有一毫增损，恰如其量而已。因此，以之去附会佛家、道家都不对。

由这句话，还可以看出一个很重要的意思，就是我们并没含有排斥本能或气质的意思。由上面看去，很容易误会我们不特是轻看气质本能，且排斥它。从这句话自可见不是如此。所谓践形不外饮食起居男女等等，完全照样做这种普通生活，毫没有轻视形色的意思。平常人倒喜欢分别一个什么物质与精神，我们的意思倒不如是。种种本能都是工具，不会使用工具就是为形役，反受拖累。若会使用工具，则心便是活的，则化物质为精神，通是一个生活，而生活便是非常之优美。

故从践形二字看来，全是把寻常生活做到好处，并无排斥肉体的倾向。

乙　义

义内非外，这一条辩论很多，但这个意思很明白，不用我们去解释。告子说，道理应当是在外面见。其实道理虽然是要在事实上见，然而仍是出于吾心。他们辩论的结果，孟子说得很透彻明白。如孟子说：

> 且谓长者义乎，长之者义乎。
>
> 曰耆秦人之炙，无以异于耆吾炙，夫物则亦有然者也。然则耆炙亦有外与。公都子曰，行吾敬故谓之内也。
>
> 孟子曰，庸敬在兄，斯须之敬在乡人。
>
> 公都子曰，冬日则饮汤，夏日则饮水，然则饮食亦在外也。

所谓应该怎样，不应该怎样，虽不能离客观而有，但仍是出诸自己。我们以前曾说有两种理，一是客观的事理，一是主观的情理。义本来是出于主观的情理，并不是客观的事理。故义非在外而在内也。这本来不难明，但也有许多人弄不清楚。凡提出一种主张，或采取一种主义，令人去走，都是行仁义，义袭而取，非由仁义行，集义所生者。荀子和有些宋人，很带义外的倾向，所以这个问题虽说是简单，然而有许多人总把他弄不清楚。孟子有几句话很坚决，他说：

> 无为其所不为，无欲其所不欲，如此而已矣。

> 学问之道无他，求其放心而已。
>
> 哭死而哀，非为生者也；经德不回，非以干禄也；言语必信，非以正行也。
>
> 大人者言不必信，行不必果，唯义所在。

由此可把孟子的意思完全看出。

丙　命

孟子时常以性命为对举。我们以前讲过孔子天命的意思，现在再讲孟子所说命的意思。孟子说得很明白，他说：

> 莫非命也，顺受其正。是故知命者，不立乎岩墙之下。尽其道而死者，正命也；桎梏死者，非正命也。

这话很足以证明我们以前所讲的意思。凡是一种实现，无论一小至极寻常极琐细之事，或大至改造国家，都是一个被决定，几乎都可以说是不自由。我们说自然而有定，就是天命，因为凡事都非待缘不能实现；愈是往外，就愈是一个被决定，被周围之情形决定。没有不被决定的事。故云“莫非命也”。但翻过来说，我们实在有改造国家之自由。宇宙的流行，本来是包括一切，这个时候，不应把自己抽出来，因如此则非“顺受其正”也。如我期待国家好，这只算是“受”，而非“顺受其正”。儒家的态度，就是知命，就是顺受其正。不立乎岩墙之下，不桎梏而死，无一毫徼幸心，无一毫不听天安命之心。如其有之，则通是不知命。

我们拿孟子的话去证明我们以前讲天命的意思，说知命者是最能尽自己力量的人，即孟子所谓尽其道而死者，是正命也。有许多人把命看成是必然，这自然是知识方面的错误，但他把自己除外。析宇宙为二，亦是态度的不对，故取尽其道者，乃是最能听天安命的人，必须非常尽力以后才可以说听天由命。不是完全不尽力量谓为听天由命。若是不曾尽力，实在没法可说有命在天的话。孟子说“尽其心者，知其性也。知其性，则知天也。”不懈的人，乃是尽其心者，懈怠的人，则无可见者。惟尽其心，才能知性。性就是我们原来的心，不含有用意，知性则可知天然的法则。天然的法则能自由活动。在气质习惯之中，则不能自由活动。恻隐羞恶好公平等，都是天然的法则。恻隐羞恶好公平的心可见时，便是天然法则流行很有力气的时候。堕入气质习惯中，则天然的法则便无力气。性不是私的活动，是天然的活动，所谓天然的法则是指什么？在我们则有知“《易经》那个道理”的意思。知天命的人，虽没有《易经》上所讲的学问，但他的心都是如此。

存其心，养其性，所以事天也。

这个意思与上面所说亦大致不差。存其心，即清明在躬，让天则自由活动，亦即孟子所谓不放心是也。从先天的倾向，是好真善美说，则可以见养其性，是让这个性充实发达。此三者，存心、养性、事天，完全是一回事。存其心即所以养其性，即所以事天也。事天者即合乎宇宙之大流，行与之一致前进之谓也。有人说事天是奉承而不违。诚然这个奉承而不违，就是宋人之所谓敬，亦即戒慎恐惧等是也。违即是贰，一有私意即是贰。故不落在一毫侥幸心上，又不落在一毫听天安命的心上，乃所以事天也。所谓“夭寿不贰，修身以俟之，所以立命者也。”儒家的意思，通统只有这一句话，就是要尽心，不管其他一切。所谓立命必须如此，才可以把这命立起来，如果我没有尽心，不能算是把命竖立起来。所以严格来说，不但是缢死枪杀算是死于非命，即一切死，亦可说是死于非命。唯最能尽心者，最能讲卫生者，才算是不死于非命的人。因他的心常明，故能最讲卫生，能照顾一切，而无一毫忽略，故他能把命竖立起来。比如一个人从缘来说，可以活五十岁，但须要不懈始能活到此，才能算把命立起来。如懈则不能也，则不算是事天矣。

儒家总是让人去自己尽心，并无多的意思。所谓乐知天命，乐天乃是一个奉承不违，就是乐乎天机而动。对一件事抱悲观自不是，即抱乐观亦不是。因他未与宇宙合一故也。真正的乐天、是一喜一怒一忧一惧，都是乐乎天机而动，顺自己生命，用着精力去走，然并不是格外用什么力，只是从生命里面有力的发出而已。

说到此，我想起那天与泰戈尔的谈话。那天杨沫灵（丙辰）先生向泰戈尔讲世界有五大宗教，分三种道，所谓人道、天道、性道，因此提到孔家。泰戈尔说，“孔子很不像宗教，他的话差不多像法典一样，我颇不感兴味。凡是宗教都在生命里有根据，真切的发出来。孔子似乎非是。”我当时听了他的话，很想说几句关于孔子的道理，但以时间的关系，不能把孔子全盘的意思向他讲，只举了“不得中行而与之，必也狂狷乎”一条。我说孔子所谓中行，是从天机活泼流露出来的，不是牵就凑成的。在孔子的思想，几乎是丢开中行不说，只要从中行出来的都对。故有取于狂狷，而斥乡愿为德之贼。盖乡愿乃是行仁义，无非牵就凑合，不是出于活泼天机。泰戈尔听了我的话，他说他也觉得很有趣味，不过因为所看孔子的东西都是些英译本，所以觉得他是有些不了解。

许多人看儒家，只从人与人的关系上去看，而不从他是着眼在自己生活处去看，这是很大的错误。若从着眼个人自己生活去看，则人与人的关系，也自然就有。他讲人与人的关系，都把他包括在自己生活之内，完全是注重在从里面有力气的去发出，顺乎天机则流行，所谓充实之谓美，充实而有光辉之谓大者，盖就此说。此层最不宜忽略。

以上是讲从性到命的话。还有一条也是从性到命，即是“尧舜性之也。汤武反之也。”

> 动容周旋中礼者，盛德之至也；哭死而哀非为生者也；经德不回，非以干禄也；言语必信，非以正行也；君子行法以俟命而已矣。

从先天的倾向，说到命，仿佛命是一个事实，命都是自然而有。性则是超事实，不是一个事实。因为性始终是将然，是一个可能性。所谓言语必信，差不多是冲口而出，一种随意挥洒的话，亦即是表示不为什么的意思。他只是自然是这个样子，不管那个结果，只是从生命发出来。就是所以见出是性，并不是由外面加的。动容周旋中礼都是自然是如此。此外有一条，则仿佛是性命对举的样子。孟子说：

> 口之于味也，目之于色也，耳之于声也，鼻之于臭也，四肢之于安佚也，性也，有命焉，君子不谓性也。仁之于父子也，义之于君臣也，礼之于宾主也，智之于贤主也，圣人之于天道也，命也，有性焉，君子不谓命也。
>
> 求则得之，舍则失之，是求有益于得也，求在我者也。求之有道，得之有命，是求无益于得也，求在外者也。

先讲求则得之一条。其求之有道以下则同。口之于味一条一并去讲。这一条是指性分中自己生活的好。就生活功夫来说，与操之则存，舍之则亡的意思一样。我们懈惰的时候，就是失去的时候，不懈才是得之的时候。“求有益于得”这句话，应注重并不是求后才有得，求以后才有进益，而是求即是有益的时候，即是得的时候。拿下面的一条来对照，尤应注意这个意思。所谓有命，即是被限定；本来没有不被外缘所限定的事，所谓得者，若就现在的奋力来说，则是比现在多一点，这是情分中的得，一切再没有这个自由。这一点就是当下的尽力，当下的不懈，或当下从懈中出来，此是最自由的。但究竟能做到怎样，则是命，则是被决定。当求的时候，就是不懈的时候，也就是有益的时候，这完全同时。与下面“求之有道，得之有命”不同，那一面可以说是求之有道是有方法，无道是无方法，得与不得，故自由命也。这一面则全不如此。一求即得并没有方法，求的时候就是得的时候，所以许多功夫都不是方法。因正在用功夫，并没有所谓方法，没有中间过路的桥。所求在外，这个外是缘，是有能求所求，所以求之则有方法。所谓求则得之，这有能所，故用不着方法。这个缘具备不具备，很难说。即使具备，得不得也很难说。求与得完全是同时。口之于味也，目之于色也，乃至四肢之于安佚也，究竟味之好不好，以至四肢安佚不安佚，都是属于外，须要外缘，故谓为命，而不说他是性；不去肯定而去求，不从性上去说，而从命上去说。仁之于父子也，乃至圣人之于天道也，父子是否得于仁，以至圣人之能否尽天道，照以前的看法，都是有命，很要看机缘，所以说命也。然而虽是被决定，但是人人有这一点先天的倾向，有这种可能性，所以说有性焉。故君子从倾向上去说，而不从命上去说，只管尽性或尽才，不管能尽仁尽义否，不管能不能做到。照我的意思，有一个讲法，不知对不对。是说口之于味，以至四肢之于安佚，虽然是一个倾向，实在是一个注定，是出于我们的气质，出于安排好了的一定的机能。好吃好安佚的倾向，实在是一个注定，虽然一看去是性，而实在是命。因性始终是将然，即到圣人地步，还是将然。虽桀纣之性，仍是一个将然；尽性后也还是的，然而注定则是已然，故看去是性，无不是命。仁之于父子，以至圣人之于天道，这些都是一定的道理；这种道理始终是一个将然，是一个性，不是已然，不是命。

二 生活的功夫

生活的功夫，简单说之如下。孟子所说关于功夫的话很多，所谓养气、求放心，勿忘勿助长。虽然所说很零碎，其事实只有一个，不过有时就是这样说，是如此，有时就那样说，则如彼而已。在孟子的讲话中，所谓推、达、通、熟、扩充等，都是一个意思。他之所以做这样解说，因他是性善的看法。性始终是一个将然，是一个倾向。这个倾向是善。我们的生活是要从这个倾向走出来，顺这种倾向，把他做到家，这就是推、达、扩充等的意思。不过说一个推、达、扩充，很容易使人误会：在事实上去达、去扩充；在空间上去达、去扩充。其实这是一个时间的问题，只是生命自己这一面，而不是就外面的事实去说。若推思的话，若说“老吾老以及人之老，幼吾幼以及人之幼”的话，人能充无欲害人之心而仁不可胜用也；人能充无穿窬之心而义不可胜用也。人能充无受尔汝之实，无所往而不为义也的话，很容易认为是从空间去推，从外面的事实去扩充，完全成一个空间的看法，而其实是时间的问题。本来问题是时间的，功夫也是时间的，而其事实范围之广大，仅乃结果上是如此。根本生命上没有空间，空间只能存在于时间，不能离时间而说空间。在我的宇宙观是如此，没有横广，只有纵的。儒家的意思始终只有这里，没有那里。只是要有这里，才有那里。那里之所有，因为是在这里。说一个生命，外面事实完全包括在内。说一个时间，空间也完全包括在内。我们的功夫只能求常，不能求宽。这个意思很重要。因为我爱自己的小孩子，才爱他人的小孩子，这始终是一个行仁义、义袭而取，而非生命自己怎样在空间上去推，非自得者，实是孟子所排斥的。我们的心若果是明明白白的，就是这样流行下去，生活下去，这就是时间上的扩充，就是我讲颜子时所谓不懈。对的生命的相续，即时间上的扩充，即让这不懈成功一个常。孟子所谓放心，就是懈，就是指那种逐物的心，即所谓找者是也。放逸都是心不在的时候；不放逸，就是心常在的时候。我们不懈的时候，就是求放心的时候，也就是心常在的时候。我们的不好，无论哪一种，它的真正的因不是如常人之所谓由于气质习惯，或环境，乃是我们的心当下的懈惰。问题是在此，故只能在此去用功。所谓求放心者，也就是只是从懈到不懈。孟子彰明较著讲不懈的话，就是必有事焉，而无正，心勿忘，勿助长也，数句。忘自是懈了，助长就是多添多用力，仍是一个懈。以至于如此，因为这种用力不是心而是气。凡多用力都不是真的力，而是借气质的力。这都是堕入气质习惯的时候。勿助长勿忘都是消极的形容不懈。必有事焉，则是从积极的讲。必有事焉，就是存其心那个存，这个话最分明。他说不动心，不动心不是一个功夫，只是一个结果。我们常说人类的心是一种天然变化，是一种罗素所谓无私的感情。此心原是不动的，而物类的心则常动。不动心，有人误认为是不喜不怒不忧不惧者，其实只算是不动情，非不动心也。不动心并不是无喜怒哀乐，仍是同样的喜怒哀乐，不过其心不为他所动耳，亦即不牵于物之谓也。牵于物都是动。没有一个情不是自己的一个天然变化。随其自然变化，恰如行云流水一样，而不为所动。故虽然动而实是静。大程子所谓“动亦定，静亦定”者是也。其实人心根本上没有静，总是动，然而虽动，若不牵于物，总是定。我们以前说，圣人与普通人的不同，就是圣人的喜怒哀乐恰好，而常人不恰好。现在我们更可以说，圣人的喜怒哀乐是不动心的，而常人的喜怒哀乐则都是动心的；圣人只听他自己的天然变化，常人则不如是。我们要生活恰好，亦只有听自己之天然变化而已。

1990年6月23日整理完，8月17日复核毕

《孔家思想史》整理后记*

（一）

1923—1924 年的一学年，梁漱溟先生在北大哲学系曾讲授“儒家思想”一课。当时因读了《东西文化及其哲学》一书，而仰慕先生的思想与为人，先后来京追随先生的四川友人王平叔、张俶知、钟伯良、刘念僧等，曾就便旁听此课。我手中收藏已有五十余年的听课记录油印本一册（为 1934 年在邹平山东乡村建研究院工作时四川友人席朝杰所赠），或许就是他们几位的旁听记录，也或许是当年流传的学生听课笔记。现在我们经手整理的即以此为据。

记得 1925 年我们十几位青年在京西万寿山附近的大有庄，随侍

* 选自中国文化书院学术委员会编：《梁漱溟全集》（第七卷），济南，山东人民出版社 1993 年 6 月第 1 版第 1 次印刷，第 976—977 页。——编者注

梁漱溟、熊十力两位老师求学，梁先生曾面授儒家思想大要，虽事过已半个多世纪，但先生讲授时的情景犹历历在目，而回忆先生所授内容与此记录也大体相同。

1988年6月23日先生逝世，不久我也双目失明，阅读写作均不可能，而每想到我珍藏数十年之久的这本《孔家思想史》讲词记录，如任其湮没，私衷难安。我老伴阎秉华知道我这心情后，遂提议她读我听，二人合作，逐字逐句整理。自1989年春至1990年6月23日——老师逝世二周年之日，历时一年半，终于完成了此项整理工作。事后又由先生长子梁培宽加以复核。

整理时，我们字斟句酌，悉心推敲；一面力求保持原貌，尽量不作改动，一面如有文理不通，或明显错误，不得不改动时，即仰体师意，予以必要修改。总之，务求无违于原意。至于引文，也据《论语》等加以校订。

先生讲解儒家思想，列举了十三种态度，这并非就《论语》字面上推衍出来的，而是从文字里反映出的孔子生活实践中归纳得出的，因此它不是空洞的教条，也不是抽象的理论。其所以能如此，盖因先生自有一番身体力行儒家思想的实践经验。今于此特加指明，就教于读者，幸希明鉴赐教。

李渊庭　阎秉华
1990年6月23日于北京

（二）

此记录是否即为先父当年于北大哲学系授课内容？关于这一点，记录中并无明确的记载，但可指出以下三个细节供参考；一、讲词一开始说：“在我与陈百年先生通信之时，……。”按陈先生为当年北大哲学系系主任。二、记录中说：“冯友兰、王近信都是前北大哲学系的同学，现在美国研究哲学，……。”（见讲词记录“孟子”一章“人类心理之观察”的“甲、性”一节）按冯先生留学美国在1919年至1924年。三、记录中又写道：“我想起那天与泰戈尔的谈话，……。”（出处同二，见“丙、天命”一节）按先父与泰戈尔会见在1924年。（《朝话》一书内《道德为人生艺术》一文中曾说：“在民国十三年时泰戈尔来中国，……。待他将离北京时，徐志摩先生约我去谈，并为我们作翻译，……。”）以上三事均表明讲词为先父任教北大时所讲授者。其内容大体相当本拟写出后又放弃的《孔学绎旨》一书。但先父亦曾表示：《孔家思想史》笔记“概未得我许可，抑且未经我寓目，全不足据”。

梁培宽

1991年6月

人心与人生 *

第一章　从生物进化看心之发展[①]

什么叫心？心是什么？“什么是心？心是什么？”这在仓促间不一定人人回答得上来。但是就使一时说不出，而总不致全茫然没有一点意思。——这点意思仿佛在喉咙里。当凝神去想象时，固未尝不跃然在目。此就是说，不管说出也罢，说不出也罢，总之在一般人的认识中固有所谓“心”者。但到了学问家——不拘是从前中国的性理家或近今西洋的心理学家——讲解愈详、指示愈多，反而弄得我们愈发

*　选自中国文化书院学术委员会编：《梁漱溟全集》（第七卷），济南，山东人民出版社 1993 年 6 月第 1 版第 1 次印刷，第 978—1011 页；全集原编者注释如下：此册讲词记录共五章，其中第一章凡两份；一为著者自写，一为记录稿。五章之后亦另有讲词约三千字，无题，亦未标明章次。——编者注

①　此一章乃梁先生自写稿，但尚未完。——抄录者云颂天注

糊涂起来。你试抓着一个学校听过心理学课的学生（乃至任心理学的先生）而发问道："什么叫心？""心是什么？"倘要不许举些书上的名词（感觉、感情、本能、习惯、刺激、反应等等），不许累赘地说多话，恐怕是很难。他实在有他苦处。他不单未从心理学书中领会到一点意思，帮助他在夙昔认识之外对于他有何新鲜而亲切的了解，而实自从读过心理学书后，旧日对于"心"所有的一点认识倒丧失了，转而茫然不知所从。

当真，今之心理学之说"心"殆皆不免失于支离破碎（其中自以构造派为尤甚，以机能派詹姆斯要好些）。原是一副活的心，而他们分开来作许多零碎去说。或者分感觉、感情等等（如冯德），或者条举许多本能（如麦独孤），总是愈说愈多。多不怕多，要能在多上见出一来便好。试且以人的这副骨架作譬。你要讲明它，何尝不可折散来一根一块地讲？只是要讲得使人了然这一根一块在全副骨架上的意义，和其他骨件上的配置关系。一一讲过后，总得使人对全副骨架有一种更亲切更有意义的认识。请问现在心理学家之讲心理可能如此？语云"执简驭繁"。学问之事或以繁为简之注脚，或以简为繁之归宿；未有只见其繁不见其简，如今日之心理学者。

真的学问每每是不离常识的（同时真的学问没有不背离常识的）。我们如果搁下心理学书本反回到常识来看，倒还可有所得。照一般人所认识得的一点意思去说，那么，心是什么？心便是主宰之意。心之为心在其能宰制、能统驭、能操纵，能收能发……，总是这类的意思就是了。这个说法似太旧太常识——欠学问的锻练，然而还觉得无以易此呢！（此为心之狭义，心之本义待后说。）且请容我慢慢地说给你。

要想了解这里“操纵”、“统驭”是何谓，那就请看操舟驭马之事。最好去看生手的操舟，初学驭马，又或行舟而遇风浪，骑马而值山路难行，四下照顾正费手脚的这个时候，那个“操”字、“驭”字看得最真切分明。倘不嫌比拟不偏，则运策提缰而驰马于陆，或摇橹把舵而行舟于水，也就可以作为心和它的工具驾着我们躯体在宇宙间往前过活的一个譬喻看。在熟练的水手行舟，则看舟即是我，所要对付者风波耳。我们在此刻若身无分于心，而唯在应付环境，亦颇类此。设全无麻烦，并若无所谓应付环境，此亦就熟手顺流把舵，坦途垂鞭之行无所事，是以所谓“操”所谓“驭”不得不借生手或险阻而后见也。

使我们明白人类心理的极好方法 以譬喻来说理是最滋误会的，而且根本上也岂能借譬喻来证成这个理。所以在大家要想明白“心”是怎样一回事，在我要想证成我说话之非虚，并使我说话里的意思明切、不滋误会，就莫妙于请从生物进化上看心之发展。

假使人类的心是一时出现如此，而无所从来的，那真乃奇妙神怪的东西。我们仰面对它张看，将极感不可解、极觉其怪，末从认识其意义，末从窥透其消息。幸得它不是如此。人类具有如是心理作用和人类具有如是体形构造，原同是从生物进化而渐次发展出来。在生理构造方面，有比较解剖学取鱼类鸟类以证人类之骨骼神经等而比较以见其变迁之迹，递演之理。在心理方面，也有比较心理学作相类似的工作。自然，心理学不同骨肉一般可以摆出来看，怕不能像比较解剖学有那样成绩，但总可以向此路作去。倘能自极低的单细胞动物循求以至于人类的心之作用，从极微弱而之著明极强者尽得比较而观，则“心”是怎样一回事将无所逃于我吾人之眼下。不独心之为心其意义于此可见，即心之各面，如所谓智慧、所谓感情、所谓记忆、所谓本能等，皆得一一认识其展开之脉路、相互之关系，分排配合不出一心之用，而非零件单离者亦可见。这不晓得有当于发展的研究法或历史的研究法否？我只晓得天下事情若不比类旁观而单独地去看，是无从看的。若不溯其所自来，而看其结果或一步段，是无从看的。这自然不是治心理学的唯一方法；然而要讨究“心”果何物，若不做这步功夫，任你去检索实验的功夫如许多，当实验的学者（行为派也在内）做分析推敲的功夫如罗素，做揣摩人情的功夫如麦独孤，做钩深索隐的功夫如弗洛特，总不得揽其全而窥其旨。

可惜我科学根柢太差，不能去做这种研究功夫、撰成一部自己所想望而规摹的比较心理学。不但如此，我曾并一本比较心理学或动物心理学书也不曾看过。因而想要凭借他人考验后的材料，出以自己的手眼而发挥其所见，亦复艰窘得很。我只看两短篇讲到生物心理之比较的文章。一是郭任远君著《人类的行为》中之“行为之进化”一篇，一是《科学大纲》（商务译本）第一卷第七篇“心之初现”一篇。在“从生物进化上看心之发展”这个大题目底下，我只能凭借这点仅有的材料稍稍说明我之所见。

生物进化是个什么？ 如我所见，所谓生物进化原只进化得个心。若从生理解剖上去看，自然也可以见出生物机体构造的如何进化，从行为派的着眼去看，也可以见出生物行为的如何进化。更按柏格森的《生命与意识》一篇文里去说，也可以指说出生物意识的如何进化。虽然各人着眼不同，所说非一，而其实都不外那一回事——就是物竞天择的结果，生物的本领越来越大（这副本领始而是所以竞胜于生存的，到后来则超过生存问题了）。所谓机体构造便是这副本领所凭借而从以表现的。所谓行为便是这副本领之表现。所谓意识或者可以说就是这副本领的自身。俗常所说心理、生理，虽则在我们研究时或者不妨如此分开来作两起事，而当生物进化时怕不是作两起事去进化的。——在它只是去进化这副本领而已。只这副本领便是我们所谓心；我所谓心只是“这副本领”。如我所见，所谓进化只是这副本领的发展史。

所谓心，所谓这副本领，试且从郭著《行为的进化》一篇去看，则篇中首举三条原理以为言——行为进化有三条普通的原理：（1）行为的进化与生理构造的进化相伴，俱由简单而进于复杂。（2）行为的进化常与分工作用并行；行为愈复杂，分工也愈专。（3）分工作用又与统一作用并行。因为有机体若不能统一各种专门特殊作用的器官，那么它们就不能通力合作，而有机体的行为也就不能统一了。所以在有机体进化中，分工愈专，统一作用也愈益发达。这三条原理是生物进化的根本原理，也是行为进化的根本原理。以下比较各种有机体的行为进化都以这〔三〕条原理为根据。

此中第一条即是适才所说生理心理不是作两起事进化之意。盖唯有如此的生理构造为其必要条件，二者相应，不爽毫厘。此义至为重要。“心”是怎么一回事则全应在第二第三条去看，即一面分工一面统一是也。节郭氏书中叙其发展次第易见者如下：

原生动物的行为，

复细胞动物的行为，

中枢神经之发现，

首尾分离的雏形，
左右相称体和耳目等器官的发现，
头部感官的发达，
脑神经的发达。

（以上见郭书 226 页起至 236 页止）

以下尚有两段未录。一段是说“用手和身体直立的动物”，即谓人类和猴类。一段是说“语言的发达”，谓语言的成立，生物进化史上遂发生一大变局。又引蜗逊之言谓人类所以异于〔其〕他动物者即有语言作用云。盖生物之进化始以分工，故愈进化而身体各部分的器官数目愈多，构造也愈复杂。至某阶级时，有机体的器官数目就不能再增，以后的进化只是各器官的构造和作用的变化，或全身体格的变化，没有什么新的器官出现。试看各种哺乳类动物的比较不过是（1）各器官的构造发达或完全或不完全；（2）各器官在身体上的位置不同；（3）它们的作用不同；（4）全体积的大小不同；（5）全身构造的模型不同。如猴类和人类之不同于他动物者只是变前两肢为两手，而唯以后肢支柱全身，使其易横为直，即属于第五项之所说。语言之发达，亦只在口的作用从争斗、携物种种烦忙事务〔中解脱，〕以手代替之后，而变易其用途与夫猴类声带之发达完全而来，亦即不出第一第三各项之所说也。似乎每有进化，虽始终必伴以机体构造之变化，而进化到后来其所变化的益臻于妙，既无新器官之增加，亦无何等粗重的改变。殆其直〔真？〕正进化之所在已在别有开展之途径也。

（以上的话除将末收尾一句是以我意增添外，余概根据郭书而述。）

试为进化作解释 从上述以观，我们粗粗地说进化就是进化得本领愈大。大约不会有人反对。我们再进一步说，这本领之开展发达其实不外两面，其一可说为工具方面（或说方法或说手段，均无不可），其一可说为主宰方面。

第一章 从生物进化上看心之发展[①]

古书有云“以简驭繁”。所谓学问，即以繁为简之注脚，或以简为繁之归宿，从未有无一个甚扼要之意思在心中而成为学问者，则未有以繁始以繁终者。如构造派之言心理，罗素之言心理，麦独孤之言心理，皆犯支离破碎之病，不能一口道破心是何物、简而能赅。吾人凡有一个经验，心目中必有一个活跃显见之事实或意思。虽不能一口说出，要终是一个甚简单之意思，而非是许多名目。吾人未看过心理学之前，盖尝有一对心之观念在，然而看过许多心理学书之后，反离自己之意思愈远，徒记得许多之名词，而对心之意思愈蒙混，故必返回常识，或比较能满吾人之意。

何谓“心”？吾以为即是宰制操纵之意。此是心之狭义，亦即常识中所言心之意也，至心之本义容后再说。

一言“宰制”、“操纵”或统驭，吾人即可思及操舟御马之事。所谓“操纵”、“统驭”则可看不会操舟不会驭马者之摇摆艰难、举措失

① 以下各章均属笔记，未经梁先生改定。——颂天注

当之际可以明之。心之向前生活亦复如此。舟也马也，如吾人之环境；舟之舵、马之缰，如吾人应付环境之工具，而操纵之统驭之以前走者则即吾人之心。心之意义如得事实以证明，则更令吾人容易了解。事实如下：

从生物进化上看心之发展。

自极低等之生物以至人类，从心之作用极微极弱而之极著极强，于是吾人可以了解心之为心为何如一物。盖使单看人类心理，而又为仰面一看，则极感不可解，极觉其怪。必寻出其来脉去路始可明白，单看其结果实无从看也。

解剖学上将人类之骨骸渐次向动物之低下者比较，而可以明其间递演之理。盖此所得者，虽意义亦事实也。

罗素把心分为本能、理智、灵性；构造派之分知觉、观念、感情等等；麦独孤之分本能，都是单的、各自各的、一条一条的，不大能看得出它是整盘之分脉，如骨骸之分排配合成一个系统的形状。又吾人比较各种动物之骨骸而可知其如何推演进化，吾人比较各种动物之心而后可将其分排配制明白了解，而心之非为零件单离者亦可见。

吾人从生物进化上可以看出心之发展，就是操纵宰制之本领愈来愈大，本领愈大愈能操纵。所谓进化即是要求此本领，而结果居然能得到满足。此意可从两方面去说，实即一事。

所谓本领愈来大即是愈得好的有气力的工具——利器或方法。所谓心之发展，就是预备好此种对付环境的工具，如驾舟之谋舵、驭马之谋策一样。

还有一点最重要的，就是在进化时腾出一个空隙来，令自己有从容活动之余地。譬如驭马者，手足有多大自由，即有多大操纵之能力，有一点障碍，则少一点操纵，完全不自由，则完全不能操纵。进化就是要此空隙愈扩张、自由愈增大之意。

在生物进化路上看心之发展，处处都可以看出上列之两点。利器固是要紧，而吾意则侧重所谓空隙自由一点，因为极端反对近来机械观的心理学之故。就事实上说，我们尚不可说生物之进化即为宰制与自由之事（宰制与自由不能离开）。吾人可谓生物进化之结果乃恰得此二点，事实上恐非从宰制方面出发或者从第一点本领方面出发也。吾欲研此问题，苦无材料，所得到者乃郭任远《人类的行为》内述行为之进化一章，与《科学大纲》内述心之初现一章，就依据此材料以说明我之意见。

郭氏书述行为的进化有普通的三个原理：

（一）行为的进化与生物构造的进化相伴，即由简单而进复杂。

（二）行为的进化常与分工作用并行，行为愈复杂，则分工愈专。

（三）分工作用又与统一作用并行。

实则郭氏之言亦不过两义。复杂分工即吾之所谓得利器，统一之义即吾之所谓得自由空隙。余从五方面说明从生物进化上看出心之发展，即为自由腾出空隙之意。五点实即一事。

（一）只一进化之时即分工之时，亦即统一之时。一分工，一统一，而同时即得自由。盖分工即得一利器，得工具，此工具为被运用，即是被动。何处是统一之地？即能宰制之地，即能自动之地。主动即是自由。自由无他义，即不被动而为自动耳。当分工之时即让空与彼，亦即让自由与彼。彼为谁？即心也，亦即能宰制之物也。

（二）因分工之故，而神经中枢成无用之用。无用之用非一方面之用。眼视耳听皆是一方面之用，吾人谓之有用之用，是即落在工具地位。无用之用即非专为某种用处而设，即是有自由，即是作主宰。

（三）因分工之故而令中央之处事情简少。如吾人之心常常有事，则每为事所滞而不能自由；唯中央将一切交给其工具去做，故可曰空隙，超脱环境、制驭环境，而得自由。

（四）因所分之工日久愈习熟，而愈敏捷简便，亦即是愈机械，而中央愈得超脱自由。此方机械到何种程度，彼方即自由到何种程度；亦即此方愈死彼方愈活。总之，仍是与腾出空隙也。

（五）愈分工而行为之可能之路愈多，应付之路愈多，则自由之空隙愈大。

以上五义不过是说明心之进化，为自由腾出空隙之一事也。

更从《科学大纲》“心之初现”一章证明我所谓心之发展即自由扩张之意。此文中叙述许多鱼类、两栖类、爬虫类、鸟类、哺乳类等脊椎动物之事实，可知其生活皆有学习之可型性及心之逐渐发展之大概，约论述之如下：

鱼类之试验：设投可食不可食之物试验鲤鱼学习之性。鱼经几次被误之后，对不可食之物不复过问。又投饵时，预识以不同之色果，经多次训练，鱼遂知特殊色彩与食物之关系，于是其反应多不误。是知鱼类之日常生活中能造成有用之联想而抑制无用之反应。不同〔于〕飞蛾之投火，纯为本来规定之反射动作所制，而丝毫不能自由也。郎开斯德氏云：“动物之进化有两途。一为小脑类，其生活限于本能，几乎不能学习。节足动物即走此途，至蜂蚁而登峰造极。一为大脑类，其生活不限于本能，学习之能力极大。脊椎动物即走此途，由犬、马、象、猿至人而造极端。”故鱼类与飞蛾之不同，所以由之路各异也。

两栖类之试验——蛙：袁克司教授曾为蛙之实验。置蛙于简单之迷路中，使自归其巢。途中标以红白二纸，以示路之正误。待其已习得正途。则更易其纸片以迷之。由是知其先天之规定较啬，而机械之程度较浅，故得自由较多，而有此学习之可型性也。

爬虫类之试验——龟：袁克司氏又曾研究一龟。造同样之简单迷路，使归其巢。第一次试验，至其巢也，游行须三十五分钟。迨三次试验，则其进行较直指，而无目的游行较少。如是试验至第五十次，则三十秒钟即已回巢。由是知龟之能以经验而学习，决非以观念或思索为学习也。观其盲目乱试，以渐趋于成功，知其心未有依靠实在符号所指导，徒以刺激之来，适应之方逐渐修正而已。

鸟类之试验：摩尔根尝于其试验室内观察孵化未久之小鸡。户外母鸡叫声，小鸡于本性中盖未知其意义。又尝饮试验者指尖之水。顾足涉盂中不知取饮；迨自啄足趾，始知水之需要。又误认红绒为虫而饱食之。观小鸡之错误，知其本性之规定之较啬，比较尚不被动，故能学习而受经验之益。其本能之不锐利即为其智慧之所隐寓，盖至是已渐得可学之性，而屈服于遗传下之心始得解放。倘如蜂蚁之类，本能安排已固，其动作如触电，不能迷惑，又何能有从容学习自由之余地邪？又希腊之鹰，以爪攫龟，从高掷下，待其壳破以食其肉。其术之发明，虽或以试验、或以偶然，要之，其能利用偶发之事牢记之而反复试尝，其智慧之程度已高，离被动而机械之境已远矣。

哺乳类之试验：由猫、犬、马、象以至猿猴，其进化有彰明较著之事，即其心有余裕之地，不复如前之对一刺激必生一定不易之反应，脱离机械之动作，能开拓其中央自由活动之空隙。桑代克者美之比较心理学家也，其言曰："猫犬之动作较少，不厌安闲，除有食物侪类或斗争等对之有关之刺激外，则不能引起其活泼之反应。猴类则不然，难计算其所为之动作，不能发见其所反应之刺激，罔从知其勤劳之缘故。盖只见其对于事事皆喜探视，而为以活动而活动而已。"是知猴类之进化，已发见新奇之事，即好奇不息之心，探索环境之欲望，为不知足之试验倾向，盖已渐臻理智初现之时期矣。又有试验猴类之二事足以起吾人之兴趣者。即沙丽与栗齐之事。

（一）沙丽之试验：罗孟纳博士试验博物院中之丰人猿名沙丽者，令其计算草茎。给教者以所索之数，计算能至五数，五以上则多无成效。盖其以为六以上即为多数。其忍耐之力只限于此，非其计数之能力已尽也。又其最奇异者，即当所求之数过五之时，则尝折草茎为二以献，于此可见猿已有计数之智巧。夫计数纯属理智之事，非平心静气推开种种本能莫辨。猿能忍耐计较至五，其心之自由已非他动物所能及。夫所谓自由即可以完全不动，而其动则为自由。若非动不可，则被动而非自由矣。猿之忍耐不能过五以上，其自由亦即止于此矣。

（二）栗齐之试验：霍尔姆斯尝试给栗齐以一油瓶，中储花生，以木塞塞瓶口。栗齐得瓶，迅以齿拔其塞，而不知倒瓶令花生出。虽偶能得食，而终无法以满其所欲。盖惟其努力过殷，其心专注于所欲之物，而不见可以达到目的之方法。是故心与物近，则恒为物所制，而不能自由。以猿之灵巧而不知倒置其瓶以取食者，食欲有以制之也。夫刺激与反应关系过密者，其心恒不得自由。自由之多寡必以刺激反应关系之密切与否为断。关系愈大者，自由必愈少。人之反应刺激，无一定不易之关系，故事变当前能宁心静气以解其纷乱，苟一焦急则立即偾事矣。

总上之事实以观，可知生物进化上所谓心之发展者即不外二方面。一方面则因进化而本领愈来愈大，获得有气力之器官以为面前生活之工具方式。一方面因进化而得自由超脱，渐腾出空隙，以为面前生活之操纵主宰。盖自由空隙之大进化至人类已极，故谓心之发展即求最大自由之扩张可也。

第二章　几个纠缠不清的问题之分疏

吾之本意是反对机械观之心理学，而首章又提到自由二字，则不能不牵涉到下面的几个问题——即是自由与因果、精神与物质、科学与玄学之几个问题。究竟自由有无因果之关系？精神是否在物质之内？此种科学玄学之战在民国十二年已经引起许多人剧烈之争论，而仍纠缠不清。兹简单分疏之如左[①]：

自由与因果问题　一切生物皆有自由，盖人类以至单细胞之植物，皆是自生自长，自活自动。既皆自由，故曰皆有自由。自由即是自动。自动者无因。何言乎自动者无因？即无如常人所指的宽泛自由。譬诸以手推椅，则椅之动因吾之推，其动为被动，其动为有因，

① 即：下。——编者注

以动非由彼自起之故。如其动为彼自起，则此动为自动，此动为无因，故曰自动者无因。（因有二义：一为质料因，如瓷之于杯是。二为动力因，如电之于机器是。此云自动无因者，指无动力之因而言。）

生物既为自动，自动者本无因可指。若必求其因，则从自动本身说，可称为因，余则皆缘耳。故自动之因，即生命当下之一动或一努力而已。生命为时时努力，生命为努力相续。时时努力即是时时开端，时时第一步，并非开端之后再有第二步。故所谓自动之因者，即为当下之一努力。常人所言之因，即有凭借之意。实则一切凭借皆只可谓之缘而不可谓之因。缘者何？即与旁边有关系之意。盖一切生物之活动——包含行为与生长——皆时时与外物相接触。譬如吾人发一言，则吾人之口舌、声带、气管、精神，乃至一切身体之遗传习惯、思想、经验，及所读之书、所用之物，乃至全世界皆与吾人所发之一言为缘。即一切之缘皆从此一言之中见出关系，故曰缘，即与旁边有关系之意也。

因不可知，而缘未尝不可测。夫因既为当下之一动，则刹那转变，神化而莫测。如发一言而返求其因，则因不可见；返求所得者，只发此一言之缘耳。惟其有缘可见，故未来之言，未尝不可推知。盖缘者已具者也。生物之活动断非徒然而动，必凭借已具之缘以为表示。故熟习其人惯习所用之名词与其语调，则其人之言大概可以测知。盖一切表示无有不受缘之所规定或影响者也。彼反对自由论者言世界一切现象皆有因果，皆可测知，其所以能测知盖从缘上以测之耳。惟世界一切皆缘，一切皆旧，故可预测；若加以当下努力之一动，则翻旧世界而为新世界，则不可知矣。常人因缘不分、主客混乱，每指缘而为因，或反客而为主。如讲唯物史观者以为一切生物之活动是由于环境与物质所预定而丝毫不能移易，此盖视环境为动力之因，主客相混之故也。不知生物之活动仅与外物活动为有影响之关系，决非可以完全预定。所谓不能预定，盖因生命为刻刻创新、时时开端之故。此如吾人之思想常有忽然之领悟，此领悟为新添之创造，而决非从旧日所安排。如诗家之忽得妙句，如画家书家之忽有神来之笔，皆由于生命最强之时驾缘以走，突然奋发而成此不可测知之新创造。不特此也，即吾人平常衣食住行之间亦为刻刻翻新。当下一秒时之新，已非上一秒时之故，生生灭灭绵续而不可见；可见者只其运用之缘耳。故名家之创作，欲测其精，其事为不可能；若测其粗，则迹其缘未尝不可以概见。由是观之，可以得一结论，即自由未尝不可以测，而可以测者无论如何亦不过其缘而已。

自由之意义为何？吾之所谓自由非指一切生物所共有之最低限度之自由，为常识中所常用之所谓自由，即是有关系又不限死之意也。如毫无关系，即是超绝，超绝则无自由可言。如已经规定好，已经限死，则更无自由可说。许多人最大之错误即陷于超绝与限死之中。如拥护自由论者，则说自由完全不受规定，即完全无因无关系；反对自由论者则说完全有因，完全有关系。二者所说虽似于反对，而实皆言有一离开一切之自由。如离开一切而找自由，则未有不落在幻想之中者。所谓自由并非超绝，并非与物无关之问题，为与外物作何关系之问题。凡一切活动必有所依据，故自由亦有所依据，断无赤裸裸无依据之活动也。正为有所依据——即又有关系又不限死——而后始有自由可言。如超绝之自由则不过是幻想，断无解决之一日也。又所谓自由即少靠外面、少被规定之谓。只少靠而已，非绝对不靠也。少被规定而已，非绝对不受规定也。自由于何见？即从大概情势上见，即是从缘之优劣上见。盖缘是无离绝之可能，只视吾人为能运用外缘、战胜外缘，抑被压制于外缘之下，而为其所规定而已。故自由为相对之言，而非绝对之言，此即常识中所指自由之意，亦即本书中所采用自由二字之意也。首章所指从生物进化上看出自由，为从自由本身上——即正面——观察。如从反面观之，则只见其为外缘所完全规定，不见有自由。不特低等动物无自由，几乎人类亦无自由。故必明了因与缘之别，然后根本之观念可变。即必先明白孰为主孰为客，然后可言其孰胜孰劣也。

在西洋近代学术思想之中，并未见有甚简单甚幼稚之定命论，虽有亦不见盛。倒是中国人受了一点西洋思想之影响而又不肯用功者，此种思想论调较盛。譬如以前科学与玄学之战，代表科学一面者皆是如此。如讲一切心理现象都在因果律之中，喜说唯物史观。更有驳《东西文化及其哲学》一书者如胡适之则在此点与我争论。彼等以发生文化之因放在环境上去说。我书驳日人金子马治之说言：论文化之发展当分别因缘之意。环境影响无论如何大都不过是缘，其因盖不在此意，彼等盖未有驳而其思想固仍是唯物史观之意也。须知我与彼等之不同并非有甚大差异，不过彼等说话之时太疏忽，太不谨慎。如讲唯物史观者以一切风俗习惯道德法律政治等等皆为经济所规定，即言为物质环境所限定。其实彼等所说始终是说了大概，说了多少还是说了影响而已，即百分之九十九，还是大概，还是多分。如说话能如此守分际则尚无错误，如说决定之语气作完全决定之词，则太不谨慎矣。由说话不谨慎影响到思想上不谨慎。本来见到七分，偏要在原来之外添生枝节。譬如他说不自由，方彼等说话之时亦未尝不思及不能作绝对讲，然而一说到则作决定之推论，说得太限死矣。我此书所说自由之义并非绝对之言，是比较相对的；言说不自由时未有说是规定死了之意，即如说低等生物之不自由亦非说规定死。说自由并非言超绝、完全不受影响，自由与不自由都是比较之言。不自由亦可说是自由，自由亦未尝不可以说是不自由。盖两名词非绝对的不相容，以根本未尝有规定死之意也。

还须补说一点。即郭氏的《人类的行为》说生物有一个共同性，即具兴奋性，彼此行为之所以为行为亦因为此。其实我们所云自由之义亦即是有兴奋性。兴奋二字最好。兴奋即是自动。兴奋性是自己不知其所以然，无有“为什么而动”之自动。虽有时因刺激之来而发动，其实刺激本是缘，不过为其引端作自动之一动之帮助而已，其动仍为自动也。如是死物则根本无兴奋性之可言。郭氏自言其持极端之机械观以言心理，乃又言一切生物皆有兴奋性，复言行为有进化，实不可解。

吾谓从生物进化上见愈进化而自由愈大，此为柏格森之意，颇相契合。柏氏所言自由在其所著《时间与自由意志》一书中，其意甚深。唯吾说自由之意则不取彼之说。盖彼说乃形而上学之义，与心理学上实无大关系。盖心理学上所言十分之八九为常识之语也。彼说自由之义盖有妙解，彼说自由固有程度。言自由之人甚少，能自由之时又不多，此意待后再说。又自由在形而上学说本甚易，而同时如指其所谓自由谓云定命亦甚易易，盖彼此同无反证故也。故玄学上之论说与实际或常识上可谓绝无关系。又吾以为玄学不当以辩察为知，以思虑下判断，盖其所得者实皆空洞之语，仅能于常识中言之，且无从入于真正科学之中，如不在常识上说则唯有在生活上说而已。故如柏氏所说之自由并非思考上之所得，是从自己真生命之生活中真有感觉乃为真知，否则如平常所说无论为自由为定命，都是空话、隔膜之谈，完全未有用处。

又因果之关系。在近代学说中已未有此种粗笨之观念。虽不外乎因果之意，但不如此之粗率说法，已把此观念改变，大约用函数二字替代因果之意。故后之所云因果即函数之意，其观念较前精活许多矣。此是近来哲学受科学影响后之结果，亦哲学上之最大问题也。

精神与物质问题　此是宇宙根本问题，从古讨论不能解决者。故此问题不只是不可说，亦简直是很难知。然此问题在我心中回旋往复，经过十数年之甘苦，可以说知道一点，只好以我所得之结论随便说说而已。我以为治玄学大概有两途：一为智慧之路，一为反智慧之路。凭借知识，愈来愈开展，其结果能令吾人于根本问题有所窥见。如柏格森之从生物学上凭借其科学之所得，于根本问题有所窥见。爱因斯坦亦然。许多人都是走此路。如真见到宇宙之本体，则唯有走佛家反智慧之路。此二途吾皆未有深造，不过此问题在心中回旋往复既久，凭借自己一点悟性窥见一二而已。

吾以为此为一事，不过可从两方面去说。一从精神方面说，则精神几乎可说是未有此一回事。精神是空名，因精神是寄于二者之间。二者为何？其一为物质，其一为心。此心即心之本义，换言之，即宇宙之本体，即宇宙本体与物质之间有精神。物质本不在心之外，物质就是心——宇宙本体——所化成。心之本体会物质化；已化大半，余剩未化者，即化不了之一缝，有不安之状，有争持之状，就是精神。

所谓生命，所谓精神，就是此一缝之争持。精神何以有？就是因有此争持之故。故生物之进化即此争持之进化。如言精神是向上动，物质是往下动，一为兴奋性，一为惰性，即易之所谓乾与坤、阴与阳。柏氏之所谓精神顺转、物质逆转，所谓生命之冲进是精神，惰性是物质。此意本不错。我意精神与物质不可并看，物质本来就是宇宙之物质化，化不尽故有精神之发动，故有猛进。精神仅仅是争持，精神本无自己，物质亦无自己，故不可并看。如要粗说，不谈宇宙本体，则可说精神物质、或乾坤、或顺转逆转，老实说则二者不能并立。物质并不是先于精神。在物质化时，在不安于宇宙本体之化时，物质与精神同时无有先后。生命在宇宙本体之争持，其最初之表示极其幼稚，即原始生物。如按古生物学说分生物为数期，证明先有物质后有生命。王星拱说："生命是从物质来，先有大自然界，后有生命。"此话甚易误会，其实并不如此。因最初争持之生命表现甚为幼稚。生物进化而大自然界未有变，令人容易看出先有物质，其实此时之生命不过太幼稚而已，并非未有生命也。生物进化至人仍有物质之争持。人是争持之表示，人之生活就是心物之争持史，故心与物之争持即为精神即为生命。换一方面说，即从物质方面说则可说是无心——即宇宙本体——无物质，只有精神只有生命。柏氏与唯识家都是发挥此意。其实宇宙本体虽是近在眼前而完全找不着，且无法可以与它相撞，因为吾人即宇宙本体变相之故。物质本来亦是一空名，可说物质是因生命精神而有。将物质放在生命精神内说则甚容易。如说一切物质无非我所感觉，离开与生命有关系之物质，则其物质为不可知，即等于未有。故必与生命有关系才有物质。故曰从物质说则无心无物，只有生物精神。爱因斯坦把空间纳入时间上说，其实还是一回事。一面无宇宙本体之观念，一面无物质之观念，故曰精神虽是空名，亦可以说一切无非精神者也。

最平常的话则不认物质精神为二物相对待，则说精神是敏活柔软之物质，物质为凝固呆板之精神。非截然不同，盖原非二物。只宇宙间有此两不同之倾向或趋势，一则偏于兴奋性，一则偏于沉凝呆硬。因为有两趋势，仿佛令人看去是两物，其实只是比较之词，无有相对之事，尤其是未有绝对的兴奋活动。几乎可以说物质能单独存在，不合有精神。譬如石就是石。但未有无物质之精神。精神在呆滞之物质内兴奋活动，生命在物质内争持，无物质则无争持，无争持则无生命、无自由。盖活动即在不活动之内，故曰比较之词。

又张君劢喜引“物理、生理、心理”之三分法。柏氏亦说治心理学、生物学与正的科学不同。其说盖有所因，因为以次接近于最后之故；最后就是当下一动。因为不能再找最后，故亦可说最初。其初之动力因本来拿不定，以其新添进来之故。物理之动都是第二步。心理之动是从此开端。然又不可知其一不知其二。接近于精神之科学未尝不可以用科学方法以研究，不过根本弄不了而已。行为派之心理学欲从观察与实验表述支配人类的法则和原理，我并不反对，并且不妨碍。因为人类的行为都从工具出来，都借器具始有活动。一切工具都是走熟之路，人之行为易从此熟路出，就是精神的物质化，所以多分可测。故无论生理现象心理现象都可用科学方法研究，其所以有不同者则精神现象比较拿不定而已。

身心之关系　此亦玄学上问题。在心理学上可不必谈，然极重要，故约略言之。最流行之说为身心二元论，即心与脑并行。此说我固然反对，然人又多以为心在身之中，其实并不如此。《明儒学案》中有云“身在心之内”，此意与我相同。盖所谓操持生活之心（即狭义的心）即是精神，即指在争持之一点上说，然稍往广处深处推即到心之本义，即宇宙之本体。本来广义之心与狭义之心无法可分，即是全宇宙。所谓身体即是代表生活，即表示此争持之器具而已。身本是工具，故在心之中。此意非深加体会不知也。

科学与玄学问题 科学之为物，果何由而产生？殆从人类本生物对外之态度而产生。人之感官本为探讨环境对付生活——即避危险与求食——之用。惟其欲探讨环境，思得其于清楚明了、恰如其分之印象，则不必参主观之情感然后可，必愈能排除一切、纯持客观的静态度而后可。然知者本非为静之物，亦无法可使之静。盖凡知者之立足点皆为利用，皆为有所为，必不能如镜之照物，纯属静观，故所知之物，每非实境。所以詹姆士与杜威皆极言知之非静——反对康德知静之说。盖知本即是行，常有感情欲望夹杂其间；而欲探讨外界则必将主观的情感欲望极力除去，使感官极其平静而后可。科学既本人类对外之态度而生，其所用之工具有二：一即前面所言之感官，一为理智。理智即计算之心，亦极静者也。人既有此两种静的工具，故刺激之来，可能为冷静之知，而不一定发生动作。其他动物则不然，知与行之关系非常密切，盖其感官不能静之故。生物进化，其工具本必使之日趋于静，至人类则感官可算是极静。唯其如此，故科学则从人类中产生。科学之态度与纯持客观之态度，其察物时必使自己超出在外，与物为对而观察之。此态度与玄学恰得其反。玄学则不与物为对，自己居内与物为一。根本无有对方，即无有能察之我与所察之物。所以科学可以分开说有两种：一为具体的科学，一为抽象的科学。如以感官或辅助感官之实验器具以观察外物，其所得之经验又再加以理智之整理经营以成功者，是为具体的科学，如物理化学等科是。如专讲形式讲关系，可以不必借感官之经验，只闭目冥思，即可造出空洞之形式与关系与演绎一切，此种科学谓之抽象的科学。此几乎是玩弄理智之把戏，如数学名学等是。故无论何种科学皆是静观，且抽象之科学每为具体科学之根本。兹更言玄学，即古代之玄学。

前讲精神与物质时言此等话不能说——不——简直不可说者，则盖有故。以此等语皆属古代玄学问题。所谓“宇宙本体”四字在今日是完全不能说出之话，如说出者则成大笑话矣。本体之为物既非具体的，因不能借觉〔感〕官以经验；又非空洞形式与关系，可用理智作精密之推演。盖古人不知用思想之方法笼笼统统造出本体之名词，作一种大问题去研究。所谓唯心唯物、一元二元，所言者皆为本体问题，而无从诉诸经验。此盖由于不知所研究者已属于不可知之范围也。此种玄学上之错误在中国是永远不能发生的。西洋人后来渐渐觉出其谬误，此盖因认识论已建立好之故。认识论本是讲明知之所由来，即是方法论决定可知的范围。此时思想已大进步，不复踏从前独断之覆辙，并认定宇宙本体为不可知的事。认识论确定后，同时科学发达影响到（科学）〔哲学〕上来，且有更进一步而以科学之概念应用于哲学，于是有所谓自然主义哲学。然此派哲学又有新旧之不同。旧者称朴素的自然主义，如赫格尔之唯物的一元哲学。此派将科学之概念生吞活剥以应用于哲学上。新派则不然，只应用科学之精神、方法与态度，而不强袭其概念与名词，如波耳生、马克斯等是。此派恰与旧派相反，而步步守规矩。故旧自然派可称为玄学，新自然派可称为反玄学。吴稚晖之“黑漆一团的宇宙观”本纯乎玄学上之唯物派思想。胡适治哲学者也，乃拥护之以为是科学，岂非大笑话耶？又郭任远所著《人类的行为》极力排斥哲学，言治心理学当用绝对的机械观。此自以为是科学，不知自己所主张之机械观已落在治哲学之问题上矣。玄学在西洋虽经康德打断，至今仍未能打断也。如柏格森可算西洋近代之新玄学。但柏氏玄学与旧玄学异，其态度方法完全是反科学之态度方法，即前言无内外主客与物一体，未有所观察之物与能观察之我相对。柏氏之所谓知非观察之知，乃直觉之知，无所谓物，通体只是生命。柏氏又说因静观故所见一切皆化为静，因在感觉理智之中完全无有不静的。如何能使之不静？必须将科学的方法反转过来。故可以说科学是讲静的，玄学是讲动的。科学是讲静的，我人可以承认，玄学是否是专讲动的，此很难说。柏氏在玄学上曾开一新路，然与中国印度之诸玄学仍未见其尽合。看重反科学之态度，则与吾所见相同。然玄学何以须用反科学之方法？此种方法与态度是根据玄学之问题而来。玄学在科学外，所以仍有其位置，则因为其有问题在。此问题为科学所不问，亦不能问。凡问此问题者只在诉诸玄学，亦只是玄学在讲。故有此问题，有此方法，有此态度。三条件具备，连成一气者则谓之玄学。

凡玄学——或称形而上学——无论欧印与中国都是研究“绝对”及“究竟”之问题。林宰平先生在科学与玄学之战时曾说：“难道除了讲本体论之外还有一个什么叫玄学吗？”此话不很对。因为本体论可以说是玄学的重要部分或中坚。因为问及宇宙之本（题）〔体〕即是问及究竟，而说及本体也就是以宇宙作为绝对的看法，所以本体论是形而上学，而且是形而上学的中坚。因为问到绝对究竟的问题未有不关联到本体论者，但非除本体外无复有绝对或究竟之问题可以讨论。例如自由与定命、目的与机械之问题则不在本体论讨论之内矣。又玄学与科学之分别与牵连大家每分别不清楚。兹更讨论之如下：

玄学与科学并不是各人在宇宙间占领各人的疆土，常人所说此地方是玄学之疆土，彼地方是科学之范围，而是两人同在一块疆土，不过各人有各人的事而已。譬如取起一石，固然是在自然科学研究之物，但若问到其最后是什么成功的，此便到玄学上问题去。虽然在科学上亦能问到此石是如何成功的，但科学所得不能说此就〔是〕最后的。譬如以原子电子等说作为石之一种解释，而不能说为最后的，是为科学家言。又譬如许多的个人心理现象或社会心理现象皆是科学研究之对象，但若问到此种现象为出于自由抑本乎定命，则又入玄学范围；非心理学或社会心理学所要解决的问题，应当置之不议不论的。总而言之，不论物质与精神无不是科学的领土，亦无一不是玄学的领土。玄学科学的分别是一则专谈绝对究竟，一则虽无所不谈而独不谈绝对与究竟。二者分别如此，至其牵连亦即可见。吾人谈学问不知不觉要谈到绝对与究竟上来，并且常常不甘心避开它不谈，所以玄学与科学每每相牵连也。

又玄学为随科学而日进——自然古代玄学不算。因为人智日进才有科学，而科学之所问及者每有所限，（而）不足以满人之要求，而人亦不安于科学之所解答而止，势必进而问及究竟，则玄学势不能不存在。故科学日进而问及究竟绝对之玄学则必随之俱进，可断言也。

第三章 心理学是一种什么学问

此章分二部讲。一、批评行为派；二、述自己意见。

我何以专批评行为派。而不批评构造、机能派等？因构造机能等派虽与我意不大一样，然未有如行为派之显然与我二样恰相反对之故。所以必先驳行为派所排斥的对象范围及方法，然后可述我意。

先讲心理学所研究者是什么？行为派说是研究行为。他否认意识；言一切意识都是行为，是潜伏的行为、隐默的行为。此意我不反对。本来一思一感一动无非行为，只有隐微与明显之等次的不同而已。但是行为实在有两面：

（一）自己知道的；

（二）旁人亦可以勉强知道，也可以看见的。

如他说意识是潜伏之行为，此是他以为是亦可以作行为去研究。其实他所能研究的只是旁人可以勉强知道之一面，非自己知道之一面。此两面之意在郭著《人类之行为》内亦尝提及，但是他却始终抹杀一面。先举例以证明我之所谓行为有两面者。如我吃东西是一行为，此是旁人可以看见之一面；同时我知道吃时之味象如何、吃时如何快乐，此唯自己之所独知。俗语说“哑子吃黄连，有苦没法诉”，此即言无法可以举示于人之意。其实何独哑子为然，即一般人之亲自经验或（是）主观，此种经验主观既不能示人，人亦无法加进他经验之内。外表行为如是，潜伏行为亦复如是。故不论是否能完全为外人所观察，然总有两面，即自己及他人所可知道及勉强可以知道的。如吾人思想只是自己知道的，是主观的；而郭氏则谓此并不是主观的，乃是客观的，强行抹煞去。一面又在郭氏书中有云：“所谓意识皆是客观的，皆有直接观察之可能。”（6 页）其实思想或意识也未尝不可以作客观看，若至其独知一面则简直无直接观察之可能矣。又云：“心理学是研究行为的科学，并不是意识之科学。”恐他人说他脱漏了关于意识之问题，所以又说：“意识也是一种行为，即意识是潜伏的行为，并不是主观之精神作用。”（31 页）意识诚然可从外面看，诚然有那一面，但也有主观的一面。须知外表行为，不但客观意识不但主观承认意识为潜伏的行为可也，但也不能抹杀其主观的一面[①]。其实无论粗的细的行为都有两面。思想固有两面，即吃饭走路也有两面。盖在主观上说都有独知而为旁人所不及知者。郭书又云：“行为的心理的任务在以物观的眼光解释种种意识的现状，即是否认心灵或精神作用之存在，而说明意识何以不是主观的东西，何以是潜伏的行为，何以是根本没有性质的差异。”此话很不对。心灵或精神有无可以不必说，但不能因此面为行为派方法之所不及，遂并此面而否认之。他以为主观方面不及研究者是申明有两面之意，不过他是有意抹煞此一面而已。观他在书中声明之话可知其忽略之态度。他说：“老实说，苦乐两字在科学之心理学中全无意识。你若对一位行为的心理学家说，‘我觉得快乐或痛苦’，他一定答道，‘我不懂你的话’。”（249 页）此可见

① 原稿行间抄录者注有“此句当有错落”，疑为原句记录有误，无从考证，遵原文。——编者注

他完全不管那一面。其所以否认意识者为此，其所以为科学的心理学应当研究客观之一面者亦为此。但他又尝说到两面，又偏向独知之一面，以为他人之主观亦可直接观察。他说："行为的心理学不但不否认意识的现象之存在，并且承认关于意识之各种问题也是心理学之重要部分。"（201 页）此是他说到两面之意。他又说："不管意识之定义，只研究意识之事实，意识之现象是很容易明白的。譬如有人用针刺我的皮肤，我说'觉'得'痛'。有人把他手中之书拿给我看，我一看就'知道'它是一本书。此都是意识之现象。换言之，意识现象就包含我们通常所谓'记忆'、'知觉'、'思想'等等事实。这种事实惟个人自己能直接观察，外人除去间接之方法外现在还没有可靠的观察方法应用。"其述意识之种种现象惟个人自己能直接观察，此语则未有错；但言外人除用间接之方法外现在还没有可靠之观察法应用之语，则大有斟酌之余地。盖客观一面虽可观察，主观一面之不能观察，并不是现在未有可靠之方法而已，实在是始终不能直接观察，即实在是始终旁人不能知道者也。又其说有意识与无意识之分别，言"意识有两种不同之事实，第一为'亚蜗尔纳司'，① 第二种为意识之对象。"（203 页）当我们皮肤受刺激时，我就知觉。知觉是"亚蜗尔纳司"，所知觉之物是意识之对象。又譬如谈话一事。我知道我正在谈话是第一层，即亚蜗尔纳司；我所谈之话是第二层，即意识之对象。我们反对行为派言思想与行为是一样的话。我们并不是说行为派漏了行为之一部分生活，〔而〕是说他漏了自知之一面，说他始终抹杀了这一面

① "亚蜗尔纳司"是英文"awareness"的音译词。——编者注

而已。其实亚蜗尔纳司——自知——这一点即心理学之所谓心。行为派所抹煞的就是此一点。又说“‘亚蜗尔纳司’之发展言有三种说”（22页）大概都言意识之发生是与行为有滞碍的困苦的费气力的时候，此言意识之重要处是在“觉醒”，不在推理等等。他又说：“意识是如何发生这种问题，大概属于哲学的范围。换言之，心理学的任务在研究意识的所知（即是意识之对象，详言之，即潜伏和外表的行为）之一方面，而不涉及意识能知（即亚蜗尔纳司）的一面。”（215页）其实在能知的这一方面也许可以放在哲学上去研究，但不是完全是哲学问题。若其如何发生，他可以不必问，但是不能放弃这一方面不管。他又分意识为知、所知二方面，他自己亦弄不清楚。他说：“能知的事实包括三种事实：一是自己的潜伏的行为，二是自己外表的行为，三是他人之外表行为。”按第一二两项可以自知，第三项他人外表的行为仅仅是让我们知道其行为而已，并不能让我们直接知道他人所行为之自己亲自做的经验。若云我知道我看见他人的行为的自知，则已是属于第一项矣。盖外人的行为与外面之东西一样，都是能知他而不能自知者也。此可见其于能知所知二面，仍未分别清楚之故也。他自知一面完全不管。其实他抹杀此一面是不成功的。心之特点就在“自知”上——亚蜗尔纳司上。宇宙只有两面——此面与彼面，此面就是独知一面。故研究其他的彼面的事实即为其他的学问，研究此一面的——独知的一面——的事实是真正心理学。所谓快乐、痛苦、好恶、爱憎乃至是非实际上能完全不要固是痛快，但实际上不能不要，不能否认。则此种事实明明是有的，既承认这些事实，而一面又说管不着它，不要它，且禁止人研究它，以为不研究它的始是心理学，否则不是心理学，此则太说不通矣。我在此结束我的话。我以为心理学应当是一种去明白自己的一种学问。自己明白的学问几乎是别的学问所不问。别的学问是明白他的那个的，心理学则明白我的这个的。那个学问有人去研究，此则独无人研究，故研究此者谓之心理学。当研究此时，他可以自喻，难以喻人（比较之词）。将以自喻，不以喻人。此话或者说得太过一点。实在他不能不说得太过一点，以表示此种学问。此种学问之特点就在独知自知。我并不是像自我派所指的自我观念、自己个性或自己人格之意思，且并不含此意。我以为此种学问实在是体会人情之学问，是找着自己生命的学问。如何能体会人情，完全是在自知上下功夫。未能自知则不能体会人情。从前许多心理学家都是做此体会人情之功夫，即行为派亦然，他不自觉耳。尤其是麦独孤之心理学做有许多体会人情之功夫，不过他们所做的功夫未有到家而已。然如何体会人情到家，必先体会自己、明白自己；明白了人家还是明白自己，即是自己更加明白。因为自己有些经验然后能明白他人之经验。如于人情有所领会、有所悟解，都是以自己之知道为根据。譬如在某种情形之下发生惊骇或别种心理作用，以前不留意，现在因为仔细观察或旁人指点吾人始明白，此种明白是靠自己之经验。假使我无此经验，或我虽有此种经验未曾知道，则我必不能明白他人之经验。故在我之经验中未有此回事，则旁人之话无论如何我不能为真的了解。实在了解他人不过是把自己之常法常则知道而已。语云“哑子吃黄连”，岂独哑子吃黄连哉？体会人情体会己情耳。己之所无何由会人？往反证观乃知自己。是故真真心理学当从独知一面下手。当此时或亦研究他人之行为，然始终是为明白自己，是令自己因观察他人而对自己愈来愈明白而已。真真心理学其对象在此，其方法则不离此。然又当声明二事：一所谓独知亦不外研究人类之通性；二所谓从独知方面下手并非即以此为范围、限于此范围内而不问一切。所谓找清楚自己生命与生活其范围宽，意识之范围狭。当我体会人情时，则同时已包括所谓找清楚人类的生命亦在内。所谓体会人情，则本能情绪乃至无意识半意识亦注意到，亦相关连而及。行为派对于所谓人情他不研究，且否认之而不管，谬矣！以上驳行为派所言心理学之对象及范围问题。

行为与刺激问题　此亦为行为派所假定的对象。他假定一切行为都是一个刺激引起一个反应。未有无刺激之反应，未有无反应之刺激。故可从反应求刺激，更可从刺激推反应。求得反应刺激之通则，则可以裁制管理人之行为。行为派之心理学其最终之目的在此。他所谓行为只是刺激与反应。在我之意见上放宽一点亦可以承认他之所说，但如他之如此说法则不对。兹先言行为派之所谓刺激是何物，然后言我的意思。蜗逊之所谓刺激极其简单，他说："刺激这个名词之用法，……求心的神经末梢。"（见《行为主义的心理学》8页）

蜗氏之所谓刺激如上述，即从感官上所能感受的物质，如在社会的则用情境。郭任远所言之刺激则范围甚宽，大体分为二大类：一、有机体内自己发生的刺激；二、外来的刺激，又分自然的与社会的两种。

现在说我之意思。我以为根本上未有一二简单之刺激。如他说胃觉饿而思食，闻声而出视，此是极粗的看法。在极少的例中，可以这样说，而实不能如此说法也。我之所以承认他的刺激与反应说，是从宽的态度而言，其实我之所谓刺激并不如他之说法。然则我之所谓刺激者为何？就是他的不知在何时组成之全体的大的大系统的世界，或说全环境、全情境，此东西谓之刺激。譬如大的声音令我惊动，并非大声音让我惊动，乃是我的全世界令我动。即是我的全盘的整个的环境做刺激让我动，并非环境在彼处我入其中。乃是我自己造成的环境，他反回影响及我。听见大声我如何起惊讶，此两点完全看我已组成之系统占何位置而决定，而令我惊。如小孩闻此声或不惊动，盖在小孩之已成的系统内他未有位置故也。故单单一孤立之声离开环境之联想则未有意义，必在环境之系统上成功了一位置而后能刺激他，其刺激都是完全之环境来做他的刺激。故曰根本上无简单之刺激也。又其闻声而趋反应，亦非对此刺激而始有；即是非专反应此声，是反应由他组成大的有系统的完全的世界。故刺激非孤独的与我发生关系，必在大的系统中有位置。所谓大的系统即是所谓缘，又可说已成之我。现在之我，即当下之我。所谓反应与刺激就是现在之我与已成之我发生关系。反应已发生在即属刺激之一面，而组入于已成之我之中。我时时往下生活，即时时组成我之世界，方为刺激方为反应，方为反应方为刺激。一刺激一反应，往下即成一串。已成之我与现在之我刻刻生关系；刺激即反应，反应即刺激。只是前后时间的关系，而非内外空间之关系，故发生一行为欲找其刺激，非搬出他的全宇宙则不能说明。人无相同之宇宙，故无相同之宇宙反应。欲宰制人之行为是不容易。行为派所言刺激反应其毛病在分开说。如不内外分开说，则人类的行为不致被人误认为机械的被动的。若说只是时间的关系，不能分开，则可免是误会矣。我之说法与他之说不同之点即在此。

方法问题 行为派否认内省法，以内省法为神秘、为靠不住。其实所谓神秘、所谓靠不住者，谁告诉汝乎？非汝内心之所感觉其神秘、感觉其靠不住乎？岂观察行为而能得者乎？故当其说神秘、说靠不住时，已自己内省矣。而云否认之，岂非自相矛盾邪？陆志韦在其所著《社会心理学新论》有云：“语言是符号，是代表意思，然不内省自己之意思，则何以知道？”自省法固然有流弊有缺点，但完全否认它不要它则只是妄想，实是做不到之事。又他以为实验可以不用内省。如以狗为试验，其彷徨厨下，汝之所见也；未曾得食，汝之所能知也；曰饿焉，则非试验之所能知也，以向尝自感者忖度而言之耳。故试验法非纯为客观，其必参进主观而运用内省法者可断言也。是故内省法不能根本排除。且他之所以极力排斥内省法者，其理由尤不对。他以为心理学应与别的科学一样，可用科学方法，如不用科学方法便不能成为自然的科学。必欲其成为自然科学，而勉强排斥内省法，则与削足就履何以异乎？夫科学方法，察物之方法也。物不能自用，故可用客观之方法以观察之。其方法只可察物，而不可以自察。当其自察时，则所察者已非自矣。且客观之方法，虽非物而（不）必以物视之，而后能施其功。非独观察之，且必实验之。所谓实验者，即操纵物质现象以观其变也。物无自由故能操纵，如有自由则不能驾驭宰制之矣。故心理学不能实验也。其所实验者非心，其所能实验者都不过生理上之机能而已。人之生命为往前开辟，扩充其自由，而留下许多省力不费心的机能——即呆定的熟路——如本能、习惯、反射等等熟路，皆为物而非心，故可用实验法。此种熟路并不算心，故实验法之所能成功者最多不过找出人之熟路之大概而已，此实验法之所以比较可以操纵者。如超乎此上之心的现象，则实验无所施其功。盖心本自由，非同物之呆板固定也，本来是不能用客观的观察法与实验法。行为派偏说要用此。此种观察法、实验法所得是比较机械化之人的生活上（本）机能，都是不重要的范围极狭的问题、琐碎的事实。此方法虽未尝不可以备一种，但大不该持机械观说。持机械论即是哲学上之问题矣。陆志韦说，“机械观只是方法不是主义”，其言允矣。因为持科学的主观的意见以抹杀一切的此是科学发达至极盛时所有的现象，然亦即是科学到末路时的现象。盖一般人心理已成习惯，一切都滥用科学二字，有非科学者即容不下而生反感。此是一般人所以自蔽之通病，通达人断不如此。

以下则言心理学应当如何研究。

我以为心理学之研究法当有三种：

第一种是发生的研究法——即历史的研究法，就是从生物学上看心之发展。此是比较心理学所用之方法。如能用此方法研究心之如何由微之著逐渐开展进化，则可知心是何物，可以见出心是一种趋向。趋向即是心之意义，即是心之条件。他方面心之内容如何，如使有各种分机（分工），亦可容易明白其意义，如比较机械的机能与智慧之关系，感情是什么，性欲是什么。此种事情如单独看去，找不出它之意义，若从发生的源头起研究，则知此种事在人之全副精神上占何位置，其作〔用〕若何、其与他分机有何关系，均可明白其真切意义之所在，如言政府之组织能从进化上说明则其意义可容易明白一样。故心之各种分机，均可一一用此法去研究其意义。我先举感情一例以为此法之说明。我对于感情所得到的意识，以为感情仿佛像刮风，像气之在里动。因有空隙，故能在此里动。故有多大自由、多大空隙，则有多大感情。如无空隙则完全是机械的，则必无感情。故无空隙者则一切喜怒哀乐之感情皆无有。譬如我从下等动物考察以至哺乳类之狗。狗比较是有智慧，但它之感情都不能如人类之大，盖其空隙自由之大不如人也。感情既像风之在空间动，则它与别的分机之关系及其在全盘心理上占何位置其意义都可明白矣。故心理学之头一步应当用发生的方法。此法比较近于科学，然亦必有内省法加入其中乃可。

第二种方法是心理学之中心及重要部分，就是独知，自亚蜗尔纳司——自己晓得的方面——下功夫。此真不是科学方法与科学的机械观，恰巧是相反对的，名之曰玄学的方法也或者可以。所谓从自知里下功夫与内省不同。内省法是易误会为自己往里找及返回头追找，好像刚才过去了要快快地追寻。而我之所谓从独知处下功夫则不如此，不是追寻及回头找。寻求实是客观观察法的变相，其实仍是用眼去看它。如我手指痛，现在回头找寻此痛之如何，此法完全是用内省法，是对外的眼睛转回来的。其内省时好像内面有什么东西我去观察它，完全与观察外边是同一之态度。此法不是完全不要，但所谓从独知处下功夫者完全不是此意义，即是完全不是追找，就在当下这里不转弯让独知真切明白。本来这里很容易让人看不出有东西，其实从这里用功有无穷之道理让我们发现出来。平常因为心往外找、往外用，独知此点虽有但非常模糊微弱。其实此时不单是模糊微弱。模糊微弱好像是程度之话，其实许多有，变成没有；许多应知道，变成不知道；因模糊而许多应知道者都丢去了。故不单是程度之差。当有知感知得清楚真切，又不单是程度上知道明白，并且令我们发现许多道理。平常我们独知太差，太不敏锐，因为心愈向外用则独知愈减少，愈来愈差矣。如由此用功则独知处愈来愈大。因本从明下手，仿佛从程度下手，从自觉下手，令觉真痛痒、真好恶，在独知处真切明白，本来看去像是程度之增加，其实结果不只是程度之增加。此种心理学所要求与所谓生活是同一件事情，此种心理学之研究即等于做生活。从独知处明切可以令我们自己明白自己许多许多。我们身体之微妙、无穷尽与生命是什么一回事，都可以从此地方知道。上面说所谓体会人情即说这个地方，所谓找人类之通性亦即是这个地方。虽然他之方法不单是这边用，也许可以向外观察、有所见闻，但归根都是回到此点上。此时之往内观察即是独知。这里之往外生长功夫愈精细亲切，可说差不多愈到精微之处，愈不可以言宣，真有哑巴吃黄连的情形。旁人欲理会此种意味经验，只可自己去经验尝试才可明白。懂得此时亦可名为经验，全非空想。最忌是找。回头找与向外找是一样有妨碍。所谓在独知上用功，就是在有思感〔虑?〕时同时独知在彼处明白而已。回头找与向外找，差不多都让独知有不明之倾向。但此非绝对之语。平常所说的内省法亦不能说不用，但此法实有毛病。凡批评内省法有缺点之话都很对。因为心——或说生命之流或意识之流——本是变化无穷，一往直前、瞬息不停。当生命或意识向前流时，同时只有心中当下明白（亚蜗尔纳司），不能回头找内省。回头找已不是这回事，因生命是刻刻不停的，故内省上根本无法可以找得着。所以从独知方面下功夫，命独知刻刻明醒，此是心理学中心最重要的一部分。前一种历史的方法与第三种方法都是帮助我们独知明白真切而已。

第三种是物观法。此亦是帮助我们。机械派的意思与我们头一部分相差不远，如麦独孤所说之本能是怎样，此都可以作我们的材料，都可以容纳，构造派亦可以容纳。物观法是行为派所极力主张者。其拿哲学的眼光来谈机械观虽是不对，但他如果是只以机械观的方法来找人类行为之法则，则亦未尝不可以增加我们的知识，故也可以备心理学方法之一支。但不能以之概括全部。现在心理学家喜欢说想法子明白人类心理的法则、制约人类的行为。诚然，如果找出多（？）分熟路的法则，也有几分可以驾驭人类的行为。因为物观的方法，所研究的对象是机械的人，亦有此种比较近于机械化的机能，故所得亦可十之八九，故曰“有几分可以驾驭人类的行为”。而社会上也许有此需要，如政治如工厂都是需要此种制约人类行为之方法。不过他完全忽略了一面，即是只想管旁人，不想（不）明白自己来管束自己，不想对于自己的行为找一个做主的地方。他们只知道彼面，而不知道此面，即旁人进不来的独知的亲验一面、自己做主的一面。故我们的心理学是与人生打成一片的。

我们所说的方法确非科学的方法，但当我们如此做去，实在是心理学而非玄学。但无法不涉到玄学，但我们不往深去讨论。所谓精神、物质、本体、物质化、他与人生争持，仅在涉及玄学的地方不能不有几句指点的话，并不向深处走，只为底下讨论心理现象的基础，给底下做准备，以免人误会看。其实心理学自是心理学、玄学是玄学也。

第四章　人禽之别

前三章讲毕，应该续讲人类之心。但此题应分二方面去讲：一方面看重人类之心之“人”字言，是“人之心”而非“禽之心”，即本章所讲人禽之别者是；另一方面看重人类之心之“心”字，言是“人之心”而非“人之手”，即第五章所讲人类之心与其工具之别〔者〕是。

儒家似乎把人类看得特别高贵。如“天地之性人为贵”，相传以为孔子之语。即在孟子书中对于人禽之别，亦极力发挥此义。吾人以前甚易视为冲口而出之语，背后未必有若何一定之道理为之根据。其实不然。人禽之别实为儒家心理建筑起来的根本点，儒家的学说即立足于此点之上。至于儒家之思想何以建筑在此点之上，其意义吾人无从而知。若人禽之别，只就吾人观察所得而言之耳。

欲言人心与禽心之不同，应姑言其相同之处。人与动物无别，此是欧洲学术界中甚大之问题而特别发挥此意者，尤其是达尔文之进化论。自达氏学说出世之后，引起宗教家玄学家之争论，而终是进化论战胜。此本是事实，不能否认。人如披衣顶冠，外貌固甚文雅，与其他动物不同；若就裸体而言，则人与动物实无大差异。从解剖学上比较人类与动物之骨骼，其构造大抵相同，只是大小长短偏正之不同而已。再从胎生学上说，比较最初之人胎与兽胎之形状，亦大抵相似。可知人禽之别，并无鸿沟可分。形体与心理不能离开说，此意是始终一致。身体之构造既如此相同，则心理之现象当亦无大差异。故近代心理学之研究，如把人类心理从行为上说、从本能冲动上说，都是从动物心理学启发出来。从心理方面研究时，尤足以证明人类心理与动物心理相同之处甚多。如食欲，如性欲，如喜怒，如争斗，如游戏，甚至如羞耻，如自炫，人类有者兽类亦有之，不过是繁简之不同。再进一步说，古代思想中言道德之心为人类所独有而动物所无，然近来学说则不如此，言动物亦有道德之心。俄国克鲁泡特金在其所著《互助论》上与《无政府主义之道德观》二书中，皆是发挥此意。在《互助论》中，克氏特来解决自有进化论来之难题。此难题即是天演作用有所不及。物竞天择此本是天演作用，而人类社会中对于病者老者弱者则有保护怜惜之事，岂非与天演之说相违背邪？此难题在英国之赫胥黎亦无以解释，于是有谓人类心理究竟神秘超越，而此种仁厚的道德心是超乎自然律者。至克氏始以互助之说解此问题。克氏曾考察动物之生活，由低等动物考察到人类，举出许多事实以证明物竞天择之言之不谬。他意以为，常人着眼于团体之战争，忽略了族类与族类、团体与团体之互助。从个体说，则专谈互竞；从族类说则崇尚互助。惟有互助，团体始能与他团体互竞而生存，故动物之结群以御外侮、以猎食迁徙，壮者保其少，雄者保其雌，甚至群中有违背公德者则排斥之。此种社会本能之特别发展者，其群必为天所择而适存，反是则劣败而消灭。故互助作用，如只是个人则若与天演相违背，若从团体上观之，则正以见天演作用之进化无穷，故如克氏所说，则可见人类之有父母之爱、夫妇之爱、兄弟朋友之互相扶助，乃至一切公德，从前以为人所独有者，迹之动物亦未尝不有，只与人类有精粗之不同耳。安见人类之必高于其他动物耶？克氏持此说，以为人性皆善，不必管束，反对一切法律，主张无政府，盖视人与动物同，都依互助之原则也。凡上所引之事实，足见人与动物无异。此种解释，吾人亦有相当之承认，并不反对，但他有最大之忽略，为吾人所不满意者。

此处言人禽不同之正面意思。言人禽无异者，其说有极大之忽略。然则所忽略者为何？即是忽略了“一点不同”之点。一点不同即是大方向不同。方向不同，并不是小；其发轫虽小，其结果则大，所谓差之毫厘谬以千里也。人与其他动物在根本上几乎都是亲戚，人与植物找其同点亦并不难。故在生物上找未有相关连之物，可说根本上未有。柏格森说生物是同源，本来一家；后之不同，仅是走出后不同。偏于何方向，则走何方向而已，不能分阶段等级、在一线上分层次。个人有个人之方向，不能放在一条线上为前后高低之说。植物是植物之大方向，与动物之别非阶级之比，非由第一步可进化到第二步。植物顺它之方向往后退，则与动物相接近，愈下等之植物愈接近于原生之动物。它既往前发展之后，则去动物之性愈远。动物亦自为一方向，最下等之动物亦接近于植物也。柏氏分生物之进化为三大方向。一为植物之方向，一为动物之方向。动物之方向又分为二，即节足动物与脊椎动物，其各自为一小方向也。节足动物不是进化可为脊椎动物，退后找则有相近。人在脊椎动物中与其他动物（平）〔比〕较亦复如是。人是自为一方向，猫与牛马又各自为一方向。就其未往前走而言，则相差不远。方向不同，则未有方法可以比较。故方向不同即是根本不同。同一条路可以比较；根本不同，则无从比较也。人与动物是根本不同，不是差一点，并非多发展一点之比较。故言“差一点不同”之点即最大之忽略也。

兹再述柏氏所云生物进化分三大方向之意。柏氏以为一切生物都含有动物性，都要生活；但是各自走各自之方向在生活、结果则各自不同。其最显著者，则大抵不外三大方向（各方向又含许多小方向）。一为植物之路，其操持生活之心意是散漫（对集中而言）而浑沌（对清楚划分而言），几乎未有操持生活之心意，而成睡眠麻木之状态。

此是植物之路。一为动物之路，其操纵生活之心意可说是有，但是把如何生活之方法为先天所安排好、规定好。此是本能之路，而以蜂蚁造其极。一为智慧之路，其操持生活之心意至明至强，比较是走从后天想法子之路，即智慧之路，以人类为走其极端。大方向之中又有无数小方向，故差一点则方向不同。如猫与虎，如牛与马，虽其相近，然差一点则无法可以相及。猿猴虽与人类相近，但它亦自成一方向，决不能进化成人，即现在之猿猴亦与最初之猿猴不同也。脊椎动物之生活，比较是顶能自由活动，能保持经验，能从后天学习。虽是许多脊椎动物亦同走此大方向，而仍是各走各路。其中哺乳类虽与人类同走后天智慧的路，但它走得不远，尚未发达，故不能不仍走先天之路，藉本能以生活。人类则走智慧路，发达至极点，故虽有本能，然不能与其他动物相比。虎之本能与人之本能大不一样，不能以彼例此。且本能不可单独提出以相比较，因动物之本能，其全生活方法在它之全盘系统中所占之位置，与人之本能在人之生活全盘系统中所占之位置，完全不同，故不能（与）〔以〕此例彼也。

人类与动物之不同，有几个特点。且先说其不甚重要者。如人能站立，且站立之姿势极其安稳；猿猴虽亦能站立，然姿势之安稳远不如人。又人能用手，其拇指与其他四指同其功用；猿类虽亦能用手，但运用不如人之灵便。其特点一。柏氏说人类之特点在能制造器具，能运用身体以外之器具，其他动物则几乎器官即寓于身体之中，不能运用身体以外之器具。柏氏以为本能与智慧之别，此点甚为分明。不能用身体以外之器具者，为走本能之路；能用身体以外之器具者，为走智慧之路。动物中比较能用器具者，则比较有智慧；愈不能用器具者，则愈近于本能。动物中以身体为其器具，而器具即其身体之一部分，随在可见。如虎之用其爪牙，象之用其鼻，其最著者也。若蜂蚁之类，则纯粹走本能之路。其团体之中，各有分职。其分职不同，身体之构造——即器具——亦随之而异。官骸之用与本能，几无以辨。既从其官骸而发生本能，亦从其本能而造出官骸，所谓本能就是官骸之作用。故观蜂蚁之例，而本能与智慧两途之意义愈明。即一者器具在身体之内，其生活安排完全赖先天安排，有何种器具则成何种生活；亦可言动物有何种生活则成何种器具。此可言动物生活方法为先天安排好之证明。他方面因人之能用器具，又可见人是少受规定，未有安排，无先天之预备。故可说人之生活方法，全赖后天学习补充。人之特点即在能用器具、能造器具上可以看出智慧来。人与动物之不同，此实一甚重要之区别也。

人类与其他动物不同还有第三条特点，即人类的幼稚时期特长。不独生下来不能与大人一样，而且必须经过甚长之时间始能与成人一样。如智慧才能种种生活方法必赖有悠久岁月之学习而后成功。其他动物则不然，生下来不久，即可与成长之动物一样。此在各种动物中可以看见。在脊椎动物之鱼类，其小鱼落生之后已可随其母以寻食，过数月则与大鱼无异，能独立生活矣。又如鸟类之小燕，在进化路上比鱼类为高，其落生之后不能自己觅食，必赖其母哺之。过三四月，始随其母学飞。又三四月始能独立生活与大燕同。又如哺乳类之马牛与鱼燕比，则进化更高矣。初生之后，尤软弱无能，更须其母之保护、教训，经长久之时间始能离母自活。猿猴在动物之中进化最高，其儿童期亦比他动物为更长。英之生物学家瓦拉士尝考察一小猩猩在落生后三四期乃能站立，许久始能以手取食，再过许久乃渐长成，比之其他动物其儿童期实为最长。返观下等动物如阿米巴，由母体生（活）出来即可生活，无所谓儿童期。蚯蚓落生之后不几日即可长成，其儿童期极短。若人类则儿童期之长在动物中无与方比，初生之后除能呼吸吮乳等以外，其他能力皆未发达。半日离母则必死亡，一二星期始能感觉光线听到声音，一月后始能笑，经七八月后始生牙齿，一年之后始渐能学爬学走。普通说男子到二十一岁女子十八岁始为成人，若其身体之发达、教育之完成，则必添到二十五岁。人类儿童期之长在动物中无与比伦也。由上述之事实，吾人益明晓其意义：即禽类是走本能路，人类则走智慧路。惟其走本能路，故其对待生活之方法即其行为心理，几为与生俱来，已安排好，则无须长期之教育，且必须速急长成，以免生命之危险。惟人类之走智慧路也，故必有长期之幼稚期，以多靠学习。其始也几乎一无所能，其终也若无所不能。盖走智慧之路使然也。此人之所以异于禽兽者又其一也。

第四特点则以人之能应用符号（包括语文、语言以声为符号，文字以形式为符号）。此特点可概括前之所举者。以人之能走智慧路，即在其能应用符号。能应用符号即人类智慧之所在。夫所谓符号者大约有三层：第一层为想象，次为言语，次为文字。以想象为尤要，智慧之重要亦在于想象。想象又包含两种：一为个人主观的亲验之再生；即所谓回想、记忆。如回忆食糖时之味，只亲验之再生而已，未经变化者也。一是平常之所谓想象，想象为新创。世界本来未有此事，是虚构的创新的，即是想象。其材料虽为旧的经验，而加以新的配合。故想象实已包含二义。此二层之符号皆是事实之代表。如有含糖经验即为事实，最初的心之影子摹想糖之色与味就是中心之想象。代表事实后发为言语，即代表心之所有者。文字为代表语言，抑直接代表意思。虽未可断言，要皆为代表事实之符号也。行为派不承认有想象。言语想象即语言。罗素是建立想象，蜗逊则反对想象，以不出声之语言解思想。吾人可以承认主观之想象。盖想象食糖一事虽不可分，然实有两面。且智慧之所以重要因有想象，想象不可否认也。然想象之重要点何在？在其能离开具体之事实，而有代表事实之影象在心中。此种想象其他动物必不能有；人惟能有此种想象，故其学习之方法与动物之学习截然不同。他种动物之学习不过是行为之修正而已。如狗之怕火，只在其见火之时而有知觉。只有当境再认，不能有火之观念记忆于胸中，不能自由虚构一火的观念，故其学习只是乱撞，盖未有此符号也。人之学习则不然。在旧经验有此符号（想象）之后，不必再去经验此回事物，而能把环境放在心中，在心中调换虚构开辟一新的路。故其经验学习为有计划有成竹在胸之试验学习，异乎动物之乱撞而无步骤者也。凡一切制作，如作文画图乃至制造器具、房屋，胥藉有想象，胥先由有雏形而渐臻完备，故未有想象则未有新辟路径，未有想象则一切制度创造皆无基础以发生。当想象之时可以看出智慧之作用。想象之为具体的，即其想象之材料，无感〔觉〕可离感觉之影子（即经验之影子），感觉所得者皆成一片，整个的不能分。以感觉所得者为基础而分析联合，即是智慧作用。说分析同时即是联合，即是认清彼此之关系。如糖之甜、鸟之飞，在感觉上皆是一片的。把甜在糖中抽出，把飞在鸟中抽出，则成糖与甜、鸟与飞之关系的观念。此即所谓智慧作用。当过去经验在心中安排调换其关系之时，则成一种想象的创造。此种想象创造即旧世界所未有，及其发表出来而世界始有此事。如数学名家是讲关系形式之学，不必一一从感觉经验，而能想象虚构成功。此可见想象在智慧上之重要矣。故能应用符号实有人类智慧之所在。又言语文字更能助人之学习与创新，有言语文字而想象之用益广大丰富。然只用想象不足，必有语言乃可使经验交换，有文字乃可使经验久存。语文为之辅，则想象更能存旧创新矣。由上之意义以观，人类之靠后天益得确证。惟人之能应用符号也，即能助想象、助学习、助创新。所谓想象、学习、创新即是靠后天，走理智的路，而不是靠先天走本能之路。其如何靠后天即是其如何不靠先天，靠后天到如何程度即是其不靠先天到如何程度也。

综上数特点，总说人类所以异于禽兽者之意。所谓人类之特点，即不外生活之方法（趋向）是靠后天照顾，而非先天之安排固定而已。行为派反对本能之说，以为人类行为都从后天学习，无所谓本能，并根本否认本能。其说未尝无理由。本来人之本能太不明显，暗弱而无力。心理学家言人之本能有几种，几于人人言殊，此可见人类本能之暗弱而不易于认识矣。因为人类未走本能之路，且走之不远，故愈来愈暗晦、愈无法可以认识清楚也。由此可见人类与其他动物之别，其最明了之点是在其生活方法之不同矣。

人禽之别，前所说者都近于枝叶。兹言其最重要之点，即是人类之心理比其他动物之心理，是从本能之中得一个超脱，亦即是从生物自私之态度上得一个解放。此语当加解释。盖其他动物之心理是已先天安排好，已带有自私的彩色而来，人类心理则少有着色。即是本能到如何地步，则着色到如何地步；其着色愈浓，即是其本能愈强。换言之，又可说是一种色味——是手段方法之气味，是自私之气味。如“要如何”、“做如何”，此种本能就是一种手段方法。如斗争之本能为保己种之手段方法，在生物进化上为天选作用所留存而发达。故一切本能都是有所为的、安排好的、自私的。一切动物的特别处就在心内安排了许多手段方法，除去手段方法无所谓心。如欲言动物之所谓心，则不外许多求生活之手段方法而已。人类则不然，人类能从本能中解放出来。故人无本能到如何程度即是超脱到如何程度，亦即是从自私内解放到如何程度；解放到如何程度，即创造到如何程度也。

十五年五月讲于北平大有庄

思想与语言[①]

人类在他的行为中（自“一念之微”至“手脚齐忙”，皆所谓“行为”），常有（一）被人觉知和（二）自己觉知（我常用“独知”二字表之）之两面。（两面所觉知者并不相同，然仍不妨说为一行为之两面。一行为确乎有此两面，此必须认定莫忽者。）旧心理学大都是以自己所觉知之一面为对象，而又以“自己觉知”为方法者；今之行为派则又以可为人觉知之面为对象，而又专尚从外观察之方法。两家恰相反，各有偏失。然人类之所以有心理现象可言，原只在“自己觉知”之一点。（其他高等动物之所谓心理现象亦由人设身处地以推度

① 此段文字附于第四章之后，无标题，亦无章次。现题为全集原编者代拟。——编者注

之耳，舍人之自知固无从知物也。）此所以行为派虽于某些心理现象减消其内容而终竟不能不说个“思想”（虽然他只说是隐默的语言）、说个“情绪”（隐默语言也。爱也，怕也，皆非凭借自己觉知即无从说起者），在方法上终竟不能完全屏除内省而不用。故旧心理学偏重意识（英语康暇斯内斯本为自觉，亦云意识；意识重在自觉），偏重内省，纵有失，其失犹小（其失可以补救修正改造）。行为派之心理学则不免为根本大失，盖本以研究心理现象为事而自己转背戾之也，其触处露有矛盾，难以自解之情形不亦势所当然乎？凡批评行为派之心理学者，若不能坐定他于所谓两面中失去最要紧一面之弊，皆不免为枝节之争，落于琐屑无谓也。

若论及“思想”和“语言”的问题，亦须从此根本两面说去，方能说得清楚。说“思想即是隐默的语言，语言即是大声的思想”，如我所见，倒并无甚不对之处。经常总以为语言生〔于〕思想，人是先有思想后有语言的；其实在事实上人类的发达恐怕倒是先有语言后有思想的。（自然，说这句话不免多少带上一点故意翻案的性质。又这话像是有人说过，却记不起见于何书。）因思想到发展开来的时候，其运用全凭一种工具，这种工具便是语言。语言给许多事事物物以符号（即名称），必凭借此符号始得运用之而生较繁复之思想。更换一句话去说，人当思想时实为一种自言自语。自言自语实在对人的语言发生之后才有的。语言本来是对人的、本为彼此意思之交通而发生的。人各有其独知。人各有其独知原为旁人所无由而知者。以己所独知者举以人，使人共知，而后人与人之间彼此了解始完。（从外观察动作神色等总是不够的。不但不够而且太少太少。待有语言之后，自己说了出来，始让人了解多多。完则不能言，姑下一完字耳。）所谓语言文字之为物，无非如此。然有一点不可不知者：语言绝非单纯的将己所独知者原样拿出来而已，而自其初起以讫无尽发达之后，不拘何种情形之下（或者被催眠者之说话在外），有其一贯之精神焉，即第一位（文法上名词）必有所要求于第二位也（发言者必有所要求于所与言者）。语言之初起，大概总是呼唤人之类（呼人共食共逃等事），其为“我要他怎样……”固甚明。即单纯在我独知之自白，至少亦有要他明白我之意在内，即还是有所要求于第二位也，不过此“有所要求”之意味有轻重厚薄不同耳。有此一层关系，在本来无甚不同之二物——思想和语言——遂形成一种不同。——“语言”总是“思想”之经过一点变化来的。因为在自己用思时常不过为使一意思在独知一面达于明晰地步，换言即使独知之知的程度更高而已。虽曰思想即语言（自言自语），固无对人之用，而当语言时既明为有所要求于人。姑不论使奸使诈别有存心之事，即纯粹之自白，而为对方了解起见，因机度势亦必有一番变化，不能与在独知一面者一致也。此种不同无论何人都能知道。日记中所列之第二图（思想语言内容不必相同之图）未必在行为派心理学家所想不到处，而仍不妨说思想即是语言、语言即是思想者，盖方其从独知的思想变化为对人的意思而随时说出口来之时，已经有第二个思想（即随时变化的意思）代替初一个思想。说出口来的语言虽与初一个思想不一致，因仍与第二个思想一致也。（原来只要他与第二个思想合已足。）更说一句直捷了当的话：不必问思想和语言内容一致不一致，只看你承认不承认当一个人用思想时，假使有妙术得闻其声，会同一个人在那里说话一样不会。（在我想这正好像留声机发唱一样。）你如果承认是会这样的，这问题便解决了——思想即语言。

又日记中除以思想语言内容不一致难行为派外，尚有一条谓思想与语言为一事，则何以有时所思者不尽能言之、而言之既出或又病其不当己意者邪？此视上一条之为难较强些，然亦不能将行为派思想中无声语言的主张全行驳倒。欲讨究此问题仍须从根源上推求。盖说思想出于语言固系事实一部的真理，原不免翻案文章有意惊人的意味。自然，语言出于思想也是真理，总不能不先有意思而后发声也。声音名言本是符号，所以代表意思的（一事一物在我心中都算“意思”）。没有意思安得有名言？而有意思无名言者却尽多。盖人各有其独知，亦曰亲验，原为第二人所不能知不能验。然此各各之知或验者实又彼此不甚相远。嚼蔗而甘，诚哉人各甘其甘！自己心中了了，他人不容参预。然此甘与彼甘抑又何尝相远？在社会上又有通用之符号，即语言者。此为大家各验不甚相远之蔗味定名曰甘，于是他日不必嚼蔗，而我一说“甘”，你便可从你的亲验中想象我的语言之所指，而有喻于吾之情焉。斯即语言之用矣。然语言之用亦止此。甘有千百样之甘（或竟说万千样之甘亦不妨），苦有千百样之苦，纵或于甘上苦上再分别加添其他字样以表达之，而你立的名色总没有它实际所有味调之多，语言之用于是而穷。此便是“有意思无名言者尽多”之谓了。所谓“有时所思者不尽能言之”，亦不外在独知上尽理会得了了（有意思），无法觅适当之符号以表出之（无语言）。所谓“言之既出又病其不当己意”，即是用了一个符号代表它，又觉得不合适。诸如此类都是常有的情形。在此点上似乎行为派说思想即是语言的话未免不对了。然其不对实由于根本上未曾弄清楚我所谓“两面”之义，而认识得思想之一物实在独知之一面秉有其特殊性质——即不容第二人参预之特性，又有一种具体性。而所谓语言者，乃就可以从外观察之一面之所谓声音其物者，由公众习惯做成符号而利用之，以勉强宣达思想（独知一面）于万一，有一种普遍性（即到处可以适用之谓，故能喻俗而俗喻），而属于抽象也。至于思想即语言的话，若事修正都亦无甚不可说处，即补一句“有时（注意此二字）思想是未赋形的语言”，便好了。因为事实上思想几乎没有不是一些语言组织起来的（思想若不是借了语言无从发展的开，此理前已说。故到现在思想几乎无非语言的了），只有一时寻不到习用的符号，又创造未成新特符号（在此种思想中常不论妥帖不妥帖、合用不合用，姑且创一新名字来运用而不说出来者极多），那种特别情形之下，没得法子在一组织内空起一两处，没有嵌镶上什么名言。虽未曾嵌镶上，亦只是未曾嵌镶上而已，没有什么大不同处，所以只消以“未赋形的语言”一句话可以了之。（此种特别情形亦非当真有什么特别。因为严格的讲去，无一非特别者，不能有特别不特别之分。）

意识与生命 *

著者批注：

有柏格森论文集，题名《心力》者一书，其中一篇以“意识与生命”为题，此讲因用之。

通常说意识一词均就人类行动而说，此特推计一切有生命者莫不有其萌芽也。

此册亦属云颂天所抄写者，具见其勤恳好学。

1983 年 9 月追记
（梁漱溟印）

* 选自中国文化书院学术委员会编：《梁漱溟全集》（第七卷），济南，山东人民出版社 1993 年 6 月第 1 版第 1 次印刷，第 1012—1038 页；原题注内容为：此篇乃梁漱溟先生在邹平研究院时所讲，李渊庭笔记，但原文尚未经梁先生修正耳。颂天转抄附记。二十八年六月。——编者注

此问题是哲学与心理学的问题，要解决这个问题最好看柏格森的书，如《创化论》、《时间与意志自由》、《物质与记忆》、《心力》、《形而上学序论》、《笑之研究》。所以如此，有两点：一、我的意思差不多同他一样。我的思想最初从佛家来，后得力于柏格森。我的哲学出入于两者之间。二、哲学派别最多，自然对于哲学问题哪个都有解答主张，但古代哲学少得科学帮助，故其话多恍惚，不可参考。参考前几百年如笛卡儿、康德、培根等，那时虽有科学如数学、物理、化学等的发明研究，而生物学尚不发达。生物学发达乃较后之事。等到生物学发达以后的哲学家要以柏格森氏为巨擘。罗素、柏克莱从数学起而非从生物学起，发源不在生物学。詹姆斯、杜威的哲学很沾生物学的光，教育与心理本乎生物学来讲。杜威见解也不错，不过生物学不深入。而本生物学来谈教育，最好是柏氏了。本来在现在讨论意识与生命就必须参考柏氏的书，何况我又与柏氏有关系呢？在《心力》上有讲生命之文可以参考，柏氏于此问题回答得很好。意识就是 consciousness，是自觉。同时用“意识”二字不是如佛家或中国人用它一样，它同 awareness 一样。意识本来是指这个说，是“醒觉”，“自己知道”。我疼，恰好很清楚知道那疼就是自觉。最初要理会这个，往底下就是 reason（推理）。Reason 与意识最相关系，而西洋的 Rationalism 许多学派都可归于此类。此可与“理智”[①] 各名词完全相当，intellect、inteligence 都是此类 conception。概念作用就是与推理是一回

① 全集原编者注释：抄件中有时将“理智”、“智慧”的“智”写作“知”，现均改为“智”。

事情。比如桌子是一概念，包括一切就是推理作用。推理时就用概念来推理。推理、概念、意识、理智诸种作用统统是可当一个东西看。阶级意识、民族意识就是阶级自觉，把阶级很清醒的成了一个我。共产党须启发阶级意识才好斗争。意识、理智、智慧，如稍去分时，智慧一名词在佛家又是另一讲法；普通与理智没有分别。但我用时却分别它们：说智慧深点重点，而理智反是——浅。理智与意识，比如杜威与詹姆士最好讲意识，讲得活，不像构造派讲得那么死。他们是机能派，讲得活，则意识与理智就有分别。机能派讲意识是一种“应付”，所以讲得活；构造派讲意识与理智一样死静了；机能派动而活。此处理智与意识须分别：理智静意识动。分别计算都是理智。

生物生理构造与意识的关系：意识的开展与生理构造相应合，关系极密切。生物进化仿佛并不是为意识的开展，是为身体生理机体构造的便利、灵活，结果开出意识。仿佛是为机体构造——眼、手——的灵便而开出意识来，是从消极来的，是结果落在此，初意不在此。意识的开展不是求意识的开展，而是消极的结果落在此。是少了一点什么，而不是多了什么（比动物）。要紧的是消极、少。意识开展是减而不是增，少专门能力——本能——机体构造。进化时是多添未专门能力而开出理智；后来因减少未专门能力而意识开展。（意识的开展是消极的少了点什么，非积极的多了点什么。）

动物有意识否？柏氏说是生物就是生命，是生命就有意识作用。

这把意识放得太宽了。除非不放，一放就得到底，是斜坡形势相差不能分，无画然界限。生物是如此，所以意识也如此。人的意识是宇宙大生命的最高点、极峰。从极峰往下找都是，殊不能说不是。他是斜坡的，不能画。顶低等的生命如草木都有意识，动物更有意识了。研究动物意识作用的人很多。一切生物没有法子说："无意识作用。"那接近人类的哺乳动物更有意识作用（猫会偷东西），处处不能画分。生物界处处是许多倾向，不能画清界限。明确固定的话不能讲，因此柏格森说生物不能利用科学方法。因科学非明确不可，而生物恰反是。所以人类与动物的意识作用只是说"差"，而不能说"没有"。参考生物三条路。下讲机械、意识。

"机械在意识之先，意识无容施"。先讲机械。机械的意思是"动而被动"。机器有一蒸气机作发动机而动，不是有意的动。无目的、无用意、被动不自主，就是机械。马克思看人类社会的转变进步仿佛是被催的动而不自主。他以机械观的眼光解释社会进步，在欧洲用得上，未看错。本来人类与动物比较是能够为事先的考虑、思量、打算，而有所选择取舍。他特别的能如此。比如我们的乡运，尚未动而理论已成，就是意识作用。人类比动物特别有意识，他的意识应当不是机械的。机械含着被决定被规定的意思。人特别有意识作用（拣择趋避不定、无准），他的历史应当就不是机械的；论理不能。此意浅，反对不了马氏。此话收回来说。机械在意识之先，就是不在意识之后。我想了而后动是意识；没有想而就动是意识所不及、意识无容施、意识不容用（不能觉察，更不能想，更不能做主）。意识圈儿之外就是机械。我又说，我们之生，本非意识的。我未想我生到这世界上，就生来了。我有生以后，生命本身自然流行，如睡、醒……，几乎是意识无容施，用不上去。就生理方面看，最容易见。消化、排泄、循环、营养诸种作用，我们都做不了主，是不随意的。仿佛大机器场工作很忙，可是做不了主。生理方面如此，心理方面亦如此。种种感情喜怒哀乐都是措手不及的，赶不上，高兴、哭、生气都是措手不及。人无时不有喜、怒、哀、乐，不过太微细，不易觉察。无时无情，不过有的很剧烈，有的很细微，都是措手不及。你让他如此或让他不如此都是不行，而是自然流行。不是想着要怎么样就怎么样。不能自主，就是生命是机械的，来不及做主。从生理上、从心理上，本身几乎是机械性的（注意“几乎”二字）。他几乎是机械，就是会打算（意识作用）也不过是生命的工具。意识完全是被用的东西，种种欲望要求食色都从生命来。心理尽管巧，可是被几乎盲目的机械的生命所利用，所有的醒觉、打算、巧思都没有做得主，而是被盲目生命所用。醒觉不过是表面，背后仍是盲目而未醒觉。生命基本需要是饮食问题，放大说就是经济问题。旁的事情都可有出入，有伸缩余地，唯在饮食上极无伸缩余地。这个机械性很大。从人类生命顶机械的一面抓着了这个问题——经济问题，找出了人类历史的变迁活动，在此点有变化可影响别的问题。本来这个可以行。我们给他解释清楚。我们再深追一层：意识被役于盲目的生命，巧思多么大，意识之用妙极了（科学发明），仍被盲目生命所用。盲目生命要打架，所以科学家成了打架的工具（科学对于人之好与坏两者相等）。是意识在机械里转。但意识如在生命本身用、回头用，生命就变化了。从盲目而到不盲目——反之意识向外用是在盲目机械圈里转——就是“醒”的意味。生命是生理心理流行的表现。现在说“理会生命”，有两大理会法。大是真大，包含很多。一大理会是生理身体的理会，如道家与印度，中国的武术家医术家统同与道家相通，统统可以成仙。仙人即智慧的生命。我知道有仙，怎么成仙我不知道。道家理会生理运气，自己以自己意识领着自己血气流行。只要觉察就能自主，觉察是根本。人类可以回来察，无所不察。人一回来察可以跳出人的圈，仙佛都能如此。我们心往外用，太粗了。可是我们回头用力越精细，所有生理都可察到。几天不食饭可以行。自己身体即有毛病，自己可察觉到。运用血脉流行或者发点汗，可以医好。自己的生命流行统统可以觉察到，觉到可以有办法。中国武术长处也在这个地方，内家拳可以代表。他以心用在身体上，不靠身体打人，把身体完全为意识之用。平常我们是被支配于身体，他转回来了，自己有办法做主。学问就是明白、有办法，一切学问皆如此。一切学问是明白，明白就有办法。西洋人上天下地对外统明白，统有办法，他到了身体心理就没有办法。他只解剖死人，眼看血脉与血脉自己流行不同。你所看见的是你看见的他，而不是所看见的他自己。“他自己”你明白不了。科学得不到生命的真相，得到的只是机械。只有自己回头省察自己生命本身才能明白生命的真相。从生理做功夫者，是道家。还有一大派是“心理的理会”，即儒家。

生命本身含着有多少机械性，也就是有多少盲目的神气。此时的意识智慧给他作工具，所以演或含有机械性的人类历史。办法生于明白，明白生于觉察。由觉察而明白而有办法，就是学问。谁明白谁有办法，谁有学问。

像印度及中国道家，意识回头理会生命本身，有两大方面。一从生理起手，道家是重要的代表。道家能够对于生理方面有明了，能做主，有办法。此时生命就脱去了机械性，减少了生命生理方面的机械性，而成为智慧的。只要生命血气运行多明白而少机械性，就是智慧的。少盲目性，添“明白与办法”。不过此是生命成智慧的开头。长生的话不很假。我们非死不可；他有办法，可以不死。长生不是理想，他变了不能以我们为凭来推论。自己知道自己什么时候死，沐浴、穿衣，自己要去安然就死。自主性加多。此理会生命从靠近身体一面做起。普通说从黄帝起，不过不大好定。黄老讲养生；张道陵后的道家参（加）〔杂〕印度及中国其他方士，很杂，不过奉老庄。养生静坐在庄子有，捉妖捉鬼却没有。养生是中国很老的学派（中国讲养生而不讲卫生），如医家葛洪、陶宏景及武术家都属此派。我看见一人二百余岁，返老还童。但无法证明。我去看过一次，也很有点异样，很胖，矮个，很蠢的样子，不大说话。我［们］同吃饭。其皮肤色肉很嫩，同小孩一样，发亦不白。他弟子杜先生（心五）我颇相信，是武术家，由武术学道。杜说一故事，很像笑话。杜乃湖南人，七八岁弄拳棍，好武术，耗家业。十四岁家业亏耗不行。师父带他走镖。二十岁被人打伤甚重。走镖时遇一人，人称之为矮师。姓徐，个儿奇矮，看不起。后来发现本事大，不能比，遂拜为师。但心不服，时欲制他。某次趁矮师洗面，以大铁棍打他。没有打着，盆打破了。又一次矮师夹箸托肉，又从背后打去，打不着。他很奇怪：背后打去岂能看见？询之。师云："何必眼睛才是眼睛？"此话如让柏格森听着拍掌。眼，生物起初没有。眼，人类最发达。（人类）[生物]原来统统是皮肤，原来浑身是眼睛、耳朵。后来常常某部分接受光线，某部分接受声音，愈接受愈锐愈敏，官能愈行分化，成功设官分职的样子。越是某一官能，其他部分越非某一官能矣。原生[动]物如此。所以矮师很会理会生命这回事。他跟我们大不同，我们专门对付外边，一套家伙是用来找东西维持生命。道家功夫是收视返听，回来用，意识用在生命上成为智慧的，仿佛庄子说的神全。不是对外找，是回来，自己生命很圆足。原来是为对外，所以对外越减，其他部分越活。何必眼睛是眼睛，此话很好。总结一句：此是一种理会，让生命发生变化，生命成智慧，包含很多。

再就是儒家心的理会。要注意明白，此理会不可当作一种"寻求"讲。当作生理理会多少还带点"寻求"、"找"的气味。如运气以气被运而又有运之者。生理理会已经就是不可看作是寻求，着意在觉察。觉察与寻求不同。他都觉得，全身皮肤灵活，全身觉察，非常灵锐。我们觉察钝极了。毛孔呼吸我们觉不到；他可让毛孔呼吸，不用鼻。我们太粗。他静坐，可以听到蚂蚁走路的声音。人吃亏在寻求，寻求就是往外，所以在理会生理时，仍在寻求。他不免隔一层。理会者是心，被心所理会者是身体。身心分开，[就]隔，[就]向外。心理理会不能向外，不能寻求，寻求就错了。现在美国行为派最有名的为反对内省法。构造派全靠内省法，行为派斥之。心理学上的内省法不是好的心理学方法。何以不好？就是仍为寻求、追思。构造派讲感觉、知觉、观念、推理、概念，都是在回省时分析出来的。他自己回省怎么推理法。此种内省法很有毛病。儒家也为收视返听，与道家不同处在他理会生理的心理部分，与普通内省法大不同。他是觉察，觉察二字还嫌太粗。此地太直接了，是真正自己理会自己，无弯可转，转手就错；不能转，转了就不是自己。就是让“当下的心真切”，就是如好好色、如恶恶臭。就是真痛痒——痛真痛、痒真痒。昨天讲意识所谓醒觉。人类与动物根本不同。表面上看是人类理智发达，有心眼、主意、打算，不同仿佛在此；其实真正的不同就在里边的自觉开得大。我是如此讲，在宋明儒也如此讲。所谓慎独是宋明儒的为学大问题。独就是开得很大的自觉；独是独知，独知是旁人进不来的地方。哑子吃黄连，苦得说不上来。其实岂哑子如此，凡人统统如此。某次王弘毅〔鸿一〕、夏溥斋争论牙疼利害，不能比较，旁人进不去。人是两层：一、疼是一回事；二、我知道我疼又是一回事。我很清楚自己疼，自知自己疼。动物也疼，但“自知”开得不大，几乎没有。独知只是自知，旁人进不去，自己拿不出来，宋儒所谓“独知之地”。我们实在可怜呵！我们差不多光疼而不知呵！我们是闹到这步田地了。同时的，清醒、明醒很不行。我们独知之“知”越来越微弱，越没有力量。这个没有力量那个也没有力量，知日微，疼日益不疼。而儒家功夫则开拓，让独知之地越来越明，越有力量，就是好好恶恶越来越明，就是如好好色如恶恶臭，就是诚。诚则明矣，明则诚矣，功夫不拐弯，无寻求，与内省法不一样。儒家无意于理会生命，结果做了理会生命的事。他所理会主要的在心理部分。他的功夫让人能够明白自己，结果明白自己，很深透的明白自己，对自己有办法。我们不明白自己，对自己也没有办法。这句话我完全敢说：儒家没有旁的，就是明白自己，对自己有办法。此二言尽之矣。但要注意防备将“有办法”之意讲错。一说有办法，又是落在那个外边去了，落到与寻求一样。他的有办法是真真的有办法，而不是普通的有办法，不是平常的有办法之意。大概是“自如自主”、“运用自如”、“有办法是自如”；仅是自如，去想旁的就错了。不做此功夫，自己不知道自己，完全不知道自己的生命生活，种种情感、种种长短，自己不知道。因不能了解自己，所以不能了解旁人。圣人最能了解自己，也最能了解旁人，了解旁人一切心思。就是须做慎独功夫。不慎独不行，不慎独则不能自知，不能知人。我们现在可以说，凡一切学问只有两步。一步是明白、懂了、了解、看清楚。一步是有办法。明白电气，故对电气有办法，能用他。西洋人明白物质，上天入地都有办法。他对生命本身缺乏理会办法。而中国印度单在此处作工夫，成仙成圣都行。一个人的聪明才力用之于此，不用于彼；民族亦然。用力于内，收视反听，外边打雷不知道，征服自然、对待自然，因力量未向那边用，当然不行。他们长于彼，我们长于此。再比较一下，是谁长呢？谁价值大呢？怕还是此个价值大。因为旁人家里的事都明白，都有办法，而对自家的事不能明白有办法。人对自己是顶要紧的，自己要紧的是心理生理的了解、有办法。所以说我们的价值大。再折回来说，中国东西真无法讲给人。在现在世界学术界真不承认，不客气的不明白的不承认。我们以为明白自己是顶大顶大的学问，比电学大。他不承认，他们没有这一门。东方学术的真价值在现在世界还未被人发现，仿佛不是他的短处，他不承认，他不懂得我。可以如此说。我认为这是中国学术的缺欠。为何不被人明白呢？怎么大，人家看不见。何以呢？

大山认为土芥。我认为本身有缺欠。不是某一人的缺欠，说不上是谁的过错。过错在少短一层功夫；短少的功夫是科学。天然是这样的顺序，是先明白外边，心思理知对付外界。外界对付差不多，才有空儿回头用力。人类开头看外面，先应理会外面，是顺序。中国人理会外边没有十分明白、透彻，心理未尽其用就回头来了。如果始终向外去了解，眼看外，耳听外，心思理会外边，就必能产生科学。往心上用就产生玄学哲学。科学捉得住，摸得着，一上手把外面放在数学里。明白外界有一好处，就是让本身头脑清楚，能产生科学方法。先有科学，后产生方法。拿科学方法考察生物，由生物推到生命。由天文到数学，由数学而物理化学，生物学，从研究生物再慢慢理会到生命。这种由科学追求到生命，再慢慢修正科学方法（柏氏从生物学修正科学方法），再往下求就归入理会生命这条路。柏格森就干这个。直觉近乎中国东西，此是顺序。中国人不按顺序，无以自明，尚参杂许多东西，真金加上了铜铁锡。按照顺序循由科学方法，可从真金里剔出铜铁锡，便纯是真金。假定仙人同科学家见面相谈，科学只能奇怪，不能解他之惑，必不明白。

我自己在这个机会上，说一两句我自己。我常爱说我没有学问，完全是真的。讲外国学问、中国学问工具统统不成，够不上。可是如果说（我）在学术上可以给我一点位置，大概就在给中西学术作媒介（媒人）、中西学术的沟通。对着现在世界稍微去说明一下，此工夫我当能作。要让中国的圣贤仙人，都说不明白此回事。虽然他很行，然而几乎使他说不明白。大概我对西洋学术有相当了解，对于这方面也有相当了解。我说话可以让西洋人了解点。我希望我未死以前，腾出工夫来完成此事。两面可以接上气。这就是《人心与人生》那本书。（直觉与诚同否？当然很像，究竟怎样，我不敢说。）

人类历史有机械性，尤其是欧洲最明显。中国印度破了此圈。

一个民族的群〔体〕自然与个体不同，但很像一个体之常有方向。民族社会亦常常有一个方向。许多人生在一块，彼此相影响。聪明人智慧高，有天才，影响旁人最大。大天才往那儿走，大家跟着走。如西洋人大天才向物质用其聪明才力，大家跟着走，其他方面便不易得势。中国圣人回头理会生命本身，而又是无穷的探讨不尽的学问，包括受用（真学问都有受用），那其他方向更不易抬头。趋向物质的人领着人走，吸引人的力量浅。科学家受用二字难说。因其所得是支支节节的知识，除非他科学造诣很深了，可以有点享受。中国有道之士很易得到受用。西洋所趋是部分的，而中国所向是整个的全体的。生命就是宇宙大生命，天人一体，通人即通天、即通全体、即通人生、即通宇宙，味儿深易引人。假有科学天才的人，很可发明科学。可作学问的人一看《易经》、老庄等书，无论聪明多大，跳不出他的圈。结果不会往自然界去，越来越深。个人如此，民族亦然，亦有民族的方向。科学为什么出于宗教障弊最深的欧洲而不出于理性开明的中国人，原因就是两眼向外看，所看为静的物质，化宇宙为空间。宇宙无空间，只有生命，没有物质，不向外看就没有他了。此是柏格森与佛家的意见。向外看就是理智活动。理智活动自己产生了适于他自己活动的地方、环境，适于计算分析画圈的作用。回头看生命，所遇为生命，是动的、活的，是时间。生命的潜流是时间，抓不住分不开，理智用不上。科学是理智的产物，时间是近卅年西哲新的意义的名词，是一大变迁，近接东方。往外用理智活动，遂产〔生〕科学；往内用（两眼或意识或力量），理会生命全体，遂产生了哲学。向外的创造解救不了生命本身的盲目性，其所演历史老是在机械圈里转；向内创造跳出了生命的机械圈，生命的盲目性得到解救。我意他们两方各存创造，但路子不同。一在外的创造，于生命的盲目性机械性无所解救；一在内面的创造，对于生命的盲目颇有解救，出了机械圈儿。事实上的表现有两面：（一）经济的不同。西洋经济时时进步；中国印度生产方法停滞不进，老是那样。（二）制度的不同。西洋的礼俗、道德、法律、制度是建筑在经济的上层；在中国不是单从经济的关系影响而有的产物，不是专为适应（反映）经济的情形而有的那一套，掺上了他很多的主观的意思进去了，不是单从那面的。本来任何事都有两面，不过西洋经济关系大，中印主观意思多，不再单从那面来，像是被规定的东西了。本来说到人心是无待于返回来用才开展，是当下现成的。不过反回来用是有两面的影响。如道家的功夫，不敢说开辟生命很合适，大概是不合适。儒家慎独是开辟人心的道，开辟人心很适合的道。智慧普通说是理智，我用时不单说理智而指含着灵活的敏活的意思。灵活敏活很富于情感，与聪明差不多。我用人心二字仿佛是阳明先生的“良知”、象山先生的“本心”的意思一样。

人心指着“自然”说。圣人与愚夫愚妇同，但差一点，就是圣人自己清楚，普通人不著不察。圣人自知著察、恒久，没有别的，圣人的心是智慧的生命。人心是自然，自知而不自知。西洋为何有科学？中国为何没有？西洋向外，中国老早回转。为什么？从环境自然说也有理，但统统为机缘。类如西洋海岸线长、地面长（我爱说有缘无因），好从客观环境推论历史，看生命活动被规定于自然环境。环境如此，人的活动也如此。人是规定于环境的话不对，我常说一句话是等于“石头搬着人走”。到底是人搬石头走。环境只是刺激，感受刺激发出什么反应很难说的。从外缘上说中国无工业文明也有理而不足以尽。看成就是被规定那是不对的，他只有相对的关系而不是绝对的决定。那么现在不得不说到主观了。梅村说到偶然，我们不愿意说偶然。换一句话说不上来，不得已还得用偶然二字。

人类应当为创造而活动。但天生人就是为创造么？向上是什么？有缘无因，都是相连的一个问题。

中国人为什么如此？怎么样才能向上？这些问题须明白生命。生命是什么？须深究生命才能解决这些问题。

生活与生命相同，无分别，纯然一回事。人说话时，用脑筋时，总爱把它打成两截：一个是体，一个是用。其实是体用一回事。比如说活动力，活动就是力，除用力无活动，不能分别。当人擦（？）的时候添进去缘，又是一回事了。宇宙是有许多活动，事事表现宇宙就是用，无体。（此话须善解。）连续不断的生活就是我，没有一个我在这儿生活。在词上分名词（生命）、动词（生活），其实事实是一回事。生就是活，活就是生，生命就是活。活与动有分别，车滑辘动，而不能活，活者自动也，而非被动者也。自动二字把偶然二字解释了。偶然是偶然如此，说不上为何。自动是从这动起，往前没有。机器每一轮的动是第二，而自动是第一，不能再说所以然。是活，是自动，不许再问。问来问去是旁边的、外来的、凑成自动的外缘，而不是自动的自己。不容说，活不可问，不能说。平常分别人我，在空间上画圈范围都不实在，实在无此物，实在是活的相续。柏格森一个活一直活到底，浑沦不可分。时间就是活。佛家认为无数的活相续不断，柏氏单说不断，二者有分别。佛家说不是一个活连起来，而是刹那刹那的活动，一下一下过去，过去就完，一现就完。相续不断的现，后现前现相似无数的事，无数的活穿成串儿成一个我。罗素与佛家相同。柏氏说一个活一直下去不可分。我同意佛家。一动一动，一现一现，老是从无而有，从无而有。向上创造就是活，活就是向上创造。无时不创造，无时不向上。向上是自己向上，向上就是自己振作，向上就是自己动。找不出解释，说不上来；说得上就不是自己向上。旁边的（如读书……）只能帮助他，只受影响，而向上是自动。诗人作好诗，一切都是帮助，妙句的由来找不到，没有来历。特别的灵活，写诗文、写字、画画，皆可能。普通说创造指自动，不是因袭，但动的方式可以因袭，动的方式可以因袭活动的习惯，后者的动因袭前者的动。神来、兴会来、善心发露是大创造，最少机械性。此话另外说。举例以明偶然之义：生物进化就是向上，创造更灵活，先不分，后分。最初生物含着种种方向，方向不明，为植为动都有可能，后来才分支分叉，分植分动。为何如此？完全不能问。文化的不同而不能问也一样。生物方向很多，但为何它是植它是动？它成植它成动？不容问，不能说，因为都是创造。（罗素以帽为譬，非有一帽常存，乃无数表现相续而成。）是自动。你要问他为何如此，你不啻不承认不是创造。创造是自动的活，看不见摸不着，无来历，不容问。活就是因，其他的一切只能帮助，是缘。所以我说有缘无因。“目的”一词是从有意识的生活而来，有意识生活多半有目的可指，打算、主意有目的。可是整个生命本身含有机械性盲目性，就生命本身说不能提出“目的”这句话。有意识的生活是我们生活的表面。我们就时间上说无意识的生活多，有目的的干什么的时候很少。就是我们有目的也是无目的，有意识只是表面，根本上是无目的。打算主意成了习惯，就零碎生活说可行，但整个生命不应当用打算计较的习惯来看来追问，追问就错了。等于一个人发梦呓，忽然醒来跑了好几步，他自问是为何而跑。想起喝茶，遂以喝茶为目的，当初没有打主意就来了。人之有生本无目的，人要有目的，当初就有了，现在加上去不管事，没有用。如此说来生命岂非机械的盲目的么？还不是。所谓天之生人，天是指自然说，说此话时就是指着全宇宙来说，无所不包。无有二，是一。宇宙既是一，就没有目的了。有二才有目的，目的的话是作意识生活的习惯，是一个假设，权且的意思，是不真的、不通的说法。

宇宙大生命无目的，目的乃由人类意识生活之习惯而来。向上超气血的心如何培养启发？此与创造之意相连。先须认识向上，只能从旁寻求一点办法，没有其他办法。生命是活，是兴起，是兴奋，本性非被动。所以没有办法。他本来要活不要死，要向上不要向下，头一点是没有办法，只好从旁找帮助。一点是生命根本如是，从其本来从其天然是如此，是自己要那样而非应当不应当的问题。生命本相如此。头一点没有办法；二点生命〔本〕相如是，不用发愁。现在分一下，有二点情形可以看出：一要往上翻，二要开往宽大广里去。如同心协力、大家感情好，就是开广通达。再则是向上翻，仿佛撑上水船，生命愿意如此。生命统统归总在此两种情形之中。生命生物从开头起就是这么回事，就是这么回劲儿，不知从哪儿来的。生物进化史、人类文化史都是生命的胜利。活动越来越大，人类文化进步征服自然成为大社会，力量越大了。物质自然世界都在他的势力之下。老是他胜利，老顺此方向开展。我们一切要好服善、奔赴理想都是生命的向上，都是生命的一个动。我曾说人根本上抱悲观是不对的，宇宙没有别的就是生命本性。生命本性不胜利谁胜利呢？所以根本乐观是对的，悲观必是他思想见解有毛病（谁对谁胜）。人类心理是趋向明白，求真是他的本来。真就是明白。人是好善，趋向于对或理。凡是真理埋没不住。相信自己是真理而胆怯，怕失败、怕失掉信仰，那是糊涂。

自私与向上开拓之义相反，自私无力量而开拓有力量。

向上是人类的趋势，而又有相反的趋势——向下。懒惰、糊涂、自私是相连的。生物都是向外，向外才开出进化的路子。人类也向外，向外也可到创造高的文化。此为宇宙人生大问题。现在不从头说起，从中间说起，以解大家之疑。生命从开头起要向上、开宽，但有一困难，无法一下如此，无法一下开开，他得逐步往上走，逐步开。如一下开、一下向上就完了，无问题了！但不能一下子上去，须上去一步说一步，上去一步再上去一步。上去一步以后，而刚才走的一步怎么交待呢？必把头一步算在帐上，对自己必有交待，他（更）〔便〕交待给最省事最省力气的方法里去。这就是说，他把刚才的一步机械化。把刚才一步机械化，就是把刚才一步还在生活中而不用很大操心

（省事省力气），省出力气他好再开。如是不已，走一步机械化一步，省出力气再往上走步。向上开方法如此，不能不如此，因此就从最低等生物进步到人类。人类因此就有几样东西出来了。这几样东西都是一个意思。说为四样东西（四名称）:（一）生物机体构造（器官构造）。（二）生物与人类都有，生物较重而人类较轻的本能。（三）高等动物有一点，而人类最重的是习惯。（人类本能轻而习惯重。）（四）人类社会的组织制度。此四样统统是生命中的机械化的部分。所以往上开有赖乎他们，无他们不能往上开；又自己绊住了自己的脚也是他，弄得走不动，弄得向上开简直受困扰而不能自见自露。生物固然进化（人类由生物进化而开出），可是现在的树木花草不再进了。老虎狗猫长为老虎狗猫；桑树就是桑树，发不成榆树，可怜得很。凡是它们想省点事就完了，就机械化了。多了那么一点，仿佛懒惰的人省事的心多了一点，就完了。人类生活最费事。植物生活最省事，动物游走觅食就费事了；节足动物完全靠本能也省事，脊椎动物就比较的费事了。人类最费事，最靠智慧；他懒了一点就停在那儿了。每一生物代表一生活方法、方向，有自己的一套。当他往上进之中，个人作个人的打算，找便利，各有所偏，可是每一偏都是向上开的一个缺短。谁不偏呢？就是当初的那个没有往植物开而到动物；到动物没有偏，归到脊椎动物；归到脊椎动物又没有偏，归到哺乳类；最后归到人类。保持充足的向上力量而不留恋，他们留恋而我们不留恋。我们到了最高峰，懒惰的人淹留不进与植物实在一样。他就是受控制于机械而不能透过去，老是在困扰中而不能自（达）〔拔〕。人类的生命活气足以透过机械部分，而不能为机械部分所坠所蒙住而透过去，以创造向上，遂有文化的产生。

现在说明昨天的话——机体、构造、本能、习惯、社会制度，怎么样妨害我们。我们个人的罪恶、社会的惨剧都从此来，实在是利弊相因。因我们生活依靠机体，所以他能制我们。比如许多生物机体都是被服制住，都是已经没办法了。都是一种机械生活，盘旋于其机体构造、生活形式而不进，再无创造可言，所谓向上开广他都没有了。大概植物、昆虫（节足动物）完全被机体构造所限制，等到脊椎动物奔了智慧的路，但走偏而离开此方向，鱼、鸟……多离人类近而才分出去。走理智路的动物可以说它受本能的限制，不单受机体的限制。不过不大好讲，借人类来讲好讲一点。到人类是受机体构造的限制少了，受本能习惯、礼俗、制度的限制大了（礼俗指社会说）。就人类说受机体限制最少，就是因人的生活靠身体最少。我们身体是最不中用的东西。人之大过动物、超胜它们，不在身体，因不十分靠它，故受它限制得少。人类机体构造正面帮助于人者甚少，它是从反面帮助我们，少碍我们的事，让出一个大的空使我们好透过去。大透空气非常痛快，可以好好地呼吸呼吸。它帮助人是在负面，让开空给人，这是最好不过。上次说减而非增的话即指此言。如此恰好合适的身体，人之所以为人就在此。孟子谈心理学最好，有句话表明这个最好，即“形色天性”，就在这样的机体形色才现出人类的天性。唯圣人能践形，平常人不会用。人还是受限于机体构造——靠它多少，受限制多少；不过与人受限于其本能作用不大能分。有人云本能是器官的作用，几乎有人这样说，某一器官有某一作用。大概人类就机体说，有一最能限制我们，好难超脱而最为利害的是男女问题。机械性最强，人受它的制，真受它的制。不是有这么一句话么：心为形役，心给身体使唤（本能非指性欲说，但可借用）。还有一种事最强烈，纯乎是本能，仿佛说不上是机体构造，就是打架斗争。斗争本能与嗔怒情绪相当。某一本能伴一情绪（麦独孤的说法）。惊怕是一情绪，逃跑是一本能。慈爱的情绪与父母的本能相当，嗔怒的情绪与斗争的本能相当。人类最不好办的是怒的情绪与性的问题，〔是〕人类两个最难克化的东西。当初实因人类靠它，所以才有它。斗争本能实在有用，爱怒勇狠可以在食色的问题上胜利，谁怒谁能斗谁就胜利发达。生物进化，此怒斗被天择作用保留。人类不能外是，所以斗争与性欲被保留而发展。越有用越保留下来，越能发展。斗争强、性欲强，则种族发展，所以都被保留。此二者不发达大概在生物进化上要受失败的，也许有此事。人类的初民社会（古初时候），人类的罪恶社会的惨剧，吃此二者之亏多。那时礼俗制度不发达，吃不上文化的亏，而吃机体本能的亏。一直到现在，此二者仍是大问题，不过加上旁的问题，不很单纯了。人类没有恶，恶是生命活气透不过去，生命机体部分强，让他生命透不过去。所谓罪恶惨剧就是这个，没有旁的。我同意孟子的性善说。照我们的眼光性善是对的。前曾讲过，我说眼睛是应当明而看得见，不能说眼睛的本性是看不见，无论它怎么麻糊，明是它的本性，人心亦然。人心知恶知善，拒绝恶欢迎善，与眼的本性是明完全一样。无论他如何恶，本性仍是善的。当他善恶不分糊里糊涂是不辨为恶，所以才去为之。糊涂不是本性，明辨是他的本性。明辨就是觉，觉就是开，就是向上，就是生命。彻头彻尾是觉不觉、醒不醒的问题，活不活的问题。麻木是死，生命的本性是活，不活是负面，是机械，不是正面。天地间就是一正面一负面。负面没有，它自己不是东西，是人家的负面。恶、错误只是没有对，对差一（的）〔点〕儿，所以没有自己。孟子说："道二，仁与不仁而已矣。"仁就是活、觉；不仁就是机械、麻木。实是如此两面。宇宙间没有旁的，只有此两面。而两面又为一面，故宇宙间只有一回事。恶没有根据，错误没有由来，有来由有根据就对了，就不是错误了。（许多宗教家把善恶对待来看，恶也给以位置，则错而无办法了。）心理学上的本能分类问题所以弄不清，一面因心理学幼稚，一面因人类本能不大清楚，数不上来，没有准，不十分明确可指。不过大概说：（一）炫耀爱出风头的本能人类是有。好名是一种习气，是一种本能，名与本能有关系。（二）利也有关系。人有爱攒钱的本能，爱集蓄。集邮票，越攒越高兴，越多越高兴；不可解，莫名其妙。此机械性也，毛病也。人还没进化到人类时爱保留攒集，于其生活有帮助。好夸耀的人占胜利，种传了。此皆生命的机械部分，在以前于作生活上很有用，所以老用，成了一种本能，成为一种工具，与器官一样。工具不是坏东西，是有用的东西，本身不是恶，无好坏可言。恶完全是从我们生命本身驾驭不住工具。应当是形为心用，机体本能给我们用就对了。我为主、本能为客，就完全对了。我为主去用本能就没有错。但自己做不了主，工具出来当家，就糟了。工具用得其当，都对，不为碍害。在哺乳动物是本能生活，自己无办法了。它无法超出来。人类不然。有一观念应当纠正，就是在动物生活论善恶。动物生活无善恶可言，因它不负责任。老虎吃活小兽不算残忍，兔吃草不算慈爱，不与和尚吃斋相同。耗子偷物吃不算贼。它的机体构造生理是规定成那样子，行乎其不得不然，哪有善恶可言。克鲁泡特金说，亲子之爱、夫妇之义、朋友之义，乃至社会团体的道德，自物类以至于野蛮人都有。他指出鸟虫兽怎么样，考查事实而得到，事实未错而解释错了。人类社会的互助也与生物一样，此语含有错误。此错很微细而关系太大了。他误看人类社会种种是从那个发展出来的，此看错了。不是从那儿发展出来的。它不是发展出来的，是倒退回去出来的，是减退出来的。比如鸟父母爱疼照顾小鸟，此本能各物不同，参差不一。母子之本能只是某某鸟兽特别显著，夫妇之义只是某种鸟兽特别显著。某种鸟，大鸟怎么样的鞠躬尽瘁的保护小鸟是一定如此，某种鸟的各鸟是一律的。凡此类鸟都如此（一律），还有是代代如是。本能很强，无可称奖。“此鸟可甚慈爱呀！”其实不对。它是机械的，不得不然，无情可言，微细等于零。人类不然。人类如妇女爱疼自己小孩，其中诚然本能成分很有；男子就不成了，男子此种性差得多。妇女爱子含有本能，我不否认；但在此本能上比其他鸟类是退化的，不比鸟类强。你说人类母子之爱比鸟类强，不啻说人类机械性强过鸟类。人类尚可以不爱他的小儿，溺女……此事鸟类不会做。人类可能性很大很大，他可以很慈很不慈。他不机械，可以偏到这边来，偏到那边去，偏度极大，变化之可能极大，方向可以极端相反。人类不机械得很，不机械才能有感情，机械就无感情。感情好比刮风，他这儿有空，风才能刮。如是紧的挨着，风刮不开了。喜欢慈爱都是刮风，种种情就是这么样子。风在那儿扇，有空才能那样。风是生命，是活气。“否”⇄“慈”距离有多大，感情有多大，是正比例。空有多大，风、活气、仁透过来有多大。人与人不同，角度不同。人类不机械，而你机械，斗争本能限制你。如生命自己当家，一怒而天下平，怒的本能出来了。斗争也有正当用处（种种情感若扇子在那里扇）。圣人也有本能。人不能不用其本能，等于不能不用其机械体。你不当生气而生气，太机械了。人有不被本能支配的可能，而你被它支配，是可责备的。为什么责备你？为什么不责备动物？自然是机械与否之分。但此为表面的，而里边则在觉与不觉耳。觉即独知。在动物生活行动其同时的自觉几乎没有，暧昧不明，所以它的行动不负责任。他无回旋余地，因它不觉。人类应当对自己生活、行为、活动，了了自觉，清楚得很。喜欢生气自己都应了了。普通人都失掉了。普通人的怒，机械性很大，失掉自觉而糊涂了。等他糊涂过去，你提醒他，他也可觉悟自己是错了。如果他机械性不强，本能压制不厉害，下次生气就可觉到，一觉怒就不大了。我们不大会，我们须勉励求之。发怒时心中清楚就对了。但不容易。因人有自觉，由其自觉可制止消化其本能，所以人应受责备，所以在人的行为上有善恶是非可言。在旁人可对他原谅，自己完全无推委责任余地。旁人不责备还行，自己可不行了。道德从责任来，责任从自觉来。动物无自觉可言，因他是机械的，故动物无道德可言。人则旁人可以原谅他脾气不好。我用气质二字指本能说，还指着比本能范围宽一点说。人统统都带一点名、利、怒，脱不掉，有人急，有人缓。气质二字指本能说，又指个人在本能上轻重偏欹说。某人气质如此如彼，旁人可对你原谅。当你有不对时，他气质是这样子（懒惰也是气质问题）。一面有责备他，一面给他解说。可是自己不能给自己解释。自己想时就是自觉，自觉就超气质。自觉是正面有力量，你不能说懒惰就懒惰下去，自觉心动是站在懒惰气质之上。你不能根据气质说，而须根据自觉说。一切不好、不对、恶，没有别的问题，只着了滴滴，无大错。罪大恶极只此错了一点；开头是此一点，到末仍此一点，彻始彻终是这一点。这一点就是懒惰，与生物进化许多植动多了一点〔一样？〕，自生命走过去一步化成机械性。又是他仿佛多这么懒惰一点，他就陷入机械中了，不动了，死在那儿了，再也不能动了。仿佛心中说：这也不错呀！有这一话就糟了。自己弱了一点，就下去了，出不来了。一直到现在我们还是此一问题，彻始彻终就是这一点，就是懒。天地间就是此一回事，懒与不懒而已矣。从生物进化到人类，就是一个问题；一切恶就是“精神不振”四字而已，无别的来源，就是一“懈”字而已，就是不要强。恶从不要强而来。一面向上开、翻；一面不向上开，就狭窄向下。精神振作就是开，向上翻；精神懈就完了。一切罪恶错误就在这儿，无旁的。

申述昨天的话。宇宙是一大生命，生命是向上奋进，没有别的。此时稍微可以算是别的，可以算生命之外而仍不是，就是他自己生命中的机械部分，自己生命机械部分与生命本身不同的一点，生命本身是活的，而机械则板硬一点；而所以板硬，因在熟路。眼睛之用永为眼睛。其他本能习惯社会制度皆是如此。如生命不见其懈，始终生命中的机械部分露不出来，而仍是浑然没有别的。生命一懈，机械部分就露出来。昨天讲本能的话多。习惯也是生命中的机械部分。我归总包起说一句，只怕大家信不及。大家可提出问题由我解答，就是一句话说：个人罪恶、社会惨剧全是生命机械部分当家之过。生命机械部分当家是生命懈之过。所有罪恶统统如此，无大小可言，亦可说大小一样。大恶在平常人想象有许多不合适的揣测。大恶与平常说错一句话是一样的。已经僵起的习惯、社会制度是不能责备的；可责备的是在有活动的余地。活动的余地自己可负责任，故可责备。普通为恶是慢慢来的，特别好为恶的人恐是习惯少而气质凶残。除非太特别的，大都习非成是。慢慢增长程度，未了有一个事情出来了。此事还只是懈的一点。前半截儿长起来的责任没有法子负了，只懈此一点，无法大懈。故对人不能太责备，责备是你自己的愚蠢。小事的懈惰（没出息的）与大恶的人比较，有时还多过了他，更该责备，更该挨打。习非成是包括很多。旁人看见岂有此理，而自己不知道。不同时代不同地方的人彼此都可发现许多不对，但自己不觉得，且觉合理。甲以为极合理，乙以为极不合理。甲再去做时所负责任甚少甚少。此一件事自今人看极不合理，自古人看认为极合理。自东方人看认为合理，西人反是。习非成是的话还须找补。他本来是因人好恶可有多方的变化、不同的可能，可变到极端相反。无论变到如何离奇奇怪，总在人类心里有一点点根据才变出来、引伸出来。引伸太过太远，而别人又引伸别一点，两点遂大不相同。个人社会均皆如此。统统情有可原。个人、民族、社会均如此。个人就是习染的关系太大，习染又快又强。人真多慎所染，无法一下子恶。越习越深，到后来拐不过弯来。他所负的责任只是当下的一点的责任，已成为习惯的就不负责了，那是从前的责任。资本主义即是越演越深，资本家装在制度中自己无办法。看资本家为恶人乃不合事实的揣想。所谓帝国主义军阀都差不多，所负责任都是那一点，虽然他影响于人者甚大。关于礼俗制度是社会负责任，个人不负责任。属于个人的则为本能、气质、习惯。欲望亦为机械的。欲望统是有根的，根在气质。炫耀的本能是气质，生出好名……的种种欲望。鸟兽皆有这种气质，即也有炫耀的本能。及气质成为欲望时已经超过气质而入于意识界中。气质是自己不知道，欲望是某一种本能的意识化、自觉化。一切毛病错误的共同点、一切欲望的共同点，指着意识的误用或理智的误用而言；此就指着“我”说。天下至无根据、在科学上最无根据的就是“我”呀。我完全不合逻辑科学，成立不起来，建立不起来。完全无此根据而欲望自此出发。普通说当我降生之日有我了。假定活八十年，我死没有了，说此时间上空间上有个“我”；其实我之为物既不占时间又不占空间。根据什么叫身体作我呢？因“我”一字与普通的代名词不能一样看，与彼与此、你、我、他、那个、这个，仿佛一样，而其实不然，仅仅是一代名词，是为说话方便起见，是无何关系的，其实他并不等于此。执着很坚、不肯调换，并有一无穷的味道在里边，有无穷的宝爱的味道在其中，非平常彼此的此。此宝爱的味道跟我们看见好看的花、香味、情味一样。宝爱自己也为情味之一，但情味不是东西。花、小孩为东西，而情味万不能当成东西。情味无体。现在我们硬拿情味当体，此情味属于此体。情味不能画，情味不能占空间的位置，也不能占时间。可是人就有一最根本的牢不可破的错误，以我为有体，认此体为我而执着之。错误在此。当我们从时空找，去立论，去推论，去找，那么可以有体而无我。从理智上找可有体而无我；从直觉上说、情味上说，可以有我而无体。现在人的错误把此二者搁在一堆去了，可以无体而认为有体，可以有体而认为无体。搁在一堆就错了。单求体、单求我都不错，连起来就错了。此种错误与其他错误一样，都是生命懈时才有；生命振作时马上没有，马上可以超出来。执着此为我成一习惯，可是本心发露精神振作它就没有了，反是则落在里边了。落在里边则举心动念无非欲望；超出这个来，举心动念无非天理。有人爱说大我小我的话，此话是错误的，自己骗自己的话。仿佛不要以小我为念，而应以大我为念，视社会民族为大我，这完全是笑话。不是许多哲学家认为很高明了，除非超出人我、超出对待，你有办法。你如不让他超出去而让他分别心、计较心扩充扩充罢，完全不行。一则落在计较上，扩充不开；就是扩充开了，以人类社会为我，不能再大了，还是不行。他没有真的力气。一落分别计较，生命真力气出不来了。以此为我与以国家为我统统是错误了。你以直接的痛痒相关，你真能忘掉自己以家人为体，是自然的。从里面的真心肝痛痒可以扩充得大，可是不是观念的扩充大，观念的扩充大虽大亦小，不计较分别虽小亦大。就是公私问题。一画范围就是私，不画范围就是不出于身也是公。只要从直接痛痒出发就是公，以分别计较出发就是私。私就是欲望。论习惯最碍事的习惯就是有我之私的习惯，顶要命了。如是当生命振奋活泼，我私没有力量，如洪炉点雪，不容存在。

向上的持久如何培植？理性的持久如何培植？

大家要善心持久，当然对了。但怕大家有一错误，就是我找什么巧办法让它老持久不下来，因为这个巧办法是机械化，机械化就不行了。现在要的是要你费力气、要劲儿，不用劲儿就向上那完全为机械化了。所以头一层我说办法不可得，即有办法也不是了。第二层转回来说，就是论理没有办法。可是其有一诀窍，就［是］一切皆熟路。生活所靠是机体构造、本能作用、习惯以及社会制度，一切皆熟路。熟路最易走而不费力气，任着机械性做机械性的生活是顶不费力气。要超出机械，要在生命活气透过机械性，带着机械运用而不为他所囿，当然须费点力，难一点。可是第二回就不难了，第三回更不难了。越来越开，后来就仿佛费力而不费力，是自然的了。可是此时并非成为习惯。有人误看好习惯为应养成，我不否认；可是刚才说的不是习惯。比如早起，就机械地看去可以认是习惯之好者。可是早起并非机械，早起真能见出新鲜活泼、精神振作，就不是习惯了。此时不可以看作是一习惯；不同，他只是容易而已。仿佛生命生机条达条畅，并非养成习惯，精神提振慢慢容易。所以容易因为是畅达。如果要持久，只能说你持久就能持久，不能找便宜图省事。如图省事非上大当不可。凡此皆是懒的心理。“善非习惯、习惯非善”二语甚重要。人有一大错误，就是爱求结果。爱求结果就落在认表面、从外面看。无论在东方西方社会，喜欢把善铸成习惯，就是由于爱求结果的缘故。铸成习惯就成机械，就无善恶可言。比如旌表节孝完全从此来，而是错误。他只认结果而想把他铸成习惯，他想这样很好。等到成了礼俗机械化硬固化，由此有时走得可以太偏。那么，他就在此礼俗中，而有一事情，不自觉地顺着礼俗走已经就无可称，若再不敢抗礼俗而屈伏懦弱，不但无可称道，简直成了恶。可是人是愚昧，他常常要结果。所以中国礼教有一大问题，就是仿佛我们立足的线（？）。以我们的眼光应当反对。反对礼教的人，以至也反对维持礼教的人。我们都反对他们。中国几千年的礼教机械性非常之重，非反本求其来源、在其来源根本去复活他不可。不能去维持它的末流，应当反本求始，从头起复活它，让它有新生命可以行，维持末流不行。

继续讲昨天的话：习惯非善、善非习惯。此非我强求画分，乃人心事实如此。凡称得起善、有价值，是能感动人的，因他自己生命力量强才可如是。机械习惯如何称得起善呢？美、善、胜为一意思，丑、恶、劣为一意思，是完全相当的事实。善必然是胜，恶必然是劣（劣是少力的意）。自由与善同一意思，机械与恶同一意思。有他自由活动余地而他以自由处之谓之善。善恶以好恶定乃儒家之真髓。孟子云“可欲之谓善”，阳明［云］:“好恶与是非相同”。[①] 凡称得起善一定里面有力量，才经得超人的称道鼓舞、赞叹也。凡鉴赏的眼光，如唱戏、画画、写字、作诗，凡是动人的、大家给拍掌的，都是精彩。精彩就是生命力充富最有劲儿，奕奕有神，生命最活。力是说生命的力，最活，神、精彩就是活。（力非大力搬石之力。）俗云“学来的曲儿唱不得”，就是你还在那儿模仿学习机械的时候，所以唱得不好。等到你自己会运用它的时候，那就掺进自己的个性，成为精彩的了。兴会到了，自己莫名其妙。完全超出来，所以能动大伙的心。因为它是活的，人皆喜欢活也。审美而有深的趣味，活有力量，而更活，更有力量，表面上却不见。比如写字有力，不一定如颜字剑拔弩张的那样才算有力，而是越有力量越含在里头。表面不飞动，不剑拔弩张，而力量更深更厚更向上。这完全不能改移者。善有可歌可泣者，固是生命力量。善也有不如那儿样刺人利害，但他如更高更深的善，力量更大。总之宇宙是一大生命，我们都在生命中，他就要［有］力量。人倾向他，本性如是也。故机械习惯非善，而尚可鄙贱。一切如是。

① 好恶从主宰来，无主宰便无好恶可言；失其主宰而言好恶者，只是习惯私欲，不是好恶。——颂天注

大家留意，统统明白了。大家要体会“胜”、“力”、“强”，深一点。柔亦为力量，力量更大。粗大是力量，而细更为力量。显出来的是力量，而隐着的力量更大。大家明白这个就可鉴赏一切了。中国后半截的文化是从宋代起手，到清代表面虽光华而都成为僵壳。平常说中国的一切给帝王弄坏了，其实帝王没有力量。帝王不能干什么事，他不能负什么责任。我曾说过，它是靠整个社会而不是在帝王，是礼俗被社会用得太久，或假手于帝王而用则在社会。帝王不能怎样子。社会很合用的礼俗给社会便利，社会觉得好。帝王是跟着社会走，帝王并不能出主意。一社会上始终是聪明有心思人（圣人）有力量，大家伙儿不知不觉得跟着他走，听他的话。帝王靠他得天下、维持天下。他不帮帝王，帝王就糟了。一切社会上种种所以演成这个样子，一半是方方面面的形势，一半是形势中的有心思者出的主意想的办法。此办法是被社会采用，能迎合社会的心理，适合社会的需求。没有勉强干的事，是自然成分多。聪明人只不过看清形势而已，因他是自然的。所以说是社会的，而非帝王所可左右也。

中国文化停滞不进的问题、盘旋于一处的问题。中国文化与西洋比较，非缓慢问题，而是停滞不进。缓慢尚有赶得上的一天，而停滞则千万年将如是也。停滞不进是在交相牵掣。中国文化是人类文化的早熟。所谓交相牵掣，我曾作过譬喻：是心理发育应当跟着生理发育同时发育，可是小孩应当生理发育还未到那一步而心理发育早开了，就谓之早熟。一早熟、心思如此一用，被心眼坠住了，身体不长了。心理发育妨碍了生理发育。可是生理发育不好，心理发育也受了妨碍，中国文化即是如此。许多地方非常成熟老到，可是还有其幼稚的地方。单纯看是不对的。就文化看，身体相当于经济，而心理相当于上层建筑，如礼俗制度……。中国文化早熟之证最大的就是很早的时候没有宗教而理性开发，与个人心思聪明开发得早完全相同。理性开发就让古代社会所最易有的最占势力的两样退离躲开。两样东西就是与理性相反的东西“迷信”、“武力”是也。迷信、愚昧宗教在古代占大势力，支配一切。再则是武力。理性开辟把此二者消化了，软化了，而非硬的排去。儒家提倡礼就是做这件事。他想做一很大的事业，把政治、法律、军事、外交、礼俗乃至于经济种种人事，在旁的社会分开七八样，在儒家想统统归纳于礼。一切化为礼，一切礼化，而礼则必本乎人情。如此就行了。礼本乎人情，把迷信不近人情的给消了。宗教拜天他也拜天，可是化成主观的情，把宗教化成礼。非常近乎人情而无迷信成分。他把政治也统统化成礼，统统以礼行之，把愚暴（天下之最可怕者）都给化了。此一变化非常之大，非如此理性开不出来。单从正面开发无多大用处。他把社会人事化为礼，此为一很好之办法。中国儒家即靠此办法开发理性，愚暴消去。中国人普通人无甚障蔽，心气和平、不暴不愚，统统是礼的结果。它开发理性，社会秩序靠理性维持。西洋以宗教、军警他力维持，而中国则是自力维持。所以能自力维持者，乃在理性开发之故，他让他自己有节制，自己不能捣乱、不胡闹。他靠理性来支持社会，靠理性非自省自反不可。平常多做不公平的事，而一反省则公平出来了。中国从儒家起领导人做反省功夫。中国非阶级社会，乃职业社会。老回头向自己本身用，经济遂未发达，科学亦未发明。中国就是意识回头用，耽搁了经济的进展，相当于个人身体，而上层又被经济的不进展所限制而亦未发育的好。上层发达，下层被遗落了；下层被遗落，上层也受限制，走不动了。交相牵制，两者均走不通，中国始终没有进到工业资本。所以如是，我以为是在“欲望不强大”。资本主义背后是发财的欲望，中国社会聪明才智之士不乐于是而另有所趋，分了去了。必须是社会上头等角色都倾向于是而后才能成功，二三等角色虽倾向之亦不济事。中国商业资本虽有而是社会旁面，力量往那儿用而正面力量不往那儿用，故不能成为商业资本主义。而蒸气机不能发明，产业革命无由促成。如此社会组织构造无由变。物质不进步，精神受其局限，交相牵掣。自己往前走不动，不能往前发展，没有什么变化。礼俗制度不大变。可是它根本变不动，而日子过得很长。人不能白过日子，代代出聪明人，虽大体上不变。因心思越来越细密越巧。他来修他，修得很文细巧密。越是这样外面好看，用去也好，进步在巧思，添了一点心眼，把此一点修理得文细一点而无大创造，里头真生命越来越干枯，越没有力量而空了。因中国文化到后来格局已定，只有往细密里进。在外面见出精彩，而里面则精彩很空，清代即完全如此。清代学术最盛者为汉学，而汉学实不足代表中国的精神。读书人群趋科举，百分之九十九都在文昌帝君的势力底下。以前读书人拜文昌帝君与孔子相同，中举与否全在文昌帝君。读书人家里都有《文昌帝君阴骘文》、《感应篇》，学得完全是小善，冀得阴功中功名。那时学术词章（文选、唐宋词章、骈文）、古文家、汉学共三家，统统没有大的精神。民族精神很衰弱空虚，外面一摇晃，支持不住了。外面好看而内容空虚，成一空架子，外人一来一推就倒了。果里面充实有生命，则外人来了也许可以变化，消融他们。但一空架，外边势力来摇晃不定即可推动了。最大的例证莫如庚子之变。当时宰相徐桐顶迷信拳匪，视为天下义民。御史王某上奏大沽口五龙可抵制洋人兵船，袁谦言拳匪不可用，而西太后不愿就把他们杀了。

礼乐如何制定。旧礼俗在破坏中，新礼俗的产生是要随着社会的事实。如经济方面的事实有什么新的来了，人的活动行为也就因之而来，[须因应]新事实，所以我们不能悬想来定礼俗。眼前现有的事实，其中发生礼俗何所遵循的问题都有。如，家庭父子婚姻如何处理？会要发生礼俗的问题。在此种地方，因为是我们不敢轻于出主意，所以不说什么具体的话。可是我们到了乡间发起乡约，进行乡村组织，须因着当地事实，本着自己意思去做了，无法推让。这种情形是自然的，自然的向外头高明人请教。就是大的文化系统团体所担负的最大的工作，就是礼俗问题。小范围个人见解不够、学问不够，都望在大团体系统有办法有意见。大团体也参考各地乡运者之材料，尤其是乐的问题更非有专家是无办法的。那么在乡村本着什么去做呢？仲安提“正人心厚风俗”，此六字当然对了。不过也许是我的偏处，我总觉得此时礼俗问题很难，很有许多疑难之点，不敢轻易说话。本着厚字去做，断乎无错；而正字——“以我们自己所见为正”——或者要稍微慎重一下才好。戴东原攻击反对理学家，说理学家以理压倒一切，其实理学家是以“意见”为理。我们认为理的恐怕难免于意见……以此为正，非此即非正，恐怕会不合适。因为事情很难，个人所见很容易偏。我作《家庭新论序》[①]，说个人所见多容易偏，习惯、气质、环境、

① 见全集卷四。——编者注

身体强弱、风土之异，人很难逃得出去。我爱商量，我不爱下决定。我也不知是没有胆子不是。我常常不敢说“这个是正，那个是不正”的话。此话不是谦虚的话。我刚断的意味很少，还是多含点商量的意味好。还是本着理性人情来斟酌，不敢轻说正人心的话。这也许是我的偏，我的脾气如此。不过可以贡献给大家参考。

抽象地说，情理千古不变，不过社会事实是变的。人情事理千古不变的话得单从抽象地方去说，社会组织构造事实是变。中国本来发展理性，忠信孝慈无法变，不过事实斟酌是需要变化的。

理性与理智的分别。西洋出于理智，中国出于理性。中国未来理性理智互相如何协调，大概不成什么问题。理性与理智不冲突，普通用不分。我们实在有一种苦，我们心理学没有建立起来。我们心理学见解大家不承认。大概他们的心理学只看见气质、本能、机械性部分，大家看得到。因他们的学科风气是讲客观，把人摆在客观来考察实验，越实验越找着机械部分。要明白人类心理，从人类心理上找定则，拿定则来驾驭人类。如应用心理学应用在工场如何安排让工作细密速快，在军中亦然，就是如何使唤驾驭人的问题。再如研究儿童心理学，考察儿童心理生理现象而记录之，再设种种条件而试验之。如此研究是科学，我们承认。如果如此研究而能得到人类心理，那是笑话。所得到的不过是机械部分而已。再则是推理作用的讨究，如逻辑、认识论，都是研讨理智的。西洋人当然也靠情理，不过不大清楚。我们的理性与人心恰好在二者之间——一为理智，一为本能情绪——恰好非本能。从本能出来的是强烈冲动、机械性的，自己转不过弯儿来。种种本能冲动，此非所谓理性。平静有所通晓而超计较为理性。[①] 冲动非平静，并失去通晓——通晓是了解——恰好是相反的。不是本能一面，可是又不是理智一面。理智平静，也有所通晓，什么都看见，毫忽不能忽略。他不单是平静，而且是冷静；他把情感排开了。我们说理性即人情，含着有情，非冷的东西。科学家不许动情。艺术家要情感，且要冲动——有时还要强烈冲动。科学不单排除强烈冲动，有时平温的感情也排去，他是冷酷的。汪敬熙在美国研究心理学很有名誉，他的博士不容易得。他试验好几百耗子，屡试屡验，道理才能定。科学家是冷酷的，解剖人。它顺着理智下去，它不动情，老往那一边——知识——的理追去。恰好我们的理性就是情理。俗语"情理上过意不去"。不冷也不是强烈冲动，而有平和而柔嫩的情。平静有所通晓而无计较是理性，是自然的情。礼乃自然之节文。此恰好在二者——本能、理智——之间，恰好为西洋人所忽略，它非没有此物，但此刻心理学上不注意它，不大清楚。因他们不大清楚，我们就难办了，找不出一个合适代表我们意思的字来。如此说来，理性与理智仿佛没有分别，可是不成什么问题。换言之，我们如放在本能一面，大概是与理智妨碍。《东西文化及其哲学》里面只承认本能理智两面，而不承认理性一面。我一切都不容易，都翻过好几次身。那时解释儒家道理统统是以本能。克鲁泡特金以道德本能同看，我那时与克氏意见相同。克氏说道德也是一种才能（faculty）。我后来才发现是错了。心要与其他器官分开。心的情理之情与本能情绪之情实不同的。罗素是三分法："本能、理智、灵性。"他说道德的根据在灵性。

① 不平静便是本能，有计较便是理智。——颂天注

我在那书否认之，认为神秘的观念，后来自己才翻过来。我的见解通通是打好几架才出来的，而不是上手就是如此的。我很笨，钻进来钻出去，很苦，想法子解释，才找出新头绪。本能是最不静，理智非静不可，所以是冲突。而理性是很平和很坦然的，往高里说就是清明在躬志气如神，完全可以把此二者统得起来。而本能乃强烈冲动——如发怒、高兴、怕、贪，理智完全不能用。理智用时任何附带本能的情绪不能伴有。理性情感清明，理智不受妨害。而本能情绪含有机械性——私，故非错不可。耳目之好恶与心之好恶不能相比，不能同看。附带在器官上的情都含着有利用在里边——私。本能都是工具，工具就是利用的意思，所以附带在那上边的情感都有所为。举例以明。某一种颜色、香味、皮肤感觉常常为我们所欢迎，觉得舒服、爱看颜色、爱闻香味，很多与性欲有关系。他这种好恶不得其正，这种感情之动是一个随着一种本能来的一种安排。可以诱发本能的是一种为生物最易有的繁殖的目的，诱发性欲让它在繁殖问题上猛进。此时有用意，有用意的情感是不得其正，是一种安排。所以在表面上看同是好恶，并且是天然来的、不学的好恶，仿佛合乎孟子良知良能的意思了；可是完全不一样，就是因它是附带在本能上头，是手段，是有用意的、不得其正的，统统是强烈冲动而不平静。可是不附带在本能上的情感——情理——与理智完全不冲突，并且可以说多少因谋理性发展带出理智来，绝无理性发展妨碍了理智的问题。除非极端的例而外，如科学家然。大体上理性发展与理智畅达有帮助，不冲突，不成什么问题。理性之中自有理智，绝不相妨。不必另外去照顾理智的问题，去发达理智，或两边都注重地安排。

直觉是从其有所认识而言。直觉是一个用，其体就是本能跟超本能的理性人心。本能是生物的活动，包括它那一节一段落的事情——鸟筑巢是本能，从其开头到末了是其本能——一串的活动。直觉是本能发端开头，对于对象的认定没有犹疑，是一种天生的巧。理智恰好是犹疑。本能是一直奔上去。理智是寻找。本能开头对于对象的认识就是直觉。普通所谓直觉皆指本能发端谈。对于情理的认定也可说是直觉。乃至艺术家对于他的工作活动也靠他的辨别力，辨别力越高艺术越好。此种辨别所辨别者是美恶，美恶也就是好恶。好恶不能学，是直接的认识，故艺术辨别力也是直觉之一。现在心理学把我们所说的情理、直觉、好恶统统看成是后天的学得习惯而非先天的，此是大问题。柏格森与我们很接近。人类是理智开而本能退。柏氏要的是理智开本能退的那一个。退是减少、减退，仿佛是由浓而淡。退是把机械性退了，其本身之体还在。体者生命也。他要的是人心。柏氏与我们是一个意思。他要的是机械性退的本能而非动物之本能。机械性退淡的本能就是理性人心。此几乎不能叫作本能，不过对理智而言说为本能耳。我所体会的柏氏意思是如此。

记忆与人类心理有大关系。柏格森说有两种记忆，梦与非梦划不出界限来，在条理次序上是比较的。在梦中还要求次序条理，不过其力不大。梦与我们做计划差不多。计划是——记忆，是离开东西而仍能构想东西——创造所需。作诗、发明、画图，先在脑中画图。计划是拿材料随自己意思去拼，材料是旧的，而拼出来的是新的。发明是拼，梦也是拼。计划是拼的格外有条理有秩序，而梦则比较的无条理无次序。柏氏说：梦是人类的大可贵处。一切创造先靠梦，文章、小说完全等于做梦。

我们的心理学实在非常之重要，它就是讨论“人”的学问。普通以为它是科学，很狭窄的；其实呢，人类心理的一切，人是怎么样的东西，都是心理学的问题。此学问太大了，一切学问都有关系，尤其是关于人事的学问，[如]政治、历史、教育、经济。如有了心理上的根本见解，则看一切都不同了。比如经济学在以前都以欲望出发，其实人类有意识——目的、手段——生活实是表层，不是事实。我认为西洋政治学进步非等到心理学进步才行。一切皆根于心理学，而教育与伦理之与心理学关系太密切了，如影随形。问题就在如何启发人的本领、增长人的能力。凡是教育上的一种学说、主张、办法没有不是从心理学而来。它先把人看成是这样而后才采用这样的办法。研究教育点点滴滴与心理学离不开。伦理学亦然。这样叫道德，道德如此求之。（参考《人心与人生》的序。）无论哪一伦理学派都是根据它的心理见解而来。心理学根本重要，而心理学幼稚得很、不发达的很。如何才叫发达呢？学问很专门，层次很深，此刻心理学完全说不上。仿佛许多商店，出卖的都是心理学，而内容却全不相同。其所研究的范围、方法、对象就不一样，众说纷纭，莫衷一是。所研究的东西及其研究的方法都不相同，各家各标一义，议论纷纷，都无深造。心理学重要而无头绪，影响于学术界甚大。大概我们树立我们的心理学是根本工作。心理学不建立起来，一切无法谈起。建立我们的心理学非以西洋各家心理学着眼，而在破除他们的地方来建树我们的见解。（我欲与叶麟担负此一工作。无论如何要做。虽然它很细不好谈，但也无法不谈。）再则是一家学派有他自己的名词，因此一名词在自己全盘系统中有位置。逼得无可如何，不得不树立我们自己的名词了。理性乃不暴乱不愚昧的气质，与普通所谓气质意义不同，是不暴乱不愚昧的气度、品性。我无办法，只好用气质二字了。而理性恰好非气质。气质是先天的习惯。（不很通；先天就不是习惯，习惯就不是先天。）为什么把气质叫作先天的习惯呢？就是说它不是后来习染而是与生俱来。本能包含在气质之内，所以说是先天的。但为何又叫作习惯呢？因它实在与习惯相当。习惯是生活中走熟了的路，慢慢养的。拿笔、拿筷、思想、走路，各人有各人的方式路数。他都是用着合适，一用再用成了熟路。本能与习惯差不多相当。不过本能何由而熟？何由慢慢成了一个熟路？它是在生物进化到人类的过程中演出来的。我故意用两个不相当的字眼来表明它：一面它是慢慢来的故谓之习惯；一面它又是与生俱来而非从外头得来的，故谓之先天的。如它是熟路，与习惯相当之生命中的机械部分。但为何不用本能而用气质二字呢？因本能是通人类而说，而气质是就一个个人不同的而说。此不同不是心的不同，而是气质的不同。在动物（哺乳类）彼此间的差度很小（马与马、牛与牛之间），远不如人与人差度之大。此人与彼人差度太大了。因为牛就是很偏的气质了，其缓慢性是所有的牛皆然的。马性之快亦然。他们彼此间不能够十分相异，而染成一色了。人与人不同之大，不能再大了，方向高下差得很远。仿佛每一类动物代表一偏之颜色的，已偏乎一色而不能再变了；人于种种不同颜色可能都包括在里边了。气质二字想就个人气质之偏而说——心理不同只是气之不同。后天习惯部分不很重要。真真本心是真真先天，为大家相同的。我之为我、我与大家不同的一点就在气质。一个人一个人心理不同也就是气质之不同。我借用“人心不同各［如］其面”一语（原来含有人心不可测之意思）。我意你要想知道一个人的心理是如其面，面部不同，心理之不同也代表出来了。我相信一人相貌代表他的气质。就指个人不同说，我不用本能而须用气质。再则气质宽一点。气质与理性恰好不同的。

平常所说的性情、脾气就是我所说气质。

意识普通向外用，产生科学；反面用，产生中国的东西，因而耽误了科学的产生。——经济非因。经济的不进是由交相牵掣、文化早熟。经济是被决定的。智慧的生命是意识回用开辟出来，为西洋所无，他是生命本身含有的机械性，因意识不向外用，自觉性越开越大，机械性越来越小。此只中国印度有之而为西洋所无，即有，亦无人知道。西洋有大思想家哲学家，而中国印度没有哲学思想。印度只有宗教，没有哲学（只不过别人去抽出来讲）。中国亦无哲学，无讲哲学之意思。西洋哲学之爱智，中国无此意思，而是从较根本的较整个的要求而带出一点哲学来。目孔孟阳明为思想家，很不合适。凡是哲学思想家是以哲学理论为归宿，中国统统不是如此。只有宋儒讲理气近乎这样。阳明不想要思想而要一整个的生命，要求生命有实际的变化进步，是东方人的脾气，他不归宿在哲学上。

《人心与人生》整理后记 *

今存有关《人心与人生》讲词记录共两册，一册封面题为《人心与人生》，另一册题为《意识与生命》，均系云颂天先生1939年所抄存者。

先父于《人心与人生》一书之"书成后记"中说："据计算我以此题所作讲演约有过三次。""1926年春初愚偕同学诸友赁屋北京西郊大有庄（其地离颐和园不远），现存有讲词一抄本，记明其时五月。此一次也。"第二次是"1927年2月即为旧历腊尾年初，北京各大专院校的学生会联合举办寒假期间学术讲演会"，应邀讲了近一个月。"第三次，则在邹平山东乡村建设研究院为研究部诸生所讲者，今存其记录而未标明年月，推计约在1934年或其前后。"

* 选自中国文化书院学术委员会编：《梁漱溟全集》（第七卷），济南，山东人民出版社1993年6月第1版第1次印刷，第1038—1039页。——编者注

上述第一册讲词记录，即第一次所讲；第二册讲词记录，即第三次所讲。大约自“文革”中期以后，此两册记录均由云颂天先生交先父保存。在题为《人心与人生》讲词抄本上，有先父用红笔批写的“有取”、“有可取”或“○”，共十余处；先父晚年写成《人心与人生》一书时，曾用作参考。

此稿经北京大学王宗昱同志负责整理。整理时力求保持原貌，仅改用新式标点，更正若干明显笔误，至于费解而又无改动根据者，则注明存疑。

梁培宽

1990.6.

试论晦庵朱子在儒家学术上的贡献兼及其理论思维上的阙失*

宋儒义理之学为发扬往古儒家学术贡献至大，后虽不免颜李学派之针砭，曾不失其伟大价值与其地位之尊严，所谓宋学者，历宋元明清几代未失其统治地位。正为其居于统治地位，流弊乃以日滋，而为世所诟病。然世有通人自能善观其得失，兹不具论。

《论语》、《孟子》、《大学》、《中庸》简称四书者，往昔科举时代考试所着重，为当时读书人所必读；然《大学》、《中庸》原为《礼记》中之两篇文字耳，其抽取出来特加表章则始于宋儒，尤其是晦庵朱子（熹）之功。要知道：儒家孔门之学修己安人之学也。而《大学》、《中庸》所讲的修身慎独，正是传此学脉者，其于宏扬儒学非探骊得珠

* 选自中国文化书院学术委员会编：《梁漱溟全集》（第七卷），济南，山东人民出版社 1993 年 6 月第 1 版第 1 次印刷，第 465—467 页；原文约作于 1978 年，录自《大杂记本》（一），第 1—5 页。——编者注

乎？此后《大学》、《中庸》两书之得以大行于世，极有助于儒家学问之认识与传播，是则应念宋贤之功。朱子之功不可忘。

顾朱子于《大学》分别经与传，且横加增补改订，其错失亦不可胜言。凡既经后世（如陈澧、栗子奇等多人）指出纠正者今不谈。兹言其理论思维上的严重缺失，此严重缺失见于朱子《大学》补传如下一段话：

> 盖人心之灵莫不有知，而天下之物莫不有理，惟于理有未穷，故其知有不尽也。是以《大学》必使学者即凡天下之物莫不因其已知之理而益穷之，以求至乎其极，至于用力之久而一旦豁然贯通焉，则众物之表里精粗无不到，而吾心之全体大用无不明矣。此谓物格，此谓知之至也。

此严重缺失盖在情理、物理两者相混不分上。例如：天演淘汰、弱肉强食是大自然界的现实，是物理，但从乎人情则憎恶其事，而同情于弱者，发乎义愤或且攘臂而起焉。物理是客观存在的，而情理则存乎主观，得之于内省，两者大不相同，而朱子言之却混为一事，岂非严重缺失乎！

上方所引朱子原文"众物"一词亟当注意，明是说的外在事物，两眼向外看的，是则于传此学脉中竟不自觉地违离此学脉矣。从此等处，朱子盖难免思想混乱之讥！

孔门修己之学一了百当，慎独之外更无他事。原吾人生命固自天地万物一体，慎独功夫到家天地万物便都收进来，何莫非分内事乎。

（须知慎独初不遗漏外物，恰是一切皆内而无外也。）

从大程子（《识仁篇》）以至象山阳明均代表此学脉者，而朱子则与伊川有所不逮，若为一路者。

复次，情理本乎生命而发，亦可云出乎天性，但莫忘人之秉赋却有厚薄不同，物理则得之后天经验察识，既视乎其人之明敏迟钝而异，更有社会文化积累传播等问题。

予兹小子敢于指摘先贤，非才智之有胜，实为资藉之较富，既从宋元明清以至现代有几近千年之漫长阅历，且生逢世界东西文化大交流之世，亦不过头脑见闻幸得所开拓而已。

第二部分

我所了解的卫西琴先生及其学说

卫中先生自述题序*

十五年一月十五日，余偕从游诸子，王君平叔，黄君艮庸，张君俶知等会于卫先生所；践先生约也。先生以去岁杪来京师，先尝与愚辈约，每星期五为讲论之会。兹日之会，实为其端始。既会，先生为述其生平，穷原尽委，约为三部。张君为之笔录，余加点窜，且量为作注，是成此篇。今更为数言，弁诸篇首，愿以介绍先生于国人。

先生之来中国旧矣。自民二讫今，实十有三年。国人之知先生者，大抵以侯官严先生所为译《中国教育议》一文。当时盖颇为士林属目。顾其后，虽曾游历南北，敷讲学宫，而十余年间，音响转寂，几于无复有人留意。甚且横被猜蔑，谓其谀旧诋新，所以取媚顽俗。

* 卫中先生即德国人卫西琴先生，后文卫氏也是指同一人。本文选自中国文化书院学术委员会编：《梁漱溟全集》（第四卷），济南，山东人民出版社 1991 年 2 月第 1 版第 1 次印刷，第 795—799 页；原文录自《漱溟卅后文录》，1930 年 7 月，第 105—112 页。——编者注

自来孤怀不见谅，深心而人不喻，大抵有如此！

余于先生始亦不相知。三年春，从《庸言》读《中国教育议》，异其议论，䌷绎至再。徒见萦回慨叹之辞满纸，而立言申旨，条理不清。继更求得他稿读之，翻复研思，莫窥究竟。窃疑其空疏无物，则亦度外置之。十年夏，余为《东西文化及其哲学》之讲演，于时论多有引掇评陟，独不及先生。盖是之非之，两俱无从，不知所以为辞也。

是冬游晋，得参观先生所主办之外国文言学校。则其间所有，举不同俗，一事一物，靡不资人省味，顿为惊叹。而窃见先生精神措注于百余学生之身，无微不至，直有欲呕出心肝之概，尤不能不使人起恭起敬，倾心折服。学生百数十人，一一颜色泽然，神采焕然；凡外间一般学校学生，所有憔悴之色，沉闷之气，于此绝不可见。然学生肥而先生瘠。先生之劳瘁，睹面可识，不止于瘠，直已病矣！先生之为人不概可见乎。既复与先生接谈竟夕，备闻至论。则先生之所言亦如先生之所为，在在资人省味，觉必有一贯之道寓乎其间，而聆者乍难得其纲领。向之疑为空疏者，今乃知先生胸怀大有物在。

自是，余得辱交于先生。先生每有讲演、造述，必以见示；每以事来京，必相过从。五年之间，得所惠稿件积之盈尺，时取寻绎，渐有所会。然自揣所知，未逾什五，且以王君平叔启予者为多。王君尝攻先生书甚勤，约其所得，当在十之七八。每同案循读，相与析疑，辄共叹先生之学未易窥也！

余既未窥其全，理不宜轻出己见；若许其姑妄言之，则且陈三事：

先生之学萃于心理，然是异乎今人之所云，今之所谓心理学，先生所讥为“身理学”者也。先生述作累数十种，大抵冗中漫然口述而成，捡求精萃，又在《男女新分析心理学》,《人心新力学》二编。本末赅备，自成一家，学者探讨，所宜致力。此欲陈者一。

先生之学，以音乐引其绪，以教育汇其归。用思抽虑，始终不离事实，故所成就，差幸不致蹈空。凡善读先生书者，其勿忘语语皆有所指，而征之于事，以求索解，则必能取益；无以其不易捉摸，遽薄为玄想空谈。此欲陈者二。（音乐本为艺术，方法自殊科学。教育亦是术非学，其事自来靡非楷准。矧在先生颖悟才高，蹊径独辟；穷幽极远，吾信其然；步步踏实，盖未敢知。语及为学方法，先生殆难取谅于今日学术界；而先生穷理所得，或犹有待后此学术界为之证明厘订；此余藏臆之私言，不知其有当否也。）

先生之学良与东方为近，故先生尝自谓有契于此土孔氏之言，或者《易》《传》《礼记》，不无符顺，亦未可知；然先生之为学，自犹是西方路数，与此土有别。私意盖以为先生之学，或为钥匙，将以开启此土尘封久闭之门；或更且有以匡补阙失，为吾药石；其他则不知也。此欲陈者三。

先生之学本为创获，语其由来，此篇颇有开陈。是读先生书者，又宜先从事乎此。余于此篇，亦有欲白者三事：

先生十三年来，专志教育，初无意以学术自见。尤以最近居晋六年为专做其教育之实验功夫；然先生重要撰著乃大都成于此时（先生之学说殆其办教育之副产物耳）。故所有各稿，率为冗中以华语口授于人而笔录者，鲜以西文为之（先生又尝云，西文无相当之术语可用，其必经创造之烦亦如中文）。然先生第强为华语而已，略不谙文字。口之所出，是否赅洽于心之所存，未及一一订之也；所举字面，所为语法，是否律合吾俗，娴于大雅，又未及一一订之也。迨积之既久，在先生则名定俗成，自为一贯；在吾人不相习者，则大生扞格，索解无从。余既尝留意诸籍，稍得分晓，故于此篇中，视力之所及，量为窜易，或为作注。然其间未及更易者，尚复不少。一则以自成一家之学，当然有其特制之名词术语，未许化为常言，淆失本义。纵或所制未善，而另为订定，仓促难办，亦只得仍之。又则一名一语，关系全盘组织；自以所窥尚浅，不欲冒昧。此余所欲自白者也。

先生远来此土，卒卒十有余年，所志未就，体力日摧，所为不负者独于此学见之益的耳，而又淹晦不明于世，适因外人之问，抚念平生，慨然兴数穷才尽之感；乃返以循求半生志业之所从出，暨夫此日衷怀之所存，述成此篇，以告当世。先生之志与业，既无外此学，故于此学辟创之原委，不少推阐。然先生之学，则以力释心，且以释一切者也。今欲自加阐释，还复本此眼光以为之。是以半生所历，篇中虽备其概，然所致详者不在其身经之事迹，而在其心力之演变（欲考旧迹，按往事，此或不具）。凡读是篇者，宜详此意。此先生所欲告于读者，余为代白者也。

从上所言，先生实以辟创之此学，还而阐释此学之所由辟创。若是，则不独欲一探先生之学者，宜先读此篇；抑世之欲读此篇者，又非先有省于先生之学，不能了也。先生弟子杜君为，用辑成先生论著目录一纸，附此篇后，俾读者取而参考焉。此又余为杜君代白者也。

余既谬以好言东方文化为世瞩目，而先生夙昔持论，适若同调，不知者或将以此为两人契合之由，而实乃不然。余虽无似，固不欲漫引同调；而在先生立言自有本末，殆尤不容以标末之彷佛，轻易相许。况相交数年，余讫未尝一出所见与先生相商榷，先生固无从知余底蕴；契合与否，又何论焉。余窃窥先生之有契于余者，独在虚心理会其学，而差能喻于其旨耳。是盖先生十余年来，所未易得之于人者；而独得之于余，故不觉其情之相得也。若余始之亲先生者，盖窃见先生以大人一体之怀，行其心之所不容已，而凡情不谅，转见疑猜，踽踽凉凉，莫为有助；余诚不胜同情，奋然愿为执鞭！其尤不容恝然舍置者，则唯先生之学。先生之学，余始亦不能窥也。然学问之道，贵乎心得，信为创造，无不可宝；而才无大小，苟能留心实际，输力一途，其卒必有所就，又可断言；矧在天才瑰异如先生者，用力又如此其久，其蕴罗之美富，不亦可知耶！试一展《男女新分析心理学》《人心新力学》两编，自非俦不惊叹。盖不待徐察其所谓，循究其所诣，而价值已自可见；世有好学深思之士，宜无轻易放过之理。是余所以五年系注于此，常欲一发其宝藏，而今日特以介绍于国人，愿有心人共为留意者也。二月，梁漱溟书于什刹海勉仁斋。

介绍卫中先生的学说 *

今晚拿卫先生的学说粗粗介绍给大家一点，在我个人看，卫先生学说是很重要，很有真价值。却是卫先生殷勤地向人讲说，而社会总少有人注意去理会研究他。第一缘故：大概是因为这种学说，出于卫先生自己的开创发明，其方法与意义，很近暧昧，很觉抽象，而又未能得到适当的文词表达它。一种新学问，本不能不有一种新名词术语，这种名词术语之制作，极不容易。又一个人总是用他家乡话说得最好，今卫先生用他原初不相习之中国文字，自然也是极不易。因此卫先生之著作，不是给人家看作笑话，就是看不懂。大凡一种发明，不是被人家惊奇矜重，便是被人家冷淡轻视。于是卫先生遂以种

* 选自中国文化书院学术委员会编：《梁漱溟全集》（第四卷），济南，山东人民出版社 1991 年 2 月第 1 版第 1 次印刷，第 810—821 页；原文录自《燕京社会学界》杂志，1927 年第 1 卷；参见《漱溟卅后文录》，1930 年 7 月，第 121—143 页。——编者注

种障碍，落在第二种遭遇了。第二缘故：大概是因为现在的学术界离得卫先生还远——此意仓促很难说明；而卫先生又离着现在之学术界远——卫先生于现在学术界的情形与风气，是不大理会的。像这种种障碍与种种欠缺，是很难解除或补足的。我很有一种志愿，以我将来的生涯与精力，划出一部分专替卫先生作说明的工夫，不过目前尚无暇及此。除前曾为卫先生的自述作一序文外，此次为头一回试去替卫先生作介绍。

据我所知卫先生原是德国人，在欧战起时声明改入美国籍。他的德文姓名不知道，从来所用的英文名字是 Alferd Westharp，中文名字是卫西琴，又称卫中。据卫先生的自述，他天资是一个文学家，曾在德国几个大学里几种不同的学系里肄业，最后以音乐考得博士。大概先生早年是多用力于音乐的，而后来之学问也是从音乐里找出头绪来的。当他研究音乐时对于音乐有一种改革及其独自的创造。这种改革与创造颇不得他们德国人的了解，而法国的音乐家德比塞很赞成之。于是卫先生从此离开他的故土，而到法国。他对法国人及法国文化都很喜欢。又由法国引进了对东方之注意——德比塞在音乐上能与卫先生同调也是为他曾得力于东方音乐之故。在法国研究东方之不足，又到英国去研究。这时候又借着蒙古梭利教育学说证明了他从音乐来的心理见解，增进了他对于东方的兴味。于是他由英国而来东方；先到印度，后到日本与中国。计自民国二年到现在在中国已有十几年工夫。这十几年工夫皆用在他的教育理想的企图上。最近六七年在山西太原办学，虽云未见成功，而先生的学问却由此经验而臻成熟。现在北京住了一年多，除向社会发抒他的学说意见外，未有做旁的事。我从不肯随便乱恭维人，但我可以郑重的说，卫先生是他自己书里常说的“大人物”。所谓大人物，粗言之便是特别富有力量，爱从自己有活动的人——在罗素所谓富有创造冲动。他的脾气举动是有些为社会一般平常人不了解的地方，所以不单他的学说未得社会的看重，而且他的为人反被社会起了一些误会——例如有人说他是骗子，又有人说他是疯子。卫先生常说大人物每每是生前为众人所摈弃，及其死后又从而推崇之，立铜像建碑建庙的。或者卫先生也会要这个样子吗？至于我同卫先生的关系，相识固已多年，最近才见亲密。从民国十五年春初到现在同住在万寿山已有一年，但未有合作一种什么事。

卫先生的学说的根本在他的一种新的心理学。他不拘谈到什么问题都适用他的心理学来做解释。或者换一句话说：他寻出了人类心理的一些定律，他用这些定律来解释各方面各种问题。他这种心理学的来历是当他研究音乐的时候，由他特殊的着眼点，使他对人类心理有一种体会而来的。因他着眼点与其他一般心理学家不同，所以他的所谓心理与平常所说的心理学仿佛成了两回事，彼此竟无多大干系。卫先生的学说实在是自为一套，自成一家的。凡是听他讲演看他著作的人均不可不注意此点。如果拿他同旁的一般科学或各家的学说扯混在一起，一定找不着他的头绪，或者误会了他意思，他常自称他的心理学教育为一种“科学”，并且是一种“自然科学”。这大概是因为他觉得他所得的心理定律是和其他科学所得的定律是同一准确，而心理物质又同为自然界所有等级不同的力量而无大殊。然而他做学问的方法，在我们看去，却并不是一般自然科学的方法（前所说卫先生对现在的学术界不理会就是指此等处说）。不过他的方法虽非科学的，而仍出于实际经验——做音乐与办教育——所以还不致蹈空；其所以能有不可抹杀的价值也就在此了。他的学说基本处或开头入手处有时看去仿佛浅近平常，为人人意中所有（其实并不浅近，而且是很深的道理）；渐渐的说到深复处又每每出人意表，极新鲜又极精确。但我们今晚在两小时内只能在粗浅处略为解释。

我们分三部分去说，第一段他的谈心理，第二段他的谈教育，第三段他的谈文化。

（一）我们先说卫先生之谈心理。他看人类心理只是一种力量——其实他看宇宙间一切都是力量：一个人是一种力量，一个动物也是一种力量，乃至一块物质也是一种力量。他把人心唤作“人力量”。这个力量具于身体，身体是俗常所谓精神与物质之间的媒介。所谓这个力量的，便是指着人类接受外界物质的刺激而达之于内，又自内里精神发出活动以施于外的能力而言。这接受刺激的，亦即靠近于身体而预备对外的，是这个力量的下端，他叫作“身体力量”又叫作“感觉力”。这自内发出活动的，亦即稍远于身体而并非单预备对外用的，是这个力量的上端，他叫作“精神力”亦叫作“心”。这上下两端之间，即感觉力到精神之间，是很有距离的，或说是很有许多层次级度的。照自然之理，这两端是应当往复相通的，仿佛电流有阴极阳极——感觉力为阴极，因其主于受；精神力为阳极，因其主于施。换言之，一则近于被动，一则偏乎自动也。这是卫先生学说中的两个根本观念，必须要先认清，以后讲的话才能明白。然而要认清殊不容易（前所说卫先生方法与意义暧昧抽象即指此等处）。大概他说感觉力并非单是眼耳皮肤之几种感觉，而包有普通心理学所谓反射的本能的动作，乃至更复杂的活动都在内。总而言之，他看作一副混全的身体力量，与精神力本不能划清界线（如电之有阴极阳极不能划开）。他所谓精神力更难说了，仿佛平常所谓智慧，当为其主要成分；而实则智慧不足以当之。或者不得已说作人类高等的心情罢？但又不恰，因为单是情感也不足以副力量或能力之义。

试把卫先生自己书里的话，引在下面略为解释。在卫先生的书内，常说“人心是自然力最高之一层”；又说“人心是一种高等动物一层一层经验物质完毕以后，剩余的力量”；又说“是一种比任何动物还完全一层一层经验物质完毕以后，富余的力量”；又说“人心的力量在大的世界内是无用的”；又说“男子的心是世界上最独立的，将完全自由活动最不靠外的一种力量”。此处所谓人心或男子的心都是指着精神力而说。所谓“一层一层经验物质完毕以后”云云，其中自含有许多话，许多道理，而卫先生未有说；我虽然可以替他说，但此刻亦来不及，我只请大家注意他那个“剩余的”“富余的”“无用的”种种字样。所谓剩余的富余的，所谓无用的，就是未有一定用法，就是超过了预备对外的身体性。再换一句话说：人类的心是从身体解放出来的，在一切生物要营求生活那个需要上看，简直是多余的，而且多余的很多的一种力量，人类之所以为人类完全在此。古今许多大哲莫不于此点有其亲切的认识。古人我暂又不去说他，今人中则如罗素在他的《社会改造原理》之第七章中，都说得极清楚明白。而柏格森在他的许多书里尤其爱发挥此意。我无工夫去博征繁引，不过说在此处，要大家自知留意罢了。

又上面所引卫先生的话，其云，“世界上最独立的最完全自由活动的一种力量”就是我在前面所说“超过于预备对外的身体”“从身体里解放出来”那一个意思；而特别提出男子的心来说者，因卫先生对男女的分别看得最清。男女的分别在哪里？就是女子的心比男子的心浅，男子的心比较女子的往里去很深。或说女子的心比男子的心靠外（凡此生硬的言词都是卫先生熟用的言词而我们姑且沿用的），亦即是靠近身体；而男子的心比较女子的心离身体远得多多，亦即是从身体解放出来多多。这话亦不难明白。请看女子是多么受制于身体，就可以知道了。女子的身体构造是在预备生育小孩的。她一生的力量常常消费在此，她的精神也就难得超脱。她到一定的年龄就有天癸又叫月经来了。即在最康健的女子亦要占三天工夫；康健稍差就要五天，更差就要七八天，而且天癸未来以前，与既来以后又各有三天工夫的不舒服或疲乏。如是则在一个月里竟多是把力量费在身体方面了。到有两性关系以后而怀孕，那更是完全困住了那个人。生育以后，又要给小孩乳吃，其关系依旧不能减轻。男子这些事一点没有，其自由多多了。所以女子的生活比较男子常常处于被动中。我们平常都说女子之心窄，心小，不用生气的事，她也容易生气，不用着急的事，她也容易着急。她比男子容易哭，她比男子容易笑。都是这个缘故。因此卫先生常说男子天性是静的，女子天性是动的。然而又说男子的活动大，女子的活动小；就是因为女子从感觉力到精神力的距离小，而男子从感觉力到精神力的距离大。说他静，是指他离身体远，不易受波动而言；说他活动大，是指他距离远，有大活动之可能而言。对照着看，那女子一面其所以为动而活动小，亦即明白。平常说女子是阴，男子是阳，这话并未有错；不过必须要了解卫先生所说他们力量之不同，而后始得认识阴阳的意义。又卫先生常说东方的男子有女性，西洋的女子有男性，都不合乎本来面目，皆因文化不对所致。其说甚长，此不能述。

所谓卫先生的心理定律是什么呢？他有一个根本道理，叫做“有力量必有表示”，“有什么力量有什么表示”。所谓表示，就是指其力量之活动出来而言。力量有高下大小种种不同，活动也有种种不同。活动是有程度分别的，不活动为零度，往上去有许多层级，活动愈大愈高为活动之极致。卫先生说到活动有许多常用的字样，例如：高等的、下等的、顺的、乱的、粗的、细的、硬的、软的。从这个顺的细的软的而到极粗硬的，为活动程度降低。从乱的粗的硬的而到顺细软，为活动程度进高。人类力量程度是高等的，不应当有下等活动；但是每每因这文化之不对，而给人的活动程度降低。在卫先生意思，以为心理学应当是研究人力量的一种科学，寻出力量活动程度之间种种定律，而使人有他应有的“人程度”之活动。至于普通所讲的心理学，老派的固然不合卫先生意思，新派的也不合卫先生的意思。他常常讥笑现在人喜欢讲的新派心理学为“身理学”。

（二）第二段我们来说卫先生的谈教育。卫先生心理学之所以有重大价值，完全在其心理学之应用，就是他的教育学。他在教育中最要紧的意思，或其根本道理，就是感觉应当上通于心，心应当下通于感觉，往复相通不要隔离；所以他自名其在山西所办的学校叫作大通学校。如果感觉不上通于心，则为粗乱的感觉，就是他的活动粗野暴乱之谓。按寻常的说话，就是说其活动太是本能的，而少有理性。这种人算是无心的人。如果心不下通于感觉，则为空虚的心，就是说他游心于空名词、假道理，常在糊涂迷信中；因为他心既不下通于感觉，即其道理之所从来，就非出于经验，而不能不是糊涂迷信了。这样的人算做假心的人。精神感觉相通，心不离感觉，感觉不离心，始可以有高等活动而合乎人类本有的程度。感觉不离心，则其活动可以进于顺的细的软的，即粗野暴乱的反面，而举止态度温文尔雅了。心不离感觉，则其活动不离实际，而清楚明白确切，自能发现真道理而有真学问——照卫先生之意思说，这一层在中国最要紧的。他在他的书里常说，中国此刻办教育最要紧是求“一个常常与感觉有关系的心，常常不昏的心，常常往实用方面走的心”。其所以然之意，下面讲文化一段还有说明。这实用二字也是应当注意的，卫先生常自名其教育为“实用教育”。他说他要养出一班实用人才。大概卫先生看出了，天是让人走一条创造的路的。人应当时时有所创造，才合乎人的程度。所谓创造范围不要看的太狭窄，科学家的发明、哲学家的思想、文学家的作品，固然是创造，其实我们一言、一动、一颦、一笑，乃至一思、一感，也未尝不可以算是创造。创造不创造不以其事情之大小而有分别，乃从其是否有人心的活动而定。在心通感觉，感觉通心的人，其一言一动无非创造。在心不通感觉，感觉不通心的人，则其思想出于沿袭，而作品出于摹仿，便无创造可言。卫先生所谓实用人才就指这种能创造的人才。所以他的实用教育非注意实际效用之谓，而是注意人有本领，尤其注意本领之根本，即力量。譬如职业教育的实用，在卫先生批评它是：此时实用彼时不实用，此处实用彼处不实用。因为当他学会一种手艺，其学会乃是（觉）［感］官的会，于卫先生教育里面的学会比较，“不知隔有几万年人类进化之距离”；盖一出于感官之摹仿，一出于心力之创造。卫先生说：“创造是从内部取原动力的，而不是从外面起活动的。”又说：“谁的内部力量无时无地不活动，谁在任何时地的事物上自然都能实用。”这就是说创造是一个人的创造冲动而来，不是被动的。一个顶富于创造冲动的人，对于不拘什么事情不拘什么东西都感兴味，而想去研究想去做，其结果自然对于什么事情都会做，都会做的好。总而言之，卫先生的教育思想要做到让人有力量而会活动。有力量的人自己爱卖气力而对于世界一无所取；没有力量的人常常想要东西而不爱做事。卫先生是要前一种的人，不要后一种的人，其意盖颇与罗素开导人的创造冲动减低人的占有冲动之论相合。不过罗素只粗粗有这一点见解而已，而卫先生则对这问题具有精密深澈之学问，并且有一种办法——即其教育。

照卫先生对教育的眼光，而有其在教育上的办法。他这种办法我们从他《人的新力学》一书里可以窥见一斑。《人心新力学》就是在山西所办的大通学校章程。他的章程是学校办了三年以后才做的。内中所述就是第一期办法经过的说明和第二期办法开始的预备。第一期办法是以培养学生的身体力量为根本目的，完全不注重读书求学问，而注重在学生的实际生活。学生一身的事他无处不注意到——吃饭睡觉洗澡大小便通通注意到。因他如此注意，所以他这二年工夫未曾放过年假暑假，并且未有星期日的休息，惟恐学生到外面去有妨害他的教育进行。他把教员学生分成许多小组，算作家庭。每一家庭，以一教员为其家长。除他以全副精神照顾学生的生活外，其他的家长亦都以全副精神照顾学生的生活。在学校内给学生以许多活动的机会：有做工的工厂，做鞋袜做点心等等；并且有时修理学校的房屋；有作买卖的公卖室，从文具到米盐一切校内众人需用之物都备。其管理进行都由学生自己去做，教员只是站在边看着而已。不但如此，就连学校办公处之任何公事也都由学生经管。据卫先生说，只有这种信服学生会做事而听他去做，是开拓学生力量的方法。虽然拿很大事让学生去做，刺激他的力量出来，但又不可给他的刺激太多或太快或太硬，要斟酌于每个学生力量与其刺激之间无使之过与不及！过与不及都是妨碍力量的发展。如此慢慢引出其力量而增长之，是教员唯一的责任。至于一般学校之办法，自卫先生看去皆无一处不是戕贼学生的力量，可以说通通要不得。（关于卫先生的教育意见此处所述不及什一）

（三）第三段我们再说卫先生之论文化。卫先生看东西两方的文化是很不同的；在东方印度与中国也是很不同的。西洋文化是什么样子的？中国文化是什么样子呢？据卫先生说，西洋文化是从身体起，中国文化是从精神起。西洋人的身体极活动，而中国人的身体极不好活动。西洋人的身体极强，其身体力量极充裕，而中国人则身体殊不强，身体力量亦不很大。这大概与地理气候及工商业社会、农业社会之不同都有关系。例如西洋海岸线长，与水为缘，自然爱活动，爱交通。而中国则陆多水少，与大地为缘，自然不很活动，不很交通。积久之后，爱活动之人愈爱活动，成了他的天性；又有海水刺激他、帮助他，于是活动得更利害；而商业工业亦就起于此。工商业的活动贵迅速——因是要发财的，出产东西运送东西愈快愈好，因此养成一种事事求快的脾气，印象摄取尚有应接不暇的苦，焉有从容消化之力。并且要省时间，怕费事，亦不许从容消化。所以接受外界印象刺激，多未及上达于内里精神。外部力量愈不通内，内之精神力愈无由表示——精神于是被挡住了。又西洋中世纪千余年之宗教约束人的滥费身体（尤其约束身体之生殖力），蕴蓄了很大身体力量，而在文艺复兴之近世纪一气发泄出来，也是西洋人身体活动厉害的一原因。身体活动太厉害就没容心活动的余空，渐渐落于感觉不通心的症候，或说常常没有心。西洋文化就是这种感觉充盛而缺乏心的样子。所以说西洋文化起于感觉（或身体）。至于中国人与大地为缘，本不好活动，即活动也很慢；再加以黄河、长江两大流域之沃田成功数千年不变之农业社会，更容易使人养成慢活动的脾气。因为在农业里做事，和工商业是大不同的，他是要靠着天气节候自然之序，而不能着急求快的。并且在平川旷野之间日与自然物为缘，也顶容易让人意态宽闲。这种慢活动，和缓仔细的活动，摄取印象既得从容，亦有送达内部而消化之余裕。因此感觉可以常上通于内心。外面活动愈常通内，内部力量愈容易表示出来。所以在中国文化里心的活动程度很高，而转见外面活动之不足了。这是中国从前的文化样子。这种文化日久之后，顶容易不注意身体，使身体衰败。又中国未经西洋中世宗教约束积蓄身体力量，反由早婚习惯而大大损害了身体力量；及身体衰败之后，而精神亦不能不衰败了。所以现在的中国人和西洋人比较，西洋人虽无精神，尚有好身体，而中国人则身体力量精神两俱贫乏，文化之创造至此完全灭绝。六七十年中国天天忙于摹仿袭取西洋的文物，从思想学问，政治教育、社会风习，下至起居饮食、澡盘便器，无一不偷，就是自己完全空虚之症候。此时要重生中国的文化，恐怕要先变回到如同未有文化一般的地步，借着西洋的物质文明慢慢补养起他的身体，再渐渐恢复他的力量才成。这样的文化程度真是等于零，还要在野蛮人低等文化以下的了！倘中国文化之重生是要如此从头做起的，则前途遥遥不知将在何年何月，并且能有望与否亦不可知。在中国人自己总不应当如此一听于天然的转变，而应当赶急想个办法。在卫先生说，这个办法就是教育，就是卫先生长养力量的教育。盖中国今日一切事没有办法，都是从唯一的原因来的——中国人力量衰败。只有认定养起中国人的活力之一途而急起图之，庶乎一切事才有希望。譬如谁都知道中国此刻顶缺乏的是学术方面的科学，与物质方面的工业生产。然而让衰败了的中国人，去学西洋的科学，去仿办西洋的工业，又如何能有什么科学与工业在中国出现？没有人家那样的身体，如何能有人家那样的事业？就要一步一趋地摹仿袭取，也一定摹仿不来，追踪不上。就是要摹仿人家，单只靠摹仿力做不到摹仿的，必需你有大过了摹仿的力量，即创造力，而后摹仿方可成功。衰败了的中国人唯一缺乏的是创造的活力，你让他如何产出科学与工业来呢？科学与工业都是从好的身体力量来的。因此卫先生说："中国此刻最要紧的是一种培养身体力量的教育"；又说"要养成一种与感觉有关的心"。所谓与感觉有关的心，有似乎平常所说科学头脑；所谓为身体力，就是充富（实）一种爱向着物质世界做活动的力量，请问大家，今日我们的问题是不是在此，还有比卫先生的意思再对的么？

卫先生当初之来中国，原是从不高兴西洋文化，而特别爱重中国文化，抱着一腔热望渴念来的。及其到了中国，看见中国人正在忙着摹仿西洋，他真气得了不得；他曾说，他初到上海看见中国人用的西洋风琴和住的洋楼房，是他顶大的仇人，他真是恨极了，所以在那时发的议论多是叹息痛恨中国人之轻弃固有文明，盲目地摹仿粗野的西洋。及其住上海两年，才明白中国人真是衰败极了，要他不摹仿是不行的。而问题所在是要从身体力量做起，一时谈不到高远处。所以后来议论与前很不同，而其实他对中国的观念前后未尝变换。如上面所述就是他近年来所提倡的意思。

卫西琴先生传略*

卫西琴（Westharp）先生德国人，其德文姓名今不详，[①]为德国银行总裁某之独子。天资特高，不谐于俗。既深恶德帝威廉之军国主义而倾慕东方古代文明，欧战前夕乃出国东来，历游印度、日本而达中国。随即改隶美国国籍，更用中国文自名曰“卫中”，字“西琴”云。1921年愚遇之太原外国文言学校，若有契合，彼此交往相处十数年之久。日寇侵入华北华东，愚奔走抗战，音讯顿绝。嗣访闻其流落在日本。1946年曾因秦德纯参预东京审讯战犯之国际法庭之便，得一联系，旋又相失。推度其在日本身故，年纪六十至七十之间。

据其自述，尝先后肄业德国几个大学，经历文科、医科皆不终

* 选自中国文化书院学术委员会编：《梁漱溟全集》（第七卷），济南，山东人民出版社1993年6月第1版第1次印刷，第234—240页。——编者注

① 卫先生后来又曾更名为“傅有任”，似亦从英文某字之音译而来。其原来德文姓名及其家世，愚曾从德国教士而久住中国之卫礼贤备悉之，惜今不尽记忆。

而弃去，末后乃由音乐一科取得学位。盖音乐为其夙所耽好也。顾其所好又与俗殊，莫得知音。唯法国一音乐家能欣赏之，谓其有合于东方古乐；因教以觅读东方古籍译本于巴黎伦敦各国图书馆，是即其倾倒于古东方文化之由来。惜西人所为东方古籍之译本既未必尽切合原义，而读者各以自己意思领会之尤所难免。愚每见卫先生摘取中国古书一些文句揭于壁间，或时口诵而嘉叹之，殆亦类乎此情形者不少。

当其东游抵日本，见日本人事事（音乐在内）步趋西洋，辄鄙夷之，嗟惜之，以至嫉恨之。心谓中国非古文明渊源所自乎，其必不如是。既抵上海，又转至南京而天津而北京，乃知事实上中国方歆羡日本学西洋成功而追踪之，则不能不失所望。每发为言论，直吐胸臆于不自禁。国人乍闻其言，相视诧讶者纷纷然，或疑是疯子，或疑是骗子。值此时欧战发作，其客中生活所需一向赖家中接济者，以德国被封锁猝尔断绝。内外交困，情实难堪。然写出长篇论文，商讨中国教育问题，投书严几道（复）先生求为翻译发表。严先生于其文稿多日未加展阅，更未置答。迫不得已，再度投书自陈来访中国实为怀抱敬仰珍爱中国精神而来，顾久久不得同情谅解之人而遇之，几无可与语者，将自杀。严先生骇然，亟答书慰勉，许为翻译发表。[①] 于是其论文乃以《中国教育议》为题，揭出于梁任公先生当时所主编之《庸言》杂志。

任公先生夙为论坛宗匠，《庸言》又为其时舆情所重视，因之其文其人引起各方注意，卫先生得以受聘为保定高等师范学校音乐教

① 《庸言》刊出的《中国教育议》一文之前有译者严先生题记的一段话，叙出此情节。

员，解决其一时生计问题者赖此焉。

1921 年愚既有《东西文化及其哲学》一书问世，太原教育界邀为中等以上各学校作讲演，因得参观卫先生所主持之外国文言学校，辄惊叹其一切措施之新颖而寓有深意。先是某年全国各省教育会开联合会于太原，卫先生特率其保定师范的音乐学生来会演奏，大获好评。[①]复应山西当局邀请讲演于省政府。其时晋省当局方倾心军国主义，见之于各项施政，而卫先生不知也。在讲论教育问题中，本其夙怀力诋军国主义，在座诚为之忐忑不安。不料竟引起当局某种觉悟，信其教育主张有价值，愿留卫先生于太原，俾实验其教育理想，即以成立不久之外国文言学校交由卫先生主持。

前云参观此校惊其措施新颖者，今当述我所见所闻。

据闻卫先生接收学校之初，即停止学生一切学业，并阻止学生回家，先着手安排日常起居生活。学生约百余，大抵为高小初中程度。卫先生以其保定音乐高年生为自己助手，分头组织学生为若干小组，譬喻为小家庭，在卫先生指导下修整宿舍、厨房、厕所（厕所为一注意点），以至讲堂、各种作业室、体育活动、娱乐活动等场所；一切土木工皆师生一同动手为之。布置既妥，在生活上所需各事物亦有些属由学生练习操作或经理之者。如时当冬季，愚承惠赠棉鞋一双，即为学生从技工所习制者。又如煤、米、油、盐、纸、笔等日用品，由学校成宗购进而后零售给各家各人，略同于消费合作社，亦即由职工

---

① 卫先生率领学生演奏的音乐大获好评的事，见于南方某省教育会的陈主素先生参加太原联合会后写的一篇文章。且仿佛记得他说及所奏为中国古乐，其乐谱是从《永乐大典》抄出古《卿云》歌的乐谱。记不准确未便载入正文，附志于此。

协助学生经理其事。其他准此可类推。

卫先生于学生饮食、睡眠、大小便通甚注意。当我被引导参观各宿舍时，卫先生每呼唤其间因健康问题休假之某某学生，问其夜来睡眠如何，或今晨便通如何，以验知其变化情况；盖其操心入微矣！且闻为增进学生营养，卫先生出其省府顾问月俸之大半以改善学生伙食。愚见学生多半面色红润有兴致，盖有由来也。

如上所述有些情况至今犹然在目。然事隔五十年之久，难于记忆明确周详者正多。此校似不在正式学制系统之内，故得以措施自由；标名外国文言学校，教学似有英、德、法三国语文，且似均由卫先生亲自授课。曾见其不用现成课本，而教学生排演短剧，从剧中人物彼此相语为学习入手，然后及于字母、单词、文法。又如物理、化学、生物等自然科学各有卫先生自编教材（有油印零篇教材赠我），似乎时或亲授，时或有人代授。其他体育娱乐等活动记忆不清，不述。

综观全部情况，卫先生对于此百余学生殆一身而兼父母师保之任，试想其劳瘁为何如乎！

《中国教育议》一文，愚早从《庸言》得见之，且极注意细读。当时只觉其对中国过多赞叹之词、惋惜之语，顾难寻绎得其一定理致与具体主张如何。此番参观虽聆教甚多，亦只能信服其一一措施寓有深意，一时尚难通晓其根本学理。后经多年往还乃始有所晓然。兹略为说明其措施之涵义，以结束上文。

卫先生所为种种措施如上者，一言扼举其要曰：凡以挽救中国人身体衰颓之势，恢复其身体活力而已。要晓得动物只有其种族遗传的身体本能生活，不离自然状态，人类却有其后天不断创造出来的文化生活，脱离此自然状态；其分别要在大脑特见发达而有卓出于身体的人心创造活动。所贵乎人者即在此能创造的人心。然人心任何活动却不离乎其身而有创造。中国古人曾有过高尚、优美、伟大的文化（音乐在内）创造，盛极一时，是皆其人心优胜的表现。后人享用此文化，渐渐形式徒存，创造不足，寖寖贵心而轻贱乎身。违离乎身的心是虚假的心，难有创造；同时，欠少了心的身亦即缺乏活力，以供给创造材料。于是一面更不能有所创造，一面身体亦现出颓废之势。此即晚近中国历史所以陷于委靡不振的由来。卫先生尝说“按中国情形论，在教育里最要紧的是那常常与感觉（身体力量）有关的心，常常往实用方面走的心”。其必要学生习为手工艺以至商业计算者，意在引其头脑向于实际事务而活动去，非为学生他日就业求职设想。其极关心学生身体营养与健康者，则虑其头脑所得自身体的供应不足，或受到身体方面的牵掣影响也。

卫先生之学系从音乐而入于人类心理的研究，进而尚谈教育问题，着着落在实际上，非徒逞思辨之雄者。聆其言论，读其著作，虽一时不尽了解，总觉其言之有物，值得重视。惜其留存至今者甚少甚少，似只有四十年前北京高等师范学校张耀翔主编之《心理学》杂志内有《男女新分析心理学》一篇（愚手有存），可资研寻。往年愚曾不止一次为文粗浅地介绍其学说，今并失去。近著《人心与人生》一书，当论及身心之间关系时再为概述其大意。世有好学深思之士倘因而引起兴趣更求卫先生原著研究之，发掘之，俾不致湮没，斯则学术界之幸也。

卫先生致力其教育实验约五或六年，自己认为实验效果不如所期；[①] 值学生应届毕业年限，省当局似亦无意续办，遂离去太原，移居北京。愚时谢去外务，偕数友读书郊区，因约同赁屋于西郊大有庄，得有朝夕晤谈之便。此 1926 年春初事也。次年 5 月愚赴粤友李任潮陈证如之约；其后既留于广州，乃又荐举卫先生来粤，主办一教育研究所，俾传习其心理及教育的研究。1929 年愚先离粤，卫先生大约延至 1931 年亦离去。

此后闻其一度应邀访问广西，而以客居上海时为多。在沪颇为密勒氏评论报撰写文章，得些稿费，其他所从事不详。彼此踪迹疏远，难得遇合，于今回忆似只偶尔在上海相会两次而已。1937 岁杪上海南京相继沦陷，知其困窘，从武汉以百元寄之，曾得其复谢一信，兼邀愚去香港会晤，愚固不得而赴约也。前云音讯断绝者即指此后而说。余如上文所述，不赘。

1971 年 4 月 15 日漱记

① 卫先生在其五年的教育实验中，自己学问大有长进，其讲话的记录和著作累积甚多，皆承其先后见赠，今俱散失无存。似乎末后他悔悟其实验相当失败，是片面地从中国人身体入手的那种观点不对。但他没有明白对我说出，故不叙入正文。

追忆往昔所了解的卫氏学说大意*

自然界的一切东西每一件东西都是种种不同的力量。所谓力量者，就是能以改变其他而表现自己之谓。

人类生命是自然界中最伟大最高级的力量。

一个人是一个力量。此力量的上端或内里即所谓心，其下端或外部即所谓身。心是能动（能施为）的，为阳极；身能受（能感受）的，为阴极。从心到身即由内而外，可以看作有相当距离的。此距离愈长大者，其人的能力（才质）愈大。

耳目口鼻等感官均属身体力量一方面，生殖器官亦在其列。这些都靠外而能受动于外。每有所受即上通于脑——内心，通常以感觉力量称之，而心则所谓精神力量。

---

* 选自中国文化书院学术委员会编：《梁漱溟全集》（第七卷），济南，山东人民出版社 1993 年 6 月第 1 版第 1 次印刷，第 211—213 页；原文抄录自《小杂记册》（十），第 7 页。——编者注

男子女子的不同，见之于身体构造；其力量之不同等，即为此天生的身体构造所决定。

女子的身体构造是生来为身体创造力（即生殖力）预备的，负着创造人类幼体的任务，其全部力量属于阴性。从而其感觉力量较盛于精神力量，亦可说外重于内。同时比较男子来说，其由外而内，内而外的距离要短些、浅些。

女子负着创造人类幼体的任务，十分沉重地压着她的整个生命。自她身体有月经来之后，每个月总有十天乃至十多天受到影响，不能完全舒服自由。自她结婚有孕之后，在怀孕期间受累更重更深。分娩之后自乳其婴儿，其身体精神有何变化随时见于乳汁中，从可知其负担无一息之或释然也。女子一生从来月经开始到年老停经不能生育为止，是其生命重要的一段，约三十年（或稍多些）。在此一段之前或后是可以比较轻松的，亦即不那样女性的女性。

相反地，男子的身体构造不是为身体创造力而预备，却是为创造身外的事物（一切发明创新）或事业而预备的。他比较不为身体所累，而心得自由活动，其精神力量高出于感觉力量，能动性超越变动性，比较女子来说，其由内而外，外而内的距离要远些、大些。其全部力量属阳性，活动能力即大过女子。

正为男子女子有如是之相异，所以在刺激反映上，女子较敏锐易现于外，男子则反之。受到刺激，喜怒不形于色，力量蕴蓄于衷，待机而后发，或其反应不发于此而发于彼者，唯男子为能尔，女子不如也。（例如受到责斥诟辱，不怒，不反击而自勉向上者。）

女性在年幼时或年老时较少现露其为女性。然女小孩（譬如五岁六岁后）往往在感觉力量上仍见出比其同年男小孩为敏为巧，学校作业、家庭琐事以至游戏皆然。但年龄增长以后（譬如二十年后），那相形见钝拙的男童却可大有表现，不同于前。即男性的头脑心思优胜之透出也。

男子有心且有身，女子有身且有心，其所蕴力量各见有二流以活动：男子以发自心者为第一根本流，而出于身者居于其次。女子以发乎其身者为第一根本流，而心的活动属第二流。但男女十五岁前后各届情欲发动期之时，男子第二流力量活动起来，女子的第二流力量活动起来。此即是当情欲发动期间，男子的心比任何时候还完全往外活动，女子的感觉比任何时候还完全往里活动。

可以说在情欲发动的时候，是男子的感觉第一次回家（等于男子的第二个流），女子的心第一次出门（等于女子的第二个流）。这男子回家的感觉，女子出门的心，在情欲发动时是容易觉得的，乃由男女力量在这个时候都有两流对比的缘故。作比方说，任何人都知道当人正出门或回家的时候，如果有人找他，是容易遇见的。所以此时易得认清男女所各有的第一第二两个流，殊有助于吾人学理之讲明。

第三部分

从世界看中国：教育问题与中国

北游所见记略*

两个多月以前，我从广州出来，北上游历考查各地的乡村改进运动。沿沪宁、平浦而到河北、山西。虽则经过这么几个地带，而其实所看见的亦不过两三个地方，为期亦不过一个月。每每朋友见面，便要问起究竟看见了些什么，对于所见有何感想或批评，说到在各处之所见，我是说不得详细的。如果要问，则有随同我北来考查的几个朋友——冯炳奎、周用、马毓健、伦国平、杨遂良——可以他们随见随记的举出奉告。我是半点没记。说到对于所见者有何意见批评，则在我诚然有一些，不过亦还不能随便发表，并且亦无尽情说出的需要。所以在这里，我只能就所见粗略的说两句，就我们意见中紧要处简括

* 本文是著者于 1929 年 2 月自广州北上至各地考察，这是考察后所作。选自中国文化书院学术委员会编：《梁漱溟全集》（第四卷），济南，山东人民出版社 1991 年 2 月第 1 版第 1 次印刷，第 874—904 页；原文录自《中国民族自救运动之最后觉悟》，上海中华书局 1932 年 9 月版，第 257—288 页。——编者注

地提一提。

总说起来，我们所看只算有三处：一处是江苏昆山安亭乡徐公桥；一处是河北定县翟城村；一处是山西的太原，清源、汾阳、介休、赵城各县。在山西所看的是山西所行的村政，所以虽有几个县分却不妨统说作山西一处。在定县翟城村所看见的：一是翟城村二三十年来的自治；一是平民教育促进总会近几年来所做的华北试验工作。因此定县翟城村虽则一处地方，而翻可作为两事看亦好。在昆山徐公桥所看的是中华职业教育社在那里所办乡村改进事业。我们现在先从昆山说起，再及河北、山西。

一、昆山之所见

我们从广州到上海后之某日即承黄任之、江问渔两先生领导赴昆山安亭乡之徐公桥地方去看。在沪宁路之安亭站下车，步行到安亭，再由安亭步行到徐公桥，总有六七里路。路修得尚不坏，仿佛记得黄先生告诉我们，从安亭到徐公桥之一段，是职业教育社与本地方人合力修筑的，各出一半的钱。顺路走到徐公桥时，就先看见了一座新房，就是这徐公桥乡村事业改进会的办公处所。其内容是一间较大之会场，西边再进去是两间办公房、客厅等。而这村的小学校亦就在这后面一排新房内。大概他们很注意在帮助农民做农村改进的进行中，要与这村的学校合作；在将来农村自己能走上改进路子时，要以这村的学校作改进运动的中心——从乡村教育来行乡村改进的功夫。这或者是学校校址与村中办公处所相联，学校教员先生参预办理村中公务，而为改进会一职员的道理了。这座新房仿佛记得亦是职业教育社出千余元的建筑费，而本地方所出不过占三分之一。在这里办事的人有两位（或一位？），是职业教育社聘请来的，其薪金由社支给。会中的全组织分部甚多，有总务、宣传、教育、农艺、卫生、建设、娱乐等好多部。每部尚有分股，职员颇不少。不过大部分职员是本村人，亦无须天天以多少时间常在办事。其常在办事而发动指使的似只一位杨先生——职业教育社所聘请的。在村西有小农艺试验地——仿佛只得一二亩光景——归杨先生主持。他们所要做的事很多，仿佛听说有二十几项，总其大要，大概是要农村有组织、农民有自治能力、农村经济改进、农业改进、文化增进、一般生活之改善等等。农业改进上似做了一点种子改良除病害等之试验与宣传。农村经济似曾办过一次农民贷款，并将进行信用合作。文化增进则有种种的社会教育，如平民学校、通俗图书馆之类。其他于卫生娱乐等方面亦有些进行，我记不清楚。

当我们从徐公桥回安亭车站预备搭车回上海的时候，黄江两先生就讨问我的批评意见。我就先要请教他们，为什么职业教育社忽尔来做乡村改进运动？因为据我们所闻，他们职业教育当初差不多都是些艺徒教育或店员教育之类哩。黄江两先生回答我，仿佛是这样说：我们提倡职业教育之初，诚然多着眼在都市工商业，但后来我们晓得在中国这样国家而谈职业教育应当以农业为主要。却是我们同时又看到从来的农业教育是完全失败的——新式农业在中国始终只是一种学校的讲习，数十年之久不能影响到旧有农业上去。农业学校学生毕业出来更是不中用。他固不肯下到乡村去耕地，亦没有人敢来请教他。所以我们不想再蹈此覆辙，非改换一个方向不可。我们不去培养什么新农业人才，而我们去养成新农民。新农民的养成自然不是将农民抽出到农村外可以去训练养成的。——只有到农村里面去训练养成他。我们要以新农业推行普及到农村，而农村经济农村自治亦都是相连不可分的。于是我们的职业教育中之农业教育就变成到农村里去做一种整个农村改进运动了。这些话叙述的对不对，殊不敢定，因我记忆力是不大佳的。言责归我叙述者去负好了。

我在听过他们两位的解释之后，我略略说出点我的感想与批评。我说我看到提倡职业教育的同人回转眼光视线到农业上，到农村上，而一向的职业教育运动转变成功一种乡村改进运动，或农民运动，是令我非常愉快高兴的。因我自己近年来从一种觉悟，亦回其两眼视线于这一方面来，大家彼此的注意着眼所在相接近到一处了。但诸位先生的做法我不无怀疑。我不怀疑诸先生所做的无结果，我怀疑将来结果怕不是。诸位先生这般用精神用气力来做（据说黄江诸公每周必来此视察商酌一切），效果安得无有？例如露天识字、平民夜校之做法自必增进一些农民的知识；农业改良、农村经济之改进等自必都有些成绩效果，亦是不待言的。但以全国之大，数十万农村之多（职业教育社出版之农村教育丛辑，有每县三四十村，全国七八万农村的算法，殊为笑话！大约加三倍算，差不多了），以这般人才钱财一概倒贴进去的做法，其人其钱将求之于哪里？若说做完一处，再做一处，并希望别人闻风兴起，却怕中国民族的命运等不得那许久呢！这都且在其次；最要紧的是照此做法不是解决问题，而是避开问题了。因为我们要做农村改进运动时，所最感困难的问题：一就是村中无人，一就是村中无钱。要有点知识能力的人回到乡村工作，村中亦无钱养活他。即能养他了，亦无钱去办种种的事。照此徐公桥的做法：人是外面聘请来的；他的生活费是外面贴给的；办公所是外面贴钱修建的，道路是外面贴钱修筑的；教育等事亦是外面贴钱举办的。困难虽没有了，问题却并未解决——避开问题了。尤其应当明白知道的，我们做农村改进运动并不是什么办新村、模范村的那一路理想派。我们不是从远处的理想而发动，而是从眼前的问题而发动的。眼前的问题是农村的“贫”与“陋”，更加以近二十年急剧的凋敝。换句话说，我们的目的原是在解决一个“钱”问题，一个“人”问题。不但在我们进行中所感到工具上的困难在此，并且我们最初的问题亦初不外此。不敢逼视我们的问题，坚忍勇猛地在此死中求活，而想躲闪逃避，或偷工省力，纵有结果，其结果不是了。最显著的弊病就是一旦诸位先生不在此地办，而移到另外一处去了，此地人士大概不能继续向前进行。虽然我很知道诸先生是不屑办新村模范村的（黄先生很谈说首都募款办劳工新村的笑话），虽然我很知道诸先生亦曾照顾到：关于人才必以取才本地为原则，关于钱财必以本地富力将来自能负担为原则。而且极想在此协助他的期间，增进他的富力。然而照此徐公桥的做法，其落入歧途是明显的了。而其所以非落入歧途不可者，就因为诸位是教育家的缘故。站在教育家的立场，秉着教育家的态度，当办学堂一样的办，哪有不如此的呢？说到增进富力，以我看亦怕是细末的很。——总之产业绝不是这样所可望开发的。产业不能开发，则其他问题都得不到解决。——贫的问题不解决，则陋的问题不得解决。换言之，产业发达，文化始能增进；若单从教育上文化上做功夫，都不免枉用心力。

我当时很不客气的说出这许多话，黄江两先生似乎亦不以为非，并且对我批评之点亦未尝没有虑到。“然而不如此又将如何？”“还有什么高妙的法子么？”当然，单就办教育说，与其办一间学校，是不如办这个事，我颇承认的。大概我与诸公不同之点：诸位是在现状下尽点心，做些应做的事；而我则要以“中国”这个大问题，在这里讨个究竟解决。自然，我的用心有未易举似诸公的了。

二、定县及翟城村之所见

我们由沪宁路而平浦路，先到北平。预备在北平访着米迪刚、米阶平两先生——翟城村自治事业的创办人——请他们领导去看他们的乡村事业。两米先生是旧熟人，他们的翟城村亦是早听说过的，而近年来平民教育促进会选取定县为华北试验区，特别从翟城入手，则以我近年不在北方未曾留心听到。到北平后，得知此事，自然更加高兴，愿意去参观请教。某日先承冯梯霞、陈筑山两先生招待，到石驸马大街他们会里面，参观他们的工作，并承说明一切。我才晓得国内教育界的新趋势，不但南京晓庄师范倡导乡村教育，倡导着乡村改进运动；不但一向做职业教育运动的，转变成整个的乡村改进运动；而一向做平民教育运动的教育家亦转其视线于乡村、于农民，而来作整个的乡村改进运动了。据我们从前所闻，平民教育只是一种平民识字运动，何以转变成乡村改进运动呢？仿佛听陈冯诸先生的说明，大概是这样：平民教育运动在原初诚然只是单纯一种成人识字运动，尤且是多在都会地方提倡。但我们后来觉察单纯做识字运动是不行的，而且中国不识字的平民大多数在乡村而非都市。我们每在一个地方鼓吹识字运动时，很容易招致许多人的同情，做出大规模热烈的游行表示，来愿求识字的一时可有许多人。但不久人数渐渐减少；大概开首一千人，末后能卒业的不过二百人。虽然我们每天不过要他们只挪出一点钟的工夫，极力想不妨碍他们的做事或生业；继续的期间不过四个月，极力想避免他们或有的困难与减少他们的不耐烦。然而在兴趣与需要上，似乎总不能使他们有卒业的忍耐与努力，即此能卒业的二百人，亦很难由此得什么效用。每每因不常应用，而把所识的字忘掉了。本来文字符号是劳心的人所需用的，而劳力者较不需要。然在都会中的劳力者其接触文字的机会较多，需用之时亦还有；若乡下种地的人其接触文字的机会，需用文字的时候可云太少太少。而在中国不谈平民教育则已，谈平民教育便当先的是乡间大多数的农民。于是单纯识字运动在平民教育里面的不够与不行更明白了。大约中国社会的缺欠是整个的文化低陋；每个人的缺欠是整个的程度能力不足。单纯识字运动既不足为补救，而且遗却其他方面，为片面的识字运动亦实在无法可行。因此一面掉转方向到乡间农民身上，一面扩充平民教育的内容，统括了文艺教育、生计教育、公民教育三项为一整平民教育。农民的生计教育，即是农业的改进；农民的公民教育，即是农村组织起来，预备农村自治。于是平民教育运动到乡村去；就成了整个的乡村改进运动了。

以上所叙述者，不知合不合陈冯诸先生原来所说的话。如果有些出入，那就算我替下的解释好了。

在石驸马大街聚会的第二天，我们就同冯先生到定县去。因为平民教育会选定县为试验区，所以他们的工作人员大半在定县。冯先生是农学家，是主管他们会中生计教育方面（农业改良）的人，好像又兼主管此试验区。所以冯先生以驻定县为常，而来北平为暂的。他们的办事所在，以前就设在翟城村，最近方移到定县城内。米迪刚先生本要陪我们来的，因有冯先生作向导，而他兄弟米阶平先生又现在翟城，可以招待我们，所以没来。我们在平汉路的定县车站下车，即换乘骡车到定县城，宿平教会所内。我的记性是太不佳，要我叙述平教会内部组织及在定县所进行各工作，怕不免有错误。好在他们的表册暨出版物索阅不难，而现在到定县参观的人亦甚多，亦无须我来仔细正确的记述了。照我记忆所及，仿佛在从前的考棚、现在的会址内，其东院一部分是作社会调查工作的，其西院一部分是办文艺教育方面计划推行诸事的，其南院即外院则有农具改良的工场。主持社会调查工作的是李景汉先生，主持文艺教育之计划研究的是赖纯伯（？）先生——这先生是我们朋友的朋友，而且曾有数面之雅，但姓名竟记不真，真是该打。主持农具改良的某先生，仿佛是北平师范大学教授，未在定县，在那里工作者是其学生某君。这三部分工作据我们所看见的，暨李先生赖先生〔和〕某君所指教说明的，都很使我们满意。农具改良方面，如改良之播种具、改良之耙、改良之汲水具等等，都比旧具巧妙，增多效用与效率，而每具制造所费亦不大。在我们想这种新农具是很容易推行的。赖先生所主持的事极见出富于研究精神。李先生的社会调查则尚实、认真、耐烦……其一段精神，尤其令人衷心赞服。

我们第二天就同冯先生到翟城村。在那里会着米阶平先生、暨本村村长副、小学校长教员、平教会办事各先生。在翟城之所见应当分开说：一面是翟城固有的自治事业；一面是平教会在那里的工作。既到翟城，先说翟城所固有的。翟城事业自迪刚阶平之尊翁老先生提倡，以及迪刚阶平两位的主持创办已有二三十年历史。其已往所办之事具见《翟城村》一书，此不多详。以我们现在所见，翟城所负模范村之名是可以相许的。村中三百几十户人家，据平教会很精细的调查，几乎家家都有农家的副业，如纺纱织布种种，因此“家给人足”的一句老话，颇有此景象。虽然米阶平先生对我们说，他村中织的布同高阳布是一样，但远不如高阳的发达。因为于销路上未曾想出办法，所以独让高阳发大财。然而似此由勤劳差得温饱，亦就满意之极，难得之至了。他村中似乎是两千上下的人口；不单学龄儿童都在入学，并且成人（妇女在内）亦没有几个不识字的了。——这一点更是难得之至。在村中心有一间村公所，常住在内的有一位书记。——每月薪金八元（吃饭在内），是考取的本村人。村中编制，以前分街，街有街长。现在按照河北省政府所颁下的办法，分邻分闾，比较以前加密。村长本年原选的是迪刚先生，而由另一米先生（年纪颇长且任村长副多年）代理，村副有两位——一位似姓秦。于村长副之外，更有一村政委员会。此则非省政府颁行章制所有。村政委员会仿佛是五个人，除村长副等四人外，米阶平先生以本村自治创办人资格加入，并被推为主席。在村委员会章程上，仿佛是说，仿照国民政府训政之意以村政委员会训导本村之自治。村中所办之事其主要者为两所学校：一男校，一女校。村中一年公款出入仿佛是一千六百余元；——

其支出之大部分即两校经费。此千六百元之收入，有四百元为省中自民国四年（？）以来所确定之办模范村的津贴，其余则为村中公产之息入。故村中举办公益自治事项，并不向村民有所征敛。所谓公产仿佛是庙产及神赛会等钱之改充。有一“因利钱局”为存放公款及其经理之所。信用合作事尚未办，但此钱局亦可贷款，其利息照本地常率（仿佛只一分多）。购买合作则历年有购买棉种一事，由因利钱局垫款购来；当下分给各家，收回原价。现在正将进行种树造林，——仿佛是利用村中一块公地。翟城十数年来倡办凿井是最有名的，仿佛村内外有一百多口井，平均两三家有一口。全定县都大凿其井，其数记不清。所以极易旱荒的大陆地方，可以不怕旱，农产量为之大增。

平教总会与翟城村之间彼此有许多互相协助之处。在平民教育之推行上，社会调查之办理上，平教总会自然得力于翟城风气之开通，自治之组织不少；而现在之翟城亦得平教会帮忙不少。翟城自治之公职人员似是有一两位兼担平教会之职务，在平教会支薪。——例如男高小校长米格如先生便是其一。又如平教会在翟城村内办得一特别训练学校（其名称记不得），是对于年富力强有高小毕业程度，而居乡务农之本村村民，给以一种训练，备作村中自治之后起人才。此其用意实非常之好的，我相信这于翟城村前途有很大帮助。平教会在翟城的工作，一部是平民教育的推行，一部是办理社会调查，而在翟城西数里路更有一农业及牧畜改良试验之农场。在定县城内我已参观过几间平民学校，在翟城又参观两处，复于离翟城时绕道东亭乡参观一处。殊自惭愧，我们没留心研究，所以批评不上来，似乎觉得还好。社会调查确乎仔细认真而且得法。——只是觉得好罢了，其实亦是外行。农场所试验而推行的工作有棉花选种及防除谷类病害等。牧场养的有羊，有猪，有鸡。养羊所费无多，而羊奶可以养人，于老年人及小孩有滋养之益。仿佛说一羊一天可得一斤多奶。养猪预备传种；——此种饲料不加而体肉发长甚快。养鸡是生蛋多而且大，据说其利颇厚。我们还去看过一个“表证农家”。所谓表证农家，即是平民教育会以其试验所得一种可靠的新法（例如新棉种或除病害药粉或养某种羊某种鸡之类），教给一家农民，嘱其照法去作，而与之相约，当其试行之后，如果有利归此农家，赔钱则会中偿给。如此则许多农家自能看到有利而仿行。表证二字似是表演证明之意。这种表证办法，大概要算很好的宣传推广方法了。平民学校之为平教会设置者均亦称表证平校（？）；盖亦希望各本地人士照此仿办而不欲由会中一手包揽也。听说定县各乡区自动仿办之平校为数甚多，远多过会中所设。

要问我对翟城村有何批评，则我亦可约略说两点。我于翟城现行的自治组织觉得不大合适。然我于其不合之点及如何才对，均不能在此时去说；——请俟异日。又其村中公务开支不向村民征取一钱，而一出于公产，自一面说去颇好，一面说去又不好。照我从来理想的拟议，乡村自治一切公务经费原以不取征敛摊派方法为最妙。但是公产总有限；又村人于公产易看得与己不相干；而因经费不出自己身上，对于公务亦易漠视不管；故不好也（自治经费由何而出为好亦非此时所能谈）。又村中年受省里的津贴四百元，及米格如先生等借着平教会的薪给乃得回乡担任公职，均非常法。我此话非指摘翟城村，我不过借此指点大家看，乡村自治经费问题，及公职人员生活费何自出的问题，都尚在未想出路子来。谈乡村自治的人不要像谈得好玩，要看到这其中处处是难题。翟城所办自治事项，除两间学校外殆无所有，公款开支此一项为大宗，亦是不合适的。此点与山西村政情形相似，待后再讨论罢。

平民教育之转向农民身上，并扩充其内容意义，当然是一大进步，我们不能不赞颂的。想尽力于教育，这种教育是办得的——比较办一间什么中学大学有意义的多。想尽力于社会事业，这种社会事业是应得办的；——亦比其他什么事业有意义得多。却是“中国这个问题不是从教育上，从一种社会事业，可得解决，则须认清而不忽忘。”这一层似乎热心平教诸先生亦未尝不明白。我想说的还在进一层：农村问题亦不是如此可得解决的。期望着农村问题在这里得到解决，实为过分之想。而且以办教育的法子做乡村改进运动，必落于人才钱财一概倒贴之路（如适才批评职业教育社的）是无疑的。教育这事是天生赔钱货也。落入此路，其最大之弊即成了“替天行道”，而不易激发增长其自家固有能力，又且躲避问题终于无所解决，这话不知太过否？我很知道主办平教会的诸先生颇明白此义，而十分谨慎着脚步，不愿流于此。的确亦比职业教育社好些，然而我此话不能不说。

冯先生所主持的农业改良研究自是有意义的事，所不待言。却是中国农业的改进不是这样所能解决，亦是不待言的。赖先生所做教育上的研究功夫似终是平民教育家的本行本业，而为旁人所不能替代的。例如方才说过，中国农业的改进不能成功于平民教育家之手。则我们总希望着中国农业由他途以进，而果然走上了改进的大路时，按社会分工之意，农业改良研究或平民教育家无再多分心之必要，而不妨专力于自己真必要的工作——如赖先生所做。我再进一步表示我的意思罢：平民教育在中国是需要的，但其真露出需要的时机还未到。我总希望它最好是随着需要而来，不希望它在需要时机前便先迎了上来。迎上来的总不全合适，却是有一天它总会归了本辙。平民教育运动固有一度的变化，而其前途仍当有变化。每度变化大都是进步的，此则我愿预为颂祝者。

平教会所办的社会调查部，我想是最有价值的工作。中国农村问题虽不是在一桩社会事业里面解决了的，而以社会调查归到一桩社会事业里面去办则最好不过，殆非官府所能企及——尤其是农村比都市不同。所以我认为平教会所替社会做的事，要以请李景汉先生到外县乡间去办社会调查为最大功德。

三、山西之所见

我们一行游历考查的人在定县看完之后，即搭车到石家庄转正太路入晋。在晋十分承山西省政府的招待，而民政厅长邱瀹川先生尤为殷勤可感，半个多月中几乎天天见面，并于忙中抽暇陪我们到汾阳、清原、太原去看。村政处长陈芷庄先生暨该处各股长对我们都有问必答说明一切，而冀育堂先生、严敬斋先生、许衣言先生，皆素稔山西政情而热心乡村自治者，各以所知见告。阎百川先生，为十八年山西政治的主持者，村治尤为其一手经营创造，此时他适病在五台县河边村家乡养息，电邀我到那里会谈。由省城到河边村汽车四小时可达。头一日我以早七时离省，次日晚七时回省。在河边两半日工夫，所谈十之七八皆乡村问题及村政，我于谈话中认识出山西十年来的村政有他不少心血在内。

山西村政处，曾将历年关系村政的法令文告汇印成《山西村政汇编》一种，最近更有续编出版，事实总有多与法令不符的；然而在此书中并非但看见许多条文，其实施情况亦可窥见一斑。凡未到山西而欲知其村政大概者不妨看看此书（可以备价向该处索取）。所惜办理村政的原委经过此书未详，即其法令文告之编印，亦不依年月先后之序。前在介休县署曾承周介清先生，为我们详细讲过，因他是十年来佐理阎公倡行村政的一个得力的县知事，历任各重要县分，于村政之创始、进行、变迁、更张，自始至终身预其事的。当他讲时冯周诸君曾有笔记，但我已不能记得清。我今只以我闻见所及、而又记忆所及者分四层说于下，末以我个人的意见附于后，计分五小题：

甲、山西村政所据的理论；

乙、山西办理村政的经过；

丙、山西现行村制；

丁、山西村政的实际状况；

戊、我对于山西村政的意见。

（甲）山西村政所据的理论。我们叙述山西的村政，要先叙明他们的理论。他们的理论，大概可分三点来说。据《山西村政汇编》上常常说："一省之内依人之集合地之区划，天然形成一政治单位者村而已。"又说："村是不成文之自然组织"，是"历史上相沿之自治机关"。村以下的范围失之狭，村以上的范围失之宽。因此"为政不达诸村，则政为粉饰；自治不本于村，则治无根蒂"。于是山西提倡一种政治上的"村本主义"。他们有一个名词，叫"村本政治"。这是他们的理论之第一点。

仿佛古人说过，到乱世来则大官多，而治世则小官多，因为真正办事的要小官才行。顾亭林先生亦曾批评后世制度说："守令之上，积尊累重，而下乃无与分其职者。"所以当真要替人民做事，必须有许多亲民的小官。然而"用官不如用民，用民不如民自用"——这是阎公的两句最警切的话。为什么用官不如用民呢？设官分职，必有俸给，官多了俸给难筹；而且官与民总是隔开的，容易生弊，要监察这许多小官亦很难。由此三点说去，或者官愈多，而民愈病。与其用官，实不如用民；——用民，亦云"用众"。阎公有一句话：叫"用众治众"。从用民再过渡到民自用，那就是人民自治了。于是山西又常见有"用民政治"这个名词。在《山西村政汇编》上，又有一段话说："君主时代治平之责，专属于君；民主时代治平之责，分负于民；但欲使人民加入政治则甚难，如将政治放在民间则甚易。"大概"欲使人民加入政治"，是指要人民来预闻国事而说；"政治放在民间"是指以乡村地方之事，付诸人民自理而说。村政就是从用民，和政治放在民间，两意思而来。这是他们的理论之第二点。

以上两点，是山西自倡办村政以来，常常说的理论。至于第三点，则为近两年国民革命运动发生以后才说的。大意是说，国民党所领导之国民革命，非阶级斗争，而为全民革命。村政是最好的民众运动，因为是全民的，与工会、农民协会等运动不同。照农民协会的办法，实是有意分化社会的；实是要乡间此一部分人，和彼一部分人作对的；换句话说，实为阶级斗争，而非全民革命。有人说"全民革命"四字不通，因为革命必有对象的，若说全民则对谁革命呢？阎公说：不然，全民并非中国人的全体之谓，只表明非某某阶级的革命耳。故农民运动，当废去农民协会的办法，而代以村政；要唤起民众，应当如是唤起；要民众组织起来，应当如是组织；要训练民众，亦应当如是训练。这是他们理论之第三点。

（乙）山西办理村政之经过。照上面的理论看去，可以知道，山西办理村政，有它的步骤：第一步是用民，第二步是民自用；又第一步是政治放在民间，第二步是人民参加政治。在《山西村政汇编》上，则划分民国十一年以前，为官治提倡村制之时代，民十一以后为村民自办村政之时代。

山西办村政到现在已是十年了——它是从民国七年开始的。在此十年中，我看可分为三期：民七至民十为第一期；民十一年春至民十六年夏为第二期；十六年秋以后，为第三期。七年施行村的编制：村之下有闾，有邻；五家为邻，二十五家为闾；有村长、闾长、邻长。其村长似是官厅所委，以办理官厅命令委托之事为多。所谓官厅委托之事，除编查户口等事外，其至要的事为当时山西所谓六政。六政的内容记不甚确；大概有三样消极的是禁烟、禁缠足、禁蓄辫；有三种积极的是植树、开渠、养羊。当时在省里设有六政考核处，其后便以它改为村政处。第一期大致不过如此。到第二期，即十一年春天起才是阎百川先生聚精会神提倡村政的时代。他说要使“村制组织完全，俨成有机活体；凡村中所能自了之事，即获有自了之权，庶几好人团结，处常足以自治，遇变足以自防”。因此便举办五件事；一、整理村范；二、开村民会议；三、订村禁约；四、立息讼会；五、设保卫团。这五件事，稍解释如下。——

第一整理村范——是要各将本村整理到一好模范地步。何为好模范呢？就是要村中无不良分子、无失学儿童而已。所谓不良分子，计有九项——一、贩卖烟丹者，二、吸食烟丹者，三、窝娼者，四、赌博者，五、窃盗者，六、凶殴者，七、游手好闲者，八、家庭有惨忍情形者，九、幼辈忤逆长上者。这九项人官力都难考察得到；查到亦甚难办，至多不过在他犯事之后惩罚而已。莫若由村中自办，既可知道清楚，又能化之于事前，实在最好不过。整理手续分三层：先宣传，就是宣传这几项，如何有害，如何不对，警告各村村民，自行戒除；次则举办调查；再次则实行处分。处分之法，是要他具结取保，悔过自新。吸烟丹者，并给药令戒。关于禁烟问题，山西所用的苦功真是不小，其详须得另讲。失学儿童，亦分别几种办法使之入学。

第二开村民会议。以前没有村民会议，许多事情都由村长办理，现在则要经过会议，村长亦由会议推选。又下面的村禁约，亦是要经过村民会议的。

第三订村禁约。村禁约是要继续维持村范的。在以前官府常常出告谕，告人民不得吸烟，不得凶殴等等。有人对阎公说，你这种条教颁发到村，即村长副亦视为具文；张贴通衢，缙绅且怠于卒读，何论一般村民。倒不如旧日乡约社规，村中妇孺都可说的上来，其功效远胜于官治。阎公当下醒悟，乃改为由各村村民自行设定禁约，共同遵守。本来要靠官去管束人民是不行的；最好是人民自有组织，以村中公意约束其少数不良分子。

第四立息讼会。息讼会之设，系为“便民厚俗，以救争讼之凶”，这亦是乡间旧有的办法，因为事事到官太麻烦了。而且一村之中，最要紧的是大家和睦；兴仇结怨，实为一村的大不幸。息讼会的办法，是由村中公举公断员五人或七人，遇事请他们公断和解；凡是不愿公断，或不服公断，一切均可自由。

第五设保卫团。保卫团，以人民自卫为宗旨。凡各村男丁年在十八岁以上，三十五岁以下，均于农暇入团练习，并清除土匪盗贼。

以上五事大概以民国十一、十二、十三年间进行最力；十四五年以来，则受军事影响不免停顿。

村政的第三期，是指民国十六年八月改订村制以后，仿佛可算一新时期。凡现行村制，以及一切办法，均为那时所改订者。其详如（丙）段所说。在此时期中，并提出有新的事项，以阎公的两句话，“村村无讼，家家有余”为目标。进行办法，关于“村村无讼”者则有：奖励村仁化办法，维持村公道办法，整顿息讼会办法，普及法律知识等。关于“家家有余”者则有：奖励农家副业，奖励家庭工业，提倡村水利，提倡村林业，提倡合作社，提倡村民节俭储蓄，取缔游民，奖励走上坡人家，扶导走下坡人家等办法。但实际上这许多办法，多不易实行，或未实行，或行之亦是空而无用。

（丙）山西现行村制。——山西现行村制，一切则例，均为十六年八月改订公布的。语其大要，凡满百户以上的村庄，都为一编村。不满百户，便由二村以上联合成一编村。每编村，是村长、副各一人，若村中户数多者，或由数小村，连成一编村者，可以增添村副，但至多不得过四人。村内五家为邻，五邻为闾，各有邻闾长。村长、副由村民会议，加倍选出，报县择委，任期一年。邻闾长于每年新村长选定后，亦由各该邻闾，从新推选一次。由村长、副及闾长，合组村公所，为村中办事机关，照章系以合议制处理事务。此外则有村监察委员会，及息讼会两机关。村监察委员会，以监察员五人或七人组织之；息讼会，以公断员五人或七人组织之；都由村民会议选出，都是任期一年。监察委员会，是监督村公所的，仿佛一个是执行委员会，一个是监察委员会，——以清查村款收支，为其主要任务。息讼会会长，从前是村长兼任，现在不准兼，——由公断员中自行公推。村中自村长、副以下各项公职的被选资格，都无甚积极条件。又保卫团的团长，是村长兼；村禁约的执行，是归村公所；有违禁约的，公议处罚。村民会议不拘何时可开，凡村内居民，年满廿岁以上的，得出席；每年至少开会一次，由村长召集之。

村以上为区，区以上便是县。每一县至少分三区，多则六区。区有区长，由省中派委，非本地人。南京政府，对于此点，曾有驳斥，以为不合自治之意，后来乃改称区行政长，表明是行政官吏之意。大概村中的事，都是由县区督促办理的，区长实为村政中重要角色。县以上便到省，省中有村政处。村政处像是省政府的一部分；又像是省政府的特种秘书处，因为不能独立对外。他与民政厅相辅而行，而不受民政厅节度指挥。

（丁）山西村政的实际状况——山西村政实际状况如何，这话很难说。不但我在山西日子很短，所到地方很少，不容易知道，就是再多住些时，多看几处，亦未必能真知道。我们现在只能以所闻所见的一点来说说，而推想一个大概。

常言说道“盛名之下，其实难副”。山西村政的实际，亦不能逃此公例。大概就人民自治一面来说，自治的真精神似乎很少。就官府所推行的几项行政来说，似乎难如所期望，而不免有流弊。

所谓没有实在自治精神者：例如村民会议的不实在，出席的人数少，以及有人操纵等情，都是很多；因而各公职人员的选举，以及应行公同讨议事项，多半是表面形式而已。所以村禁约有旁人代订事情；村监察委员会有村长指派，或村公所人员兼充的事情；而村长的人选不好，和村长村民间的争执纠纷尤甚多。省政府致有慎选村长、副的“告示”，分发到各村张贴。又有严令县长区长，督催村长、副照章缴出公帐，并令村监察委员清查核算的令文。而村长不得连三任的新限制，亦都是为此。就是监察委员会的设置，以及村长不准兼理息讼会，亦都是后来为防制村长而增改的。听说去年太原县东堡村，有村民刺杀村长的事，结果有一人判无期徒刑，一人判死刑，村民不服，上告到省，尚未完案。据说这村民刺杀村长的事，以前平陆县、寿阳县亦曾发生过，这似乎不是偶然了！又我们在晋祠闻该处县知事窦君谈，省中不许村长连三任，很不易实行。就在不久以前，有一个村庄，因村长已连三任，例应改选。县区官长对村民再三说，你们不要再选原人了。但结果选出的依然是那人。县里不承认，谕令重选，这次选出的是原村长的儿子，并以村中一个著名无赖作陪宾。县长又不承认，则村民不肯再选，无论如何敲锣，无人出席。县长无法，只得一面运动原村长，出来转圜，勒令大家出席。并一面威吓大家说，如再不能选出，就要由派人代理。——这派村外人代理的事，向为村中所怕的。然后这第三次选举，才算成功了。又我们在平遥到介休的路上，有一次下车散步休息，和田间一个人闲谈，知他是一个闾长，而甚以当闾长为苦。就问他既不愿做，何必还做？他摇头露出为难的样子，并以手作式如果不做，便要被区长用绳牵到区里去。

说到官府所要办的几项行政，借着村制本来于推行上十分便利，但结果就那件事而说，往往是失败无成，就人民说亦受好处，亦受害。听说从前省令督饬植树，有反倒拔树的事情。因为树秧预备的不够，而省令不敢不遵，只好拔树来植树，于是活树倒死了！又洪洞赵城各县，种棉很发达，可算省中推行奖励的结果。但是人民一面获利，一面亦有问题。他们原来的农业，是一种自给自足的经济。而现在棉花则是贩出远地的商品，手里得到钱而没有粮食。粮食屯着不易消耗，而钱在手里容易花，每每到后来，种谷的还有饭吃，而获利的已竟无钱。又因交通不便，习惯不合，而粮食的流通供给亦不足，所以归结下来，种棉有好处、没有好处，亦颇难言。然而这都算顶好的了。他如禁烟等政，或者蒙混隐瞒，或者藉端敲诈，弊端甚多；即禁缠足、积谷、兴学各政，受利受害亦差不多。总之官权太重，乡民软弱，虽是善政，而有意无意之间，人民非要吃亏不可。

然则村政就没有效果好处了吗？当然不能如此说。据我看由村政生的好处，亦有几种：第一是治安好。山西盗匪素少，现在实为全国最安静太平的地方。此其原因甚多，而得力于村政的亦不小。因为有村的编制，稽查甚易；在防卫行政上，上下有系统，前后左右有联络，匪患直无从发生。第二识字人多。有村政以后，村中所办的事，第一件便是办学堂。差不多每村有一个小学，因此山西农民识字的成数，在全国中比较为最多。大约中国人不识字的成数，要占百分之八十至九十之间；而山西不识字的人，只有百分之六十五。第三是禁烟有几分成功。现在各省差不多无烟禁可言，但山西尚在禁烟，却是现在，亦不努力了。然而照以前办到的地步很算不容易了！而这点成功，全得力于村政，若无村政，即此一点成功亦不会有。

第四是禁缠足有七八分成功。这实在是山西当局一件最大功德事。——我们从广东到山西，看见山西好多事，与广东恰好相反。其中有一件有趣味的事，是广东女子特别多，山西女子特别少。在广东不拘是城市里，或田野间，随处遇到，都是女子很多。一个男子，常常都是一妻一妾，并不论贫富阶级。虽然没有统计调查，女口之多，亦可概见。在山西则我到河边村时阎公曾对我谈，他们村中，差不多有二百个男丁，不能有妻室。他村中似有七八百户人家，四千上下的人口。照比例看去，这成数很可惊了！又在汾阳县时，该县知事綦君对我说，他那一县，户口调查的结果，男丁多过女口，约一万之数。汾阳在西，河边在北，并不接近，而情形相同，则非偶然一例了。我追问何故女口如此之少？阎公说妇女因产亡者颇多。所以山西男子，亦往往配两个女人，但非同时并存，而为一前一后，就是为此。綦县长亦如此说。并且引汾阳城内，美国教会医院为证，说妇女因难产在院中施手术的甚多，他曾看见该院一间屋内，排着六个小孩，其中四个是剖腹取出的。又省里村政处，特设"产育研究会"专研究如何帮助妇人容易生产，也就可见这问题的严重了！山西妇女的生产特别成问题，实为缠足、身体不能活动所致。请看广东不论城市田野，一切劳力之事，皆由妇女去做，其生育毫不成问题，常常于工作时间就生了孩子。所以山西妇女，要免于难产之厄，亦必劳动才行，而缠足则根本妨碍了劳动。所以禁缠足，就是救了山西妇女。

第五是军事时期办理征发之方便。山西近几年参加几次战争，一切征发人夫车马粮草，筹饷募债，得力于村政者非常之大。一个命令立时可办，这几乎是山西政府中人交口赞叹的。论起来这种方便，是只利于军事长官，不利于人民。然而我们要退一步想：仗，反正是要打的；征发，反正是要征发的；有系统次序、有计划办法的征发，固然在政府有得心应手之乐，在人民的痛苦亦轻的多。负担容易平均，人夫车马出去的亦容易回来，不至迷失。并且在许多地方看去，亦比较经济得多，所以这一件，仍当算作村政的好处。

（戊）我对于山西村政的意见。若问我对于山西村政有什么感想或意见？则我可以说这感想和在昆山、在翟城、在定县所感是差不多的；一言以蔽之，都是看事太容易。我从广东出来考察，原希望，我心中所抱几个难题，可以得到解决。但到处看过之后，统统无人解答；不但无人解答，并且无人在这上边用心；再进一步说，直是无人留意。今将我所谓难题者，略说一说，亦就算是一种批评了。——

第一个是村长问题。要开创乡村自治的新局，当然做村长的人，是很要紧了，什么人才相当呢？我想了许久，左也不好，右也不好，若是个年轻人，则恐怕乡望未孚，信用未立。尤其是中国乡村社会，有所谓“乡党尚齿”，此种尊老敬长的风气，极其普遍又极深入人心；我们既立意要引导众人，合作自治，不宜违反众群心理。而且青年人做事多不稳当，气浮心急，亦不无可虑。所以青年人不行。但年老人亦不行，年老人总不免暮气，又旧习深，新知少，要他做新局面的开创人才，大概不行。我又想以村中有钱有势的人做村长怕不好；因为有钱有势的人在村中已经有势力了，再做了村长岂不势力更大？个人势力大，则众人退处于无权，于培养合作自治习惯之意，殊不相符。

但无钱无势的人如何呢？亦不行，恐怕他办事办不动！所以真是为难极了！又开创之事，必须有为者去做才行，换言之，非有为者即不行。但有为之人，往往勇于自任；勇于自任，则又不相宜了。所以非有为的不行，而勇于自任的又不行。新事须得新人，但偏于新的人，又难洽乡情；旧人或能洽乡情了，但又怕顽固，不知大势。因此在我心中，村长实难其人。

我们还要想一想，像今天这世界，还有什么人在村里呢？有钱的人，多半不在村里了。这些年内乱的结果到处兵灾匪患，乡间人无法安居。稍微有钱的人，都避到城市都邑，或者租界。前些年只是有大钱的人，才往上海租界住，近来不算有钱的人，也要往上海了。上海租界地面之扩张，房屋建筑之增多，年年有加无已，与中国内乱已成正比例。再则有能力的人，亦不在乡间了。因为乡村内养不住他，他亦不甘心埋没在沙漠一般的乡村，早出来了。最后可以说好人亦不住乡村里了。乡村里何以连好人都没有了？似乎不近理。须知好人有两种：一种是积极的好人，一种是消极的好人。大概安分守己、勤俭度日，所谓消极的好人，在乡村当然是有的；但我们需要者在积极的好人，那恐怕已不在乡间了。可以说现在已竟没有什么人留住在乡村。如前所说村长人选已甚难，设若有人还可挑选，今连人尚无之；所谓难其人的难字，亦无从难起了。故我对村长问题，是绝对发愁者。

如果我们一定要行村制，村长亦不患无人做。村长一职，大概不外落两种人手中。一种是土豪劣绅。大概不拘什么地方，都会有占便宜的人，有才有胆，玩弄手法，以取得较优厚的生活。在乡村中，本无多大便宜可占，然而亦总得有人占它，这就是土豪劣绅。他们常是借着“公事”以达其目的。上可交结官厅，下可欺压百姓，从中取利，却亦有不少的利可取，要选村长，他们是一定愿意当选的。而且当选的必定是他们。我们虽然没有调查过土豪劣绅有多少，此种情形，亦或未必到处皆然。然而当此无法律无秩序时代，生存竞争激烈之秋，此种人物应运而生，实属势所必然。可以推想村长一职，落于此等人手者居多。结果，村制完了！自治完了！只是这某个人自治罢了！又一种或者是青年学生。假设政府对于乡村自治，农民运动，大为提倡，极力宣传，青年学生，必有为其所动者，而“回到民间去”，努力运动一下，则村长一职，或者便落他身。据我看来，青年学生热心的是有，明白事理的却少。而且他的热心里边，总挟着高兴，高兴必糟。乡村中人，总是安于故常，遇事冷淡。他抱着一腔热心，有好多希望回去，乡里人的态度，如在他头上，加一盆冷水，一定弄得兴败而返。且以青年人之不达事理，以及如前所说之气浮心急，做起事来，不但遭乡人之厌恶，且青年本身，亦必觉乡人之难以救药矣。单从乡人厌之不推服之一点言，已可做到某先生之个人自治了。

在我看村长问题，极难得适当的人，而极容易得不适当的人，我认为简直无办法。而山西则将此问题，已轻轻的不思索的解决了。在此种情形之下，我认为一个村长也找不出，而山西则于一时间，找出村长二万多！结果如何能好？事后乃想法防制，晚矣！后来再想法训练，晚矣！（种种防制前曾说及。训练近始实行：将新选村长，招来县中，讲几天三民主义，现行法令。不知此种补救方法究有何用？）

第二个是村民问题。此问题尤为困难，难点显而易见。中国产业不发达，因而文化低陋，人多不识字，愚蠢无知识。而所谓自治民治，全恃个人；若不识字，则投票时，写票尚且不能，定章程时，章程且看不懂，遑言其他？村民不但无知识能力，更且无合作自治之习惯。有人说，中国人是一盘散沙；又有人说，中国乡村，还在自然状况中，有形，而未成体，但如何才不为一盘散沙？如何始能成体？此不独要新制度，更要有新习惯才行。到新习惯养成时，而后新制度，才是事实而非条文。依我看村民不但无此自治习惯，要养成此新习惯都甚难，因为他另一方面之习惯太深之故。大凡不识字的人，即不运用文字符号的人，则其意识的取舍少，而靠迷信与习惯时为多，此一层也。又凡农业社会，保守性重，习惯极强，这是大家都知道的，此二层也。又中国民族文化已老，传统习惯尤不易改变，此三层也。有此三层，故在中国乡村中，迷信与习惯，支配人之势力极强。一旦欲其弃旧习惯，而易新习惯，实在难乎其难！

一面知其确有必要（确有养成新习惯之必要），一面又深知其难，则不得不想个好方法。我若无方法，我断不敢下手去做。然而山西却是这样就下手去作了。山西村政，不能有自治精神，全由于此。

第三个是制度问题。中国自讲维新以来，一切制度，统统摹仿西洋。除了孙中山先生，将三权硬改作五权之外，我们简直没听见，有人提出半点新意思来。所以地方自治制度，自前清订的城镇乡自治章程，及民国以来中央内务部，外省省议会，所订许多自治法令，总不过欧美日本摘抄一回。但我则很怀疑西洋制度，能适用于我国，此问题甚大，我的意见不能随便发表。此处先勉强说一两句：西洋制度，其安排布置，常将几方面之力量，配置均衡，含彼此牵制之意，如三权分立其例也。即于互相牵制中彼此推展以运行，并能范围之而不使过。山西村政之设监察委员会，与村公所对立，似亦有此意，但我却认为不行。我在河边村，与阎公谈，曾提到此点。他不待我说出，即云：我亦不认此办法为好，当时增设此机关，实有特别缘故，且亦只算试办。所以中央内政部，订制乡村自治法令，多半采自山西，而独没有监察委员会，因我劝内政部说先莫采用，待山西试验试验再看罢。

设监察委员会不好，难道不设监察委员会就好吗？事情当然不能像这样简单。我不能于此时提出我的主张，我只希望大家晓得这亦是一个难题，山西对于此点，亦欠思索就动手办了。

第四个是钱的问题。无钱不能办事，这是最大的问题。中国乡村原来就贫且陋，近数十年，又加上外人的经济侵略，国内之内政不修，内乱不止，都是乡村受害最大，于是遂有急剧的凋敝！欧洲当资本主义发达时，最首著之现象，为农村衰落。我们现在亦是受资本主义的影响，而问题比人家复杂的多，凋落而无救的可怕情形，亦人家所无有的。要谈乡村改进问题，当改进处自非常之多，但归结下来，唯一的问题是贫。换言之，唯一是如何发达生产问题，所以于此处无办法，即不必谈乡村问题。然而大家却都是无办法，而要谈的；要谈就是要钱罢了。山西对此问题，并无办法——那所谓，关于“家家有余”的种种办法，全是空的！所以他的村政，亦是向村民要钱的村政，要钱之结果有二：一是村民厌嫌头痛。国家向他们要钱，省里向他们要钱，县里向他们要钱，已竟够受了；现在村又向他们要钱，村民那得不头痛了？一副厌嫌头痛的心理，如何能热心向前合作自治呢？二是贫而益贫。本来没钱，设若有钱，让其自用，或者还用于生产上，如多买上点肥料等，就可以有些出息。如将此钱要去，办理村政，又怕耗于消费上而已。所以不但无救于他的贫，反使之贫而益贫。

第五个是事的问题。现在乡村中照我看，不但无钱办事，并且无事可办。办什么呢？说起来似乎应办之事甚多，但没一样切合村民需要的，必欲强勉去办，结果只有四字——劳民伤财。

我到山西看时，村中的事第一件，便是建学校。村中一年的支出，无非以此为大宗。差不多村中皆有学校，对于到学龄之男女儿童，督促入学甚严，实在无意义。以中国简陋的小作农业，农民实无文字符号之需要。所以中国人不识字的，要到百分之八十至九十的成数，原是自然之势。幼时定要他读书，长大却去种笨地，终年看不见，用不着，种上七八年地，从前所辛辛苦苦读来的书，早都忘了。乡下女子读书，更用不着；你设想她将来有余闲，能亲近纸笔墨砚吗？有余钱置备纸笔墨砚吗？亦强其读书四年，徒苦四年耳，有何意义？山西大小村庄共四万余，学校约亦有三四万。据我调查所得，村中公款，每年支出，少者三百元上下，多者一两千元，总是学校经费占其大半。平均一年一校总得二百元，统算全省所需，将近千万之数。此千万中据我们看，怕有八百万是白费。其所以白费，一面是像才说的用不着，一面是那种学校教育，办得不高明，然而要办好教育要钱更多。

总而言之，我认为在此情形下无事可办，要办必须切于需要，合乎条件才行。然而山西所办之事固不足以语此。是亦未曾经过思索研究之过也。

第六是个筹款方法问题。有钱无钱固然是问题，有钱如何筹取亦是问题。山西系采分摊之法，即按照村中各家地亩多寡，动产有无，比例分担。在翟城村便完全不要村民拿出钱来，而以村中公产之入息办事。大概分摊之法最不好，翟城村靠公产不用分摊，似乎较好，亦还不好。因为各人看公产不是自己的，多不加注意，而办事不从他身上出钱，对于那件事办得怎样，亦觉得不必管了。最好是一面不要他直接从口袋里掏出钱来，一面这钱又是出在他身上。这个小问题，山西大概亦没想，就采用了那顶不高明的办法。

第七个是村公职薪给问题。——这亦是一个颇难处置的问题。照理说，本村人替村中做事，不当要薪水，并且有薪给，亦〔有〕种种不妥。又况村中亦难有此钱。然而无薪给似亦不行。因为我们期望村长、副，做的事很多，并非很清闲的。事务一忙，则自己原有的生业，便难照管了。不能自理生业，生活费用将何从而出？况且非有点知识能力的人，来担任村中公职，一定不行。而此种有知识能力的人，本来都要自觅一项职业的，现在不要他做旁的事，回到乡村专心于此，无薪给断乎不行。像江苏昆山徐公桥的“乡村改进会”其主要办事人，是由中华职业教育社支给薪金；又翟城村的米君格如，因平民教育会，支给薪水，始得回乡，一面替村中做事，一面亦任会中职务。又如创办翟城村自治之米迪刚、米阶平两位，半因家中有钱，半因自己热心，愿替村中作事，凡此均不可为例。而且正以见此问题之难解决。有人主张以一村之小学校，作一村之改进运动之中心，以小学校长或教员担负村中公职。我想怕难兼顾，并且小学教员未必是本村人。在山西曾问过村政处长，据他说：乡村小学教员通例都是请外县或外村人。本村人作本村教员的，有亦绝少。并非由法律规定，又是自然如此。所以这种兼任办法在山西不适用。然而山西亦未想出旁的善法，似乎不成问题的，归于无薪给一条道了。

以上共说了七个难题，并指出不加思索就办之失当，现在再总结几句。山西村政在阎公初意颇期望着做到自治地步，然而自治大概是说不上的。至于政府几项新政借村制来推行，似乎亦足为民病。何以言之呢？先就自治说吧：照我们观察，那些村长，颇有事繁力疲的神情，又无薪给报酬；见了县区长官亦没好面子，回到村里受怨气，实在太苦；谁人肯做？凡愿做的，必有所图。所以村长无法好，而且亦防制不来，补救无及。村民一面，对于村政亦有疲累厌烦之意——官厅的政令，使他疲累厌烦；村内纠纷，使他疲累厌烦；征敛要钱，使他疲累厌烦。而村中所办唯一的一件事，即那小学校，近固不生利，远亦望不到好处。此外更无什么与他有好处的了（有些好处，他不易感觉出来，如治安、禁缠足等事）。对于村事不但不热心，直是不愿理会。此种情形非常之多，不胜枚举。我们且举十八年二月，要各县饬各村整顿村禁约的一道通令来看便好了，这道通令上说："近据查报各村禁约，多系前数年所订，未尽按照村情，由村民会议妥加修订"。试问合村情不合村情这句话，要待省政府出来说，则村民显然不加理会了。令文又说："且执行时率由村长、副自行决定，不取多数同意"，然则村长不照章取决多数，村民亦不管了。令文又说："处罚村费间有超越十五元限度情事"，那末违章重罚，监察委员会和一般村民，也都无人说话了。因此政府要重申前令说，你们必须随时修订禁约，期能适合村情；处罚时你们必须取决多数；罚钱你们必须不过十五元。并又加多告诫两层说：所罚之款，你们必须用于凿井、积谷、教育基金三项，不得随意开支；这种罚款收支，你们必须每三个月清结公布一次。周密是周密极了，操心是操到家了！可是村民不要求“适合村情”，省政府要求又有何用？村民不问作何用途，不问账目清不清，省政府偏要管，又管得了多少？人民不管，而政府管的太多，全可于此看出；而政府管的愈多，人民愈不管。盖政府愈管则人民愈被动；愈被动，愈不动。故山西村政，若作自治看，则自治之生机已绝。

我初到山西，尚未及下乡去看，即先感觉政府办理村政督促提挈太重，太多防制，太过助长。所以一见阎公，即略陈我认为不好之意。我说天下事，还得自然些才行，硬做是做不来的，反而受着伤害。他颇容纳我的意见——似乎很实在的接受。现在想起来，当时尚未曾说得明白，亦由未细考察，未及思索之故。原来他们的硬做已是不得不然的。他们将我所谓难题的一个亦不注意，像我的一半注意，他们亦没有；粗略、疏忽、拙笨，则村长之不好，村民之不动，皆其不得不然的结果。村长不好，不得不防制；村民不动，不得不督促；后来之太过用力气，实由从前太过不注意而来。对于山西村政的批评，此两句话可以尽之：一面是太过不注意；一面是太过用力气。全无引人民自动的好方法，当然要靠上面用力推动。初时大推大动，小推小动，不推不动，最后怕要推亦不动。

自治之说不上，观此已明。而几项行政之易有弊害，亦即在此。中国向来是无国家的国家，中国向来以无政治为政治。中国亦无政治家，如果有政治家，亦是聪明黄老无为的曹参，而不是拙笨替民做事的王荆公。因为积极，则好心翻成歹意，倒不如消极，却不致病民。

我常说中国人民好比豆腐，官府力量强似铁钩。亦许握铁钩的人，好心好意来帮豆腐的忙，但是不帮忙还好点，一帮忙，豆腐必定要受伤。山西各项新政，原都是好的，而上面用力太过，人民纯处于被动，其易有弊害，理所必然。现在全国当政各界，有一句时髦的话叫作“建设”，不知老百姓最怕听建设这句话。然则就不要建设了吗？当然不是。几时自治的习惯能力养成了，政治的大路开出来，则建设自然而然，应有尽有。否则，建设固不会成功，即卖力气往前作，亦无非病民之政而已。

我在日本参观后的感想*

这次我们到日本参观的动机有二：一、我在国内干乡建工作已有六七年，近来听说日本有它的农村问题，所以有农村经济更生的计划，这与我们的工作很相似，颇可作我们的参考，所以来此到各处去参观访问，这是动机一。二、更有重要的动机，是想了解整个的日本——日本社会内部的问题。这几年来，中日关系更恶化、更纠纷、更紧张，前途殊难预料，所以有了解日本的必要。我想在中日纠纷里，日本为何处处站在主动的、积极的地位，而我们中国则处处站在被动

* 笔记者按语：山东乡村建设研究院院长梁漱溟氏等五人，于今年4月来日本参观各地农村经济更生工作，5月13日至15日来福冈县，此间九州帝大我同学于14日晚在帝大学生集会所招待梁氏等，席间梁氏讲演“我在日本参观后的感想”，辞意警惕，颇可供今日参观乡村工作挽救民族者之参考，故记录之。惟以时间匆促，此稿未经梁氏过目，文责概由记者负之。寅初笔记。

选自中国文化书院学术委员会编：《梁漱溟全集》（第五卷），济南，山东人民出版社1992年8月第1版第1次印刷，第817—824页；原文录自《中国学生》，1936年6月12日，第2卷第23期。——编者注

的、应付的地位。这是完全由于两个社会内部的不同所致。日本的社会内部是让它可以主动，中国的社会内部是只能让它落于被动，故为观察中日的前途，并为深切了解这个问题起见，特来此参观。此次为时虽短，但比单在书报上看，也许亲切一点，多知道一点。这是动机二。

要谈的话很多，现在却先来说说我这次参观后的感想，从这里也许可以说到国内的消息，说到大家所要提的问题。我在参观中随时随地所引起的感想很多，归结起来只是一个，就是“证实了我心里面的一个意思”。我心中常有的意思是中国问题——中国社会机构问题。日本与中国几十年来，同受西洋影响，可是往两个不同的路上跑，证实了日本之有进步，是为了它有它的社会机构，中国没有进步也是为了它有它的社会机构。那么什么叫作中、日的社会机构的问题呢？

先说中国的社会机构问题。这意思就是中国弄到这个田地，不是“人”的问题，即不是需要不需要领袖问题，也不是多数分子不健全的问题。近年很有人说，中国所以成了严重悲惨的局面，是为了大多数人的愚贫私弱，类乎此种说法的很多。我觉得中国问题不在此。我不能说中国人都比日本人强和富，但这不是第一问题，中国的第一问题乃是社会机构问题。

再说中国之坏，不是外祸所致。资本帝国主义者来东亚之初，中日是同受影响的，但走上不同的命运，从这个意思也就证明了中国问题是在内而不在外。换言之，在中国之社会机构，而不在外祸之来。

我们“人”成怎样一个“人”，实在都受社会机构影响的——社会政治的、经济的、礼制的、仪俗的、宗教的等等，所谓社会的陶铸。我们不能逃此社会陶铸，因为我们的生活活动都是在社会机构内活动的，社会机构是规定我们的活动，社会机构的力大，我们分子的力小，我们是顺从社会机构而往前走，往前生活的。人都有他的聪明、才能、力气，要有好的社会机构，则分子可以在里边运用生活、为个人生活、为社会生活、容他顺着这社会机构往前进，那么整个社会也依之往前进。中日在西洋影响以后，日本社会机构有一所谓“维新”，得一些改良，可是只有改良，没有破坏崩溃。中国受西洋影响后，即呈破坏崩溃，所以中国到今天，都是落于社会机构饥荒和困乏中，其间分子是无办法可以顺着前进，所以大家只是徬徨而无法用力。我觉得中国人，尤其是青年人，用不出气力，不知往哪里用力气是好，由是心里发急，但一定要用力，就变成了冲突。现在国内是大家不得正用其力气，而彼此牴牾妨害，大家的力气不能用在生长向上，几十年来都是为了社会机构的破坏和崩溃。

所谓社会机构，就是社会制度、秩序和条理等。社会机构内的人类史，到今天为止，在机构中的“政治”部分要算第一重要。意思是这社会制度、秩序和条理，最有关系来维持的，是一种统制的力量，而这力量的成分占最重要的是武力，虽然统制不全靠武力，也要靠宗教礼俗等，但与统制最有关系的是政俗〔治〕即指武力统制而言。各国的社会机构为什么都各各不同呢？原来此种构造在人类史上有很大的机械性，机械性是对理性而说的。各国在不知觉里，都落于一种构造，这种构造虽可以改良修正，但大体上是很为机械性所樊笼。任何社会机构内部，都由几个不同势力配合而成，不是靠单一的力量的，今所谓社会机构要靠统制，这种统制的局面也得由几种力量合成的。

在稳定统制下，让社会有秩序，政治有进步，人得有条理的活动，则社会就有进步了。中日之不同即在此。中国几千年的手工业已完全破坏无遗，到现在又是农业着着破坏，而现经济往后退、往下跑，与社会一切的生长有关系的经济一落千丈，一切都不好办，则社会也就不能前进了。日本几十年来，其经济是往上进，所以一般文化也往上进。一个往下退，一个往上进，质言之，全是政治问题。日本自明治维新以来，使社会改良而不破坏，同时以天皇作政治中心，于是政治稳定；政治稳定而社会稳定，社会一稳定，所以可以很不费力吸收西洋的长处，而朝着资本主义工商业发展的路上走。因为有这样的成功，所以得从容应付国际环境，而慢慢转变它的地位，并且更利用了欧洲大战的好机会，使工商业得越长越大。中国呢？既无法拿满清皇帝作为稳定社会的东西或工具，所以满清一倒，相传的制度既不得改良，社会最重要的政治又经破坏而无法稳定，无法稳定即辗转循环，而使社会机构更破坏崩溃了。

武力在统制上是最重要的，但我们中国统制上的武力常在两个以上，形成谁统谁，谁也统不起来。盖国家之要统一，武力只可有一个，可是我国老是有二或二个以上的武力，故要统制而不能，政治也就无办法，随之一面不能应付国际环境，且因此更加重外患，加重侵略，另一面则社会内部之治安没有办法，社会无秩序，农、工、商也都难有办法进步。经济的进步当然也是绝对的不可能，至于其他一切也都无从筹展，而以日本之走上进步幸途，中国之跑上不幸的路，其关键仍在政治问题耳。

再来说明中国辗转破坏的意思。辗转破坏是社会一经失统制、失秩序、失条理后，即成变乱、矛盾和冲突，而无能力对外，此时国内的人就有改造或建立或解决政治问题的要求。大家都有此要求时，则有维新运动、革命运动，或其他社会改造运动起来，岂知都使社会机构比原来更破坏、更崩溃。换言之，即每一度革命的结果，都落于更深的崩溃和破坏，从而再革命，则再事更破坏、更崩溃，真好比裂一缝而二缝，而四分五裂，到深刻化的崩溃，因之更没有应付外患的力量。内部呢？社会无秩序，经济更没有办法，于是大家更着急，更变动，引入更深的崩溃而显无力，此之谓辗转破坏。

中国受西洋影响以来，直到现在，社会只往崩溃里去，已到了最后阶段，现在正是社会机构到饥荒的极点，新的基础未打，旧的完全破坏。中国过去之政府是建筑在不稳定、不健全的上面，所以我们在今朝参观中，所有的感想，不能不叹服日本社会的进步。的确，中日无论在哪方面讲，都有相差三十年的程度。日本的地方行政、自治制度，已经到很细里去，中国是谈不上的。例如日本可以用十三万，或十五万元来建筑乡村小学，我今日参观的小学（记者按此乃指福冈县协山村的小学校）它的大礼堂，是为山东乡村建设研究院几年来想造还没有力量造的，也许我们还得过十余年才可以造成。于此可知日本社会结构的安定，一切都成了一套前进着。社会结构走到不可走，方会发生革命，到尚有一隙可乘可走的时候，人们还得要随它走。日本的社会结构到现在已有问题，若议会政治成问题，天皇政权成问题，这是他们刚成问题的时候。大概这个机构，还可用几年。信仰与社会结构的关系很大。日本对天皇、神佛，一般的说，比我们的信仰强，像一般的小学校，各教室都供神佛，有教育家在竭力发挥，凡此都可看出社会结构成一点问题时，用这宗教上的功夫来稳定，是有相当的效能的。我这次与长谷川如是闲、伏室高信、侨本传左卫门、小出满二等谈话，（记者按：长谷川氏系著作家，伏室氏系日本评论社编辑，侨本氏系京都帝大农学部教授，小出氏系九州帝大农学部教授），大致都说日本农村虽有问题，资本主义与农业、都市与农村，虽有矛盾的地方，但仍有办法。这一类话，并不是粉饰的话，乃是他们的社会机构，还容他们在此问题内想办法。他们过去的成功与进步，都是靠这个社会机构，所以他们想出来，还可以走一走。照我看中国现在已没有办法可做一点宗教、皇道、或神道等工作，因为宗教已不能稳定。我们的社会，并且也无从做起。

中国今日最使我忧心的就是中国人眼光太高，批评精神发挥很大。自“五四运动”以来，一切都看不上眼，看得上眼的以为那就是最会批评的，这样老批评老不接受，在崩溃无余中还是批评。在中国前途尚无办法时，除走批评亦无他途。在无办法中，大家不容易接受，我接受他，他不同意，各各不能归一，所以不到中国人在要求上相同时，则决没有办法使中国转机的，结果谁也不能克服谁。我们不能为了要统一而降低我们的要求，我们还得走批评的路，也许由此可以得到一个共同的要求，因为中国将来所要求的新社会机构，如果合理想，还是不行的。所以大家，尤其是有思想的人，不可废弃我们的理想要求，现在命运虽不好，还得要尽量做理想的梦，经济政治的机构都得往理想往远大里去，只有较远大的目标才能使大家接近，才能使大家有共同方向来共同用力。

从今日往前说，日本是走好运，中国是走恶运。从今天往后说，则将要相反，日本要往恶运走，中国往好运走，此理由很简单。日本社会现在到有问题，并且要到不容易有办法的程度。我们的恶运已使社会机构全部崩溃，所以现在的问题即成怎样去建设新的，旁的枝节问题都没有。这好比日本现在有房子住，中国没有房子住，故中国单叫盖些房子住，而日本则要等破坏后，才能再建新的。申言之，中国要往理性机构的路上走，比旁的国家都近。

农村的问题，中日不同。日本的农村工作是救济（经济更生），在现有的社会机构内想办法，可是那种办法都是很有限，例如精神坚定、农业改进、多角经营，全是往自给自足方面想去稳定、去弥补。这种缓和的救济，在生问题的范围内，或可以有效果，但也不过只止于此，所以日本农村成问题，以这样来救济是永远不能抬头的。他们的工业非常畸形的发展，农村也是决难占上峰的，除非革命以后。中国农村问题不是救济问题。中国没有主人，谁配来救济呢？日本有国家政府可以假社会机构——教育、经济、自治的机构来救济。中国一样都没有，地方政府和教育界谁都配不上说救济。救济力量是没有，好在防止农村抬头的力量也没有，所以中国农村比较有前途，日本则没有。

日本农村经济更生的工作，虽与我们有相同而可参考之点，但从全盘说、从前途说，是很不相同的。所以我的感想是：使我更明白中国一天能往好处去，那就非解决中国之社会机构问题不可。解决的一条路恰好与普通的、与他国的想法都不同，我认为只有一条新鲜的特别的路可以解决中国的社会机构问题，因为只有这个问题一解决，才可解决其他的一切。

我所谓特别新鲜的办法，非此刻短时间内可讲了，姑用余暇来对大家说一说。

中国几十年来政治上之无办法刚才已经说过，是缺乏统治力。这统制的权力照理应操于阶级势力或集团势力之手，中国则尚缺少阶级和集团势力，现在要形成此种势力已来不及，也做不到。所以结果只有一条路，就是要“从下面来统上面”。我们要知道，任何国家内部都有矛盾冲突〔的〕不同势力，可是对外是一致的。中国内部的冲突并不比他国剧烈。我们在实际上，分不出有几个不同的势力，表面分裂的表现只是在上而不在下。申言之，过去两广与中央都是上面分裂，底下毫没有深刻的矛盾势力。说句不通的话，中国“政治”除外，则没有不统一。像武汉与中央开战，两地的人还是亲戚朋友，不但在内战时教育会议是统一开，即司法会议也在一起开。他国则不然，英之爱尔兰与英格兰，美过去之南北开战，都不仅是上面冲突的表现。只有中国一向是以上面不统一，虽然最近这种趋向已渐渐消无。我们可以以社会的统一，来促进政治的不统一。换言之，人家是由上而下，我则主由下而上，此所以新鲜特别，大家或有不信和疑虑，姑如此说以为参考可也。

与丹麦两教授的谈话*

安： 贵院对学生的训练，除读书外，是否注意他们的生活修养？

梁： 我们有“精神陶炼”一门，意在培养乡村工作服务人才的良好精神。我们很注意让他们认识中国固有精神。中国固有精神与丹麦的很有相合的地方。中国古人的精神，据我们分析起来，有两个要点：一为伦理——是说人生是相关系的互相担负着义务。在中国，义务观念很发达，个人权利观念很不发达。不过此种义务与法律上的义务不同，此种义务是从情感上来的。譬如父母对子女有情感，亦即有义务。兄弟朋友通统是从情感上而有其义务。在中国一个人的财产，

---

* 1934 年 9 月丹麦教育家贝尔斯来福、合作专家安得生两教授来邹平山东乡村建设研究院参观，同月 26 日晚和 27 日晨著者与他们谈话。谈话记录者为李星三。记录未经谈话者过目。——记录者注

选自中国文化书院学术委员会编：《梁漱溟全集》（第五卷），济南，山东人民出版社 1992 年 8 月第 1 版第 1 次印刷，第 571—576 页；原文录自《乡村建设》，1934 年 11 月 11 日，第 4 卷第 10、11 期合刊。——编者注

差不多最亲近的人及较远的人，都有享受的份。中国人常常把父子的观念，兄弟的观念推论到家庭以外。如看官吏、看先生作父，把好的朋友看作兄弟等是。这种地方同我们听到的丹麦民众学校与合作社的风气，很有相似的地方。我们常常感觉到西洋人彼此竞争处太多，友助处太少。现在却在丹麦找到了大家是友助的，而不是竞争的社会。

贝：丹麦不但在个人之间没有竞争，并且农工之间亦没有阶级斗争。即使在政治上各有不同的意见，终究会妥协的。即使在经济上农业上有斗争，亦不会牵掣到政治上去，绝不采政治的方式互相竞争。在民众高等学校里，虽有政治经济上的争论，也没有什么，并不很厉害，因为都感到同是人类的缘故。

梁：我很想知道丹麦情形！在丹麦究竟有无真的无产阶级？有无大的工厂及单单出卖劳动力的人？

贝：丹麦自 1780 年后始有工厂，性质很特殊，因本国无原料，一切原料皆须仰仗别的国家。1870 年后许多青年从农村跑到都市，此时他们一切不带，亦可谓之无产者。我意是说这些工人并非根本无产者，如不到都市去，仍可有产。其所以跑到都市去之原因，即以都市工作时间短，一切工厂无过八小时的。1900 年后工人生活曾一度很坏，现在大都业已改善，虽不敢说在世界为最好，但在欧洲可为最好。自 1900 年后，工人领袖亦想从消费合作社帮助工人。现在批发合作社内有两种成分：一是工人，一是农人。在经济上、政治上其利害虽各不同，但以合作社关系其利害冲突自较前消灭了许多。现在国内失业工人虽有一部分，但失业问题不大严重，不致成为流民；因为他们可到乡间各种工厂参观，并可参与农民生活，各地农民即予以帮助，故不成问题。虽然如此，但亦难免许多困难，因为世界经济不景气的影响，问题正多。不过民众高等学校的组织不限于一方面，又以合作社的关系，故许多政治经济上的隔膜消灭了不少，所以阶级界限不很显明。现在且有一新的方法，即是使失业者到民众高等学校来，政府给予津贴，俾不致流离失所，过于困难，同时又可以接受相当的教育。

梁：丹麦政权就大体上说操于谁手？

贝：现在丹麦政权是操于工农之手，因为上下议院是从工农两部分产生出来的。两方代表各有己见那是免不了的。不过遇有大的事件，彼此亦可各自让步，而得到解决，为此丹麦乃真正民治的地方。

梁：依是，丹麦是否从社会立法上便可解决了社会问题？

贝：是的。此乃自然之势，两方各有其利益，亦各要求拥护其利害，但所产生的法律却能顾及双方，可没有畸轻畸重之弊。

梁：那么，我们很庆幸丹麦社会的问题不严重。关于中国民族固有精神的第二点是“人生向上”。人类决不仅安于眼前生活的要求，老停在于一处，还应当继续向上，有一更高价值的要求。中国看国家不止是替人民办事，而是帮助人民更往道德里去，求人生之更高的价值的。中国的古人很有以教化的力量来替代法律的制裁的意向和设施。我很相信此种精神与丹麦相契合。我们要组织合作社，此点与上一点同样重要，如公平、正直、信实，都是顶重要的。不过因为中国文化历史太长，所以中国社会很缺乏活泼有力，而多机械死板——这是指清代末年说的。因为中国精神已沦于死板机械，西洋近代精神（近代精神指个人主义、自由主义、权利观念、追求物质的享乐。）进来遂使中国固有精神受到扰乱。现在中国社会情形很不好。中国向无权利观念，因为国家力量弱，法律力量小，在社会上都是人情，并无权利观念。

安：那么，中国判断是非，以什么为准例？其基础何在？西洋有法即以法作判断根据，中国既无法以何物判断是非呢？

梁：我意是说中国古代，国家与宗教的力量所占成分都很小，并无中国政治好，西洋政治坏的意思。至于中国的是非判断，依儒家意思，是非判断在人心中，即孟子所说“是非之心，人皆有之。”

（中间曾插入民众高等学校及合作等问题的讨论，记录从略。）

梁：丹麦从前曾得到宗教上活泼有力的根，后来宗教渐次衰微之后，宗教失掉势力的问题大不大？格龙维、施洛特当初很富宗教精神，可是现在科学大兴，宗教渐衰，宗教问题在现在丹麦的教育上是如何的情形？

安：丹麦工人高等学校亦有宗教，但偏于社会党的色彩。现在民众高等学校亦有宗教，不过另有意义，与以前不同。方向目的已换过，是在启发学生固有的可能（宗教是在启发人就道德规范）。现在学校的功课已经变化；但人格教育却很重要，不仅只学功课就算完了。学生对先生的人格感化的价值看得很重。各方面的领袖、教授、校长，对学生的生活皆可予以很多的感化。人格的感化是得到美满生活的途径。

（以下 9 月 27 日晨谈话）

梁：我们没有招待好，很抱歉。

贝、安：来中国受隆重的接待，承赐如此多的旅费，深为感谢。

来中国后，尚未遇到有如此与丹麦相近的地方。在上海看报知道近来中国正在提倡孔子的教化，现在很愿意知道梁先生对此事的意见。有一外国人曾撰一文提到中国儒教之复兴，谓必赖全国人对儒教有了解。

梁：关于此问题，使我不禁想起我与泰戈尔的谈话。前几年同泰戈尔谈话，亦曾谈及孔子。他很怀疑孔子为什么有这样深厚而大的势力。他看孔子不是宗教，只是许多人事的教训。有许多条目使人在世界上活着应有合适的态度，如朋友有信等是，仿佛像四平八稳的法典。这是泰戈尔氏对孔子的印象。泰戈尔氏以为一个伟大的宗教是在人的生命深处有其根据，可是孔子太注意了人事、太注意外面、太注意人与人的关系，缺乏心理的根据，似乎太偏重四平八稳——中庸之道了。不过越平稳则距离生命深处越远，距离事实越近；太注重事实，太着重人的教训，很容易因时代的变迁而改换。他想不到这样偏于事实的东西在人心的深处既无根据，何能有此大的势力，而且历久不衰，此乃很奇怪的事。我当时回答他说：孔子不是宗教，是对的。不过如看孔子太偏乎外面，太偏乎人事，太偏乎平稳，此很错误，太不正确。总之视孔子太偏乎事实，偏乎人与人之关系固不对，视他太偏乎平稳亦不对。这两点普通人顶容易如此看，但此乃顶不正确。我当时曾讲了两段书〔上的话〕。一引《论语》“吾十有五而志于学，三十而立，四十而不惑，五十而知天命，六十而耳顺，七十而从心所欲不逾矩。”从此段文字内，可以看到孔子是看到了自己的生活，使自己对自己生活有办法。普通人最容易误认孔子为看重伦理，看重人与人之关系。如单单看重社会关系、伦理关系，社会一有变迁便发生问题。实则孔子自己只是想对自身生活有办法，自己生命活泼丰富。只看重伦理，那是后来发展的结果。这点恰好纠正了一般人认孔子只看重伦理的第一点误解。关于第二点误解，当时我亦引《论语》中的一段讲给泰戈尔听：“不得中行而与之，必也狂狷乎！”中行即中庸的意思。合乎中在孔子认为是不易得；既不易得，便宁愿要狂狷。狂者志气很大，很豪放，不顾外面；狷者很拘谨，但里面认真。两者相反而皆从胸襟出发，虽皆不平稳，但皆是真的。可见孔子宁愿要真而不要无谓的平稳，亦不要平稳而不真。他最痛恨的是“乡愿”，“乡愿”是外面平稳而缺乏里面的真实。外面仿佛是四平八稳，而其实不真，此乃孔子所痛恶的人。此则恰好纠正了一般人对孔子的第二点误解。从上面两点看来，可见孔子虽非宗教，但在人心深处是有其根据的，否则决不会经此长久时代而有如此大的势力。我向泰戈尔氏引证此两段书后，他说他有一种明白。不像一般人的看法，看孔子的书是四平八稳的法典，于此得有新的了解。后来又同泰戈尔氏谈到孔子学说复兴的问题。像后来发达的伦理礼教，不过是许多条目，传之愈久，则愈机械。我们所要复兴的不是这个，这个是必须崩溃的。我们所要复兴的是孔子与人类生命深处（亦可说是人心）有关系的那一点。如果要问孔子学问关系人类生命深处的是什么？此即所谓理性，理性即人类心理顶平静清楚的时候，并且亦是很有情的时候。

《中国——理性之国》题记*

《中国——理性之国》一书是著者唯一未曾公诸于世的专著，约十七万字，现收入全集首次发表。此书动笔于“文革”开始后第二年（1967 年），完成于“文革”中期（1970 年）。如著者所说，它是“在环境条件困难中”写出的，就是说，是在无法了解社会真相、极不适宜进行学术探讨的环境下写成的。因而，著者真诚地放弃了自己曾一贯坚持的某些观点，对一些人所诟病的错误却持肯定态度。1984 年，著者曾试图在亲属协助下对原稿作必要的修改，终以体脑均衰而未果。

此次发表，旨在为读者提供一份全面了解著者学术思想所不可少的材料，以资研究而已。

---

* 选自中国文化书院学术委员会编：《梁漱溟全集》（第四卷），济南，山东人民出版社 1991 年 2 月第 1 版第 1 次印刷，第 200 页。——编者注

《中国——理性之国》著者告白四则*

一、此书在环境条件困难（失去自己储备的材料复缺乏参考书籍）中，写出廿二章，尚差欠其收尾的三四章，有待完成。

二、阅看此稿，最好先取第十八章一看，然后再从第一章顺序看下去。

三、此廿二章稿的内容主要是解答两个疑问：

第一，如所共信，在社会发展史上担负着为人类开出共产社会前途这一使命的，是在资本主义大工业发达下的无产阶级身上，却为什么今天看起来，完成这伟大使命的倒难指望于那些资本主义工业先进国的无产阶级，而偏偏将在中国这个资本主义工

* 选自中国文化书院学术委员会编：《梁漱溟全集》（第四卷），济南，山东人民出版社 1991 年 2 月第 1 版第 1 次印刷，第 201 页；原文中所说当时未完成的三、四章，是著者的计划，实际上著者已于 1970 年 4 月续成了六章，因此全书实有二十八章。——编者注

业夙称落后，其无产阶级出现既晚，亦且不够强大的古老社会竟尔率先有所成就，并担负起世界革命先导的责任呢？

第二，史学界夙有一大谜题：从社会发展史上看，过去中国之进入封建社会绝早，却为何长期淹滞在封建阶段而总出不来呢？此与上一疑问一先一后同为在世界上显得特别突出之两事，有没有某种关系存乎其间？

四、此稿只须保存，供内部审阅，不宜发表。

1969年3月31日梁漱溟识

旁观者清*

——记英国哲人罗素五十年前预见到我国的光明前途

（一）

1919 年“五四”运动后，英国哲学家百船·罗素 Bertrand Russell 应邀来中国讲学，往来南北者年余。于当时国内纷乱景象及其前途如何，既深致其关怀，因写有《中国之问题》一书发表于世。书中于中国民族性格、社会风尚极有同情的认识，于吾国传统文化亦复相当了解，从而于吾国前途若预见其光明将必不可掩者。果然在其五十年后遂有今日新中国应验出现。信乎哲人所见之为不可及也。近年（1972 年前后）外人来我国观光访问者纷纷然，辄有不少观感言论见于各

* 选自中国文化书院学术委员会编：《梁漱溟全集》（第四卷），济南，山东人民出版社 1991 年 2 月第 1 版第 1 次印刷，第 202—215 页。——编者注

国报刊，北京《参考消息》时时有所采录，愚读之颇感兴趣。盖其中多与昔年罗素之言可相印证发明者。兹摘取罗素书中文句核对当前事实与夫外人观感，写成此文，以为拙著《中国——理性之国》一书的代序。

俗云“旁观者清，当局者迷”，又说“不识庐山真面目，只缘身在此山中”。我中国民族在世界上实有其特殊风格，或云特具的民族精神，吾人不自省知，在外人却易觉察出来。觉察不难，难于审识其意义与价值而倡言之如罗素先生。试摘取其言如次。——

（一）我写此书意在表明中国民族从一种意义上说，是优越于我们（西洋人）的；即因此义，假若中国为求其民族生存而竟要降低到我们的水平，那对于他们和我们都将不是好事情。（见原书《中国之问题》241 页）

（二）中国是全世界上所仅存至今的一个古老文明社会而不像是一个政治实体（国家）。（见原书 208 页）

（三）中国的独立自主最终意义不在其自身，而宁在其为西方科学技术和他们夙有品德两相结合，创开新局。倘若达不到此目的，纵然取得其政治独立，抑何足贵耶？（见原书 242 页）

（四）西方文化显明的特点，我认为就在科学方法，中国文化显明的特点则是他们对人生意义的正确认识（a just conception of the ends of life）。吾人希望此二者要逐渐结合起来。（见原书 194 页）

（五）中国文化内虽则过去缺少科学，但从无任何敌视科学之意向。因此，在其普及科学知识的路上不会有如往者欧洲各教会所为阻碍的那样。（见原书 193 页）

（六）标准的西洋人总想尽可能地改善其环境，殆无休止；而标准的中国人则尽可能地安于其所遇，温文地享受其所处境。这是中国人和说英语的人之间最根本的不同点。（见 202 页）

（七）在西洋人总以为我们对中国人最大的善举，就是能以使得他们亦达成如同我们这个模样。我认为这恰是莫大错误。在我看来，一般的中国人较之一般的英国人都要快活些，即便他是一个贫苦人也罢。正为在基本观念上这民族乃是较比我们更合乎人情和更文雅的缘故。（197 页）

（八）倘若中国革新家在使得中国力足自卫时便适度而止，安然而处，不进一步向外求胜，转移其为列强所迫致的种种实利主义的作为，而从容自在地发展一切科学艺术，创成其良好的社会经济体系，中国于是乃真尽其在世界上应有的职责，并为人类当前极其需要时际开出一全新希望，此即我想举以勉励于青年中国者。此希望是能够实现的，正为其必可实现，中国在一切爱护人类者来说，应受到极高的尊崇。（见原书 251—252 页）

罗素抱如此的见解主张，殆从其旅居中国随时随地留心体察而深有会悟以得之者。试举出其书中如下的话为例：

（1）在中国各阶层（不论贫富贵贱）的人都喜欢说笑，从不放弃一个逗笑的机会。（189 页）

（2）在中国所有各阶层的人较之我所熟习其他国人士更爱欢笑，他们对任何事物都有欣赏之趣，往往一个严肃的争辩却化为一个笑话而告终结。（200 页）

（3）他们的古音乐有些很优美，曲调幽雅，使人仅仅能听到而止

（似指古琴）。在艺术上，他们以高雅为尚，在生活上则要准乎理性。（189 页）

（4）欧洲人每把中国人的谦恭礼让当它是懦弱，实则正是其力量之所在；中国人即以此力量卒于制胜其历史上过去的那些外族征服者。（190 页）

（5）我不否认中国人在和西方人相反的方向上走得太远，但正为此之故，我想东西两方的接触将于彼此都会产生好结果。他们将得以从我们学取那些切合实际效用所必不可少的东西。而我们则从他们学习得某些内心智慧（contemplative wisdom）——这是当其他古老民族均先后衰亡以去，而他们卒赖之以独存至今者。（197—198 页）

（6）我认为世界上只有中国人真正相信智慧比任何宝贵的东西更宝贵。（225 页）（按：此所云智慧当即前所云内心智慧者，亦可译为静穆的智慧）

（7）中国人当其接触工业文明后，其所夙具的某些高尚品德或犹将保存不失，其中有些恰为当今世界所急切需要者。对于这些品德我将以其心平气和（the pacific temper）置于第一位。所谓心平气和者，即指其总求解决纷争于公理正义之上而不愿用武力是已。（212—213 页）

（8）如其说世界上有“不屑于战争”（too proud to fight）的民族，那就是中国人了。中国人的态度天然地雍容和蔼，以礼待人亦望人报之以礼。如其让中国人选择的话，他们将为世界上最强大的国家，却只要自由而不要霸权。（195 页）

（9）外国人在中国生活得愈久，就愈加喜爱中国。（190 页）

如上各条见出罗素当其旅居中国时，于中国人的特性留心体察，深有认识[①]；如下各条他且指明此民族特性根源，盖在于中国数千年传统的非宗教的文化。——

（甲）孔子及其后学所发展者是纯讲习伦理的一个学派，既无宗教性的独断诫条，亦就不发生出一有权力的教会组织机关和导致对于异教徒的迫害。他确实成功地开展出其整个民族所有的雍容气度和礼让习俗。礼让之风在中国非徒然例行格套而已，即在曾无先例场合亦且行之自然真切。此非限于社会某一阶层为然也，亦且见于卑微的苦力之间。（190 页）

（乙）在基督教及回教正统的教诫上，从不许人兼信其他宗教，但此不相容性在中国却不见有。一个人可以既信佛教同时又为儒士，彼此之间两不相妨碍。（191 页）

（丙）他们说，宗教虽多，道理则一。（196—197）（按：此虽不免笼统含混可笑，然却正见其直接地信理，间接地信教）。

（丁）中国实际上是没有宗教的，此可概括其全人口，非独其社会上层为然也。其所有者只是颇为明确的伦理规范，既不严峻可怕，亦且不存有罪孽想法（the notion of "sin"）。（192 页）

以孔子为代表的儒家原非宗教，其在思想界定于一尊，已是西汉中期。如我旧著《中国文化要义》之所论证，中西两方文化的分水岭

① 罗素对于中国人亦非只有称美而不加指摘，原书 209 页有一段话是曾因某一名士之问（按：提问者似为梁任公）而指出中国人有三劣点。其原文是 avarice，cowardice，cahousness，译之则为"贪污"、"怯懦"、"麻木不仁"。其言未必正确，未必无遗漏，但见其如古人所云"好而知其恶"耳。

就分在宗教问题上。他们西方在希腊之后传衍着希伯来宗教，其文化是二元的，而我们传统的则为非宗教的周孔教化，从来是一元的。谈世界文化史者一向有世界文化三大系之说，即：西方的希腊罗马为一系，印度为一系，中国为一系，诚以其影响势力被于远近而各具特色非常显著。中国的特色就在其社会人生依恃乎一种非宗教的道德礼俗这一点[①]。这一点罗素既特予指出，而其后五十年外人来新中国观光访问者亦复有人明白言之。菲律宾《马尼拉纪事报》刊登其专栏作家亚历杭德·罗塞斯在访问中国廿三天之后所写《中国是自力更生的好榜样》一文中有云：

> 这是我们所见到过的唯一的文明社会。他们有道德而没有宗教；我们这里有宗教而没有道德。（中略）你今天去美国，你会看到一种没落的文化。在中国你会看到一个伟大的社会正在建设。美国人征服了外部空间，但没有征服内部空间……。中国正向人的内心深处进军。中华人民共和国万岁！（见 1972 年 6 月 3 日北京《参考消息》）

（二）

今天新中国之出现于世，在罗素书中除前列举的一些言论外，再

① 中国人（汉族）淡于宗教远于宗教之一特点，在毛主席同斯诺谈话中亦曾明白说及，见 1970 年 12 月 8 日谈话记录。

举其有关言论三条如次：

（壹）中国从其资源和人口来说，完全可能继美国之后成为世界最强大的国家。（见241页）

（贰）外国人无须乎对中国怀抱什么恐惧心理，虽然中国是一个人口巨大和资源丰富的国家。（见192页）

（叁）如此大业（按：指发达工业生产，建设社会经济体系说）信得达于成功，其必须于中国传统道德有巨大改变，以发扬公共精神取代其家族伦理，转移其往时致力私人事业者而为忠实于公务大大努力。（247页）

试核对当前事实，将见出罗素五十年前之所预见而巧得应验于今者殊不为少。兹用揭举如次。——

第一，如前（叁）条所云“中国人必须于其传统道德有巨大改变，以发扬公共精神取代其家族伦理，转移其往时致力私人事业者而为尽忠于公务大大努力”者，岂非就是当前众目共睹之事实乎？公而忘私为建国以来之时代精神，固人人所不言而喻。

第二，若前列（三）、（四）及（5）等条文，罗素所再三致意要结合东西两方之所长，即以中国人夙有精神品质要同他们近代科学技术结合一起者，不就是建国以来我们事实上所正在走的一条道路吗？

第三，前列八条“创成优良的社会经济体系”云云者，罗素意指社会主义经济，避免流弊百出的资本主义经济，意义甚明，此非建国以来举国上下正在努力从事者乎？罗素虽不喜俄国布尔塞维克，却亟亟要求改造资本主义社会。他屡屡说当前世界急迫需要的那些话，皆指此而说。他看出了中国人正可胜此任，他就期望青年中国担负起其所应尽的职责。今天事情不是完全如其所期待吗？

第四，帝国主义者百多年来对我所为种种侵略在抗日战争胜利后大致得以解除，更以抗美援朝而得到遏止，随即主动撤兵回国。台湾虽被美蒋控制，却廿余年至今不轻用兵。过去帝俄时代侵占我北边疆土，英国统治印度时代侵蚀我南部疆土，我皆明示对方就现时情况谈判疆界，不作收复要求。凡此者，试对照前列（八）条“倘若中国革新家能使得中国力足自卫，当其遏制了外人进一步的侵略，便亦适度而止”云云，是又何其符合于罗素之所预见耶？

第五，如前（壹）条说“中国完全可能继美国之后成为世界最强大的国家”的话，今日其兆头充分可见，只不过时间问题。

第六，如前（贰）条说“外国人无须乎对中国怀抱什么恐惧心理”的话，今天亦俱都应验了。无产阶级革命的红军经过抗日战争八年的发展壮大，既驱除美蒋势力于大陆之外，建立全国政权，又进而跨过鸭绿江抗美援朝取得胜利，全然不再是百多年软弱可欺的中国。其引起举世（资产阶级国家）侧目而视，怀抱着恐惧心理，自是无足怪的。然而又恰是不必要的。请看本年2月尼克松访华后北京《参考消息》所转录的各方新闻报道：

“急转的美国国民的中国观。一夜之间以亲友相待，宇宙转播（从北京直接播发电视广播），两亿人洗脑筋”？——这是标题。其内容归结于两点：（一）中国并不是战后廿多年来所想象的那样“红色魔鬼”，而是正在新建设美好社会的一个国家。（二）反省到美国人迄今为止的中国观是根本错误的。（见本年3月1日北京《参考消息》转录日本《产业新闻》记者来自华盛顿的通讯)。“两国政府的最高级官员在八天的时间里有一种集中的重复的机会，在事务性和社交性场合增进他们彼此间的相互了解。(国务卿罗杰斯)谈到了这样一点：两国政府领导人之间 Chemistry 是很好的。事实上中美人民之间‘化学关系’原是好的，从这一意义上说，最近廿多年的历史是一种失常现象”。——这是美国新闻处据罗杰斯国务卿向国务院官员们介绍访华情况的报道。(见北京 3 月 5 日《参考消息》)《参考消息》编者在 Chemistry 下加注云：此字可作化学解，又可作神秘作用解，暂译为化学关系。其实译为化学关系显然不通，译为神秘作用亦甚不妥，正宜译云情感很融洽耳。

抱着疑惧心理看待新中国的，初不止美国人，西欧人同样有错觉，亦同样地明白过来，各方报道尚多，上举两例可概其余。

第七，如前(八)“……如其让中国人选择的话，他们将为世界上最强大的国家，却只要自由而不要霸权”，这不就是我党政领导方面所常常宣称的中国绝不做超级大国吗？一般称呼美苏两霸为超级大国，说中国不做超级大国即不要霸权之意。这在 1971 年 12 月 11 日北京《参考消息》披露周总理与英国作家兼记者马克斯韦尔的谈话中有明确解说，试摘录如次——

周总理：我们承认，我们可以在几十年后发展成为一个强盛的大国。但我们声明，我们无论如何不做超级大国，现在不做，将来也不做。

马克斯韦尔：那么，在你看来实际上做为超级大国的决定因素，或者说作为超级大国的标志，不是它的物质力量，而是它在国际关系中的态度，对不对？

总理：指的是（国家）政策。超级大国总要侵略人家，越南战争，印度支那战争，就是如此嘛。还要颠覆人家，像玻利维亚、危地马拉，例子很多了。第三是控制人家，控制拉丁美洲，现在人家不干了。再则是干涉人家的内政，还有是欺侮人家弱小国家。所有这些，我们都反对。我们的总原则是：世界上国家不论大小一律平等，任何事不能强加于人。

马克斯韦尔：是的！但我感到在这里，你有点理想主义。譬如说，有一个五十万人口的小国，它怎么可能真正同中国这样的大国，或其他大国处在平等地位呢？

总理：我们讲平等，是政治上的平等。尽管它国家小，你应该尊重人家的主权嘛！它不同意的事，你不能强加于它。（中略）你说我们这原则是理想主义，也可以这样说。但这个理想是可以实施的，而且不往这个方向走是不行的。不然的话，就是战争。（下略）

马克斯韦尔要待周总理给他解说一番乃得明白者，而罗素先生却远在五十年前从其体认得的中国民族精神便早料想到此了。贤哲人的高识远见，能不令人叹服！

如上第四、第六、第七正宜合起来理会，盖贯串其间的原只是一种精神。

（三）

世界各国人士近年来我国观光访问者，从其目睹情景发为种种感想言谈，虽非若罗素有先见之明，却亦还是旁观者清。兹从北京《参考消息》略加摘取，用为吾人自镜之资。

1．日本《每日新闻》刊登评论家加藤周一的访华文章，标题《中国是另一世界——（对它）真正的理解是必要的》。内容有云“今天的中国社会不仅同西欧和日本社会相比一切相反，而且同其他社会主义国家以及许多工业后进国相比，也是明显不同”。又说：“关于今日中国的价值观、社会结构、人们活动方式等，日本人易从‘同文同种’这种熟词来想象，然而一切都相距很远。对日本人来说，中国是外国，在很多方面可以说是比其他外国更远的外国。”（中略）“今天正确地理解中国，对我们来说是非常必要的，而且亦是非常不容易的。”（见1972年1月12日北京《参考消息》）

2．美国随同尼克松访华的白宫记者诺曼肯普斯特在飞回美国途中飞机上写的文章，标题《中国仍然是一个谜》。文末说“尼克松的访问已经拉开了序幕，但中国仍然是一个谜。它几世纪以来以令人莫测高深而知名，这真是名不虚传”。（同年3月8日《参考消息》）

3．意大利著名电影导演安东尼奥尼率同六个人小组在中国大陆作了六周的广泛旅行，拍摄纪录片后，他说：“中国是一个真正不寻常的国家，它完全依靠自己。在那里事事都具有一种新的意义。在那里每件事都使我很受感动，也很惊奇，好像一个绝然不同的世界。”（同年7月4日《参考消息》）

4. 加拿大外交部长夏普访问中国在为期九天行程二千里之后，对记者们说“我认为来到中国而又不产生改变观察世界的角度这一结果是根本不可能的。这次访问改变了我对整个世界的看法”。又说他来中国的时候准备着看到“不可思议的中国人”。（同年 8 月 29 日《参考消息》）

5. 美国《纽约时报》刊有约瑟夫·克拉夫特参观山西大寨大队后写的文章，标题《中国的奇迹》。文内说：“学大寨”是在中国东西南北一个人人皆知的口号（中略）。在共产党接管之前，该村每英亩的粮食产量只有七十五磅，半数的家庭处于饿死边缘。而现在每英亩产量为八百磅，每一个人都能得到基本的必需品。（中略）我的印象是：这种传奇式的故事与真实情况相距不远。（中略）因此我所得的印象是：大寨是这个国家各处所发生的变化的一个真实样板，而且因为这种改善和公共工程如此密切联系着，而公共工程的修建则有赖于旧土地所有制的消灭，我们很难设想任何别的政权能够实现这样迅速有效地对乡村的改造——这种真正的中国奇迹。（见 5 月 8 日《参考消息》）

6. 随同尼克松访华的合众国际社记者海伦·托马斯在其访问的日记和回忆片段中有云：“从任何记者、摄影记者或广播员的观点来看，中国是一个梦境，一切都是新的。”（3 月 4 日《参考消息》）

类此的感想言谈不更多罗列，却应须进而寻思其意义。

首先应晓得外人感觉到新奇且含着叹赏的感情，是发自其对于新中国的成就表现，虽则他们亦早有闻于中国民族之特出于一般。例如前列（1）条加藤周一文内举出的七点（文繁不录）致其叹美者皆是新风气，新景象。又如前列（5）条美国记者参观大寨农业生产猛进，指明土地改革实为其前提，但若非共产党政权，谁又能办得到，其言甚是。须知当初那个广大农业小生产者的落后社会，非进于土地集体所有制便不会有农民的集体组织力量来进行农业基本建设上各项巨大工程，以打下农业高产稳产的基础。全国工矿业的发展一面要靠这个基础，同时又一面在推进加强着它。新中国之所以新，全在于此。一切引起外人观光者新奇之感嘉叹之声的事情大抵出在我们自力更生地建设社会主义上，如此自力更生地建设社会主义却为举世所稀有也。

然而毕竟不能把外人——他们大都来自资本主义国家——对我们的诧异和叹赏统归于看到建设社会主义的新功。他们并非倾向社会主义者，有的甚且表示仍然顽守其社会制度，表示意识形态上彼此合不来，存在彼此间的许多现实问题尖锐冲突尚不得解决。尽管差距远如此大，而情感上却又似乎彼此在接近，颇觉融洽。请看尼克松访华所引起的巨大变化不就是如此吗？这一罕见的结果，要知道，正从中国传统文化和民族特性得来而不是其他。

从《中美联合公报》上看，两国间的现实问题尖锐冲突未曾解决很明白，然而在上海签署《联合公报》后，尼克松的言谈神情与我周总理两下里好像都显得很满意。新闻界的报道可证：

> 中美第一次最高级会谈所取得的结果，在相当大的程度上超过了最后公报所写下来的东西。美国总统尼克松今晚在为他举行的宴会上说“我们说的话不如我们行动的那么重要”。中国总理周恩来坐在总统旁边，点头表示同意。

总统又说“人民中国和美国现在已把世界的前途掌握在他们手里了”！

这一宴会更像是祝捷而不是饯行。（1972 年 3 月 1 日北京《参考消息》采自德新社电讯）

更好的证明是前面曾引罗杰斯为其国务院官员们介绍访华情况，所说两国政府领导人之间 Chemistry 化学关系很好（情感很融洽）那段话。其中有两点要注意：（一）八天里有一种集中的重复的机会——此即是说：在不很短的时间进行了频繁的周旋接触；（二）是在事务性和社交性的场合——此即是说：是在重大国际争议之外。盖正为彼此在各自原则上未曾让步，而只在寻常周旋接触之间，我们对待外宾态度温然，处处以礼相待，恒一不懈，好感自生。同时在重大争议上我们开诚相见，不玩手段，则是更根本的。此从尼克松返抵华盛顿的讲话和罗杰斯在其国务院介绍访华情况所宣称者皆可见之：

我们已经表明有着很深的和基本分歧的国家，可以学习心平气和地、理智地、坦率地讨论这些分歧，而不损害他们的原则。

这篇公报诚实地说明分歧而不是尝试用虚伪的外交词汇掩饰它，在这方面这篇公报是独一无二的。（见 3 月 2 日北京《参考消息》）在北京进行的各级讨论是极为坦率和直截了当的。不论那一场合，双方谈到实质问题都是开门见山的，并没有像这一类会晤中常常出现的那种旁敲侧击的作法。（3 月 5 日北京《参考消息》）

“独一无二”的赞语曾不止一次地出于尼克松之口。《联合公报》的独一无二，正是从多次高级会谈之独一无二而来。冰冻所为融释，隔阂所为打通者实在此，此讵非我民族精神感人之效耶？

尼克松称叹彼此会谈的一周为“改变世界的一周”，而新闻记者们则笑谓之“改变尼克松的一周”。（见二月廿九日北京《参考消息》）改变世界的一周也好，改变尼克松的一周也好，总之能动地改变外界对象的力量在我们一方。这力量不是武力或任何强力，而宁谓曰精神力量，难道不是吗？

人或曰：这种精神是无产阶级的伟大精神，我完全可以同意。但试问：当初代表无产阶级的苏联何为而变修？其背叛无产阶级何为竟然到今天这种地步而不知返？多年来修正主义风靡世界矣，反修防修至今谁是屹然巍巍的中流砥柱？今天领导世界革命的重任为何卒于独落在中国民族身上，顾不可深长思耶？

1972 年国庆前夕脱稿

附录：罗素全书结尾几句话至关重要，附录原文于此，读此有胜于看我译文。

But if Chinese reformers can have the moderation to stop when they have made China capable of self-defense，and to obstian from the further step of foreign conquest，if，when they have become safe at home，they can turn aside from the materialistic activities imposed by the powers，and devote their freedom to science and art and the inaugwration of a better economic system—then China will have played the parv in the world for which she is fitted, and will have given to mankind as a whole new hope in the moment of greatest need. It is this hope that I wish to see inspiring young China. This hope is realizable; and because it is realizable, China deserves a foremost place in esteem of every lover of mankind.

罗素《中国之问题》第一章绪言 *

今日的中国　我久想写此一书，今（1967年3月25日）始动笔，正是国内开展无产阶级文化大革命运动既经一年之时。说“今日的中国”，意指十七年来中国走着社会主义革命，社会主义建设的道路，基本上步步前进，显有成果，正在反对修正主义于外，防止修正主义于内，其前途将可能先于世界上任何一个国家而进入共产主义的社会而说。

中国今日局面的出现，明非单单从其自身历史递演下来的，而实为近百多年间世界大交通受到列强侵略的刺激和外来学术思想的启发，所引生变化的结果。没有它自身的历史文化作基本因素，没有全人类亦即世界各方面的历史文化予以决定性的影响，都不能出现一个

---

*　选自中国文化书院学术委员会编：《梁漱溟全集》（第四卷），济南，山东人民出版社1991年2月第1版第1次印刷，第216—222页。——编者注

今日的中国。在全世界所有人类的历史发展已汇合成一流的今天，任何一地方任何一民族无时不在互相影响着，是人所共喻的。而过去百多年间恒落于被动地位的中国人，从今后却将在世界上起着巨大作用，使得全人类受它的影响，亦是可以预料的。

今后中国在世界上将起的作用　毛泽东主席曾说过："自从中国人学会了马克思列宁主义，中国人在精神上就由被动转入主动。从这时起，近代世界历史上那种看不起中国人、看不起中国文化的时代应当完结了"。[①] 这话是不错的。但这不是由中国人来决定的事情，乃是由人类历史发展的客观情势之所决定。人类历史的前途，决定是向共产社会迈进，而在这条大路上中国人即将率先走通，其于远近起着先导作用，全世界都会受其影响，不就决定可知了吗？

中国将会对于世界未来文化起着先导作用，影响巨大这一层，早在四五十年前我便先有预感。那就是在 1921 年出版的旧著《东西文化及其哲学》曾大胆倡言：世界最近未来文化将是古中国文化之复兴。[②] 那时我当然料不到中国会有今日的局面，从而想见其将在世界上起着何等作用。但我那时立言，却亦是根据世界在最近未来社会主义定将取代资本主义这一科学预见，结合到自己一向确认古中国文化实为人类未来文化的早熟而大胆提出来说的。

何以见得古中国文化是人类未来文化的早熟？它又如何竟可因未来的社会主义（共产）社会而得复兴？

---

① 见《毛泽东选集》第四卷，第 1519 页，即最末页，原文标题《唯心史观的破产》一文内。

② 见《东西文化及其哲学》第五章。

人类——这头脑特见发达的动物——自其出现在大地上那天起，就面对着大自然界作生存斗争，一步一步在征服而利用之。这种征服利用时时推进人类社会文化的历史发展，到了近代迄今的资本社会而达于高度，亦就达到一转折点。如何便算高度？高度的征服利用，就在利用种种物理动力以行大规模自动化生产，事事全凭头脑智力，而人的体力却用得最少。所说转折点者又何指？此指生产资料一旦归公，社会主义生产取代了资本主义生产，社会人生势必大有变化。譬如人们不再为生存问题各自操心，而一总交托给社会集体负责，一向忙碌于个人生存竞争者，此时就要转而勉励于如何把公众的协作共营生活做好。再如阶级泯除，国家消亡，社会秩序一向有赖于强力统治，总离不开奖誉和刑罚者，此时就要转而依靠人们的自觉自律，亟切需要人品风格的如何提高，社会风纪的如何陶成。如其说，在过去人类生活史上人对物（自然界）的问题一向居于首要地位的话，至此乃一转退居次要，而人如何对人的问题却突出到眼面前，升居首要地位。转折之云，盖指此。

在人类生活史上，当其以对物（自然界）问题为主之时，学术文化的创造发展亦就主要在对物的问题上；此一时期可命曰人类文化史的第一期。当其后转入于对人（人与人相互间）问题为主之时，学术文化亦随之调换方向，重点所在截然不同于前，则可命之曰第二期。我所以确认古中国文化为人类未来文化之早熟者，盖以其未及成就得第一期文化，遽尔显露一些第二期文化的影子或苗芽。所以推断其在最近未来必将复兴者，盖瞻望前途社会主义（共产）社会势不在远，学术文化之变将必舍第一期之故而显现第二期之新。中国人于此，固将大有会悟于其先民之所用心，善为继述；世界各方人民同必有味乎古中国的学术文化而得所取法。

以上这些话过于简略，读者或未易晓然，自当于后文详之。

行文至此，乃复忆及往年（1919—1920 年）所闻中国文化流传既经环绕地球一周，今后将开始其第二周或否的议论，似亦算可供参考的有关资料，爰为附志于后。

1919 年北京大学在暑假后开学一天，请美国杜威博士讲演。讲词大意说，世界文明史上原是中国先影响给欧洲的，西欧又传到北美，现在则又夹带着新因素而转回其老家中国了。因此可以说二十世纪是文化绕地球旅行一周的时候。今后的问题将不是再来绕一个第二周，而是要东西两方互相接近调融以汇成为一世界新文化。隔不甚久，杜威又在北京大学哲学研究会为他开的欢迎会上讲话，讲到西洋学问偏详于自然的研究，而中国则偏详于人事，希望今后能两相调剂融会才好，其怀抱意向大略可见。[①]

但尔时适见有《欧战之教训与中国之将来》一书出版，其持论却不同，而是说“今第一周之运动已终，第二周之运动必然开始”。原书为其著者黄郛在第一次世界大战后遍游欧美归来所写成，其为说似有所本，非唯其个人见解。可惜现在难觅得其书，以考知其理据如

① 欢迎会在一个夜晚举行，张申府兄和我均在座。杜威讲完，申府拟译作“天人合一论”，愚以为借用中国成语，恐未定符原讲旨趣。

何。[①] 假如其推断富有理据，当有助于吾人信念之加强。

吾书旨在试求解答几个问题 吾书旨在试求解答下列两方面的问题。——

一方面：今日的中国之出现既然意味着将必在人类前途上率先创成共产社会，为世界各方树其范例，其事定非偶然，必有其来踪之可求乃有以察见其去脉。毛主席有一句话说的最明白："今天的中国是历史的中国之一发展"[②]。中国今天在世界上能有特殊表现，正为有其特殊的历史背景在。上文不是说过了吗？"没有它（中国）自身的历

① 此书北大蔡元培校长曾为之作序，著者黄郛，后来且曾在北大讲授军事学，愚故得见其书。1920年愚为北大同学开讲《东西文化及其哲学》一题，先写出一序文，文内曾引用其书之一小段，可录此备考："世界文明发达最早者莫如吾国。今日列强既公认文明为一种势力之代表，则最初势力之出动实唯吾国。唯当时航海之术未昌，故其出动方向不向东而向西。自张骞、班超通西域，吾国秦汉以前之文明遂越帕米尔高原以西。造纸术、印刷术、指南针均于其时流入欧洲。自成吉思汗席卷欧陆，我国秦汉以后之文明如火药鸟枪等利器又流入欧洲。欧洲历史最初有希腊雅典之富强，次有罗马之强盛，再其次则有西班牙常胜军之出现。盖其力皆逐步西进也。同时此势力延及西北以促荷兰之海外发展，而拿门豆人亦于此时越海以达英伦。其后英国以新旧教徒之冲突，新教徒不胜旧教徒之压迫，相率渡大西洋上陆于北美，而自辟新天地。至糖茶两税之问题起，华盛顿遂抗英而独立，然其初不过十三州，嗣后逐步西进，不数十年竟达太平洋东岸之旧金山，复又合并檀香山，占领菲律宾。在此时期中更派配鲁提督（事在1854年）率舰炮击浦贺港以求开国通商，于是日本锁国政策，卒为其打开唤醒，从此发愤图强，卅年维新之功，国力逐渐膨胀，西进以窥朝鲜，致有甲午中日之役。吾国受此一挫遂亦力求自振，光绪变法，筹备立宪，变法失败，立宪不成，卒有辛亥之革命。今虽国基未固，而效千年出动之一势力却已绕地球而归还故乡。第一周之运动已终，第二周之运动必然开始。果尔，则吾国中兴之运其至矣。……盖战后之中国非中兴，即绝灭一途而已矣。"愚按此段文中所述中国之影响西方者只数及物质发明，而未及近代欧洲启蒙思想实得力于中国精神之感发，其缺漏太大，不可不知。

② 见《毛泽东选集》第二卷，第523页。

史文化作基本因素，没有全人类亦即世界各方面的历史文化予以决定性的影响，都不能出现一个今日的中国”。但“外因通过内因而起作用”（见《矛盾论》）外因只是条件，主要还在内因。究竟老中国的特殊何在呢？这就是我们亟求解答的最根本重要问题。

这一根本问题果能得到正确解答，那么，好多疑问可能随之而不难得其解决。例如：首创社会主义革命、领导社会主义阵营的苏联竟然中途出现停滞或倒退，许多东欧国家或先或后随亦都有类似情况，而唯独中国立场始终坚定，此必有其所以然，假如我们不能回答出来，把它看成偶然遭逢之事，岂非笑话！却是你一旦于老中国有所认识，便恍然明白中国人今日之表现原大有来历，不应轻忽看过。如此之例具见后文，这里不须枚举。

再一方面：中国人在当前世界革命和此后人类新文化的开创上究将有那些贡献，何等贡献？前一方面如其可说是对于其“来踪”的试加寻求，此一方面即是对于其“去脉”的一为眺望。此中实亦涵括着种种问题非一。例如贡献于当前世界革命的和贡献于此后新文化的，就须得分别来谈。谈的时候又会引生一些问题出来。

如马克思所指出：“无产阶级只有帮助全世界人民获得了解放，自己方才得到最后解放”。于此义认识真切、力行不怠者，环顾宇内恐怕今天只有中国人。实际上从 1949 年建国后的国是国策，就无时不在支持世界各地的革命斗争。道义声援而外，人力物力之提供曾未稍吝，事实具在，数之不尽。抑吾书所要解答的问题初不在此（事实），即不多赘。却从事实上看，有两点可注意者：

一则是表现在中国人主观意识上的，有非其他国民之所及；又一则是看到了中国所具备的客观条件，有非其他国家之所及。

“胸怀祖国，放眼世界”两句话，近年来普遍流行于我广大工农群众间，人们接受世界革命的道理虽在山野僻区亦且无难[①]。特如为援越而备战，誓不顾惜多大的民族牺牲以抗美，其刚大勇决固出自领导方面，而此种思想准备精神动员则已贯彻到几亿人民中间。请问这难道不是世界历史之所绝无仅有，极可注意的吗？

更须知：这种精神和气度之所以能表现在中国人的主观意识上，是与其国土之大、人口之众、物资之富，尤其十七年来国家统一稳固、一般建设和国防建设之突飞猛进，种种客观条件分不开的。没有这些客观条件，不可能有上面说的那种豪勇气概和坚稳的实践。在社会主义的各兄弟国家，是莫不具有世界革命意识的，但谁具有这些客观条件呢？这就是人类历史推演到此，天然形成了中国是当前世界革命的领导核心力量。然则这些客观条件如何具备的，不是更值得注意吗？

凡此特须注意之点，我们都应该发问，问一问：此果何由而来？去脉来踪的研究，盖有如连环之不可分。方在谈到贡献于当前世界革命的时候，既不免引出这些对于其根柢由来的追问，而当我们发见其根柢深厚之所在的时候，却又不难望见其对今后新文化的贡献是什么。请看后文自详。

---

① 在山野僻区的人似乎知识不足，文化不高，然其接受世界革命道理却不见其难。反而是大都会有些知识分子对于世界革命颇缺乏积极性，不过亦不成一阻力。